春秋战国及秦汉之食客文化

杨宁宁 著

中国社会科学出版社

图书在版编目（CIP）数据

春秋战国及秦汉之食客文化／杨宁宁著．—北京：中国社会科学出版社，2013.12

ISBN 978－7－5161－3884－7

Ⅰ.①春… Ⅱ.①杨… Ⅲ.①阶层—研究—中国—春秋战国时代～秦汉时代 Ⅳ.①D691.71

中国版本图书馆 CIP 数据核字(2014)第 011883 号

出 版 人　赵剑英
责任编辑　郭沂纹
特约编辑　丁玉灵
责任校对　刘　俊
责任印制　王　超

出　　版　中国社会科学出版社
社　　址　北京鼓楼西大街甲 158 号（邮编 100720）
网　　址　http://www.csspw.cn
　　　　　中文域名:中国社科网　　010－64070619
发 行 部　010－84083685
门 市 部　010－84029450
经　　销　新华书店及其他书店

印刷装订　三河市君旺印装厂
版　　次　2013 年 12 月第 1 版
印　　次　2013 年 12 月第 1 次印刷

开　　本　710×1000　1/16
印　　张　24.25
插　　页　2
字　　数　411 千字
定　　价　68.00 元

序

杨宁宁女士是广西民族大学文学院教授。杨女士1999年到北京师范大学做访问学者，系里委托我做她的指导老师，于是我有幸与杨女士在一年的时间里共同学习了先秦两汉的许多名著，共同探讨了先秦两汉的许多问题。那段日子已经过去十多年了，但我们一直保持着比较紧密的联系。杨女士勤奋好学，谦虚谨慎，我在全国有关《史记》、有关古代散文、古代传记的讨论会上多次遇到她。我每听到她的发言，看到她的文章，都感到很亲切、很扎实，并从中体察到她对古代文史教学与研究的用心之专与进步之大。很为她近年来所取得的成就而衷心高兴。

近几年来，杨女士把她原来的“《史记》人物研究”的重心拓展到史传文学这个更宽的领域，又在这一领域里对人们研究较少，不为人们所注意的古代食客进行了深入、系统的研究，这是很有特点的。不久前杨女士把她的《春秋战国及秦汉之食客文化》一书的全部书稿寄给我看，其工作之浩繁，涉猎之广泛，结构之细密，思考之深入，论证之谨严，读后都令人振奋。中国古代食客影响最大、最成气候的是春秋至两汉时期的食客，杨女士把研究的重点确定在这个时期是非常合适的。我感到此书有以下几个亮点：

其一，本书对春秋至秦汉这个时段食客的产生、发展、转变、衰落的历史轨迹，有一个整体脉络的梳理。在对食客嬗变轨迹的描述中，特别注意了社会政治因素对食客变化所产生的影响和作用，尤其是人才选拔制度对食客兴衰的影响。本书对食客的概念、分类、基本特征、主客关系，以及食客的思想、人生观及文学创作等各方面的情况，都有比较详细的论述。人们通过此书，可以对食客的总体情况有一个较全面的了解。

其二，过去人们对食客的研究很少涉及食客在文学方面的活动，本书则不仅在“食客的文学描写”里重点谈了食客以客体身份进入史传文学的情况；而且在“食客文学”一章里，着重论述了以食客作为主体进行的文学创作，与他们参与文学集团活动的情况。这部分内容是过去研究者较少涉及的，作者有不少自己的心得与见解，是她研究上的一种创新。

其三，本书通过对文献资料的考辨分析，对过去一些存疑的问题提出了自己的见解。例如在“食客身份辨析”一节里，她提出侯嬴、朱亥不是信陵君的食客，只是他的知己好友。在“刺客”一节里，她分析了要离未被司马迁收入《刺客列传》的原因，一是要离是代表强势的吴王去刺杀弱势的庆忌，与司马迁表现弱小者对强权者的“反抗强暴”主题不符；二是要离“为故主杀新主”有违忠诚原则；三是要离牺牲妻子骗取庆忌信任，以对亲人的不仁不爱来换取忠诚，有违儒家的仁义精神等等，这些做法都是司马迁不能认同的。在“侮慢与报复”一节里，她对告发韩信的是其舍人，还是舍人弟，作了比较详细的分析。《史记·淮阴侯列传》和《汉书·韩信传》都说告发韩信的是其舍人弟。但是《史记·高祖功臣年表》和《汉书·高惠高后文功臣表》都说慎阳侯栾说“为淮阴侯舍人，告淮阴侯信反，侯二千户”。作者结合《淮阴侯列传》里前面有一句“舍人得罪于信，信囚，欲杀之”，推断栾说被囚不具备送信条件，估计在其弟探监时，借其弟手将告发信送到吕后手中。说明栾说是告发的主谋和起主要作用者，其弟只是送信者，否则被封侯的应该是其弟而非栾说了。所论都很精辟、扼要。

总之，《春秋战国及秦汉之食客文化》是一本有较高学术价值的书，它从历史、文化和文学的层面构建起食客研究的理论体系，丰富了食客研究的内涵；并为以后的食客研究提供了新的视角与新的丰富的文献资料。我期待着此书的正式出版。

杨女士热情好客，曾多次邀请我到广西旅游，但一直未能成行。直到去年 11 月，我才下定决心到广西旅游了十来天，收获是巨大的。这使我不仅亲眼看到了古书上所写的苍梧、合浦、郁林、象郡，看到了古老的灵渠与秀丽的桂林山水，更使我看到了广西是一个崭新的向东南亚开放，与东南亚进行经济、文化交流的生气勃勃的前沿省份。尤其使我难忘的是有幸参观了广西民族大学，并有机会与文学院的领导与古典文学教研室的多位老师聚会畅谈。在非常随意、非常友好、非常热烈的交谈中，我深深体会到这是一个团结的有组织能力、有教学能力、有科学研究能力的友好协作的集体。杨女士能生活在这样的一种集体氛围中，我为她感到幸福。听说最近文学院已获批准为博士学位授予单位，我谨向他们表示深深的敬意，祝福他们在今后的工作中不断获得新胜利，为祖国的文化教育事业做出更加辉煌的成绩。

北京师范大学文学院教授，博士生导师　**韩兆琦**

2013年8月11日

目　录

绪　论

春秋战国及秦汉时期的食客是一个特殊的群体，他们虽然在当时影响很大，但是一直以来没有引起学术界对他们的兴趣和关注。几年前我为准备写作《社会变迁条件下的春秋战国食客群体》一文查找资料的时候，才发现有关这个时期的食客研究非常少，不仅没有什么专著，连论文都很少，这与食客在当时社会的影响力是非常不相称的，与食客对中国历史和中国文化的贡献也是不相称的，为此我产生了写作此书的想法。

第一节　一个被冷落与被遗忘的群体

从春秋战国到秦汉，是中国社会发生历史巨变的时期，也是中国思想、学术和文化繁荣兴盛、灿烂辉煌的黄金时期。虽然这个时期诸侯争霸、大国兼并的战争在不断地上演，此起彼伏，但是它也验证了中国的一句古语："乱世出英雄。"在这个动乱的时代，却开创了一个人才辈出的局面。当时涌现出一大批杰出的人士，这当中有许多著名的思想家、政治家、军事家和外交家。仅从春秋战国的情况来看，在思想家中有人们熟悉的孔子、孟子、荀子、老子、庄子、墨子、韩非子等诸子百家。政治家有：管仲、晏婴、子产、商鞅、李悝、申不害等。军事家有：孙武、吴起、孙膑、乐毅、白起等。外交家有：苏秦、张仪、陈轸、公孙衍、蔺相如等。他们中许多人是几种身份并存，既是著名的政治家，又是杰出的军事家和外交家。他们的辉煌业绩早已载入史册，为后人所熟悉，他们的杰出贡献也已融入到中国的历史中，成为中国历史的一部分。而他们深邃的思想，精辟的见解，早已成为经典，被今天的人们学习和研究。

以往人们在描述春秋战国思想文化灿烂辉煌的时候，常常用"百家争鸣"来赞扬。"百家"虽然只是一个虚数，但是它表明当时在思想学术领域是人才济济；“争鸣”表明了人们的言论是开放自由的，人们的思想能够在互相碰撞中闪耀出智慧的火花。思想的解放必然带来制度的改变和观念的更新，而大国兼并战争的加剧，使得各国对人才的需求显得尤为迫切，在这样的时代背景下，孕育产生了一个非常特殊的群体——食客群体。

食客还有门客、舍人、宾客等多种称呼。这个群体的人身份特殊，是因为他们既非王侯贵族，也非工非农、非士非商。他们不事生产，靠寄食权贵而生活。从经济学的角度来说，他们是社会的边缘人，但是他们却活跃于当时社会的中心，在政治、外交舞台上呼风唤雨，如鱼得水。他们对当时的社会政治、外交都有着举足轻重的影响，用当时士人景春的话来形容，他们“一怒而诸侯惧，安居而天下熄”①。当时常常因为这些食客的出使或者斡旋，能够改变当时的政治、外交、军事格局，能够改变一个国家的政治形势，改变某个权贵的职位升迁或废黜，他们的作用有时胜过千军万马。

这些人中有一些是人们熟悉的，如商鞅、李斯、苏秦、张仪、孙膑、范雎、蔺相如、冯谖、毛遂，等等。这些食客后来都成为著名的政治家、外交家或军事家。以往人们对他们的了解和关注，都集中于他们在政治上的作为及成就上，很少注意和重视分析研究他们早年的食客人生经历，以及这些经历给他们心理烙上的印迹，对他们后来的人生所产生的影响。另外一些食客，而且是占比重绝大部分的食客，却一直默默无闻，不为人们了解和关注。因为他们大多数人没有留下姓名，甚至有的人也没有创造骄人的成绩，所以逐渐成为被人们遗忘，被历史遗忘，被学术界冷落的一个群体，这是非常令人遗憾的事情。

一般提到食客，人们熟悉或了解的大多是战国四君子：孟尝君、信陵君、平原君、春申君养客与用客的情况，对其他食客提之甚少。甚至一些学者在其著作中作专章论述的食客，基本也局限在战国四君子的几个主要食客冯谖、毛遂、侯嬴、朱亥等人上，而其他不出名或不知名的食客则长期以来被研究者所忽略，以至于食客研究出现一边倒的情况。如果对食客的研究主要集中在几个影响大的食客身上，则说明这些研究是不够深入、不够全面的。由此造成的后果是后人对食客的了解基本都停留在少数的几

① 《诸子集成·孟子正义·滕文公下》，上海书店 1986 年版，第 244 页。

个主要食客上，对众多食客在当时社会政治上的活动和影响知之甚少，对众多食客在思想、学术和文学上创造的成就和影响亦知之甚少。这也自然会影响到人们对春秋战国乃至秦、汉社会历史的了解、认识和评价，会导致人们认识上的偏差。为了避免这种现象的出现，我们有必要将春秋战国及秦汉时期食客的真实情况反映出来，为人们了解这个时期的社会历史全貌提供帮助。

关于食客的记载最多最详细的是《战国策》和《史记》。食客事迹在《战国策》是分散于各国的策文中。《史记》有关食客的事迹主要见于《孟尝君列传》、《平原君虞卿列传》、《魏公子列传》、《春申君列传》及其他一些个人专传或合传、类传里。另外，在《左传》、《国语》、《春秋公羊传》、《春秋谷梁传》、《吴越春秋》、《吕氏春秋》、《淮南子》、《汉书》、《后汉书》中都有不少关于食客的记载。司马迁写战国四君子，其实“醉翁之意不在酒”，他真正的意图是为了写他们的食客。但是人们在阅读这些文献典籍时，常常关注的是战国四君子的养客、好客，以及他们的慷慨任侠。食客作为配角和陪衬，并没有引起人们足够的重视，以至于人们对食客的认识大多停留在“毛遂自荐”，冯谖的“狡兔三窟”，或者是侯嬴、朱亥帮助信陵君“窃符救赵”的事件中，并无太多的深入。至于其他无名食客，就更难引起研究者们的关注和兴趣了。

春秋战国及秦汉的食客大多来自于社会底层，真正的是草根出身。虽然地位低下，但是他们并没有自惭形秽，没有自暴自弃。他们有思想有追求，有才华有闯劲。他们敢于对以血缘为基础的世卿世禄的官员选拔制度发起挑战，大胆地向权贵或主人自我推荐。他们寄食权贵，却追求平等和尊严，对于侮辱和损害自己人格和尊严的权贵，他们会毫不犹豫地选择离开。他们追求名利富贵，渴望立功扬名，但是当义与利相矛盾、相冲突的时候，他们许多人往往会“杀身成仁”，或者“舍生取义”。他们遵守做食客的基本操守和底线，忠于主人，为主人效忠死不旋踵。他们不畏强权，不怕牺牲，但是为了实现自己的梦想和追求，他们能够忍辱负重，隐忍苟活。

秦汉时期的食客对社会的关注和影响，逐渐地由政治、军事方面向思想和学术方面转移。这时期的食客思想敏锐、思维活跃，敢于创新。他们对诸子百家的思想学说兼收并蓄，在融合诸子百家学说的基础上，形成了自己的思想体系，留下了集体智慧的结晶《吕氏春秋》和《淮南子》。与春秋战国的食客不同，秦汉食客的才华更多地付之于笔端，倾注于学术。他们将主人和自己的思想借助文字进行记录和阐发。他们著述的文章和书籍具有哲学的思想，富有文学的色彩。在学习诸子散文的基础上能够自成一体，将先秦的说理散文在秦汉时期推向了一个高峰，并对后世的散文和文学创作产生了久远的影响。他们在文学描写，说理论证，神话寓言故事的叙述，以及铺排夸张等文学表现手法的运用上，较之诸子散文都有很大的提高。

秦汉食客著作中那种繁复、夸张和铺叙的表现手法直接影响和促进了汉大赋的产生和发展。特别值得注意的是，汉代两位著名的辞赋作家枚乘、司马相如，早年都曾在梁孝王的门下为客。再有，据班固《汉书·艺文志》载："淮南王群臣赋四十四篇。"① 据此推测，淮南王作赋的群臣当中，估计有相当一部分是他的食客。这说明从事赋创作的食客并不仅仅限于枚乘和司马相如等少数几个食客。由于食客的身份和经历使他们具有强烈的为主人服务的意识，这种意识直接影响到他们的汉赋创作。形成了他们既要为主子唱赞歌，又要对其过度享乐纵欲生活给予劝诫的责任意识，由此形成了汉大赋歌功颂德在前，讽喻劝诫在后的风格特点。食客对秦汉散文和汉赋的影响和作用，一直没有得到学术界的关注，也没有这方面的研究，这是非常令人遗憾的。

一直以来，关于食客的许多问题是需要学术界弄清楚的，如食客的来源，产生的原因，食客的特点，食客的性质，食客与主人的关系，食客与文学的关系，食客的社会影响，食客的历史作用和社会意义等诸多问题，都是需要我们解决的。但是有些是学术界至今没有进行研究，或者是研究得很少的。就拿食客与文学的关系来说，有三方面是值得我们关注和研究的。

第一，食客作为客体跻身于史传文学的人物画廊，作为那个时期文学作品中塑造得非常成功的人物形象，有哪些特点和规律？这些食客形象成为后世文学创作的题材和文学形象，有哪些影响和意义？

第二，食客文学集团是中国文学史上最早的文学集团。虽然这些集团的成员最早形成集团的初衷和目的是为政治而非文学，但可谓是无心插柳柳成荫。食客文学集团进行了集体的学术创作，或者说是文学创作，他们

① 班固：《汉书·艺文志》，中华书局1996年版，第1747页。

有集体创作的成果《吕氏春秋》和《淮南子》。梁孝王食客文学集团的成员创作了许多杰出的散文和汉赋作品。那么，作为主人对他的食客创作有哪些影响和作用，又有哪些指导和帮助？作为集体创作的作品，最初是如何设计和编排写作计划的？又是如何进行分工和协调的？这些都有待学术界的进一步研究。

第三，食客作为文学创作的主体，其食客经历和"御用文人"的双重身份对他们的创作心理产生哪些影响？食客作品在思想内容和艺术风格上具有哪些特点？

解决和弄清上述问题，成为本书写作的初衷。笔者希望通过本书的写作，对春秋战国及秦汉的食客问题有一个全面的梳理和深入系统的研究，为人们更详细、深入地了解那个时期的社会政治、思想文化提供帮助；为人们了解食客的生存、发展及兴衰的历史嬗变过程理清线索和思路；尤其是为了解食客对中国文化和中国文学的影响和贡献提供帮助，以此来弥补学术界在这方面研究的不足，也希望借此求教于各方专家和同行。

第二节　食客研究综述

学术界对食客的研究情况，可以分为两类，一类是著作，一类是文章。在著作里又可分为专著和著作里设章节论述。关于食客问题论述的专著很少，现在看到的仅有两部：李珺平的《春秋战国门客文化与秦汉致用文艺观》，该书选题角度新，从文艺学的视角对门客文化作了分析阐释，论述了门客对当时思想、文化与文学所产生的影响，揭示了那个时代文艺观所体现的门客文化的内涵。该书从文艺学的视角来审视门客文化，所以对门客问题的论述只能是冰山一角，很多门客问题并没有涉及。如门客产生的原因，其性质、特点、作用、社会意义及对文学的影响等问题都没有论及。再有其对门客的分类过于宽泛，有的地方值得商榷。另一部是沈刚的《秦汉时期的客阶层研究》，该书以时间为线索，论述了秦、两汉时期的客在政治领域、经济领域活动的情况，随着社会、政治形势的发展变化，客与朝廷，与权贵的关系也发生了变化。沈刚的研究侧重于秦汉宾客的兴衰和变迁，对于宾客在思想、文化及文学方面的情况并无论及，特别是战国时期是食客兴盛、活跃时期，但是这方面的情况并不在沈刚的研究范围里，这是非常遗憾的事。

著作里对食客作专章论述的有：《何兹全文集》第三卷《中国古代社会》。由于何兹全对客的论述并不是一个独立的专题，所以只是对客的来源、演进、分化、衰落的情况作了线索的梳理和论述，关于客的其他情况没有论及。余英时的《士与中国文化》，在书中有专章论述权贵养士（实为养客）的情况。他论述的范围也仅限于战国四君子与其食客的基本情况，其他食客和更多的内容都没有涉及。陈连庆的《中国古代史研究》一书中有“西汉时代的宾客”一文，以西汉宾客为主体，论述了养客之风、主客关系、主客关系的形成和消亡几个问题。高敏的《秦汉史论集》有“两汉时期‘客’和‘宾客’的阶级属性”一文，文章从阶级属性的角度将两汉时期的客分为剥削阶级和被剥削阶级两类。

食客研究论文可以分为两类：一类是从宏观角度对春秋战国或秦汉食客进行研究分析的，另一类是针对某个食客的个案研究。最早从宏观角度研究食客的论文当数陶希圣，他的《西汉时代的客》发表于 1937 年的《食货》杂志五卷第一期。该文对西汉客的性质、特点进行了分析论述。例如：“客的不生产性”、“客的兵役”、“客的固定性与流动性”、“侠与客”等问题。20 世纪 80 年代有姜建设《游士宾客在秦汉的兴衰演变》，该文论述了游士宾客在秦汉经历的兴衰演变过程，宾客的内涵及其变化，分析汉代宾客兴衰的原因，指出客与当时社会及政治有着至关重要的关系。杨建宏《战国食客的特征及其社会价值》，论述了战国食客的特征是流动性，有严格的等级制，食客对后世的选举制、战国文化的繁荣和政治的稳定起了推进作用。陈怀健的《秦用客与客奔秦述论》，该文论述了秦用客观念和心态的开放，及客奔秦国的几种方式，说明秦国大量地用客和宾客大批地奔秦，是秦国迅速崛起，最后兼并六国，完成统一天下的重要原因。刘蓉的《春秋“司徒属”与战国“宾客”之比较》，比较了春秋“私徒属”与战国“宾客”的异同，指出“私徒属”讲忠诚，至死不怀二心，事于主人，奉职尽责，视主人为衣食之本，以尽忠为其人生目标；“宾客”以势取舍，择木而栖，事主人时，有事差遣，无事闲处，视主人为进身之阶，出将入相，欲显身扬名于国。指出这种差异与春秋战国贵族政治向君主集权制转变是一致的。徐方、徐翠先的《论先秦时期的食客形象》，将先秦食客根据其性质特征分为六大类。王云的《先秦食客》，论述了食客与主人的忠诚关系，政治联姻及食客的生存空间等问题。张彦修的《战国舍人》，该文通过较多的数据和材料来论述战国舍人的基本概念，活动情况，与主人的关系及地位等问题。沈刚的《战国秦汉时期舍人试探》，通过探讨战国、秦、秦汉舍人身份的演变，指出其变化反映了当时官僚制度逐渐规范化的趋势。鲍家树的《先秦“门客”及其精神基质探究》，论述了门客为养者效力的方式、效力的动机及所处地位等问题，总结了食客所具有的精神品质：独立人格意识、自由不羁精神、诚信意识和道义观念。张强的《养士与用士》（实则论述的是养客与用客之问题），该文通过战国四君子的养客与用客来比较出彼此的不同和高低差别。肯定了客的独立的人格精神，指出由于四君子的礼贤下士，使客将“士为知己者死”的人生观发挥到极致。另外，笔者有两篇拙文《社会变迁条件下的春秋战国食客》、《古代“食客”定义与身份辨析》。《社会变迁》一文论述了食客产生的原因、食客演变的情况及食客的性格特征。《“食客”定义》一文针对食客多种称谓的情况，根据食客的特点和性质，对食客概念作了重新定义，在此基础上对人们熟悉的一些食客的身份作了辨析。

食客个案研究的论文主要集中在苏秦、张仪、荆轲、豫让、伍子胥、蔺相如、冯谖、聂政等几人上。而对苏秦、张仪多是合在一起论述的。有关苏秦、张仪的论文约有 50 篇，这些论文中有超过 1/3 是围绕两人活动时间谁先谁后的辨析，二是两人外交、谋略及辩术的总结分析，如晁福林《张仪史事辨》，杨志才《纵横捭阖，雄辩滔滔：从〈战国策〉看苏秦、张仪的辩术》，裴默农《张仪弱楚的欺诈外交》等。蔺相如约有 50 篇，遗憾的是内容比较单一，全部是从文学的角度对蔺相如人物形象的分析，其他内容均无涉及，这与中学课文选入了《史记·廉颇蔺相如列传》有很大的关系。同样的情况还有荆轲约有 70 篇，冯谖约有 20 篇。都是因为中学课文选入了《史记·刺客列传》“荆轲刺秦”和《战国策》里“冯谖客孟尝君”两文。有关这两人的文章绝大部分是从文学的角度分析其人物形象的，所以无论是研究的内容还是研究的方法都比较单一，这与作者大部分为中学教师有一定关系。选题比较独特的有岳庆平的《荆轲并非壮士》，张蕾的《〈史记〉与〈燕丹子〉荆轲形象塑造之比较》等。豫让的文章有约 20 篇，但是有一半是论述元明清时期以豫让事迹为题材创作的豫让戏，针对豫让食客内容的文章也不多，其中李纪祥《“豫让”叙事与“历史”塑成》值得关注。聂政的情况也相似，美国学者白亚仁的《〈田七郎〉与〈聂政传〉关系比较》也值得关注。从食客个案研究论文看，没有一篇是以秦或两汉食客为内容的，特别是吕不韦、梁孝王和刘安的食客人数那么多，却没有关于他们食客的研究论文（虽然有李斯的论文，但是内容都不涉及他早年的舍人经历），这与他们的食客没有留下姓名有很大关系，这些都留下了需要填补的空间。

综观上述的研究成果，在食客的特点、食客的性质及食客的发展轨迹、食客的精神品格等研究上取得了一些突破和成绩，给本书的写作以一定的启发和帮助，但是其研究也有一些不足，例如：食客的思想及人生观、食客的文学描述、食客文学集团的活动及文学创作等情况均未涉及，这些将是本书研究的部分内容。虽然食客需要研究和解决的问题有很多，有的是本书希望解决的，有的等待今后的研究来解决。

第三节　研究的基本构想

一　食客嬗变的轨迹

要了解春秋战国乃至秦汉的食客，并对这一阶段的食客作一个比较全面、系统的描述，首先要解决食客的来源，食客产生的历史原因，食客兴盛的社会因素，导致食客分化、演变并最终衰落的根本原因等问题。本研究在第二章、第十章分别作了详细的分析和论述。

从西周到东周，随着社会、政治发生的巨大改变，周王室经济的衰落和权力的下移，直接影响到人才选用机制的改变。随着春秋的称霸战争和战国的兼并战争的加剧，各诸侯国对人才的需求变得极为迫切。社会的动荡不安打破了各诸侯国之间的壁垒，也加速了各国之间人员的相互交往和人才的流动，同时也带来了人们思想观念的解放。随着各国统治者对人才的迫切需求，西周以来实行的世卿世禄的人才选拔任用体制被打破，官吏的任用除世袭制之外，还有举荐制、军功制等多种形式。这些给寒门出身的有才之士提供了步入仕途的机会。而社会对于立功扬名者的褒奖和赞誉、提携和重用，更是给寒门之士以极大的鼓舞和鞭策。食客正是在这样的历史时期孕育产生，并迅速成长壮大的。

战国时期是食客发展的顶峰。这时期不仅食客人数众多，像战国四君子：齐国孟尝君、魏国信陵君、赵国平原君、楚国春申君及秦国吕不韦都是门下食客几千。再加上许多诸侯王及权贵门下均有为数众多的食客，他们构成了一个庞大的食客群体。

食客群体的特殊性在于他们不事生产，以寄食权贵为生，以服务主人为其职责和目的；他们流动性较大，具有不稳定性；他们无职无权，但是却有极高的社会声誉和影响力，他们常代表君王或权贵出使，斡旋于各诸侯国君王和权贵之间。他们能改变当时的政治格局和外交形势，能平息一触即发的战争。像苏秦的出使游说，使燕、赵、韩、魏、齐、楚等国先后签订、结成了合纵抗秦的联盟。而张仪为秦国先后出使楚、魏、韩、赵、燕、齐等国进行游说，使六国结成的合纵联盟很快被瓦解。像孟尝君曾遭人进谄言被齐王解除了相位，他的食客冯谖采用声东击西的方法，游说秦王，“秦王大悦，乃遣车十乘黄金百镒以迎孟尝君”①。结果齐王得到信息后，“召孟尝君而复其相位，而与其故邑之地，又益以千户”②。孟尝君不仅官复原职，而且得到了比之前更高的利禄。类似的情况在当时各诸侯国里经常出现。

到秦、汉时期，权贵养客之风更甚，食客在数量上并不少于战国，但是他们的影响力和社会声誉已经开始衰落。最主要的原因是最高统治者态度的转变。春秋战国时期，养客用客的不仅仅是权贵，还有各诸侯国的君王，所以在对待食客的态度上君臣是一致的，目标也是一致的，为了国家的安危和强盛。但是到秦、汉时期，君臣在对待食客的态度上出现了分歧，于君王而言，食客成为威胁朝廷安危的危险分子；于权贵而言，食客成为他们对付朝廷、抗衡中央的中坚力量。最突出的例子就是发生在战国末期秦国的嫪毐事件。

嫪毐因为受到秦王母亲的宠幸，势力逐渐壮大，他错误地估计形势，在被人告发之后，竟然率几千食客谋反作乱，最后被秦王嬴政镇压。这也是朝廷第一次对食客采取打击镇压的手段。到汉代，随着食客参与，或帮助诸侯王策划对抗中央朝廷事件的不断增加，朝廷对食客的态度也来了一个一百八十度的大转弯，由原来的支持、提倡变为反对、打击，甚至镇压。这种情况在汉文帝时就已经开始，到景帝时进一步加强，到武帝时发展到了顶峰，之后每朝皇帝都持续不断地打击食客，这种情况一直延续到东汉。

在汉朝由于食客不断地遭到朝廷的打击，加上选拔人才、任用官员机

---

① 司马迁：《史记·孟尝君列传》，中华书局 1985 年版，第 2361 页。

② 同上书，第 2362 页。

制的逐步完善，食客对政治的影响力在逐渐减弱，通过权贵举荐步入仕途的机会也逐步减少，食客的精力和兴趣开始由政治转向文化和学术。

二 食客的基本特征

要了解春秋战国及秦汉的食客，首先要明确食客的概念，因为食客有多种称呼，而且古今食客在内涵上有很大的差异。再有，食客都有哪些基本特征？食客与主人的关系等，是本研究要解决的第二个问题，这些内容主要在第一章、第三章、第四章、第五章分别进行论述。

食客从春秋时期出现到东汉走向衰落，前后存在有几百年时间，但是，食客这个群体却一直没有一个统一的称呼。除“食客”之外，还有“门客”、“门下客”、“门人”、“门子”、“宾客”、“客”、“舍人”等多种称呼。春秋时期也有称“私徒属”、“徒属”的。他们虽然称谓各不相同，但是他们所从事的工作和性质是基本相同的，只是彼此之间还有一些差异。

食客这个群体具有不稳定性，其流动性较大。一种流动是在各权贵之间进行。由于当时君王、权贵养客、用客成为一种时尚和风气，也使得食客投奔到谁的门下有了多种选择。择明主而仕成为食客不约而同的选择。对于有才的食客更是：“莫愁前路无知己，天下谁人不识君。”信陵君在赵国听说处士毛公和薛公贤能，但他们隐于博徒和卖浆者中，他多次想见他们，“两人自匿不肯见公子，公子闻所在，乃闲步往从两游，甚欢。平原君闻之，谓其夫人曰：‘始吾闻夫人弟公子天下无双，今吾闻之，乃妄从博徒卖浆者游，公子妄人耳。’”[①] 平原君对毛公、薛公的鄙视，使得他门下的食客看到了“‘平原君之游，徒豪举耳，不求士也’，……平原君门下闻之，半去平原君归公子，天下士复往归公子，公子倾平原君客”[②]。食客在权贵门下之间的流动是属于平行流动。这种流动有食客主动性的选择，也有被主人辞退后改投到另一权贵门下的，这种流动则属于被动性的。第二种流动是食客身份的转变，这种流动是自下往上的流动。食客因为表现出色，被主人或君王看重而被任用，成为朝廷官员，身份角色都发生了改变，其食客生涯也就此终结。有的食客还一跃成为招养食客的新权

① 《史记·魏公子列传》，第2382页。

② 同上书，第2362页。

贵。像商鞅、蔺相如、李斯就是最典型的代表。

食客寄食权贵门下的最终目的，是想获得主人向君王的举荐，在朝廷那里谋得一官半职，实现他们步入仕途、立功扬名的梦想。所以食客投机性是这个群体最显著的特征。有的食客为了实现自己的人生目标，可以说费尽心机，甚至到了不择手段的程度。损人利己，投机钻营，采用欺骗、利诱、威逼等手段，更有甚者陷害或杀害自己的主人，恩将仇报的事情也屡见不鲜。

俗话说："拿人钱财，替人消灾。"食客寄食于权贵门下，受主人供养，自然要为主人服务。食客群体多才多艺，人才济济，他们为主人服务所承担的工作各有不同。有的为主人管理家务杂事，或从事生产劳动；有的为主人出谋划策；有的为主人出使四方；有的在军事行动中充当私家兵的角色；有的做间谍，有的做刺客，也有为主人著书立说，可谓无所不能。因为为主人从事的工作不同，所以食客又可以分为几种类型：刺客、谋客、侠客、将客、说客、学术客、杂客等。

食客虽然受主人供养，但是彼此之间的关系并不仅仅是依附与豢养的关系，还有施恩与报恩、尊重与信任、礼遇与师友等多重关系。各种关系中，最重要的是食客与主人的忠诚守信关系。任何事情都有两面性，当主人与食客的关系一旦交恶的时候，食客对主人常常以背叛和报复来回报之，轻的主人会为此丢官失爵，重的则是丧失性命，后果是极其严重的。

三　食客的思想

关于食客的思想、人生观等问题，主要在第六章、第七章里论述。

食客虽然地位卑微，出身贫寒，却是一群有思想、有理想、有才华的人士。由于食客来源的广泛，所以他们的思想既复杂又丰富多彩。他们既有儒家的民本思想，又有道家、纵横家的思想，同时他们又有崇尚贤能，追求平等与尊严的思想。而食客在功名心的驱使下，追名逐利既是他们的本性，也是他们所奉行的思想和主张。

食客的人生观是积极进取，不甘平庸的。他们有远大的理想和抱负，在困难和挫折面前他们能够百折不挠，自强不息，顽强奋斗。他们不惧艰险，不怕困难，也不畏强权。所以许多食客在经历过挫折和失败后，最终获得了成功。

儒家传统的"杀身成仁"、"舍生取义"的生死观对食客虽然有很大的影响，但是由于许多食客特殊的人生经历和理想，使他们形成了自己独特的生死观。在食客“士为知己者死”的生死观背后，折射出他们对主人的感恩和报恩的心态。而“以义死难，视死如归”的生死观是他们在继承儒家“舍生取义”生死观基础上的升华。许多食客在国家和主人利益受到损害的时候，他们都会毫不犹豫地挺身而出，以义死难，像豫让、荆轲、蔺相如、晁错等是这类食客的代表。食客有时候为了实现自己梦寐以求的理想和愿望，在生死关头，他们会“弃小义，雪大耻”，选择隐忍苟活，为的是有一天能够成就功名，复仇雪耻。司马迁对于食客这种生死观不仅充满敬意，极力赞扬，并且还以他们为榜样，亲身实践。在他遭遇“李陵之祸”时，为完成《史记》的写作，他自己选择了宫刑，隐忍苟活，为的是完成父亲的遗愿，也为了实现自己对父亲的承诺。最终司马迁完成了《史记》宏篇巨著的写作，实现了自己的愿望，也可以告慰父亲的在天之灵。

四　食客与文学的关系

这里主要是从文学的视角来解读和审视食客与文学的关系。这部分内容主要在第八章、第九章里进行论述。

其一，食客作为文学创作的客体出现于史传文学的人物画廊。在《左传》、《国语》、《战国策》、《史记》、《汉书》、《吴越春秋》等史传文学著作中，由于成功的文学描写，使许多鲜活、生动的食客形象载入中国文学的史册。像冯谖、毛遂、蔺相如、荆轲、豫让、聂政、范雎、伍子胥、苏秦、张仪，等等。他们个性鲜明，血肉丰满。这些食客的文学形象，不仅丰富了叙事文学的人物画廊，同时也给后世读者留下了深刻的印象，特别是它给后世小说、戏剧创作提供了丰富的创作题材。史传文学的作家们在食客形象的塑造上运用的各种描写手法，给后世作家的文学创作提供了许多可资学习和借鉴经验与做法。

其二，食客作为文学创作的主体，创作了许多优秀的文学作品，这些文学作品有食客集体创作的《吕氏春秋》和《淮南子》，这两部书既是思想深邃的哲学著作，也是非常优秀的文学著作。另外，食客个体创作了许多优美的散文和汉赋，如李斯、邹阳的散文，枚乘、枚皋父子及司马相如的汉赋等。

其三，食客文学集团的出现。中国文学史上最早的文学集团当数战国末期吕不韦门下的食客文学集团，受其影响，到西汉初期陆续出现了梁王门下的食客文学集团和刘安门下的食客文学集团。这几个食客文学集团成为中国文学集团的滥觞。在其影响下，魏晋南北朝各种文学集团如雨后春笋般地不断涌现，它们对推进和繁荣中国文学起到了积极的促进作用。

五　食客的历史作用及影响

这部分内容主要在第十一章、第十二章里面进行论述。

（一）食客的历史作用

食客作为一个特殊群体，不仅对当时的社会产生重要影响，其历史作用也是显而易见的。第一，他们改变了政治、外交的格局；第二，他们改变了当时的用人机制；第三，促进了各个国家之间的人才流动；第四，他们的思想丰富、充实了当时诸子百家的思想。

（二）食客的社会意义

第一，对秦汉时期官员选拔任用制度的制定具有指导和借鉴意义。第二，他们在思想、学术领域推动、促进了百家争鸣局面的形成。第三，对后世文人结社，文学集团的形成及创作产生积极的影响。第四，食客的嬗变及兴衰，见证了春秋战国及秦汉社会的发展变迁。

（三）食客对后世文学的影响

食客对后世文学的影响主要有以下几个方面：

（1）为文学创作提供了题材。第一，食客作为诗人、词人吟咏的对象出现于诗文和词曲中。第二，食客或食客事迹作为比兴材料出现于各种类型的文学作品中，丰富了古代文学创作的园地。

（2）食客人物及事迹为后世的戏剧创作提供了丰富多彩的题材和素材，成为古典戏曲和地方戏剧艺术创作的资源宝库。

（3）食客的文学形象对后人产生了广泛而深远的影响。

（四）食客文学对后世文学的影响

一是食客文学中收录了大量的神话和寓言故事，它们对后世的叙事文学以重要的影响。二是食客散文中那种铺排、对偶和夸张的艺术表现手法对后世的骈文以很多的启发和影响。

（五）食客影响中华民族性格的几个因素

食客对中华民族性格的影响是久远的，也是多方面的。这种影响既有积极的，也有消极的，既有正面的，也有负面的。仅就食客影响中华民族性格的几个因素来看：第一，是积极进取，自强不息的精神品格。第二，是忍辱负重，顽强不屈的精神意志。第三，是慷慨任侠，舍生取义的崇高品质。第四，是投机钻营，追名逐利的劣根性。

第一章

食客定义与身份辨析

“食客”最初产生于春秋战国时期，这是一个特殊的群体。说他们特殊，是因为从职业的角度来看，他们非工非农，非士非商。从经济学的角度来看，他们不事生产，是社会的边缘人。但是，他们中的许多人却活跃在当时的政治、外交舞台，如李斯、商鞅、蔺相如、毛遂等。而吕不韦及西汉淮南王刘安的食客，分别集体著述了《吕氏春秋》和《淮南子》。这些著作都显示了食客们在思想上、政治上深邃的见解和扎实的理论功底，无论在当时还是对后世都产生了重要的影响。虽然后来每一个朝代都有食客出现，但是其人数和影响力较之春秋战国及秦汉时期的食客要小得多。

第一节 “食客”定义

“食客”之概念在古今存在着差异，就现代而言，“食客”一般指到宾馆、酒店或饮食店就餐的顾客。如“餐桌细节中，做个有‘礼’的食客”，“吸引众多食客的天津圆满素食林”，“何不清查‘极品食客’”。这是刊登在前几年几个刊物上的几篇文章标题，我们从中可以看出，今人对“食客”的理解基本局限在饮食方面的客人。

古代的“食客”又有“舍人、客、宾客、门客、门下客、门人、门子、徒属、私徒属”等多种称呼。在古代，“食客”有着较之现代更丰富更深刻的内涵意义。“客”在《说文解字》的注解为：“客，寄也，字从各。各，异词也。故自此托彼曰客，引申之，曰宾客。宾，所敬也。客，寄也。”在《古汉语常用字字典》里对“客”的解释：一是外来的人；二是门客、食客。从两个字典对“客”的解释可以看出，它从最初的“寄”

之意，到“外来人”，再到“门客、食客”，是“客”概念的内涵在不断丰富，外延在不断扩大，进而逐渐与“食客、门客”对接。

“食客”在《辞海》里的解释：“食客：古代寄食于豪门贵族家并为之服务的门客。”《辞源》的解释：“食客：寄食于富贵之家并为之所用的门客。”《中文大辞典》的解释：“食客：寄食门下之客也；饮食店之顾客。”《现代汉语词典》的解释：“古代在贵族家里寄食、为主人策划奔走的人。”由此看四者意思相近。而“舍人、客、宾客、门客、门下客、门人、门子”等词条在《辞源》、《辞海》、《中文大辞典》里的解释基本都归结到“食客”上，如“门客”的解释：“门下之食客”（《中文大辞典》）；“宾客”的解释：“门下之食客”（《中文大辞典》）；“门子”的解释：“门下士，食客”；“门下客”解释：“食客”等。我们从古代的文献典籍中也能够看到上述词汇意思相同或相似。

> 秦之围邯郸，赵使平原君求救，合从于楚，约与食客门下有勇力文武备具者二十人偕。[①]
>
> 蔺相如者，赵人也。为赵宦者令缪贤舍人。[②]
>
> （郢之登徒）见孟尝君门人公孙戌。[③]
>
> 淮南王大喜，厚遗武安侯金财物，阴结宾客，拊循百姓，为畔逆事。[④]

由于汉语的词汇自古就存在着一词多义的现象，所以在上述的词汇中，也存在着一词多义的情况，如“食客”就有门客；进食的客人两种含义。“舍人”则有官名；王公贵族私门之官；宋元以来俗称显贵子弟为舍人等三种含义。

春秋战国时的“舍人”也是有等级的，只是“舍人的分等标准并不是固定不变的，可以根据能力和贡献升迁黜降，有着种种类似考核制度的

---

① 《史记·平原君虞卿列传》，第 2366 页。

② 《史记·廉颇蔺相如列传》，第 2439 页。

③ 诸祖耿撰：《战国策集注汇考·齐三·孟尝君出行五国至楚》，江苏古籍出版社 1985 年版，第 579 页。

④ 《史记·淮南衡山列传》，第 3082 页。

规定"[①]。"门人"则有弟子；食客，门客；魏晋时特指初进太学未取得正式资格的学员；守门的人等四种含义。"宾客"有客人的总称。"大概与'上客'同义，是食客中等级最高、最受礼遇的分子。有突出贡献和专长的宾客可以为官，实际兼具公、私两种身份。"[②] 春秋战国时指他国使者，贵族的门客、策士；东汉以后对依附世家豪族人员的称呼等意义。虽然这些词都有几种含义，但是它们在一点上是重合的，就是都具有食客、门客的含义。

我们从《辞源》、《辞海》、《现代汉语词典》的解释中可以看到，作为食客应该符合两个条件：一是寄食于富贵人家；二是为所寄食者服务。由此可知，食客最显著的特征是它的寄食性、依附性、非生产性、非自由性和非官方性。

如果仅从辞书的解释来理解"食客"的含义应该说是有遗漏、有欠缺的。因为就食客的性质来看，食客还有另一层含义在辞典、字典中没有被表述出来，即："借助权贵寻找个人升官发财的机会。"这一点揭示出食客具有很强的投机性，这是辞书没有表述出来的内容。

《史记·李斯列传》记载：李斯少年时看到"厕中鼠"和"仓中鼠"由于处境不同，受到人们不同的对待，由此感叹："诟莫大于卑贱，而悲莫甚于穷困。"[③] 为此他立志要做人上人。首先他跟随荀卿学帝王之术。学成之后他辞别荀卿说："今秦王欲吞天下，称帝而治，此布衣驰骛之时，而游说者之秋也。处卑贱之位而计不为者，此禽鹿之视肉，人面而能强行者耳！"[④] 李斯认为，当今秦国欲吞天下，正是贫寒之士驰骋天下，游说诸侯的最好时机，若处卑贱之位仍袖手旁观，没有什么打算的话，就像只知道吃现成肉的禽兽一样，实际上是长着人样却无人的志向和本领。在他看来那些身处卑贱却非议世俗、厌恶名利的士人，标榜自己与世无争，实际上非常虚伪，是假扮清高。为此他像猎鹰一样地捕捉时机，最后他捕捉到了秦国丞相吕不韦这个大猎物，于是投其门下做食客。果然，吕不韦没有让他失望，推荐他做了秦宫廷的宿卫侍从官，最后他逐渐爬到了

① 张富祥：《王政全书：〈吕氏春秋〉与中国文化》，河南大学出版社2001年版，第12页。
② 同上。
③ 《史记·李斯列传》，第2539页。
④ 同上。

秦国丞相的位置，实现了他的梦想。司马迁在《史记》里非常真实而详尽地展现了李斯投机钻营、依附权贵的心理世界。虽然卑鄙，虽然丑陋，但是它却折射出食客们投机钻营背后，那种渴望改变自己的社会地位，改变自己命运的努力和抗争。

一些学者在他们的研究著作中对食客、门客的概念也做出了类似的解释。如李珺平在他的《春秋战国门客文化与秦汉致用文艺观》中，对“门客”的定义：

> 门客式“客”，特指有一技之长，自愿（或开始并非自愿后来却非常自愿）投奔、寄食养者门下，被人豢养，并忠诚为之服务，鞠躬尽瘁，死而后已（或主人死后，树倒猢狲散）者，以此衡之，食客（门客）、说客、刺客、客卿（包含客将、客相两种：客将，如兵家；客相，如布衣卿相、纵横家）等等，都可被归入门客式“客”系统。[①]

李珺平对“食客”概念的定义比较宽泛，他强调有一技之长，忠诚、服务和被豢养。应该说服务和被豢养是每一个食客都具备的，但是一技之长和忠诚并不是每个食客都具有的素质。客观地说，具有一技之长的只是部分食客，许多食客投奔权贵的目的就是为求得一碗饭，解决温饱。对于权贵来说，为了提高自己的声望和影响，对投奔他们的食客基本上是来者不拒，并不一定要求有一技之长。像孟尝君的食客冯谖当初来到他府上时，孟尝君曾问他：“‘客何好？’曰：‘客无好也。’曰：‘客何能？’曰：‘客无能也。’孟尝君笑而受之。”[②] 孟尝君并没有因为冯谖无一技之长而将他拒之门外，而是非常宽容地接纳了他。

据《史记·孟尝君列传》载：“孟尝君在薛，招致诸侯宾客，及亡人有罪者，皆归孟尝君，孟尝君舍业厚遇之。以故倾天下之士，食客数千人，无贵贱一与文等。”[③] 孟尝君不仅接收无一技之长者为食客，甚至逃

---

① 李珺平：《春秋战国门客文化与秦汉致用文艺观》，中国社会科学出版社 2001 年版，第 12 页。

② 《战国策集注汇考·齐四·齐人有冯谖者》，第 591 页。

③ 《史记·孟尝君列传》，第 2354 页。

犯、罪犯、品行不端的鸡鸣狗盗之徒他都来者不拒，他的目的就是要"倾天下之士"，与赵国的平原君、魏国的信陵君和楚国的春申君在招揽人才上一争高低，在世人和君王面前显示他的礼贤下士、从善如流的名声。所以孟尝君在战国四君子中，其食客人数居首位，不仅超过许多君王，也超过信陵君等人。

权贵招养食客，食客为主人做事，并以忠诚回报主人，这本是人之常情，是食客群体里的行规，也是食客必须遵守的职业操守和准则。在《史记》、《战国策》、《左传》里也留下了许多食客对主人忠心耿耿，舍身相报的佳话，如春秋时期的豫让，孟尝君的食客冯谖等。但是也有不少食客在主人被免职或失势之后，作鸟兽散。这些食客对主人缺乏最起码的忠诚。当主人得势时，食客对主人趋之若鹜，当其失势时，则各奔东西。这种情况在很多权贵身上都无数次地上演，这个问题将在后面作专门论述。

客观地说，由于食客群体来源广泛，出身不同，追求不同，他们的思想和追求表现出复杂性和多样性特点。既有忠心耿耿者，也有投机势利者。所以李珺平给食客的定义，有的地方值得商榷。

张彦修在《战国舍人》一文中，根据史料对战国舍人的概念和内涵进行了总结归纳：舍，有私属的含义，"舍人的字面含义应该为：'居住在权贵私人馆舍里的人'"①。舍人的主要工作：辅佐主人，出谋划策；受命出使；执行秘密使命；完成主人安排的其他事务。可见舍人对权贵的依附性和为主人服务的性质与食客是相同的。

在一些学者的研究成果中，常把士与食客联系在一起，如余英时的《士与中国文化》，作者特别在第一章"古代知识阶层的兴起与发展"中专有一节"私门养客与游士的结局"来论述春秋战国乃至秦汉的食客现象。余英时先生在书中指出："先秦士这一阶层有两大来源，一部分是从旧的'封建'制中游离出来的没落贵族，一部分则是由社会下层浮上去的庶民。"②

在余先生看来，部分食客正是"由社会下层浮上去的庶民"。这些浮上去的食客通过华丽转身，有的成为士，有的成为权贵。另一些研究者则

---

① 张彦修：《战国舍人》，《古籍整理研究学刊》2011 年第 3 期。

② 余英时：《士与中国文化》，上海人民出版社 1987 年版，第 74 页。

把战国四君子的养客称之为养士。有的人则把士与食客等同看待。他们之所以把“士”与“食客”的概念混淆，是因为他们忽略了士与客（食客）在外延与内涵上的差异。

先秦时期的士与客在外延上有交叉。由于春秋战国时期的食客具有流动性，一些人经过个人的努力奋斗，其才华得到了权贵甚至君王的认可，逐渐步入仕途，脱离了食客群体，进入到士乃至权贵的阶层，如商鞅、蔺相如、范雎、李斯等。但是士与食客在内涵上有着本质的区别。因为士的本质特征是他的独立性、自主性和稳定性。而食客的本质特征是他的依附性、寄生性、投机性和流动性。所以两者是有根本区别的。

春秋战国时期还有一些依附于权贵或为权贵服务做事的人，史籍里称之为家臣、私徒属、徒属、徒等。家臣与私徒属的性质较为接近，但是与宾客还是有一定的差别的。刘蓉在她的《春秋“私徒属”与战国“宾客”之比较》一文中，总结分析了“私徒属”与“宾客”两者的差别。一是表现在对主人的忠心上，春秋时的“私徒属”为主人扶危济困，能够做到舍生忘死；而战国宾客“忠于主人虽不乏其人，但忠的观念已经受到极大的挑战，越来越多的宾客不再与主人同甘苦，共患难”①。二是“私徒属”中的上层如家臣，有封邑作为俸禄，有自己相对独立的经济地位。战国宾客投身主人有着很大的寄食成分。三是服侍主人的最终目标不同。私徒属“他们只知有家，不知有国；只能忠于主人，不需忠于国君；只能为其主人谋事，而不能参与国事”②。刘蓉的分析和归纳是比较客观和符合实际的。但是需要补充一点，就是两者的稳定性不一样。私徒属与家臣一样，他们的忠诚度决定了他们具有较强的稳定性，一旦投身于某个主人，则终身服务于他，甚至其子孙继续做其家臣或私徒属。宾客则不然，他们有一定的流动性。合则留，不合则去，频繁更换主人的现象在战国或秦汉时期的宾客中并不罕见。如春秋末期晋国的豫让做食客，曾先后三易其主。由于战国时期的四君子和秦国丞相吕不韦为了博取名声，扩大自己的影响，显示其实力，都争相延揽食客，这使得食客们可选择的余地和范围比较大，也造成了食客自然流动的状况。据《史记·魏公子列传》记载：

---

① 刘蓉：《春秋“私徒属”与战国“宾客”之比较》，《安徽师范大学学报》2004 年第 4 期。

② 同上。

> 公子闻赵有处士毛公藏于博徒，薛公藏于卖浆家，公子欲见两人，两人自匿不肯见公子。公子闻所在，乃闲步往从此两人游，甚欢。平原君闻之，谓其夫人曰："始吾闻夫人弟公子天下无双，今吾闻之，乃妄从博徒卖浆者游，公子妄人耳。"夫人以告公子。公子乃谢夫人去，曰："始吾闻平原君贤，故负魏王而救赵，以称平原君。平原君之游，徒豪举耳，不求士也。无忌自在大梁时，常闻此两人贤，至赵，恐不得见。以无忌从之游，尚恐其不我欲也，今平原君乃以为羞，其不足从游。"乃装为去。夫人具以语平原君。平原君乃免冠谢，固留公子。平原君门下闻之，半去平原君归公子，天下士复往归公子，公子倾平原君客。①

信陵君在秦军围邯郸之时，"矫夺晋鄙兵权而存赵"，这就是闻名后世的信陵君窃符救赵的故事。由于"魏王怒公子之盗其兵符，矫杀晋鄙"的行为，所以赵国危险解除后，信陵君只能滞留赵国。他在赵国听说毛公和薛公贤能，于是到民间寻访，"闲步往从此两人游，甚欢"。可见信陵君招养食客不像别的权贵那样，只等其自动上门，他是主动上门寻访贤能之士，招揽食客。平原君看到信陵君与身份职业低贱的毛公、薛公交游而鄙夷他，认为其做法很荒唐可笑。信陵君从他的姐姐，平原君夫人处得知情况后，看到了平原君养客、爱客的虚伪本质，执意要离开。后来平原君一再挽留，并诚恳地向信陵君道歉，信陵君才留下。这个事情实际上反映了权贵们在招客、养客、待客的标准和目的上是存在差别的。平原君门下食客得知情况后，对平原君深感失望，他们认清了谁是真正的爱客好客，谁是装门面做样子，于是，"半去平原君归公子"，而且"天下士往复归公子"，信陵君声望愈高，各地食客纷纷投奔信陵君。虽然司马迁在这里的描述可能有夸张的成分，但是他反映食客流动的情况却是真实可信的。

食客的流动不仅限于权贵之间的平行流动，更多的流动是自下往上的流动。即通过权贵的举荐，或因得到君王的赏识，被提拔重用，担任一定的职务，从此步入仕途。如范雎、蔺相如、李斯，等等。基于以上几点差别，我们可以确定私徒属、家臣与食客、宾客虽然有相似之处，但是在内涵和本质上存在着一定的差别，二者不可混为一谈。

---

① 《史记·魏公子列传》，第 2383 页。

结论：从文献典籍对食客情况的描述，再综合字典、词典对食客的解释，以及当今一些研究成果对食客、门客等概念的总结、分析，我们可以对“食客”概念作如下的完整表述：“食客：又有舍人、客、宾客、门客、门下客、门人、门子等多种称呼，它专指古代寄食于权贵家里，并为之服务，通过权贵寻找个人升官发财途径的人士。”

第二节　食客的身份辨析

食客的流动性和投机性，决定了他们身份的不稳定性。有的食客由于个人才能及机遇等多种因素，他们终生默默无闻，至死也未能改变其食客的身份。有的食客虽然终身未脱离食客的队伍，但是因为他们对主人的忠诚和杰出的表现，也曾经有过轰轰烈烈的壮举，在历史上留下亮丽的一笔。有的食客由于个人的才智加上机遇和自己的努力奋斗，使他们步入了仕途，成为士大夫或卿相，脱离了早年的食客身份。

一个人早年的人生经历，对其思想性格的形成起着至关重要的影响，甚至伴随其终身。食客的经历对于食客权贵（由食客晋升权贵的人）的思想和性格的形成，对于他们的人生观、世界观的形成有着重要的影响。一些人虽然后来已经成为朝廷重臣，但是从他们处理君臣关系，处理政治、外交事务时所表现出来的处事态度，从他们创作的文学作品中，都可以看到他们早年食客的痕迹。

根据前面对食客概念的表述，可以知道食客应该具备三个条件：寄食权贵；服务权贵；借助权贵发展个人。在明确“食客”概念之后，我们可以对食客的身份进行界定了。之所以要对食客身份进行辨析，是由于食客生涯只是一些士人或卿相早年的一段人生经历，所以一些学者对这些人进行研究时，有时会忽略食客经历对这些士大夫人生观、世界观所产生的影响。一些研究对这些人的食客经历有的避而不谈，有的一笔带过。这样的研究成果显然缺乏完整性和客观性，同时也会影响到人们对这些人的全面了解和评价，所以辨明食客身份是非常必要的。

再有，有的研究文章或著作把一些不是食客或没有食客经历的人都归入到食客群体中，如李珺平的《春秋战国门客文化与秦汉致用文艺观》一书，对食客的界定非常宽泛，他不仅将侯嬴、朱亥等当成食客，甚至将秦汉时的刘邦、项羽都划入到食客行列中。这同样对后人起误导作用。基于这两个原因，我们有必要对一些人的食客身份进行界定。

为什么一些文章或著作会将一些不是食客的人当成食客呢？究其原因，一是因为在先秦两汉的文献典籍中，有时在介绍某人身份时只说"事某某"；二是有的人因为与战国四公子关系密切，常被人误当成食客。人们对食客身份产生歧义的主要原因，是对食客概念和食客特征认识比较模糊，所以我们有必要对一些食客身份进行界定。

从古至今，许多人都把侯嬴当作信陵君的食客，如吴见思的《史记论文》评点《魏公子列传》曰："一篇好客是主，救赵是大节，而胜处在侯生送公子一段……侯生、朱亥、毛公、薛公，是客中表表。……通篇用客串插以成文章。"又如李景星的《史记评议》评议《魏公子列传》曰："中间所叙之客如侯生、如朱亥、如毛公、薛公，固卓卓可称。"①

其实侯嬴只是信陵君的知己好友，并不是他的食客。《史记·魏公子列传》是这样介绍侯嬴的：

> 魏有隐士曰侯嬴，年七十，家贫，为大梁夷门监者。公子闻之，往请，欲厚遗之。不肯受，曰："臣修身洁行数十年，终不以监门困故而受公子财。"公子于乃置酒大会宾客。坐定，公子从车骑，虚左，自迎夷门侯生。……至家，公子引侯生上坐，遍赞宾客，宾客皆惊。酒酣，公子起，为寿侯生前。……于是罢酒，侯生遂为上客。②

这段史料告诉我们：侯嬴年七十，是个隐士，以他这样的年龄选择隐士生活，表明他无心仕途，所以，从主观方面来说，他没有在仕途上求发展的动机。再有，他有专职工作，为"夷门监者"，即守门人。"夷门"为"魏都大梁（今开封市）的东门"③。有稳定的收入，看守城门是一个专职工作，是应该有收入的，所以他也没有寄身权贵的客观需求。从《魏公子列传》看，虽然信陵君宴会之后，"侯生遂为上客"。但是，此"上客"非彼"上客"。这里的"上客"，并非指侯嬴成为信陵君的上等

---

① （清）吴见思：《史记论文·史记评议》，陆永品点校，机械工业出版社 1985 年版，第 167 页。

② 《史记·魏公子列传》，第 2378 页。

③ 韩兆琦：《史记笺证·魏公子列传》，江西人民出版社 2005 年版，第 4279 页。

食客，而是指侯嬴自此成为信陵君府上的尊贵宾客。因为我们从《魏公子列传》后面的一段叙述可以得到印证。当信陵君看到秦军兵围邯郸，他说服魏王救赵无果之后，“乃请宾客，约车骑百余乘，欲以客往赴秦军，与赵俱死。行过夷门，见侯生，具告所以欲死秦军状。辞决而行”[①]。

信陵君要率领自己的食客队伍孤军去解救邯郸之围，特地路过夷门与侯嬴告别。如果侯嬴是寄食于信陵君府上，那么何来信陵君特地过夷门与侯嬴告别一说。只有一个可能，那就是侯嬴一直是住在夷门，而没有住在信陵君府上。这些情形说明，侯嬴既没有寄食信陵君门下，受他供养，更没有借助信陵君在仕途上谋求发展的打算。他与信陵君只是一种知己好友的关系。他对信陵君之所以倾心相助，肝胆相照，是因为感动信陵君对他“亲枉车骑，自迎嬴于众人广坐之中”[②]，超出常礼的尊重，感激他的知遇之恩，侯嬴为知己好友舍身相报也就在情理之中了。

再看朱亥，他虽然舍命为信陵君效力，但他也不是食客。《魏公子列传》记载：

> 侯生谓公子曰：“臣所过屠者朱亥，此子贤者，世莫能知，故隐屠间耳。”公子往数请之，朱亥故不复谢，公子怪之。……
>
> 朱亥笑曰：“臣乃市井鼓刀屠者，而公子亲数存之，所以不报谢者，以为小礼无所用。今公子有急，此乃臣效命之秋也。”[③]

从上面的材料看，朱亥是个隐者，他隐于屠夫之中，以屠宰为生，他有职业有收入，所以不需要寄食于信陵君。当信陵君请朱亥随军救赵，帮助对付晋鄙时，他之所以愿意慷慨相助，是因为他感激“公子亲数存之”，这里的“存”是看望、问候之意。信陵君多次礼贤下士，登门看望、问候他，但“朱亥故不复谢”。他故意不回敬以礼，表达谢意，是因为他“以为小礼无所用”，在他看来这种形式上的客套毫无意义，只有关键时刻出手相助，才能报答信陵君对自己的厚爱。只是他早已把信陵君视为知己好友。加之朱亥本来就有豪爽任侠的性格，所以关键时刻他挺身相

---

① 《史记·魏公子列传》，第2380页。

② 同上书，第2378页。

③ 同上书，第2379—2381页。

助公子也就不足为奇。

再看信陵君在赵国寻访交游的毛公、薛公，他们都是赵国的处士。“处士”即有德行而隐居不仕的人。毛公混迹于赌徒中，薛公则藏于卖酒者的行列。所以从几方面来看，侯嬴、朱亥、毛公、薛公都不能算是信陵君的食客，只能称为知己好友。

我们再看商鞅，商鞅早年的身份是学术界争议较大的一个问题。《史记·商君列传》叙述“鞅少好刑名之学，事魏相公叔座为中庶子”[①]。人们对商鞅身份产生分歧，主要集中在对“中庶子”的不同理解。在《战国策》和《吕览》中写为“御庶子”，对“御庶子”的解释，《战国策集注汇考》金正炜曰：“《史记·商君传》作‘痤之中庶子’。索引引《战国策》云：‘卫庶子也。’鞅本卫之诸庶孽公子，作卫庶子义胜。有与友古通用，此由卫他、御字形相近，鞅又适为中庶子，因以致误。”[②] 日本泷川资言在《史记会注考证》中对“中庶子”注释：“《索引》官名也，魏已置之，非自秦也。”梁玉绳曰“中井积德曰：‘魏相之家非公族，中庶子，舍人之稍贵者。’冈白驹曰：‘自战国以来，大夫之家，有中庶子，有舍人。’”[③] 韩兆琦教授在《史记选注集评》里对“中庶子”的解释：“官名，战国时为大夫家掌家事者。高于舍人。”[④] 张大可在《史记新注》里对“中庶子”的解释是：“官名，掌卿大夫家族事务。”[⑤] 归纳上述各家学者和注本的注释考证，得出的结论大致情况如下：首先，“中庶子”和“御庶子”是一回事，只因商鞅原本是卫国的庶公子，“御庶子”是“卫庶子”的笔误。其次，“中庶子”是官职名，其掌管的是大夫家族事务。再次，中庶子地位高于舍人，但与舍人性质是相同的。由此看商鞅最初也是食客出身，他寄食公叔座府上，为公叔掌管家事，公叔座去世之后，他才到秦国，通过秦孝公的宠臣景监的引见，得以拜见孝公，开始了他的仕宦生涯。

---

① 《史记·商君列传》，第 2227 页。

② 诸祖耿撰：《战国策集注汇考·魏一·魏公叔痤病》，第 1153 页。

③ ［日］泷川资言：《史记会注考证·商君列传》，北岳文艺出版社 1999 年版，第 3398 页。

④ 韩兆琦：《史记选注集评》，广西师范大学出版社 1995 年版，第 230 页。

⑤ 张大可：《史记新注》，华文出版社 2000 年版，第 1369 页。

第三节 “士”与“食客”的区分

从古至今，许多研究“士”的论著或文章中多会论及“食客”，如余英时的论著《士与中国文化》就有一节谈“私门养客与游士的结局”；张强的论文《养士与用士》实际上谈的是养客与用客的问题。而在有关“食客”的论著、文章中也会谈到“士”，如李珺平的《春秋战国门客文化与秦汉致用文艺观》里就把一些“士”当成了客。有的把食客当成士来谈，所以有必要对两者作一个区分。有关“食客”的定义我们在前面已经作了界定。这里我们先来明确一下“士”的概念。

> “士”在《说文解字》的解释：“士，事也。数始于一，终于十，从十一。孔子曰：推十合一为士。段玉裁注曰：引申之，凡能事其事者称士。《白虎》曰：士者事也，任事之称也。故《传》曰通古今，辨然否，谓之士。”①

从《说文》的解释和段注来看，“士”有善于做事情之意。从一开始，到十结束。但孔子的解释，似乎是从“士”字的结构：十 + 一合为士。《白虎通义》结合《传》的解释：“士”指具有知识技能的人。

从各种字典和辞书对“士”的解释来看，“士”的含义有多种，如（1）上古掌刑狱之官。（2）先秦时期，贵族阶层的最低一等，位次于大夫。（3）古代四民之一。（4）有一定知识和技能之人的称呼，春秋以后，逐渐成为知识分子的统称。

从（1）看，这是一种官职的名称。这是最早“士”之义。《周礼·大司徒》有“其附于刑者，归于士”②。相传舜时代曾经任命主管刑罚的皋陶为“士”。从（2）看，西周时期宗法制社会的等级划分依次为：天子，诸侯，卿大夫，士，庶民。从（3）看，西周时期社会为四民，即士、农、工、商。这里的“士”指农工商以外学道艺、习武勇的人。或称“士民”以区别于“庶民”。从（4）看，由于古代学在官府，只有

① 徐中舒：《说文解字段注·第一篇上》，成都古籍书店 1981 年版，第 21 页。

② （清）阮元校刻：《十三经注疏·周礼注疏·大司徒》，中华书局 1996 年版，第 708 页。

“士”以上的贵族子弟才有文化知识，所以“士”又成了“有一定知识技能之人”的称呼。《后汉书·仲长统传》就有“以才智用者谓之士”①。

程水金在他的论著里，通过对大量史料的考辨分析，对“士”的起源、发展及其内涵有了较为清晰的认识，他认为“士”的渊源及其早期的文化特征，可概括为如下几点：

> 第一，“士”的最初指称对象是殷人“多工”或“百宗工”的秀出者，后来逐步泛化，用以指称周邦周族以外的殷遗及殷之旧属。
>
> 第二，周初之“士”，是一个知文识礼、具有深厚文化素养和各种专门技术才能的知识群体。
>
> 第三，他们先前属于统治阶级的组成成员即所谓“商王士”，因为王朝的更迭与封建国家的形成，他们失去了历史主导地位而沦为新朝的臣民。
>
> 第四，他们以其拥有的知识和技能，分别可在王室或公室谋得一定的职位，仍然属于贵族之列，并受到周人的优待。
>
> 第五，他们在经济上有相对的独立性，有划定的土田居邑，甚至还可能拥有自己的家内奴仆。②

程水金在这里从“士”的基本素质（内涵）：“知文识礼”，“有深厚文化素养和各种专门技术才能”；“士”的来源：“周族以外的殷遗及殷之旧属”；“士”的社会地位和经济状况：“属于贵族，受周人优待”三个方面对周初“士”的基本特征作了总结和概括。接着又对“士”在周代社会的基本情况作了总结：

> 第一，他们是经过大学教育，受过各种文化知识熏陶与专门技能训练的新型知识群体。
>
> 第二，他们介于大夫与庶人之间的低级爵位，“足以代耕”的俸禄，十分清楚地表明了他们在士大夫阶层与平民之间的双边依违性，

---

① （宋）范晔撰：《后汉书·仲长统传》，中华书局1965年版，第1654页。

② 程水金：《中国早期文化意识的嬗变：先秦散文发展线索探寻》第二卷，武汉大学出版社2004年版，第30—31页。

同时也昭示着他们未来的发展方向。

第三，虽然他们的爵禄不高，但他们是文武兼能之士。

第四，由于平民与贵族的差异，乡学与国学的不同，从而决定了这些士人们进入仕途的不同方式。……他们作为新型知识群体的性质并没有改变。[①]

我们在程水金对周初及周时期“士”的基本特征的总结对比中发现它的内涵出现了变化：第一，“士”由特指变为泛指，即由“殷遗及殷之旧属”，变为“受过各种文化知识熏陶与专门技能训练的新型知识群体”，其外延在不断地扩大。第二，其社会地位和经济状况有所下降，由“贵族之列”降为“介于大夫与庶人之间的低级爵位”；由“有划定的土田居邑，甚至还可能拥有自己的家内奴仆”降低到有“足以代耕”的俸禄。第三，基本素质更加丰富，由“知文识礼、具有深厚文化素养和各种专门技术才能”，发展到“经过大学教育，受过各种文化知识熏陶与专门技能训练的”“文武兼能之士”。

从上面“士”概念的几种解释以及程水金对“士”基本情况的辨析来看，春秋以后的“士”有别于早期的“士”，这是因为这时“士”的阶层在扩大，人员在流动，内涵更丰富；另一个原因是随着私人办学的出现，随着“学在四夷”办学理念的普及，许多庶民有机会接受教育，进而上升为有知识技能的“士”阶层。据《吕氏春秋·尊师》篇记载：

子张，鲁之鄙家也；颜涿聚，梁父之大盗也，学于孔子；段干木，晋国之大驵也，学于夏；高何，县子石，齐国之暴者也，指于乡曲，学于子墨子；索卢参，东方之巨狡也，学于禽滑黎。此六人者，刑戮死辱之人也。今非徒免于刑戮死辱也，由此为天下名士显人，以终其寿，王公大人从而礼之。此得之于学也。[②]

我们把这些来自社会底层，通过接受教育获得知识技能的人称之为新

① 程水金：《中国早期文化意识的嬗变：先秦散文发展线索探寻》第二卷，武汉大学出版社2004年版，第59—60页。

② 许维遹：《吕氏春秋集释·尊师》，中华书局2010年版，第93—94页。

兴的“士”。这些“春秋战国之际所出现的新兴士人，有别于传统之士的关键之处在于他们尽管还不能完全摆脱旧的宗法体系的羁绊，可是其步伐却是朝着逐渐脱离天然等级身份而自立于宗法体系之外前进。作为文化知识的掌握者，他们依靠知识技能（而非天然的社会等级身份）立足于社会”①，成为“名士显人”。一些新兴的士在掌握一定的知识技能后，为了个人的发展，在社会大环境的需求之下，脱离本宗族而寄身服务于卿大夫权贵门下，这时候“士”的身份就发生了改变，具有了双重身份，既是“士”，又是“客”。这样“士”与“客”在外延上出现了部分的交叉与重合，这就是人们容易将“士”与“客”混淆的主要原因。

需要说明的是，并不是所有的客都具有士的素质与内涵。一般而言，人的需求和欲望与他的能力是成正比的，一些只求温饱的食客要求不高，这与他们自身素质能力偏低，不具备一定的知识技能有关。而具有一定知识技能的士寄身为客，是有所取有所求的，他们希望借助权贵的力量实现自己的理想抱负。另一方面，也不是所有的士都会转变为客，只有选择寄身权贵门下的士才会变为食客。因为作为士而言，各自的人生理想不同，道德情操不同，所以人生选择也不同。一些士，尤其是一些隐士（道家），他们视名利富贵为粪土，他们崇尚道德、崇尚气节、崇尚人格，厌倦污浊纷乱的社会，所以选择了与世无争，隐居山林的生活，如老子、庄子等。而另一些儒士虽然积极入世，但是他们通过游说诸侯来宣传自己的思想和主张，来实现自己的人生追求，所以也不选择寄食权贵的道路。当然，不排除有部分儒士曾寄食权贵。再有，食客的流动性决定了士的食客生涯的短暂性和自由性，食客并不是士人的长期状态，只是他们人生的一个阶段，当他们一旦有了好的发展，步入了仕途，就会脱离食客队伍，或成为新权贵，或回归到士的队伍中。

我们上面对食客身份的辨析，是从微观的角度，通过个案的分析来明确食客的身份，只能说是具有代表性的极小的一部分，还有许多需要辨明身份的食客或士人，这里不再一一列举。

对“士”与“客”的区分，则是从宏观的角度，通过对“士”概念的发展变化的线索梳理，在明确两个概念内涵的基础上，对其外延重合的原因作了分析。造成人们对食客身份混淆不清的原因：第一，是文献史料

---

① 罗新慧：《试论春秋战国之际的士与儒士》，《北京师范大学学报》1998 年第 4 期。

上最初都没有给“食客”作一个明确的定义，造成后人对食客的概念模糊不清，加上没有界定的标准，致使不少人把士与客（食客）混为一谈，这样以讹传讹，由古至今，一直延续了下来。第二，是文献史料上对食客称谓的不统一。食客现象虽然出现时间很早，延续时间很长，但是由于这些人地位卑微，身份特殊，所以一直没有一个统一的称呼。各种繁多的称呼，使后人在阅读时容易对他们产生歧义。有的史料甚至没有明确表明其客的身份，只简单地说事某人，或事某某，这样就容易给读者造成混乱和误解。所以，我们在研究春秋战国及秦汉食客时，首先要弄清他们的身份，才能对他们其他方面的情况作深入的研究，这样才能做到有的放矢，否则容易犯方向性和常识性的错误。

第二章

食客兴起的社会原因与思想基础

食客作为一种社会现象，必然有其产生、发展和衰落的历史过程，也一定有孕育、催生他们产生的社会土壤。食客产生于春秋，兴盛于战国，衰落于东汉。了解食客产生的社会原因和思想基础，对于我们全面了解和准确把握食客在当时的作用和影响，正确认识和了解那段历史是有一定帮助的。

第一节　食客产生的社会原因

一　食客产生的背景

（一）周王室王权旁落，霸主主盟

从西周进入到春秋时代，社会变化首先表现在周王室权力的逐渐衰落。西周时期周天子是“天下共主”，这种情形在《诗经·小雅·北山》篇里有形象的描述：“溥天之下，莫非王土，率土之滨，莫非王臣。”[①] 无论是对土地还是对臣民，周天子都享有最高的统治权。由于最初周天子对各诸侯拥有绝对的权力，所以他能够掌控各诸侯的行为，约束他们的违礼之举，处置各诸侯之间的矛盾纠纷，为诸侯主持公道。但是周王室东迁之后，王室衰微，周天子的最高权力不断受到各诸侯的蔑视和挑衅。一些强大的诸侯王敢于无视周王室的权威，常做出一些冒犯周天子的事情。据《左传·隐公三年》记载：

---

① （清）阮元校刻：《十三经注疏·毛诗正义》，中华书局1980年版，第463页。

> 郑武公、庄公为平王卿士。王贰于虢，郑伯怨王。王曰：“无之。”故周郑交质。王子狐为质于郑，郑公子忽为质于周。王崩，周人将畀虢公政。四月，郑祭足帅师取温之麦。秋，又取成周之禾。周郑交恶。[①]

郑国是同姓诸侯中与周王室血缘关系最亲近的，而且郑桓公、郑武公、郑庄公相继三代以诸侯的身份入为王朝卿士，掌管王室政事。春秋初年，周平王东迁时，“晋、郑是依”[②]，郑武公还有护驾之功。郑国与周王室的关系绝非其他诸侯能比的。所以他们自认为对周王室有重要贡献和作用，加上“春秋初年郑国小而强，盖以商业发展、经济富裕之故”[③]。在各诸侯眼里它的地位和影响已非同一般。但是周平王又同时信任和器重虢公，这就引起了郑庄公的不满，虽然周平王极力否认“没有这回事”，但仍然不能消除郑庄公的不满和怨恨，为此周、郑双方不得不以交换人质的方式来挽回彼此失去的信任，维护彼此已经出现裂痕的关系。需要说明的是，一方是周天子，一方是诸侯王，本来是君臣隶属关系，但实际上郑庄公仗着他们父子两代对周王室的功劳，才敢于“怨王”，并迫使“周郑交质”。可以设想，郑是提出“交质”的主动者，对周有强迫、挟持的性质；周是被动者，对郑有无奈、被迫的性质。而郑的这种做法已经是僭越违礼行为了。可见在“交质”问题上，作为周天子的王室对诸侯王的郑庄公已没有了信任，郑对周王室也没有了守礼的打算。随着周平王的去世，情况发生了变化。周人想把政权交给虢公掌管，这就激怒了郑庄公。四月，郑庄公干脆让他手下的大夫祭足把王畿温地的麦子强行收割了，实际上是在向周王室发泄他的不满。这还不够，到了秋天，他又让人收了周王室在成周的谷子。周郑双方从此结下了怨仇。

郑国的这种做法，即使是对处于同等地位的诸侯国，也是极其无礼和不敬的，更何况是它的天子。但是，对于郑国如此恶劣的挑衅，周王室竟然束手无策。显然，此时的周天子已经无力处置郑庄公的违礼行为。周天子在各诸侯心目中的权威性已经发生了动摇，几乎是名存实亡了。从此，

---

① （晋）杜预：《春秋左传集解·隐公三年》，上海人民出版社1977年版，第19页。

② 曹建国、张玖青：《国语·周语中》，河南大学出版社2008年版，第120页。

③ 童书业：《春秋左传研究》，上海人民出版社1983年版，第40页。

周天子对各诸侯王的最高权力不断遭到侵犯，进而逐渐丧失。

王权旁落的一个体现，就是霸主开始主持各诸侯会盟。还有，诸侯之间矛盾纠纷的处置权逐渐由周王室转移到当时的霸主手中，这些霸主甚至反过来调解、处理周王室与各诸侯的矛盾纷争。

> 《左传·文公十四年》载：周公将与王孙苏讼于晋，王叛王孙苏，而使尹氏与聃启讼周公于晋。赵宣子平王室而复之。[①]
>
> 《左传·宣公十六年》载：冬，晋侯使士会平王室。[②]
>
> 《左传·成公元年》载：晋侯使瑕嘉平戎于王，单襄公如晋拜成。[③]

上面三个例子中都有“平王室”，“平戎于王”。“平”是调和、调解之意。晋文公做了春秋霸主之后，可以调解处理周王室与其他诸侯之间的纠纷，这些纠纷都由晋国的执政官听讼评判。

（二）周王室经济衰减

随着周王室权力的不断衰落，王室经济也随之衰减。周王室东迁之后，原有西部的王畿之地全部丧失，属于王室直接管辖的土地还不到西周时期的1/2。王畿的减少，直接影响到王室财政收入的减少。加上由于王权的衰落，许多诸侯国敢于藐视周天子的权威，不愿意承担缴纳贡赋的义务，开始向王室不交或少交本应缴纳的贡赋，这就更加剧了王室经济的枯竭。周王室在财政收入每况愈下的情况下，不仅要维持日常的开销，还要应付祭祀、庆典、赏赐、丧葬、嫁娶等重大活动的费用。为了应付这捉襟见肘的局面，周王室不得不向各诸侯国寻求帮助。像周平王去世，周王室因经济困窘，无力承担巨大的丧葬费用，所以派“武氏子来求赙，王未葬也”[④]。荀子曰：“货财曰赙，舆马曰赗，衣服曰襚，玩好曰赠，玉贝曰琀。赙赗，所以佐生也，赠襚，所以送死也。”[⑤] 何休注曰：“此皆春秋之

① （晋）杜预：《春秋左传集解·文公十四年》，上海人民出版社1977年版，第494—495页。

② 《春秋左传集解·宣公十六年》，第624页。

③ 《春秋左传集解·成公上》，第636页。

④ 《春秋左传集解·隐公三年》，第23页。

⑤ 《诸子集成·荀子集解·大略》，第325页。

制也，赙犹覆也，赗犹助也，皆助生送死之礼。襚犹遗也。遗是助死者之礼。知生则赗赙，知死则襚晗。"[①] 可见"武氏子来求赙"，是要求诸侯国送布帛和财物帮助周王室给周平王办丧事，这显然是不符合礼制的。

关于"武氏子来求赙"这件事，《春秋公羊传》有这样的评价："秋，武氏子来求赙。……武氏子来求赙，何以书？讥。何讥尔？丧事无求，求赙非礼也。"[②] 据《周礼·天官·宰夫》郑玄注："凡丧，始死，吊而晗、襚（送死者口中所含珠玉及所着衣），葬而赗赠，其间加恩厚则有赙焉。《春秋》讥武氏子来求赙。"[③]《礼记·檀弓上》曰："吊丧弗能赙，不问其所费。"[④] 可见古代吊丧时送死者晗、襚而已，不能赠财币；送葬时赗赠是正礼，特别厚重才加赙。所以周王室向诸侯"求赙为非礼"。由此推测，假如周王室不是因为经济困难，不会有这样非礼之举的。又《左传·桓公十五年》记载："十五年春，天王使家父来求车，非礼也。诸侯不贡车服，天子不私求财。"[⑤] 这反映的是鲁桓公十五年春，周天子又一次派大夫家父来向诸侯求取车辆，这是不合礼的。因为诸侯是不能进贡车辆和礼服的。再有《左传·文公九年》载："毛伯卫来求金，非礼也。"杜注曰："天子不私求财，故曰'非礼'。"[⑥] 这里所举的三个例子都是周天子向鲁国求取资金帮助的记录。可以想见，周王室向其他诸侯国求取资金帮助的情况也不会少。堂堂的周天子，一再做出向下属诸侯国求取资金的非礼之举，由此推测周王室的财政状况已经是相当困难了。

（三）诸侯崛起，土地重新分配

在周王室权力衰落的同时，各诸侯国却在迅速地崛起。各诸侯的强大兴盛，是从土地的重新分配开始的。土地是权力的象征，也是国家实力的体现，拥有了土地，就拥有了称霸天下的资本和条件。这是千年不变的法则，也是古今中外任何一种社会制度，任何一个王朝政权共同的认识。古今中外的许多战争也都是因为土地的争夺而爆发的。

---

① 《诸子集成·荀子集解·大略》，第 325 页。

② 王维堤、唐书文撰：《春秋公羊传译注·隐公三年》，上海古籍出版社 1997 年版，第 19 页。

③ 同上。

④ 同上。

⑤ 《春秋左传集解·桓公十五年》，第 118 页。

⑥ 《春秋左传集解·文公九年》，第 467 页。

在西周时期，土地是国有制或者说是公有制的。当时“周王虽然在法律上对全部领土享有主权，实际上周王直接管辖的区域是千里王畿，王畿以外的大片领土，周王授权各国诸侯去管辖。诸侯对本国的领土享有使用权和管理权，对已经分封给诸侯的土地周王是不能随意收回的。这些土地将世世代代由各国诸侯统治、管理。因此，诸侯对本国的领土享有次一级的所有权”①。对于各诸侯来说，他们并不满足于已有的土地，时刻都在觊觎着别人的土地。一些实力强大的诸侯国无视周天子的权威，他们通过暴力的方式，吞并弱小的诸侯国，像齐国是最早称霸的诸侯，它是颇有实力的东方大国，借助东临大海，便于获取渔盐之利，其经济迅速发展，在实力强盛之后，齐桓公用武力吞并了周边国家。《韩非子·有度》篇曰：“齐桓公并国三十，启地三千里。”② 齐国正是靠武力兼并了三十个弱小的诸侯国，使齐国的土地一下子扩大了十几倍，也让齐国具有了称霸天下的实力。

晋国土地扩张的情况，可以从《左传·襄公二十九年》的记载中得知。晋国女叔侯就说：“虞、虢、焦、滑、霍、杨、韩、魏，皆姬姓也。晋是以大。若非侵小，将何所取？武献以下，兼国多矣。”③ 女叔侯说的“武献以下”，是指晋武公、晋献公以来历代晋国君王兼并其他国家的情况更多。再有，据《韩非子·难二》记载晋烛过曰：“昔者吾先君献公，并国十七，服国三十八。”④ 需要说明的是，在《吕氏春秋·贵直》篇记载晋献公“兼国十九”。虽然十九还是十七有待考证，但是可以肯定的是晋献公至少吞并了十七国。这足以说明晋国吞并弱小国家速度之快，来势之猛。据《左传·僖公二年》记载：晋献公用宝马和美玉贿赂虞国国君，向虞国借道伐虢国，当时就遭到虞国大夫宫之奇的反对，但是，虞国国君贪其宝物没有接受宫之奇的进谏。《左传·僖公五年》载：

> 晋侯复假道于虞以伐虢。宫之奇谏曰：“虢、虞之表也，虢亡，虞必从之。晋不可启，寇不可玩。一之甚，其可再乎？所谓‘辅车

---

① 吕文郁：《春秋战国文化史》，东方出版中心 2007 年版，第 16 页。

② 《诸子集成·卷五·韩非子集解·有度》，第 21 页。

③ 《春秋左传集解·襄公二十九年》，第 1119 页。

④ 《诸子集成·卷五·韩非子集解·难二》，第 280 页。

相依，唇亡齿寒’者，其虞、虢之谓也。”……弗听，许晋使。冬十二月丙子，朔，晋灭虢。虢公醜奔京师，师还，馆于虞，遂袭虞，灭之。执虞公及其大夫井伯，以媵秦穆姬。①

虞君不听宫之奇的劝谏，又一次借道给晋国，但这一次他的运气可没这么好，晋国军队在灭掉虢国之后，返回之时顺手就灭掉了虞国。由此可见，晋献公吞并弱小国家不仅仅是用武力，还有小恩小惠的贿赂及欺骗等招数全都用上，手段之卑鄙和狡猾，是常人难以想象的。虽然晋献公之后晋国曾有一段的内乱，但是晋文公当政后，却能够迅速地称霸天下，这是他先辈几十年大规模的土地扩张，给晋国打下了雄厚的物质基础起了很重要的作用。

楚国在春秋初期还是一个实力贫弱，土地狭小的诸侯国。从楚武王开始了向外扩张。《吕氏春秋·直谏》篇说：“荆国兼国三十九。”② 经过楚文王、楚成王、楚穆王等几代君王的不断武力兼并，到楚庄王时，楚国拥有的土地已是诸侯国中最多的。所以《韩非子·有度》篇说楚庄王：“并国二十六，开地三千里。”③ 可见楚庄王之所以成为霸主，与楚国广阔疆域作后盾是分不开的。

再看秦国。秦国位于当时中国的西部地区，最初属于偏远落后的国家。秦国的土地扩张是从秦穆公开始的。李斯在《谏逐客书》中历数了秦国扩张的历史。从秦穆公开始“并国二十，遂霸西戎”④。到秦孝公“获楚、魏之师，举地千里”⑤。再到秦惠王“拔三川之地，西并巴、蜀，北收上郡，南取汉中，包九夷，制鄢、郢，东据成皋之险，割膏腴之壤”⑥。经过秦国几代君王不断的扩张，秦国终于成为能够与东方各诸侯国相抗衡的强国、霸主。

上述几个诸侯国通过土地扩张而逐渐强大称霸天下的事实，印证了孔

---

① 《春秋左传集解·僖公五年》，第254—255页。

② 《吕氏春秋集释·直谏》，第267页。

③ 《诸子集成·卷五·韩非子集解·有度》，第21页。

④ 《史记·李斯列传》，第2542页。

⑤ 同上。

⑥ 同上。

子所言“礼乐征伐自诸侯出”[①] 的事实，也表明王权的衰落与诸侯强国的崛起是在此消彼长中进行的，周王朝由统一走向分裂已是不可逆转的事实，中国社会进入到了春秋战国动乱纷争的时代。社会的动乱纷争，联动引发的是社会、政治、人才选拔等方面的巨大变化。

二 食客产生的原因

（一）宗法制的瓦解，为食客打开步入仕途之门

食客的产生与西周时期宗法制的解体有很大的关系，因为它从根本上改变了宗法社会各诸侯国的用人机制。宗法制建立于周王朝。关于宗法制的情况，《左传·隐公八年》有相关的记载：“天子建德，因生以赐姓，胙之土而命之氏，诸侯以字为谥，因以为族。官有世功，则有官族；邑亦如之。”[②] 又《左传·桓公二年》载：“天子建国，诸侯立家，卿置侧室，大夫有贰宗，士有隶子弟。庶人工商各有分亲，皆有等衰，是以民服事其上而下无觊觎。”[③]

周天子根据诸侯的生地而赐姓，分封土地而又赐给他氏。诸侯以字作为谥号，（他的后人）以此而为氏族。或因所任官职有功绩，（他的后人）就以该官职为其氏族。也有以封邑为氏族的。再有，周天子将土地分封给诸侯，让他建立侯国；诸侯设立采邑分封给卿大夫；卿可以分封给其下的卿或大夫（置侧室）；大夫可以分封所属的大夫或家大夫（有贰宗）；士可以让其子弟为仆隶。受封的各级贵族有义务向上一级君王或卿大夫缴纳贡赋，必要时出兵保卫上级贵族的利益。童书业指出：

> 此封建制，亦即宗法制也。天子以嫡长子继位，众子封为诸侯；诸侯以嫡长子继位，众子封为大夫；大夫亦以嫡长子继位，众子为士。士为小宗，以大夫为大宗。大夫亦为小宗，以诸侯为大宗。诸侯亦为小宗，以天子为大宗。故封建系统即宗法系统，宗法为“封建”之本也。[④]

---

① 《诸子集成·论语正义·季氏》，第 354 页。

② 《春秋左传集解·隐公八年》，第 47 页。

③ 《春秋左传集解·桓公二年》，第 74 页。

④ 童书业：《春秋左传研究》，第 309 页。

由此我们可以了解到宗法制建立的原则和基础，以及宗法制各等级之间的相互关系。许多学者对中国宗法制形成的原因、特点及其基本的原则都有过深入的分析和阐释。王学泰在他的《游民文化与中国社会》中指出：

> "宗法制度"的原则，它是通过对嫡长子——宗子的尊崇、服从，从而达到团结全体具有父系血缘关系的人们的目的。由此出发，构成家族，组织国家。先秦的周朝就是由"宗法社会"构成的国家。①

根据宗法制度建立的原则，我们不难发现，宗法社会的本质特征就是父系血缘制和等级制。从周王朝的组织结构来看，周天子为天下的宗子，称为"大宗"，分封出去的姬姓诸侯为文、武、成王三代之庶子。这些诸侯相对周天子来说为"小宗"，可是每一个诸侯在他所分封之国又是"大宗"。他的嫡长子可以继其位，为本国之祖，庶子则分封出去为大夫，是为"小宗"。大夫立家，其嫡长子继其位，庶子则分封出去为士。除了周天子外，这些逐级分出去的"别子"，是自己下一级的"祖"。

对于每一朝、每一国、每一邑的创建者来说，他则为本朝、本国、本邑的始"祖"，他们的庙是"百世不迁"的。至于始祖以下的宗子即嫡长子、嫡长孙等，只能享受五世的祭祀，超过五代就与现任宗子"亲尽"了，不能再享受单独的祭祀，要将其神主迁到始祖的庙里去，这也就是人们常说"五世则迁"之含义。因为一个家族到了五世，人口必定增加，家族体系非常庞大，所以一般就要分宗了，这样又迁出了一个小宗。

中国的宗法制就是这样生生不息，代代相传，小宗围绕着大宗，同姓家族围绕着小宗宗子，形成一个组织严密、稳定牢固的体系。依照这种亲疏有别、等级有序的方式组成的国家，人们称之为宗法国家。它是家的放大和延伸，家与国是同构的，宗法家族在制度和规则上与国家是相同的。

从"国家"这个词来看，它是一个合成词，"国" + "家"的结合，很有意义地反映了国家形成中的历史现实。应该说，最初的"国"是在"家"的基础上建立的，这个"家"就是宗法家族。最初的国家体制和结

---

① 王学泰：《游民文化与中国社会》，学苑出版社1999年版，第35页。

构组织也是在宗法家族体制和结构的基础上建立的。每一个诸侯国都是在一个大的宗法家族基础上建立的，所以西周直至春秋时期，人们，尤其是卿大夫和士大夫的国家观念意识都很强。而这种国家观念意识常常是与宗法家族及氏族家族的观念意识水乳相融的，所谓的家国一体。家与国是共生共荣的关系，一损俱损，一荣俱荣。所以当时的卿大夫们深明此理，像春秋战国时期的卿大夫申包胥、宫之奇、烛之武、屈原、平原君等，他们在国家遭遇危亡之时，殚精竭虑、奋不顾身地挽救自己的国家。在他们"爱国"的思想意识中包含了许多"爱家"的成分，而这个"家"就是他们的宗法大家。

封建宗法制度是世代相袭的，它的传承也有一定的制度，即："立适（嫡）以长不以贤。"[①] 其主要特征是嫡长子继承王位，其余庶子分封为下一级贵族，逐级逐层类推下去，形成一个金字塔式的权力结构体系。这种世袭传承制最后成为周王朝时期的官制，即世卿世禄制。所谓"世卿"《史记·周本纪》注引唐固云："父子相继曰世"[②]，《战国策·秦策》高诱注云："父死子继曰世。"[③] 就此看，父死子继位就是世卿；"世禄"指封于国的公、侯、伯，以嫡长子世世继封国诸侯位而不绝，并得采国为禄。世禄世卿制度，将原始的血缘传承关系演变为政治统治的继承制度，以此来维系统治阶级的内部关系。

到了春秋战国时代，社会发生了急剧的变化，随着王权衰落，诸侯争霸，土地的重新分配，使宗法家族制度遭到严重破坏。

> 从西周中叶开始，周初安排妥当的社会结构已经在悄悄地发生着变化，特别是到了战国时代，那种由周天子按照血缘远近从天子、诸侯、卿大夫、士到庶民安排好的等级制度已经基本上瓦解，宗子与君主合一的宗法国家也不再存在。不仅周初如棋子一样散布在中原大地的数以千计的诸侯小国已被吞并殆尽，即使春秋时代的强宗巨室也大多绝迹于战国间的政治舞台。[④]

---

① 王维堤、唐书文：《春秋公羊传译注·隐公元年》，上海古籍出版社 1997 年版，第 2 页。

② 《史记·周本纪》，第 137 页。

③ 诸祖耿撰：《战国策集注汇考·秦五·四国为一将以攻秦》，第 461 页。

④ 王学泰：《游民文化与中国社会》，学苑出版社 1999 年版，第 39 页。

像曾经雄踞春秋五霸之位的吴国、越国及晋国，到了战国时期都已不复存在。正所谓“君子之泽，五世而斩；小人之泽，五世而斩”[①]。一方面一些旧的王公贵族在逐渐衰亡，甚至消失。太史墨就曾对赵简子说：“社稷无常奉，君臣无常位，自古以然。故诗曰：‘高岸为谷，深谷为陵。’三后之姓，于今为庶。”[②] 像晋国一些发展起来的强宗大族在一次次权力斗争的较量中，有的大族被消灭，如：“栾、郤、胥、原、狐、续、庆、伯，降在皂隶。”[③] 这些都曾是晋国的军功大族或事功大族，最后却在贵族之间的权力博弈中被淘汰出局。

> 在阶级关系里，宗族势力和血缘关系归根到底要受到阶级关系的制约。血缘关系不能阻挡阶级关系的分化，而阶级的分化必然导致血缘关系的松弛。[④]
>
> ……
>
> 自西周以来，受教育一直是贵族的特权。庶民地位上升后普遍产生了学习知识的愿望。适应这种历史的需要，私人办学之风兴起了，“学在官府”的局面打破了，庶民也有了受教育的权利。一些有真才实学的人从庶民阶层中涌现出来，并得到了社会的承认。[⑤]

像苏秦、张仪都是贫寒出身，据《史记》记载，他们都曾求学于鬼谷子先生。在大批贵族地位衰落的同时，部分庶民的地位在上升。像商鞅、范雎、蔺相如、李斯等都来自庶民阶层，早年都有过食客的经历，他们都是在社会变革动荡的大潮中，通过个人的努力和奋斗，由食客跃升为新权贵的。可见“在不同的家族势力的更替中，新的社会结构逐渐取代了旧有的社会秩序”[⑥]。而另一方面，“在社会的变革中各个阶层的人们都有可能被抛到社会的底层，进入流浪者的队伍”[⑦]。这些都加剧了诸侯王

① 《诸子集成·卷一·孟子正义·离娄下》，第340页。

② 《春秋左传集解·昭公三十二年》，第1600页。

③ 《春秋左传集解·昭公三年》，第1219页。

④ 吕文郁：《春秋战国文化史》，东方出版中心2007年版，第37—38页。

⑤ 王学泰：《游民文化与中国社会》，学苑出版社1999年版，第38—39页。

⑥ 吕文郁：《春秋战国文化史》，东方出版中心2007年版，第39页。

⑦ 王学泰：《游民文化与中国社会》，学苑出版社1999年版，第39页。

及卿大夫们的危机意识。从诸侯王来说，他要保住自己的江山社稷，才能图谋更大的发展。

> 由于血缘纽带的松弛，等级制度的破坏，国君可以而且必须唯才是举，客卿制度就是在这种历史条件下产生的。国君用人不看出身贵贱，也不问血缘关系的远近，甚至不管所用之人出生在哪一国。[①]

他们的标准就是“建官惟贤，位事惟能”[②]。许多诸侯王不惜礼贤下士，招揽天下之才。像魏文侯大胆起用了卫国的子夏和吴起，还有周人白圭。据《史记·魏世家》记载：“文侯受子夏经艺，客段干木过其闾，未尝不轼也。秦尝欲伐魏，或曰：‘魏君贤人是礼，国人称仁，上下和合，未可图也。’”[③] 由于魏文侯能够礼贤下士段干木，得到了国人称赞，自此君臣和谐，精诚团结，同仇敌忾，使得秦国不敢进犯，魏文侯的美名自此誉满天下，魏国的政治经济也迅速发展，魏国进入到了强国之列。据《战国策·燕一》记载：

> 燕昭王收破燕后即位，卑身厚币，以招贤者，欲将以报仇。故往见郭隗先生曰：“齐因孤国之乱，而袭破燕。孤极知燕小力少，不足以报。然得贤士与共国，以雪先王之耻，孤之愿也！敢问以国报仇者奈何?”郭隗先生对曰：“帝者与师处，王者与友处，霸者与臣处，亡国与役处。……王诚博选国中之贤者而朝其门下，天下闻王朝其贤臣，天下之士，必趋于燕矣。……”[④]

于是昭王为郭隗筑宫而师之。燕昭王为向齐国复仇，接受了郭隗的建议，用对师、对友的礼节和态度来与士相处，谦恭之至，又筑宫拜郭隗为师。他的诚恳态度使“乐毅自魏往，邹衍自齐往，剧辛自赵往，士争凑燕”[⑤]。很快他身边聚集了一批人才，最后他在乐毅的帮助下完成了向齐

---

① 吕文郁：《春秋战国文化史》，东方出版中心2007年版，第42页。

② 《十三经注疏·尚书·武成》，第185页。

③ 《史记·魏世家》，第1839页。

④ 《战国策集注汇考·燕一·燕昭王收破燕后即位》，第1552页。

⑤ 同上书，第1553页。

国复仇的宿愿。

在任用外来者当中，秦国当为各国之最。清人洪亮吉有过详细的统计：

> 孝公用商鞅，惠文君用公孙衍、张仪、司马错、乐池、魏章，武王用甘茂、陈轸、齐明、周最，昭襄王用田文、楼缓、寿烛、向寿、白起、任鄙、吕礼、蒙武、尉斯离、客卿胡伤、客卿灶、王龁、司马梗、张唐、范雎、蔡泽、将军摎，庄襄王用吕不韦、蒙骜，及始皇用麃、王齮、茅焦、尉缭、桓齮、杨端和、王剪、李斯、羌瘣、昌平君、昌文君、王贲、李信、王绾、冯劫、王离、赵亥、隗林、冯毋择、王戍、赵婴、杨摎、蒙恬、辛胜，类皆异国人也。①

单从洪亮吉的不完全统计，共有 53 人被秦王朝任用。可见，秦国自秦孝公到秦始皇约 150 年的时间，秦王朝在吸引人才、选拔人才上可谓不拘一格：不看门第出身，不问来自何方，唯才是举，选贤任能。所以其统治集团一直都聚集着一批各诸侯国的贤能之士。尤其是在权重位高的丞相任用上，先后任用了商鞅、范雎、蔡泽、吕不韦、李斯等客为相，这使得秦国的政治、经济蒸蒸日上，呈现出勃勃生机。这也是秦国一直以来不断发展壮大的原因所在。秦国的强大，使他们敢于与东方六国相抗衡，最终在秦王嬴政亲政的十年之内逐一灭掉六国，统一了天下。这些事实给各诸侯国在官吏任用上如何从世袭制转向举贤制，有着启发和示范的意义；对于庶民出身，又渴望出人头地，施展才华的士人具有很强的吸引力和感召力。

从卿大夫来说，他们既要辅佐君王抵御外敌入侵，保卫国家，又要巩固自己在本国的政治地位。处于式微者，希望有人为自己扶危济困，力挽狂澜；崛起强盛者则希望贤能之士帮助自己，以获得更大的利益，也为了向对手或君王显示自己的实力。所以君与臣都求贤若渴，希望有更多的贤者帮助自己。虽然当时卿大夫家中都有一些家臣或私徒属（属家臣一类），这些家臣在帮助主人管理生产，安排家事，管理财务方面是完全能

---

① 吕文郁：《春秋战国文化史》，转引自洪亮吉《四部丛刊初编·集部·更生斋文甲集卷二·洪北江诗文集》，第 298 页。

够胜任的，他们对主人的忠诚与奉献可以说也是毋庸置疑的。但是，要为主人出谋划策，出使四方，在外交舞台上斡旋，在君臣之间，在卿大夫之间周旋，则是他们的能力和水平所不及的。所以权贵们首先是以名望招客，只有在招客之后才能养客。“从某种意义来说，私门养客的制度化，正是和国君养贤的制度化平行的。”[①] 对权贵们来说，养客只是一种手段，用客才是他们的真正目的。在春秋已经有了养客之风，到战国至秦汉，权贵们养客用客蔚然成风，甚至竞相招揽，互相攀比，互相竞争，基于这样的社会需求，催生了食客群体。

（二）人才选拔机制的多元化，派生出了食客群体

宗法制社会的特点是按身份划分的等级制；身份等级的固定化和外在化；身份等级的世袭制。这些特点决定了人的身份等级先天注定，世代相传，不可更改。但是随着旧的社会体制被打乱，宗法等级制社会的解体，原有的世卿世禄的官吏选拔制度也遭到冲击。

晋国是各诸侯国中最早实行尊贤尚功，以军功事功作为用人标准的国家。“春秋时期，晋国为了消除同姓兄弟对国君地位的威胁，采取了‘尽逐群公子’，甚至‘灭公族’的手段，使晋国公室大大削弱，与此同时，晋国建立起尊贤尚功的制度。”[②]

据《左传·闵公元年》载：

> 晋侯作二军，公将上军，太子申生将下军。赵夙御戎，毕万为右，以灭耿、灭霍、灭魏。还，为太子城曲沃，赐赵夙耿，赐毕万魏，以为大夫。[③]

这是晋献公吞并弱小国家的一次战争，耿、霍与晋同为姬姓国，魏则是一古国，在这次战争中一同被晋吞灭。赵夙、毕万当时并非晋公室贵族，这次战斗因军功晋献公将耿封给赵夙，将魏封给毕万作为采邑。赵夙、毕万创下的基业及得到的采邑，为他们的后世子孙在晋国发展成为军功世族奠定了基础，其子孙在春秋末年三分晋国，最终发展成为战国时期

---

① 余英时：《士与中国文化》，第72页。

② 李玉洁：《春秋时代晋国尊贤尚功与世卿世禄制度探索析》，《郑州大学学报》2006年第1期。

③ 《春秋左传集解·闵公元年》，第216页。

强大的赵国和魏国。

晋国第二次任用异姓军功贵族是在重耳继位为晋文公之后。重耳因骊姬之难在外流亡19年，回国继位后，奖赏从亡者。《史记·晋世家》记载，他规定的赏赐标准为：

> 导我以仁义，防我以德惠，此受上赏。辅我以行，卒以成立，此受次赏。矢石之难，汗马之劳，此复受次赏。若以事我而无补吾缺者，此（复）受次赏。①

依据这个赏赐标准，他封赏了郤谷、赵衰、栾枝、先轸、胥臣、狐偃、狐毛、箕郑、胥婴、先都等人。这样，从晋文公开始，赵氏、郤氏、狐氏、先氏、栾氏、胥氏、箕氏、魏氏、士氏、荀氏、知氏、韩氏、庆氏、伯氏、续氏等这些与晋公室血缘较远或异姓的家族成为晋国新的贵族。这些贵族有的在后来的贵族矛盾纷争中被消灭，有的逐渐发展，最后完成了由军功、事功贵族发展为世袭大族的转变。由于这些世袭大族掌握了晋国政治、军事、经济的大权，极大地削弱了晋王室的势力，最终颠覆了晋王室，瓜分了晋国。

晋国采用军功事功作为用人标准的目的，是为了削弱公室贵族的势力，加强和巩固王权。"尊贤尚功政策为晋国发展起了重要的作用，不仅使晋国在与楚争霸的战争中处于有利的地位，而且也使晋在华夏诸侯国中的霸主地位得以巩固。晋国尊贤尚功的政策使一些军功大族在战争中得以发展，最终成为世袭大族，并导致了公室卑弱，政在家门的局面。春秋后期，晋国出现江山改易，三家分晋的局面。"② 客观地说，成效是显著的，但结局却背离了初衷。

晋国、魏国、楚国、秦国等先后进行的改革，推动变革了各诸侯国的选官制度，使得当时官员的任免升降不再完全依靠血缘世袭，呈现出多元化的趋势。例如有立功、献策、举荐、亲亲、招聘、买卖等多种途径。多种人才选拔的方式，无疑打破了过去世卿世禄制的传统，各诸侯国对人才的选拔任用不仅转向公室之外的异姓贵族，甚至任用了许多来自其他国家

---

① 《史记·晋世家》，第1663页。

② 李玉洁：《春秋时代晋国尊贤尚功与世卿世禄制度探索析》，《郑州大学学报》2006年第1期。

的客卿。许倬云在他的《中国古代社会史论：春秋战国时期的社会流动》一书里，根据史料对战国时期各诸侯国宰相任用情况作了一个不完全统计，从中能说明一些问题（表2—1至表2—7）。

表2—1　　战国时期赵国宰相任职图表

时间	姓名	在位君王	出身	与王室关系
前403	公仲连	赵烈侯		
前372	大成午	成侯		
前325	赵豹	赵武灵王	公子	公室成员
前298	肥义	赵惠文王		
前295	公子成	赵惠文王	公子	公室后裔
前285	乐毅	赵惠文王	平民	
前281	魏冉	赵惠文王	秦公室宗亲	秦赵交好被派赵
前265	虞卿	孝成王	贫寒	
前269 前264	田单	赵惠文王 孝成王	齐国将军 田姓公室	
前265	赵胜（平原君）	惠文王	公室	惠文王兄弟
前251	廉颇	赵孝成王		
	皮相国			
	张相国		卫国人	

说明：上列13位宰相中，有三人为公子，二人与其他国家王室有联系。其余八位与王室无关。

表2—2　　战国时期齐国宰相任职图表

时间	姓名	在位君王	出身	与王室关系
前337	邹忌	齐威王	寒微	
前311	田婴	齐宣王、湣王	公室	威王之子，宣王之弟
前306	韩昧	齐宣王	韩国公子	被派往齐任相
前298	田文（孟尝君）	齐湣王	公室	齐湣王堂兄弟
前288	吕礼	齐湣王	秦国将军	
前285	淖齿	齐湣王	楚将	
前284	田单	齐襄王	公室	公室成员

续表

时间	姓名	在位君王	出身	与王室关系
前 225	后胜	齐襄王	公子	襄王异母兄弟
	宗卫			

说明：九位齐国宰相，一人是公子，二人是宗室成员，一人是他国公子，一人是齐国姻亲，一人为别国王室亲戚，只有邹忌一人靠个人奋斗而至卿相之位。

表 2—3　　战国时期秦国宰相任职图表

时间	姓名	在位君王	出身	与王室关系
前 352	卫鞅（商鞅）	秦孝公	卫国宗室	
前 333 前 310	公孙衍	秦惠王 秦武王		
前 328 前 317	张仪	秦惠王 秦惠王	平民	
前 318	乐池	秦惠文王		
前 309	樗里疾	秦武王、秦昭王	秦王子	秦惠王之弟
前 309	甘茂	秦武王	魏国人	
前 306	向寿	秦昭王		太后的外族
前 298	田文（孟尝君）	秦昭王	齐国公室	
前 298	金受	秦昭王		
前 297	楼缓	秦昭王	赵国人	
前 306	魏冉	秦昭王		宣太后异父弟
前 292	寿烛	秦昭王	客卿	
前 266	范雎	秦昭王	魏须贾食客	
前 255	蔡泽	秦昭王	燕人	
前 249 前 246	吕不韦	秦庄襄王、 秦王政	阳翟人	
前 238	昌平君	秦王政	楚质子	
前 238	昌文君	秦王政		
前 222	王绾	秦王政		

说明：18 位秦国宰相中，只有一个是公子，二人是王室亲戚，另二人为异国公子，其余多为平民，靠个人奋斗跻身卿相。特别强调的是，秦国宰相多为异国人，说明秦国在官吏的选拔任用上最具有包容性和开放性。

表 2—4　　　　战国时期楚国宰相任职图表

时间	姓名	在位君王	出身	与王室关系
前 382	吴起	楚悼王	鲁国平民	
前 335	赵献	楚威王		
前 313	张仪	楚怀王		
前 310	昭鱼	楚怀王	王室	
前 298	州侯	楚顷襄王		朝中宠臣
前 281	昭子	楚顷襄王	王室	楚王室一支
前 262	黄歇（春申君）	楚考烈王	楚国王室	

说明：七位楚国宰相中，一位是王子，二位大约为王室宗亲，一位来自异国平民。

表 2—5　　　　战国时期韩国宰相任职图表

时间	姓名	在位君王	出身	与王室关系
	侠累			韩王季父
前 371	许异	韩文侯		
前 355	申不害	韩昭侯	郑国平民	
前 362 前 333 前 311	张开地	昭侯、 宣惠王、 韩襄王	韩国宗室	
前 344	暴谴	韩厘侯		
前 295 前 272	张平	韩厘王、 桓惠王	韩宗室（张良父）	
	昭献		楚国宗室	
	南公揭	韩襄王		
前 308	樗里疾	韩襄王	秦国公子	
前 306	韩珉	韩襄王		
	韩成			
前 238	韩玘	韩王安	韩国宗室	

说明：12 位韩国宰相中，从姓氏看有四人与韩国宗室关系很近，张氏父子也可能为宗室（据许倬云推测）。昭献和樗里疾为异国推荐临时充任韩国宰相。韩国最重要的宰相申不害出身低贱。

表 2—6　　　　　　　战国时期魏国宰相任职图表

时间	姓名	在位君王	出身	与王室关系
前 406	季成子	魏文侯	公室	魏文侯弟
前 405	李悝	魏文侯		
前 405	翟黄	魏文侯		
前 396	商文	魏武侯		
前 384	公叔	魏惠王		公主丈夫
	白圭	魏惠王		
前 342	中山君	魏惠王	公子或公孙	
前 334	惠施	魏惠王		
前 320	公孙衍	魏惠王		
前 310	田需	魏襄王		
	魏太子			
前 311	张仪	魏惠王		
前 306	翟强	魏襄王		
前 284	田文（孟尝君）	魏昭王		
前 276	范座	魏安厘王		
	魏信（信安君）			魏国宗室
前 273	长信侯	魏安厘王		
前 266 之前	魏齐	魏昭王	魏国公子	

说明：18 位魏国宰相中，既有本国公子，也有异国公子，既有本地政治家，也有异国人士。值得注意的是有九位宰相出身寒微。

表 2—7　　　　　　　战国时期燕国宰相任职图表

时间	姓名	在位君王	出身	与王室关系
前 314	子之	燕王哙		
前 251	栗腹	燕武成王		
	将渠			
前 236	张唐	燕王喜	秦朝臣	

说明：燕国的所有宰相只有这四人情况略知一些，但不清楚他们的背景和材料，似乎与宗亲王室都无关系。①

---

① 以上七国宰相任职图表多数引自许倬云《中国古代社会史论：春秋战国时期的社会流动》，广西师范大学出版社 2006 年版，个别资料的补充由作者完成，特此致谢。

许倬云对春秋战国的卿相作了比较，指出了两者的差别。

> 第一，战国宰相没有固定任期，不是终身职。春秋的卿，除被放逐之外，都是终身的。
>
> 第二，战国宰相来源庞杂。有异国公子，有游说之士。也有其他强国推荐。
>
> 第三，除少数例外，（如楚国张氏家族），七国宰相不是给予国君最亲近的子弟姻亲，就是由出身寒微，不属于任何大家族的人担任。春秋时期在政治上具有重要地位的强宗巨室似乎消失于战国政治。
>
> ……与战国宰相的情形不同，春秋卿相中没有一人为他国公子（那些出亡而归国无望的公子除外），且全部出身于少数几家大族。①

我们从上面对战国七雄丞相任用情况的表列中可以看出，世卿世禄制的解体，各诸侯国丞相任用呈现多元化的倾向，既有本国公室贵族，又有他国贵族，既有本国平民，也有他国寒士，还有的先后在两国担任丞相，如张仪、樗里疾、魏冉、田文等。这些情况对出身寒门又渴望立功扬名的庶民来说是令人鼓舞和振奋的。连丞相这样位高权重的职位都能任用异国平民，何况其他职位呢？它传达出的信息对向往功名利禄的平民具有鼓舞和启示性的意义。

世卿世禄制虽然在当时受到了冲击，但是这种制度并没有马上退出历史舞台，所谓百足之虫，死而不僵。各国权贵不仅在血缘上与君王有着千丝万缕的密切联系，而且在政治上与君主也有着特殊关系。像孟尝君与齐湣王是堂兄弟，他几次出任齐国丞相。平原君是赵惠文王之弟，赵孝成王之叔，三次出任赵国丞相。信陵君是魏昭王的小儿子，魏安厘王的弟弟。春申君是辅助考烈王继任王位的有功之臣，为此他出任楚相 20 多年。吕不韦为秦庄襄王的继位立下汗马功劳，历任秦庄襄王和秦王政两代君王的丞相十多年，并且在秦王政成年亲政前，是秦国政治上的实权人物。正因为如此，他们能够左右本国的政治，能够影响君王的决策，能够决定一些官员的任免升降。食客们正是看到了权贵身上的独特资源和利用价值，才

---

① 许倬云：《中国古代社会史论：春秋战国时期的社会流动》，第 62 页。

有所选择地投入到这些权贵门下。

由于春秋战国动荡不安的形势，使得大国吞并小国，强国欺凌弱国的情况不断发生。就是在各诸侯国中，大夫互相兼并，甚至蚕食王室的事情也时有发生，像齐国田氏取代姜氏，三家分晋的现实都加重了各诸侯王和卿大夫们的危机感。如何在这残酷激烈的政治斗争中求生存求发展，是权贵们面临的严峻问题。于是，在家族血缘之外更大范围地寻找更多的良将贤才来帮助自己，便是他们的共同选择。另一方面，人才选拔的多元化，激发了寒门之士步入仕途、立功扬名的勇气和决心。他们深知要实现其理想，必须依靠权贵的举荐，于是纷纷投到权贵的门下，这种两相遇合的现实催生了食客群体。

（三）人们观念意识的转变，逐步接纳了食客群体

在宗法制时代，人们有着很强的国家观念和宗族观念，视家国为一体，因此人员流动，人才交流的现象较少。但是随着旧的社会秩序被破坏，宗法制的解体，许多小国被大国吞并，许多人面对自己原来的国家已不复存在的现实，由开始的悲伤、仇恨到逐渐地习惯、适应，人们的国家意识日益淡化。人们的道德观念受到了强烈的冲击，各种观念意识、理想信念也随之发生改变。一方面儒家学者们在极力地弘扬“富贵不能淫，贫贱不能移，威武不能屈”① 的道德伦理观念。另一方面人们又感叹：“人生世上，势位富贵，盖可忽乎哉！”② 因此投机钻营谋取富贵之事，“朝秦暮楚”、“楚材晋用”之人比比皆是。像屈原那样“受命不迁”，“横而不流”，“深固难徙”，坚定不移地固守信念和理想的爱国者在当时已是凤毛麟角。更多的人看重的是为我所用、有奶便是娘的处世之道。只要能升官发财，能立功扬名，可以不择手段。像吴起为了能做鲁国的将军，率鲁军与齐军作战，不惜杀妻（其妻为齐人）以示自己对齐国绝无私情。商鞅率领秦军伐魏，以欺诈手段杀死了自己当年的好友，魏军将领公子卬。这种种违背伦理，违反道德的现象已让人们见怪不怪。人们在感叹世风日下的同时，对各种各样的阴谋与伎俩，对违背常理的处世之道和人生哲学，或者以一种比较理性的态度去看待，去适应；或者以一种无奈的态度去习惯，去接受；或者以一种崇尚的心理去学习，去效仿。

---

① 《诸子集成·孟子正义·滕文公下》，第246页。

② 诸祖耿：《战国策集注汇考·秦一·苏秦始将连横》，第120页。

第二节 食客产生的思想基础

世卿世禄制度规定了社会成员按身份划分的等级制和身份等级的世袭制。实际上他强调的是："所谓的'血而优则仕'，'血而劣则隶'，即使是自由民也是世代相传很难改变其身份的。"① 但是随着春秋尤其是战国以来各个国家相继出现的政治、经济上的改革，在改革的大潮中，一些不甘接受命运安排的庶民和下层士人，针对西周以来推行的极其腐朽僵化的、极不合理的世卿世禄制进行了强烈的抨击，并在理论上提出了各自不同的见解，大造舆论声势。他们的思想和主张在诸子百家的争鸣中体现出强烈的时代色彩，表达了广大庶民和士人的理想和心愿，在社会上激起了热烈反响。

一 管子思想主张

最早对世卿世禄制发出不同声音的是春秋时期的管仲。他认为："君之所审者三：一曰德不当其位，二曰功不当其禄，三曰能不当其官。……故国有德义未明于朝者，则不可加于尊位；功力未见于国者，则不可授以重禄；临事不信于民者，则不可使任大官。"② 明确提出君王考察用人应该主要看其"德"、"功"、"能"三方面，并把"德"作为任用人的第一标准。认为一个人"德"之高下与其"官"之高低应当是一致的，如果其"有德义未明于朝者，则不可以加于尊位"，强调朝廷加尊位于人必须要有依据；第二，一个人禄之多少应当与其贡献的大小相符，功高者禄大，功小者禄少。假如他"功力未见于国者，则不可授以重禄"，所谓的无功不受禄；第三，选官、任官应看其能力能否胜任，视能力之大小任命相应的职位。假如处理事情不能取信于民，那么朝廷是不能委以重任的。应该说管子的观点对于今天我们的组织人事部门考核任用干部都具有现实意义。

管子能够辅佐齐桓公成就霸主之业，在于他对人才的重视，他在

---

① 王学泰：《游民文化与中国社会》，第 34 页。

② 《诸子集成·卷五·管子校正·立政》，第 9 页。

《霸言》篇里提出："争天下者，必先争人。"[1] 对于国家，对于君王来说，人才是第一重要的，所以"人不可不务也，此天下之极也"[2]。他把人提到了"天下之极"的重要高度，对此他作了一个形象的比喻："一年之计，莫如树谷；十年之计，莫如树木；终身之计，莫如树人。一树一获者，谷也；一树十获者，木也；一树百获者，人也。"[3] 种谷，只需要一年的辛苦付出，种树则需十年，而培养人才则需要长久终身的付出。虽然人才培养需要长久持续不断地付出，但是"一树百获者，人也"。人一旦培养成才，那么受益者将是千万人。管子用深入浅出的比喻充分说明了人在社会中的重要作用。

战国时期为了聚集人才，提升本国的威望和实力，齐威王在齐国建立了稷下学宫，聚集了几乎诸子百家中的各个学派的思想家，如儒、道、墨、法、名、兵、农、阴阳等学派，有著名的学者如孟子、淳于髡、邹衍、田骈、慎到、申不害、接予、季真、环渊、彭蒙、尹文、田巴、儿说、鲁仲连、邹爽、荀子等，兴盛之时汇集的天下学者达千人之多。凡到稷下学宫的文人学者，无论其学术派别、思想观点、政治倾向如何，都可以自由发表自己的学术见解，使得稷下学宫成为当时各学派荟萃的中心。这些学者们互相争辩、诘难、吸收，使稷下学宫成为引领战国时期各思想学派"百家争鸣"的文化中心和主战场。各家各派的思想在交流碰撞中常闪现出思想的火花，促进了各种思想的变革与创新。在人们争鸣与论辩的话题中，许多就是针对人才的选拔任用与培养等问题的。通过争鸣论辩，彻底改变着人们身上所固有的一些传统的、落后的用人观念。

二　李悝思想主张

李悝在魏国实行了变法：向魏文侯提出了君主"为国之道，食有劳而禄有功，使有能而赏必行，罚必当"[4] 的改革主张，就是对于付出劳动的人给予衣食，对有功劳的人要封赏，对有能力的人要任用。并且要赏就要实行，要罚就要得当。其主旨就是要"选贤任能，赏罚分明"，要改变

---

① 《诸子集成·卷五·管子校正·霸言》，第142页。

② 《诸子集成·卷五·管子校正·五辅》，第47页。

③ 《诸子集成·卷五·管子校正·霸言》，第142页。

④ （汉）刘向：《说苑校证·政理》，向宗鲁校证，中华书局2000年版，第165—166页。

旧的“世卿世禄”制度，对那些于国家没有贡献，完全依靠祖、父辈的爵禄享有特权的人，要剥夺其官职和俸禄。重要官职要选任有才能的人充当，优厚的俸禄要奖给那些对国家做出贡献的人。这样改革的结果，大大削弱了魏国的“世卿世禄”制度，以后的封君在封国食邑内没有治民之权，只有衣食租税。官吏制度有所改善，政治情况较好。

三　吴起思想主张

吴起在楚国的变法：一是均爵平禄。楚国爵禄是世袭的，先辈有功受爵禄，后代子孙虽无功，亦可承袭享有爵禄；而另一方面，一些后来在战争中立大功者却无爵禄，这就极大地伤害了将士的积极性。吴起于是“均楚国之爵，而平其禄，损其有余，而继其不足，厉甲兵以时争于天下”[①]。把从封君那里得到的爵禄去奉养经过挑选的有功将士。对于“封君之子孙，三世而收爵禄，绝灭百吏之禄秩，损不急之枝官，以奉选练之士”[②]。吴起要取消世袭的封君、世袭的爵禄，规定子孙三代之后就不能再享有封君爵禄，从而限制了宗室贵族世代相袭高官厚禄的特权。二是废除无用、无能的官职，剥夺王室贵族的权威，使他们不能徇私情，因私废公。“废公族疏远者，以抚养战斗之士。”[③]“卑减大臣之威重，罢无能，废无用，损不急之官，塞私门之请，一楚之俗，禁游客之民，精耕战之士。”[④] 削减无用的开支，以奖励真正为国报效出力的战斗之士。

吴起变法的主张是进步的，对楚国带来的影响变化是显著的，但是因为他触犯了宗亲贵族的利益，随着楚悼王的去世，吴起遭到了宗亲贵族的围攻，最后他是伏在楚悼王的尸体上被乱箭射死的。吴起变法虽然失败，但变法却在楚国贵族政治中激起了巨大的波澜。他变法采取的各项措施在楚国的政治生活中留下了深刻的影响，同时对楚国社会和其他诸侯国也产生了极大的影响。如《韩非子·喻老》云：“楚邦之法，禄臣再世而收地”。[⑤]《淮南子·人间训》云：“楚国之俗，功臣二世而绝禄。”[⑥] 这些现

① （汉）刘向：《说苑校证·指武》，向宗鲁校证，中华书局 2000 年版，第 367 页。

② 《诸子集成·卷五·韩非子集解·和氏》，第 67 页。

③ 《史记·孙子吴起列传》，第 2168 页。

④ 《史记·范雎蔡泽列传》，第 2423 页。

⑤ 《诸子集成·卷五·韩非子集解·喻老》，第 116 页。

⑥ 刘康德撰：《淮南子直解·人间训》，复旦大学出版社 2001 年版，第 979 页。

象与吴起变法中的“封君三世收其爵禄”的条文相合，它表明楚国在后来仍然实行了吴起的变法措施，并且在“三世收其爵禄”的基础上更进了一步，“功臣二世而绝禄”。应该说吴起变法促进了楚国贵族政治向官僚政治的转化。

四　申不害思想主张

申不害在韩国担任宰相期间也进行了变法，他的主张除了与其他法家人物一样讲法治外，主要强调君主的统治之“术”。所谓“术”，主要是指君主驾驭群臣的手段和策略，即任用、监督、考核臣下的方法。他认为君主委任官吏，要考察他们是否名副其实，工作是否称职？言行是否一致？对君主是否忠诚？再根据了解到的情况进行提拔和清除。“术”的提出，对于当时建立官吏的任免考核制度，有相当重要的意义。如果说其他改革家注重的是官吏任用机制的改革，那么申不害关注的是官吏任用之后的监督、考核机制的建立和完善。这说明战国时期在人才的任用、选拔、监督、考核等机制上，通过实践不断地得到进步和完善。

五　商鞅思想主张

秦国在变法的步伐上慢于东方各诸侯国，但是在商鞅的推动下，秦国的变法是最彻底，效果是最显著的。商鞅的变法主张：废井田，重农桑，奖军功，实行统一度量和郡县制等一系列改革措施。他对政治的改革，就是彻底废除世卿世禄制。商鞅下令“有军功者，各以率受上爵，为私斗者，各以轻重被刑大小”①。规定了爵位依军功授予，宗室没有军功不得列入公族簿籍。奖励军功，凡是有军功的，均可以得到赐爵、赐地、赐官的奖赏。杀得敌人甲士一人，并取得其首级的赐爵一级、田一顷、宅九亩、庶子一人，可当五十石俸禄的官。制定了军功二十等爵：按爵位高低授予种种特权，官吏也从有军功爵的人中选用。严格禁止私斗，违犯的人各以轻重施刑大小。以此鼓励人们努力为国家作战，在社会上形成“民勇于公战，怯于私斗”的局面。商鞅制定的军功爵制的做法，使秦国从根本上彻底废除了旧的世卿世禄制，使得“有功者显荣，无功者虽富无

---

① 《史记·商君列传》，第2230页。

所荣华”[1]。商鞅变法：“行之十年，秦民大说，道不拾遗，山无盗贼，家给人足。民通于公战，怯于私斗，乡邑大治。”[2] 商鞅变法对秦国的贡献是巨大的，《史记集解》引刘向的《新序》论曰：

> 秦孝公保崤函之固，以广雍州之地，东并河西，北收上郡，国富兵强，长雄诸侯，周室归籍，四方来贺，为战国霸君，秦遂以强，六世而并诸侯，亦皆商君之谋也。夫商君极身无二虑，尽公不顾私，使民内急耕织之业以富国，外重战伐之赏以劝戎士，法令必行，内不阿贵宠，外不偏疏远。是以令行而禁止，法出而奸息。……此所以并诸侯也。[3]

虽然商鞅的结局悲惨，他在为人处事上有被人诟病的地方，但是他对秦国发展的贡献和影响，是后人有目共睹的事实。并且他的主张对中国封建社会几千年的影响，一直在不断地延续着。商鞅之后在秦国担任宰相的范雎也提出了“有功者不得不赏，有能者不得不官，劳大者其禄厚，功多者其爵尊，能治众者其官大，故不能者不敢当其职焉，能者亦不得蔽隐”[4] 的主张。主张以军功和劳绩作为考查人才、赏功赐爵的重要依据。

战国时期激烈兼并的战争促使各个国家先后实行的变法，从政治、经济、军事（赵武灵王的胡服骑射）及吏制上都进行了改革。改革又大大增强了各国的综合实力。政治及吏制上的改革，对于社会的发展进步，平民阶层人才的脱颖而出有着极其重要的影响。食客群体正是在这样的社会背景和思想基础的影响下孕育产生的，在这样适宜的土壤里茁壮成长，并且发展壮大起来。

---

① 《史记·商君列传》，第 2230 页。

② 同上书，第 2231 页。

③ 同上书，第 2238 页。

④ 诸祖耿撰：《战国策集注汇考·秦三·范子因王稽入秦》，第 280 页。

第三章

食客的基本特征

第一节　出身贫寒

春秋战国及秦汉时期的食客大多来自社会的底层，出身贫寒，他们很多人不仅经济困窘，而且由于周王朝世卿世禄的选官制度，使他们丧失了通过正常途径在仕途上发展的可能。像齐国孟尝君的食客冯谖，《战国策·齐策四》记载："齐人有冯谖者，贫乏不能自存，使人属孟尝君，愿寄食门下。"① 由此看，冯谖最初选择寄食权贵门下，并无太高的要求，只是因为生活贫困，而且是困难到"贫乏不能自存"的程度，连基本的生活都无法维系下去，不得已才去做食客。

苏秦早年就是洛阳城郊的一个农民，他曾跟别人这样介绍自己："洛阳乘轩时苏秦，家贫亲老，无罢车驽马。"② 苏秦在多年获得成功之后，曾经感慨万千地说："且使我有洛阳负郭田二顷，吾岂能佩六国相印乎！"③ 从苏秦介绍的情况看，他早年家境贫寒，家里经济状况非常不好。"罢"通"弊"，"罢车"，破旧的车子。苏秦家穷困到连最基本的生产交通工具——破车劣马都没有。家里人口多，及兄弟三人（有说五人），各自配偶，加上每个人的孩子，至少有十几二十口人。田地很少，父母年老需要赡养，家庭负担很重。"顷"为战国时期土地的单位名称。如《秦律·田律》规定："入顷刍稾，才以其受田之数，无垦不垦，顷入刍三

---

① 诸祖耿撰：《战国策集注汇考·齐四·齐人有冯谖者》，第 591 页。

② 诸祖耿撰：《战国策集注汇考·赵一·苏秦说李兑》，第 896 页。

③《史记·苏秦列传》，第 2262 页。

石，稾二石。”[①] 再有《商君书·境内篇》载：秦国制定军功奖励的规定，“能得爵首一者，赏爵一级，益田一顷，益宅九亩”[②]。苏秦家里的田不到二顷，估计二顷田是养活他家十几二十口人的基本保障。以今天看，二顷田即二百亩，似乎田地不少，但是从战国时期生产工具的简单、粗笨，耕作技术的落后，加上粗放式的耕作和经营管理，估计产量很低，无法养活一大家子人。因为生活拮据，为生活所迫，苏秦不得已才出来游说诸侯，希望以此改变生活处境，改变自己的人生。

《史记·张仪列传》载：“张仪已学而游说诸侯，尝从楚相饮。已而楚相亡璧，门下意张仪，曰：‘仪贫无行，必此盗相君之璧。’共执张仪，掠笞数百，不服，醳之。”[③] 张仪出身贫寒，所以楚相家丢失了玉璧，楚相府上的门客认为张仪“必此盗相君之璧”，理由竟然是因为他贫穷，所以无品行，为此受到了“掠笞数百”的惩罚。他坚决否认，虽然被释放了，但是张仪的心中却从此埋下了仇恨的种子。后来他多次欺骗和捉弄楚国，应该说跟他早年的这段经历有一些关系。

再看范雎，据《史记·范雎蔡泽列传》记载：“范雎者，魏人也，字叔。游说诸侯，欲事魏王，家贫无以自资，乃先事魏中大夫须贾。”[④] 范雎早年虽然“欲事魏王”，有在政治上图谋发展的打算，但是，无奈家庭困难，自己养活不了自己，所以不得已只好选择先到魏中大夫须贾门下做食客。当然也有企图通过须贾的举荐步入仕途的想法。

汉武帝时期的主父偃，早年“家贫，假贷无所得，乃北游燕、赵、中山，皆莫能厚遇，为客甚困”[⑤]。主父偃在被汉武帝起用前，也是生活困窘，捉襟见肘之时又借贷无门，四处游荡却处处碰壁。长安城中的权贵达官纷纷将他拒之门外，连他们府上的宾客也都厌烦他，不给他好脸色。他早年的生活可以用穷困潦倒、举目无亲来形容。

上述材料可以说明，出身贫寒、生活困窘是当时食客的一个普遍现象，这些人中有农民、有城市贫民，也有落魄的贵族和贫寒的知识分子。解决温饱、解决生存是大多数贫寒人士选择做食客的主要原因。一般生活

① 杨宽：《战国史》，上海人民出版社 2003 年版，第 163 页。

② 《诸子集成·商君书·境内》，第 34 页。

③ 《史记·张仪列传》，第 2279 页。

④ 《史记·范雎蔡泽列传》，第 2401 页。

⑤ 《史记·平津侯主父列传》，第 2953 页。

条件好的人不会去做食客。

食客不事生产劳动，选择投靠权贵的原因有多种。有的因从事农业生产获取的收益太少，无法养家糊口，如苏秦。有的人虽然有头脑，有知识，却不遇时机，不遇赏识的明主贤君，而他们又不具备生产劳动的基本技能，不会干活所以没人雇用他们。也有的纯粹就是好逸恶劳，怕吃苦不愿干活，不想干活。于是他们怀抱着不同的想法和目的，不约而同地选择寄食权贵门下做食客，这样既能改变他们的生活处境，也能解决他们的衣食温饱。另一方面权贵需要和愿意招揽大量的食客，能为他们提供较好的生活条件和各种发展的机遇，同时也能壮大自己的实力，提高自己的声望。这样既有卖方市场，也有买方需求，两相遇合，使得大量的贫民把做食客当成他们的生存之道和未来发展的出路之一。

第二节　寄食性和依附性

食客对权贵的寄食是由他们贫寒的出身所决定的。像前面提到的苏秦、冯谖、主父偃等食客，因为出身贫寒，家境困难，无以为生，缺乏基本的生活保障。毕竟生存是第一位的，要想解决生存问题，就得寄食权贵门下，受其供养。食客的经济状况决定了他们不可能有社会地位。食客要想得到社会的认可，必须通过他们主人的帮助得以实现。俗话说“仗势欺人”，“狗仗人势”，就是对食客依附权贵心理的最好揭示。食客由于贫困，处于社会边缘人的位置，是名副其实的弱势群体，受人歧视、被人凌辱、受人欺压是司空见惯的。要想摆脱这样的困境，就必须寻找靠山，依附权贵既可以解决温饱，又可以改变他们被人欺凌的处境。而且食客一旦成为权贵的上等客，不但生活条件会大大改善，还经常会代表主人出使四方，各诸侯王和权贵对他们也要礼让三分，这不仅使他们得到社会认可，满足了他们的虚荣心，还能使他们在社会上享有很高的知名度，帮助他们完成身份角色的蜕变。

食客对权贵的依附性突出地表现在他们对权贵的寄食是有选择的，并不是哪个权贵愿意收留他，给他一碗饭吃，他就到哪个权贵门下。许多食客在选择主人时，要看他是否有很高的声望：即待客是否平等，是否尊重客的人格尊严？人们对他的社会评价如何？即他在社会上是否德高望重？再要看他的权力是否大？他与君王关系如何？他在君王面前说话是否有分量？这关系到他是否能把自己的客推荐给君王，让客能够实现自己的人生理想的问题。所以在依附性这一点上，许多食客都有很明确的目的。像李园依附春申君做他的食客，目的就是要借他的种和他的手把自己的妹妹送进王宫做楚王后，实现自己做国舅的梦想。《史记·春申君列传》记载：

> 楚考烈王无子，春申君患之，求妇人宜子者进之，甚众，卒无子。赵人李园持其女弟，欲进之楚王，闻其不宜子，恐久毋宠。李园求事春申君为舍人，已而谒归，故失期。还谒，春申君问之状，对曰："齐王使使求臣之女弟，与其使者饮，故失期。"春申君曰："娉入乎？"对曰："未也。"春申君曰："可得见乎？"曰："可"。于是李园乃进其女弟，即幸于春申君，知其有身，李园乃与其女弟谋。园女弟承间以说春申君曰："楚王之贵幸君，虽兄弟不如也。今君相楚二十余年，而王无子，即百岁后将更立兄弟，则楚更立君后，亦各贵其故所亲，君又安得长有宠乎？非徒然也。君贵用事久，多失礼于王兄弟，兄弟诚立，祸且及身。何以保相印江东之封乎？今妾自知有身矣，而人莫知，妾幸君未久，诚以君之重而进妾于楚王，王必幸妾，妾赖天有子男，则是君之子为王也，楚国尽可得。孰与身临不测之罪乎？"春申君大然之。乃出李园女弟谨舍，而言之楚王。楚王召入幸之，遂生子男，立为太子，以李园女弟为王后。楚王贵李园，园用事。①

李园与其他食客不一样，他做食客并非因生活所迫，而是有一个惊人的计划，他要借春申君之手把自己的妹妹送到楚考烈王身边做王后，以实现自己做国舅，掌管楚国政治的最终目标。当他得知许多女子进宫后都没有生育，他担心自己的妹妹进宫后会是同样的结局。为了防止重蹈覆辙，他还要为自己的妹妹借种，再让有身孕的妹妹进宫，所生之子就变成楚考烈王之子。李园深知，借种不难，但要瞒过春申君却不容易，他索性直接借春申君的种，这样才能保证他的计划万无一失。在李园看来，春申君于公于私都会帮他完成这个计划的。最为周密的是李园做这一切的时候，都让春申君以为是偶然发生的，特别是把他有身孕的妹妹送给楚考烈王，则

---

① 《史记·春申君列传》，第2397页。

由其妹出面，自己在背后指挥。李园妹妹的枕头风果然厉害，一下子就说到了春申君痛处，最后迫使春申君接受了他们的计划。

关于李园妹妹怀着春申君的儿子进宫做了楚考烈王王后，其子即为楚幽王一事，《史记》与《战国策》的记载基本一致。一些学者对其真实性提出了质疑，如缪文远曰："盖好事者所为，而史公不察，又误采之也。"黄式三曰："《越绝书十四》云'烈王娶李园妹，十月产子男'，则《策》《史》之说非矣。夫春申君果知娠而出诸谨舍，言诸王而入幸之，则事非一月，实必其十月后生子乎？生而果男乎？行不可知之诡计，春申君何愚？此必后负刍谋哀王犹之诬言也。"钱穆曰："夫通未终月，乌得怀子已一月？此全写女环之愚春申，而欲假借以得幸于楚王，与下言十月产子同一笔法，凡以明幽王之非春申子也。……使读史者知此故实之不尽可信耳。"杨宽曰："凡此皆出于'传奇'之创作，不足信也。"①

综观这些学者的意见，只是对其中的一些细节从逻辑上提出质疑，并未有相关可信的材料证明其事件的虚假。再有，也未见其他史料有与此事件相矛盾的记载，所以应该说它的真实性还是存在的。

历史有着惊人的相似，李园偷梁换柱的丑剧在吕不韦身上又一次重演。据《史记·吕不韦列传》载：吕不韦与秦始皇的母亲早年有私情，秦始皇的父亲秦庄襄王去世后，吕不韦与太后（秦始皇母）旧情复燃，一段时间后，"吕不韦恐觉祸及己"，于是找了个替身嫪毐，让他到自己府上做舍人，先对他在歌舞表演等方面作专门训练，又"诈令人以腐罪告之"，然后让"太后乃阴厚主腐吏者，诈论之，拔其须眉为宦者，遂得侍太后"②。嫪毐最终以假宦官的身份进宫，"太后私与通，绝爱之，有身。太后恐人知之，诈卜当避时，徙宫居雍。嫪毐常从，赏赐甚厚，事皆决于嫪毐。嫪毐家童数千人，诸客求宦为嫪毐舍人千余人"③。

由于许多人看到了嫪毐背靠太后这棵大树，加上太后曾许诺嫪毐："王即薨，以子为后。"自古都有一朝天子一朝臣的传统，如果真有嫪毐登上王位的这一天，对于他们来说，依附嫪毐，就等于踏上了通往仕途的康庄大道。虽然当时吕不韦还是秦国宰相，掌握着秦国的大权，他门下也

---

① 以上学者点评皆引自韩兆琦《史记笺证·春申君列传》，第 4322 页。

② 《史记·吕不韦列传》，第 2511 页。

③ 同上。

聚集着上万的食客，但是对于食客而言，选择哪一个权贵作为依附的对象，本身就带有赌博的性质，就如今天的炒股选股票一样，选对了盆满钵满，选错了倾家荡产。所以许多人经过对当时秦国朝廷微妙的人际关系的分析和未来政治形势发展趋势的预测之后，“诸客求宦为嫪毐舍人千余人”。但是，随着嫪毐的被告发，“秦王下吏治，具得情实，……九月，夷嫪毐三族，……诸嫪毐舍人皆没其家而迁之蜀”①。对于食客或舍人来说，依附权贵，选对了人，会使自己前程似锦，飞黄腾达；选错了轻则一无所有，回到原点，重则危及生命，或是被主人牵连，或是搭上性命为主人尽忠，更严重的，有时还会连累家族成员，被灭九族。

第三节 服务性

一 管理家务杂事

食客的服务性主要体现在为寄食的主人承担各种各样的工作。像管理家务杂事、管理主人采邑上的佃户等。孟尝君的“舍人魏子为孟尝君收邑人，三反而不致一人”②。孟尝君让舍人魏子到他的采邑去收租税，去了多次都没有给他收来一点租税。“收邑人”，《史记索引》解为“收其国之租税也”③。再有孟尝君的食客冯谖也曾帮孟尝君到他的封地薛去收债，结果到薛地之后，冯谖自作主张，“矫命以责赐诸民，因烧其卷，民称万岁”④。冯谖将那些无力还债的百姓手中的债券全部烧毁，表示无需归还。冯谖此举得到薛地百姓的欢迎。但是回来后“孟尝君不说，曰：‘诺，先生休矣！’”⑤“说”通“悦”是高兴的意思。孟尝君并不能理解冯谖此举的良苦用心，对他先斩后奏的做法非常不满，几年之后他才看到了成效。

二 出谋划策

食客的另一项工作就是为主人出谋划策，出使四方。这也是权贵招揽食客的一个主要目的。《史记·周本纪》载：

① 《史记·吕不韦列传》，第2512页。

② 《史记·孟尝君列传》，第2356页。

③ 同上书，第2357页。

④ 《战国策集注汇考·齐四·齐人有冯谖者》，第592页。

⑤ 同上。

四十五年，周君之秦客谓周冣曰："公不若誉秦王之孝，因以应为太后养地，秦王必喜，是公有秦交。交善，周君以为公功。交恶，劝周君入秦者必有罪矣。"秦攻周，而周冣谓秦王曰："为王计者不攻周。攻周，实不足以利，声畏天下。天下以声畏秦，必东合于齐。兵獘于周，合天下于齐，则秦不王矣。天下欲獘秦，劝王攻周，秦与天下獘，则令不行矣。"①

五十八年，三晋拒秦，周令其相国之秦，以秦之轻也，还其行。客谓相国曰："秦之轻重未可知也。秦欲知三国之情。公不如急见秦王曰'请为王听东方之变'，秦王必重公。重公，是秦重周，周以取秦也；齐重，则固有周聚以收齐，是周常不失重国之交也。"秦信周，发兵攻三晋。②

第一则材料写周赧王四十五年，周之公子周最（通"冣"，"聚"）将陪同周君到秦国，周最门下的秦客为他出谋献计曰："公不如称赞秦昭王的孝心，把'应'（《战国策》作'原'）之地献给秦昭王母亲作为汤沐邑。这样博得秦王和太后的欢心，会为周君入秦搞好两国关系打下基础。两国关系好，就是周最的功劳；两国关系不好，那么劝周君入秦者必有罪，这对于周最更有利。"周最听从了客的计策，于是与秦交好。当秦要攻周时，周最向秦王指出："王若攻之，乃有攻天子之声，而令天下以攻天子之声畏秦，使诸侯归于齐，秦兵空獘于周，则秦不王矣。是天下欲獘秦，故劝王攻周，令秦受天下獘，而令教命不行于诸侯矣。"③ 周最之客的计谋可谓一石二鸟，不仅使周最、周君得到秦昭王的好感，也为周最劝阻秦王勿攻周打下了极好的基础，使周免遭秦国的兵火之灾。

第二则材料写周赧王五十八年，三晋（《战国策》作"三国"，指赵、魏、楚）正在合纵抗秦之时。周相奉命出使秦国，因怕受秦轻视，半道又返回。其客劝说周相为其出谋曰："现在秦对你的态度是轻慢还是重视都不清楚。目前秦国最想知道赵、魏、楚三国情况，丞相不如主动请行，

---

① 《史记·周本纪》，第 167 页。

② 同上书，第 168 页。

③ 同上。

为秦王探听东方三国的情况变化。这样秦一定重视丞相，重视丞相就是重视周，这样周就能与秦维持好关系；如果一旦齐国占了秦国的上风，就让周最去齐国搞好关系，这样周就可以一直保持有大国依靠。”结果秦王相信了周相的话，发兵攻三晋。周相食客洞悉各国时局，对周、秦及三国情况的分析鞭辟入里，而事情的发展正如其所言。

《史记》记载：“孝景崩，即日太子立，称制，所镇抚多有田蚡宾客计策。”[①] 汉武帝最初继位时，还是一个十六岁的少年，对于朝廷内外的许多事情，政策法令条文的制定，颁布实行等等，许多都是倚靠汉武帝舅舅田蚡的协助。田蚡帮助太后和汉武帝控制当时局面，而在田蚡背后为其出谋划策的主要是他门下的食客。

汉武帝继任皇帝没多久，在魏其侯窦婴和武安侯田蚡的积极建议和倡导下，开始大力推崇儒学，为此与喜好黄老之学的窦太后产生矛盾冲突，遭到了窦太后的强烈反对，最后以窦婴和田蚡的被免职而宣布计划破产。我们可以据此推测，在整个倡导儒学的活动中，田蚡的食客对其影响及在其中起的作用是不小的。

再有，汉武帝即位当年，丞相因病免职，朝廷要议新的丞相、太尉人选。武安侯田蚡的宾客籍福给他分析情况：

> “魏其（窦婴，窦太后侄儿，外戚）贵久矣，天下士素归之。今将军初兴，未如魏其，即上以将军为丞相，必让魏其。魏其为丞相，将军必为太尉。太尉、丞相尊等耳，又有让贤名。”武安侯乃微言太后风上，于是乃以魏其为丞相，武安侯为太尉。[②]

田蚡在其宾客的谋划下，假意让贤，最后既做了太尉，又有了让贤的美名，真是名利双收。

萧何与刘邦既是老乡，又是患难之交，当年“高祖为布衣时，何数以吏事护高祖。高祖为亭长，常左右之。高祖以吏繇咸阳，吏皆送奉钱三，何独以五”[③]。刘邦建立汉王朝后，在对诸大臣论功行赏时，曾极力

---

① 《史记·魏其武安侯列传》，第2842页。

② 同上。

③ 《史记·萧相国世家》，第2013页。

称赞萧何“镇国家，抚百姓，馈馕，不绝粮道，吾不如萧何”[①]。为此封萧何为宰相。但是尽管两人有如此深厚的感情和密切的关系，刘邦仍然无法消除对萧何的猜忌和防范的戒备之心。《史记·萧相国世家》记载：

> 汉十二年秋，黥布反，上自将击之，数使使问相国何为。相国为上在军，乃拊循勉力百姓，悉以所有佐军，如陈豨时。客有说相国曰：“君灭族不久矣。夫君位为相国，功第一，可复加哉？然君初入关中，得百姓心，十余年矣，皆附君，常复孳孳得民和。上所为数问君者，畏君倾动关中。今君胡不多买田地，贱贳贷以自污？上心乃安。”于是相国从其计，上乃大说。[②]

汉高祖刘邦率兵在前方打仗，但是常派人慰问后方的萧何，这种反常做法源于他对萧何的不放心。第一次是在汉高祖三年，“上数使使劳苦丞相”。为此萧何听从了身边的谋士鲍生的建议，将家族中“子孙昆弟能胜兵者悉诣军所”，等于说把自己家族能打仗的人都放到刘邦身边做人质，于是“汉王大说”。汉高祖十二年秋是刘邦第二次从前线派人到后方慰问萧何。这一次萧何又听从了身边宾客的意见，以强占民田，自污形象来消除刘邦对自己的猜疑，换取自己和家族的安全。此举非常奏效，刘邦返回京城，“民道遮行上书，言相国贱强买民田宅数千万”[③]。刘邦听说萧何的胡作非为之后，不怒反喜。因为他从中看到了萧何不过是想发财致富，并无篡权取而代之的野心。即使他有篡位之心，以他在百姓中的恶名，不可能有百姓拥戴他，为此刘邦放了一百个心。萧何的宾客可以说把刘邦的心思琢磨透了，为主人献上妙计，让他得以转危为安，转祸为福。

三 排忧解难

为主人排忧解难也是食客的一项主要工作。为主人出谋划策本身就在为其排忧解难，所以两者没有明显的界限。《史记·高祖本纪》载：刘邦

---

① 《史记·高祖本纪》，第381页。

② 《史记·萧相国世家》，第2018页。

③ 同上。

率军西进咸阳过宛城时，

> 围宛城三匝。南阳守欲自刭。其舍人陈恢曰："死未晚也。"乃逾城见沛公，曰："臣闻足下约，先入咸阳者王之。今足下留守宛，宛，大郡之都也，连城数十，人民众，积蓄多，吏人自以为降必死，故皆坚守乘城。今足下尽日止攻，士死伤者必多；引兵去宛，宛必随足下后，足下前则失咸阳之约，后又有强宛之患。为足下计，莫若约降，封其守，因使止守，引其甲卒与之西。诸城未下者，闻声争开门而待，足下通行无所累。"沛公曰："善。"乃以宛守为殷侯，封陈恢千户。引兵西，无不下者。①

这是刘邦率义军西进咸阳路上的一个插曲。陈恢是南阳守的舍人，他在宛城危倾，主人欲自刎殉城之时，为救主人一命，也为挽救宛城的百姓，他翻过城墙去见刘邦。他为刘邦出了一个两全其美之策：停止攻城，接受宛城投降，封其守。这不仅避免更大的伤亡，也为后面所过诸城做个榜样，只要投降，其城可免战火之灾，其守既能免死，又得封官。结果"诸城未下者，闻声争开门而待"。陈恢的初衷是为了救主人一命，但由于他的谋略和智慧，不仅解除了宛城的兵危，救了主人性命，救了全宛城百姓的性命，还转祸为福，使其主人被封，自己得赏，为刘邦挺进咸阳扫除了许多障碍，可谓一举多得。

战国时期秦军兵临邯郸城下，形势危急。赵国四处求援，在魏国发生了信陵君窃符救赵的故事，在赵国也出现了毛遂自荐，跟随主人平原君到楚国搬救兵的事情。但是在楚国、魏国的救兵未到时，赵国的情况已经非常危险了，平原君焦虑万分，舍人李同对其曰：

> "邯郸之民，炊骨易子而食，可谓急矣，而君之后宫以百数，婢妾被绮縠，余粱肉，而民褐衣不完，糟糠不厌。民困兵尽，或剡木为矛矢，而君器物钟磬自若。使秦破赵，君安得有此？使赵得全，君何患无有？今君诚能令夫人以下编于士卒之间，分功而作，家之所有尽散以飨士，士方其危苦之时，易德耳。"于是平原君从之，得敢死之

① 《史记·高祖本纪》，第359—360页。

> 士三千人。李同遂与三千人赴秦军，秦军为之却三十里。亦会楚、魏救至，秦兵遂罢，邯郸复存。李同战死。①

李同给平原君分析了当时的危急形势，要想顶住秦军的进攻，保住赵国，作为丞相的平原君必须与百姓同甘共苦，有钱出钱，有人出人，“令夫人以下编于士卒之间，分功而作，家之所有尽散以飨士”，倾其所有来慰劳士兵，这样才能鼓舞士气，士兵们才能奋勇杀敌。平原君听从了李同的意见，将家丁食客组成三千人的敢死队，最后李同与敢死队一起慷慨赴难，击退秦军，他自己也战死沙场。

《史记·穰侯列传》载：秦昭王七年，秦国丞相樗里子去世，秦国欲使赵国重臣，亲秦派楼缓到秦国任丞相。

> 赵人楼缓来相秦，赵不利，乃使仇液之秦，请以魏冄为秦相。仇液将行，其客宋公谓液曰：“秦不听公，楼缓必怨公。”公不若谓楼缓曰：“请为公毋急秦。”秦王见赵请相魏冄不急，且不听公。公言而事不成，以德楼子；事成，魏冄故德公矣。于是仇液从之。而秦果免楼缓而魏冄相秦。②

赵人楼缓一旦为秦国丞相，会对赵国构成一定的威胁。为了阻止秦国的这一计划，赵国派其大臣仇液出使秦国，请求秦国以昭王舅舅魏冄为丞相。这是一个吃力不讨好，两边得罪人的苦差事。为此，仇液的食客宋公为主人出一计，首先稳住楼缓，告诉对方“为你我不会紧催秦国任用魏冄为相的”，这样既讨好了楼缓，也为自己留了条后路。然后对秦国把希望任用魏冄的话传到，却不急催他们。这样秦用楼缓为相，楼缓会感谢仇液，用魏冄为相，魏冄同样也会感谢仇液。宋公此计把两边得罪人的坏事变成了两边感激仇液的好事。由于有了食客为主人排忧解难，化解危机，常常能使主人转危为安，因祸得福，食客也因此得到主人的重用，改变自己的命运和处境。

---

① 《史记·平原君列传》，第 2369 页。

② 《史记·穰侯列传》，第 2324 页。

据《史记·孟尝君列传》记载：

昭王以孟尝君为秦相。人或说秦昭王曰："孟尝君贤，而又齐族也，今相秦，必先齐而后秦，秦其危矣。"于是秦昭王乃止。囚孟尝君，谋欲杀之。孟尝君使人抵昭王幸姬求解。幸姬曰："妾愿得君狐白裘。"此时孟尝君有一狐白裘，直千金，天下无双，入秦献之昭王，更无他裘。孟尝君患之，遍问客，莫能对。最下坐有能为狗盗者，曰："臣能得狐白裘。"乃夜为狗，以入秦臧中，取所献狐白裘至，以献秦王幸姬。幸姬为言昭王，昭王释孟尝君。孟尝君得出，即驰去，更封传，变名姓以出关。夜半至函谷关。秦昭王后悔出孟尝君。求已去，即使人驰传逐之。孟尝君至关，关法鸡鸣而出客。孟尝君恐追至，客之居下坐者有能为鸡鸣，而鸡齐鸣，遂发传出。出如食顷，秦追果至关，已后孟尝君出，乃还。①

孟尝君能够虎口脱险，全靠这些平日不起眼的鸡鸣狗盗之客。如果我们从另一个角度来看问题的话，就不能不佩服孟尝君多么有先见之明。设想一下，假如孟尝君食客中缺少这样的特殊人才，那么孟尝君只能在秦国坐以待毙。在战国四君子中，孟尝君遭遇的危险和坎坷是最多的，但是，因为他食客中既有冯谖这样的有勇有谋之士，又有魏子这样关键时刻不惜以生命捍卫主人名誉的食客，还有那些鸡鸣狗盗之客，救孟尝君于危难之中，使孟尝君能够一次次死里逃生，逢凶化吉，脱离险境。

四　充当私家兵

很多时候食客在主人的军事行动中要充当私家兵的角色。有时候当主人与对手或仇家的矛盾冲突激化时，需要用武力来解决，食客就得拿起武器，捍卫主人的利益或生命。这时候对食客来说，哪怕流血牺牲，也必须为主人冲锋陷阵，死不旋踵。像商鞅在秦国实行变法，因为太子犯法，商鞅曾处罚了太子师傅，与太子结下怨仇。当秦孝公去世，太子继位为秦惠王，商鞅被诬告谋反，为此秦惠王"发吏捕商鞅"②。商鞅逃亡，四处躲

---

① 《史记·孟尝君列传》，第2354—2355页。

② 《史记·商君列传》，第2236页。

藏，却无人敢收留他，最后商鞅走投无路，“与其徒属发邑兵北出击郑。秦发兵攻商君，杀之于郑绳池”①。

商鞅率领的反抗秦军的武装力量由两部分人组成：一是文中提到的“徒属”，这是商鞅府上的食客、舍人一类的人员；二是“邑兵”。这里的“邑兵”是指商鞅采邑上的兵，与他的徒属一样都是他的私人武装。关于邑兵的产生和邑兵制问题，徐勇有过较详细的论述：春秋战国时期

> 代表新兴阶级的卿、大夫们势力越来越大，往往架空国君，实际上取得了军队的领导权。另外，在他们各自的封邑中也不断扩充地方武装和私人亲兵。……这种私属武装开始是以血缘为基础的“家族兵”，是为“一家一姓”的权益而战的，后来为了适应战争形势的需要，兵源扩大为这些卿、大夫封邑中的人，但仍是以血缘亲族为骨干。在春秋前期，一般各国诸侯的君权比较强大，这些卿、大夫的私卒多为公室效力，而春秋中后期，各国诸侯普遍大权旁落，这些私卒已被用来进行卿族之间的兼并斗争了。春秋时期，有的诸侯出于边疆防卫的需要，还在一些都邑建立了地方武装，后来有些大国兼并的土地越来越多，开始陆续建立起一些县和郡，于是又组建了“县兵”和“邑兵”。②

食客在战争和武装冲突中充当主人私家兵的另一个例子，是战国时期的信陵君的食客。《史记·魏公子列传》载，公元前257年秦军取得长平之战的胜利后，不久又派兵包围赵国的邯郸城，邯郸处境已是危在旦夕。赵国平原君多次派人给信陵君送信求救，信陵君多次向魏王请求派兵救援赵国，均被拒绝，赵国那边平原君又不断地来信指责他袖手旁观，信陵君无奈之下：“自度终不能得之于王，计不独生而令赵亡，乃请宾客，约车骑百余乘，欲以客往赴秦军，与赵俱死。”③ 在信陵君解救赵国邯郸之围的行动中，信陵君的宾客最初都在为主人排忧解难而奔走于魏王与信陵君之间，帮助信陵君说服魏王下决心出兵救赵。在说服无果的情况下，信陵

---

① 《史记·商君列传》，第2237页。

② 徐勇：《中国历代军事概述二·春秋至秦军事制度概述》，《历史教学》1989年第9期。

③ 《史记·魏公子列传》，第2379页。

君要亲自上邯郸与秦军决一死战，这时候宾客们则成为信陵君的私家兵，跟随他一起奔赴邯郸，准备“与赵俱死”。对食客来说，当主人利益或者是生命遭遇危险，需要捍卫主人的时候，他们则拿起武器，成为主人的私家兵。为了主人的利益不惜流血牺牲，甚至付出生命的代价。虽然这是非常残酷的，但也是别无选择的。因为受人之恩，当以生命报之，这是那个时期食客群体中约定俗成的必须遵守的法规和准则。如果谁不遵守，或是临阵脱逃，将会受到舆论的谴责和世人的唾弃，他将无法立足于社会。虽然食客们平日里有选择主人的自由，合则留下，不合则走，来去自由。但是在关键时刻却是绝不能逃避的，否则他将受到世人的鄙视和抛弃。这实际上反映了春秋战国与秦汉时期食客、士人们的一种道德操守和行为准则。

五　充当间谍

食客充当间谍的情况在春秋战国与秦汉时期都非常普遍。据《史记·田敬仲完世家》载：

> 君王后死，后胜相齐，多受秦间金；多使宾客入秦，秦又多予金，客皆为反间，劝王去朝秦，不修攻战之备，不助五国攻秦，秦以故得灭五国。五国已亡，秦兵卒入临淄，民莫敢格者。王建遂降，迁于共。故齐人怨王建不蚤与诸侯合从攻秦，听奸臣宾客以亡其国，歌之曰：“松耶？柏耶？住建共者客耶？”疾建用客之不详也。[①]

再看《史记·李斯列传》的记载：

> 秦王乃拜斯为长史，听其计，阴遣谋士赍持金玉以游说诸侯。诸侯名士可下以财者，厚遗结之；不肯者，利剑刺之。离其君臣之计，秦王乃使其良将随其后。[②]

秦国为了统一天下，采取了金钱贿赂与武力进攻相配合的手段，有计

① 《史记·田敬仲完世家》，第1903页。
② 《史记·李斯列传》，第2540页。

划地实施于六国。由此看，齐国宰相后胜及其宾客都成为秦国间谍的贿赂对象，他们接受了秦国间谍的金钱财物，中了他们的反间计。于是他们都帮助秦国劝说齐王建去“朝秦”，“不修攻战之备，不助五国攻秦”。最后随着五国的灭亡，齐国也一同走向灭亡。司马迁在此特地引用了《战国策》里齐国的一首民谣：“齐为之歌曰：‘松耶？柏耶？住建共者客耶？’”[①] 司马迁的用心可以说深含其中，意味深长。据《战国策·齐策六》记载：齐王建因为听从了宾客陈驰的劝说，“遂入秦”，结果秦人将他“处之共松柏之间，饿而死”[②]。所谓“住建共者”：意思是导致齐王建被迁住于共的人，这里指后胜及其客。“疾建用客之不详也”，是指痛恨齐王建用客之不谨慎，导致自己身死国灭。对此，学者王骏图评述曰：“此盖齐人怆怀故国，深怨王建听宾客奸谋，以致国破而迁住于共，因借松柏以起兴作歌，亦犹乔木、黍离之感，三‘耶’字有无限慨叹艾怨之意。”[③]

李斯在秦统一天下的战争中运用间谍，为他屡建奇功。但是令他自己想不到的是，有一天他也会遭到间谍的暗算。赵高威逼利诱李斯一起篡改秦始皇遗诏之后，胡亥顺利继位做了二世皇帝。赵高为了操纵二世皇，有意将二世皇帝与李斯等众大臣隔离，“二世常用居禁中，与高决诸事。其后公卿希得朝见”[④]。赵高“常侍中用事，事皆决于赵高”[⑤]。之后赵高又在秦二世面前进谄言陷害李斯，“于是二世乃使高下丞相狱，治罪，责斯与子由谋反，皆收捕宗族宾客”[⑥]。接着秦二世让赵高审办李斯的案子。“赵高治斯，榜掠千余，不胜痛，自诬服。……赵高使其客十余辈诈为御史、谒者、侍中，更往复讯斯，斯更以其实对，辄使人复榜之。后二世使人验斯，斯以为如前，终不敢更言，辞服。”[⑦] 由于李斯不胜酷刑，被屈打成招。赵高极其狡猾，他让他的宾客充当间谍，假扮御史、谒者及侍中多次去询问李斯，李斯以为他们真是秦二世派来的人，就推翻原来的不实

① 《战国策集注汇考·齐六·齐王建人朝于秦》，第700页。

② 同上。

③ 《史记笺证·田敬仲完世家》，第3180页。

④ 《史记·秦始皇本纪》，第271页。

⑤ 《史记·李斯列传》，第2588页。

⑥ 同上书，第2561页。

⑦ 同上。

之词，照实情回答。结果李斯遭到他们更严厉的鞭笞。当二世真的派人来讯问时，李斯再不敢改口说实话，只有招供认罪。

信陵君在魏国的地位举足轻重，与他门下得力的间谍客有很大的关系。《史记·魏公子列传》记载：

> 公子与魏王博，而北境传举烽，言“赵寇至，且入界”。魏王释博，欲召大臣谋。公子止王曰：“赵王田猎耳，非为寇也。”复博如故。王恐，心不在博。居顷，复从北方来传言曰：“赵王猎耳，非为寇也。”魏王大惊，曰：“公子何以知之?”公子曰：“臣之客有能深得赵王阴事者，赵王所为，客辄以报臣，臣以此知之。”是后魏王畏公子之贤能，不敢任公子以国政。①

从这则材料来看，赵王身边潜伏着信陵君的食客，为他做间谍，刺探赵王的一举一动，赵王那边一有风吹草动，他就能够在第一时间将情况禀报主人，以备主人做出分析判断，做出应对策略。而信陵君能够成功地“窃符救赵”，记头功的当然是如姬，但是估计魏王身边可能还有信陵君的间谍客配合她行动，否则窃符不会这么顺利。其实如姬这时候也成为了信陵君的间谍，只不过如姬不是他的宾客。

充当间谍影响最大、最成功的当数战国时期的苏秦和张仪了。有关苏秦的事迹主要见于《史记》、《战国策》和《战国纵横家书》（学者们也称为“帛书《战国策》”）。前两书是世传的史书，《战国纵横家书》是1973年年底，长沙马王堆三号汉墓出土的大批帛书中的一种。该书共27篇，其中11篇内容和文字与《史记》和《战国策》大致相同，其余16篇内容是《史记》和《战国策》所没有的。苏秦史事争议最大的原因就缘于此。

以唐兰、杨宽、马雍为代表的学者认为《史记》和《战国策》中关于苏秦的记载有诸多错误。

> 唐兰指出：“（司马迁）没有见到关于苏秦的第一手的史料，因而把公元前三世纪初的苏秦事迹，推到前四世纪末；把张仪、苏秦的时序改

---

① 《史记·魏公子列传》，第2377页。

为苏秦、张仪；五国伐秦错成了六国合纵，还推早了四十五年（公元前228—前333）。时序既差，事迹中既有弄错的，又有假造的，……把真正的苏秦事迹都搅混乱了。两千年来，迷惑了无数读者。”①

杨宽指出：“今本《战国策》中，既有比较原始的苏秦资料，也有出于后人伪造虚构的东西，可说真伪参半。而《史记·苏秦列传》所辑录的，几乎全是后人杜撰的长篇游说辞。因为司马迁误信这些游说辞为真，误认为苏秦是和张仪同时对立的人物，反而把有关苏秦的原始资料抛弃了，或者把这些资料中的‘苏秦’改成‘苏代’或‘苏厉’。因此战国中期有许多重要历史事件和苏秦活动有关的，真相就模糊不清。”②

马雍先生指出：“《史记》中有关苏秦的记载错误百出，其材料来源多出伪造，可凭信者十无一二。……《战国策》中关于苏秦的记录较《史记》为多，但亦真伪参半，又往往将苏秦和苏代兄弟二人弄得混淆不清。”③

但是当今一些学者经过对诸多文献资料的研究辨析后认为，《史记》和《战国策》关于苏秦的记载仍然是可信的。

赵生群指出：“《苏秦列传》赞语说：‘太史公曰：苏秦兄弟三人，皆游说诸侯以显名，其术长于权变。而苏秦被反间以死，天下共笑之，讳学其术。然世言苏秦多异，异时事有类之者皆附之苏秦。……吾故列其行事，次其时序，毋令独蒙恶声焉。”文中不仅指出了“世言苏秦多异，异时事有类之者皆附之苏秦”的事实，而且明确交代自己写这篇传记目的是要为苏秦澄清一些事实真相。《张仪列传》赞语则进一步指出：“夫张仪之行事甚于苏秦，然世恶苏秦者，以其先死，而仪振暴其短以扶其说，成其衡道。”从两传赞语可

---

① 唐兰：《司马迁所没有见过的珍贵史料》，《战国纵横家书》，文物出版社1976年版，第127—130页。

② 杨宽：《马王堆帛书〈战国纵横家书〉的史料价值》，《战国纵横家书》，文物出版社1976年版，第164页。

③ 马雍：《帛书〈战国纵横家书〉各篇的年代和历史背景》，《战国纵横家书》，文物出版社1976年版，第175页。

看出，司马迁已将纷繁歧异的苏秦资料理出了清晰的线索，且对一些事情的前因后果了如指掌。这两段话是他依据有关资料细心考辨的结果。司马迁作史的态度非常严谨，他对苏秦活动的史实如果没有相当的把握，恐怕不会轻下断语。帛书《战国纵横家书》的出土，又一次证实了司马迁“异时事有类之者皆附之苏秦”的论断。①

高云海指出：把今传本《战国策》所载与《史记》所言加以对照，可以清楚地看出《史记》所载与今传本《战国策》第一种说法（“燕王哙既立，苏秦死于齐”，第二种说法为苏秦活到燕昭王二十四年）是大体相合的，从这一点可以证明司马迁当年作《史记》肯定是利用了《战国策》材料，并且他当年利用的《战国策》有关苏秦的材料与今传本的一部分内容大体是相同的，如果我们不承认今传本《战国策》有关苏秦的材料多出于伪造，那么我们就没有理由认为《史记》关于苏秦的“材料来源多出伪造”。……

关于苏秦的历史在他死后很可能便已成为一本糊涂账，当时的民间肯定有些人传言他死于燕王哙之时，也还有些人传言他一直活到燕昭王之时。……《战国策》的纂辑者们对于何者为事实无法裁断，都把它们作为史料保留了下来，于是便造成了前后矛盾，司马迁面对这种矛盾加以裁断何者更近于事实时，以其写作《史记》的严谨态度来看决不会是任意加以取舍的，他之取苏秦死于燕王哙时之说肯定还有旁证材料作为依据。

我们从帛书《战国策》中看不到苏秦说秦、并相六国、死于燕王哙等记载，也很可能是过录时所据之本因“脱简”等将这些记载失去了，或者过录者当时不相信那些记载而干脆摒而不录。总之帛书本《战国策》充其量不过是我们今天见到的《战国策》的几种传本之一，不应当把它看作是唯一的“真”，进而视其他均为假。从目前所见材料来看，否定《史记》有关苏秦的史料真实性还嫌太武断，甚或相当荒谬。②

① 赵生群：《〈战国纵横家书〉所载“苏秦事迹”不可信》，《浙江师范大学学报》2007年第1期。

② 高云海：《关于〈史记〉所载苏秦史料的真伪》，《古籍整理研究学刊》1995年第4期。

现在的许多学者都持第一种意见，但是我们有理由认为第二种意见应当说更合情理。因为作为史官的司马迁在撰写《史记》时，他有条件浏览多种史书和文献档案。“《史记》能以‘实录’见称于世，这博采古今典籍是成功的一个重要因素。单以《史记》本书考校，司马迁所见古书即达 106 种。……经部之书二十三种，子部之书五十二种，史部之书二十三种，集部之书七种。”① 除此之外还应当有相当多的书籍和史料是司马迁见过但是并没有被他引用于《史记》中，我们不能以此推测他没有引用的书籍和史料就是他未见过的。作为一个有治史经验和有专业水准的史官，司马迁对于各种文献史料和档案真伪的鉴别能力和水平肯定高于今人，特别是司马迁距离战国时间并不太远，所以他甄别战国史料真伪也比今人更有条件。据此分析司马迁写《苏秦列传》时，可能舍弃了今本《战国策》及帛书《战国策》中关于苏秦活到燕昭王时的史事。他舍弃这些史事的具体原因我们无法知晓，也许是“司马迁认为这种记载与苏秦死于燕王哙的记载有矛盾，他笃信苏秦死于燕王哙既立之时。此后对苏秦的记载都是苏代之讹，便摒而不录，或录而改作苏代”②。我们相信司马迁舍弃这些材料一定有他的考虑。

尽管在苏秦的活动年代上存在争议，但是对于苏秦作为燕国的间谍到齐国去搞破坏活动，并且获得成功这一点上是毫无异议的。《史记·苏秦列传》记载：

> 苏秦“说燕王曰：‘臣居燕不能使燕重，而在齐则燕必重。’燕王曰：‘唯先生之所为。’”于是苏秦详为得罪于燕而亡走齐，齐宣王以为客卿。
>
> 齐宣王卒，湣王即位，说湣王厚葬以明孝，高宫室、大苑囿以明得意，欲破敝齐而为燕。③

燕国在后来与齐国的较量中能够以弱胜强，苏秦的间谍作用是功不可没的。虽然《史记》与今本《战国策》及帛书《战国策》在苏秦事

---

① 中国史记研究会：《史记教程》，商务印书馆 2011 年版，第 140—149 页。

② 高云海：《关于〈史记〉所载苏秦史料的真伪》，《古籍整理研究学刊》1995 年第 4 期。

③ 《史记·苏秦列传》，第 2265 页。

迹的记载上有部分不一致，但是苏秦在齐国充当燕国的间谍，并在破齐的战争中最终成功，这一点是可信的，也得到了后世学者的认可。这些也从其他史籍的相关材料上得到了证实。牛鸿恩在《苏秦事迹之真伪》中指出：

> 《荀子·臣道》关于苏秦亡齐的论述和《盐铁论·论儒》关于荀子于齐湣王末年愤而离齐的记载，可知荀子看到了齐湣王因用苏秦而招致“身死国亡，为世大戮”的全过程。他的话无疑最具有权威性，是帛书、《战国策》外最有力的旁证。《吕氏春秋·知度》“齐用苏秦，天下知其亡”，和银雀山汉墓本《孙子·用间》“燕之兴也，苏秦在齐”，与《荀子》之说完全一致。这些论述条目虽然无多，但已足以肯定苏秦为燕仕齐，致使齐湣王身死国亡。①

储道立指出：“促成战国后期齐国衰亡、燕国复兴乃至为秦统一天下铺平道路的这一重大历史事件的原因有二：一是乐毅在正面战场上的胜利，一是苏秦在秘密战线上的成功。不过，如果没有苏秦‘谋齐’的成功，恐怕也不会有乐毅率五国联军攻齐局面的出现。”②

同为纵横家的张仪，与苏秦一样，为秦国利益多次到魏、楚、赵、韩等诸侯国做间谍。据《史记·张仪列传》记载：秦惠王十年，秦国打下了魏国的蒲阳，之后张仪又说服秦王将蒲阳还给魏国，并使公子繇到魏国做人质。

> 仪因说魏王曰：“秦王之遇魏甚厚，魏不可以无礼。”魏因入上郡、少梁，谢秦惠王。惠王乃以张仪为相。
>
> ……
>
> 其后二年，使与齐、楚之相会啮桑。东还而免相，相魏以为秦，欲令魏先事秦而诸侯效之。魏王不肯听仪，秦伐取魏之曲沃、平周，复阴厚张仪益甚。张仪惭，无以归报。留魏四岁而魏襄王卒，哀王

① 韩兆琦：《史记笺证·苏秦列传》，第4032页。

② 储道立、熊建平：《苏秦间谍案述评》，《军事历史研究》2003年第4期。

立。张仪复说哀王，哀王不听。于是张仪阴令秦伐魏，魏与秦战，败。[1]

表面看魏国似乎赚了大便宜，其实张仪采用的是先予后取的狡猾手段，成功说服魏王将上郡、少梁两地送给秦国，作为奖励或者说是答谢，秦惠王拜张仪为秦国的宰相。可以说在这场秦国与魏国的军事战斗和外交较量上，秦国与张仪是真正的赢家，而魏国则白白地丢了两个郡。对丢失这两个郡的情况，后世有的学者也曾提出质疑，如梁玉绳指出："按《纪》《表》及《魏晋家》，是年'入上郡于秦'，无'少梁'二字。魏之'少梁'已于孝公八年取之矣。"[2] 如果梁玉绳的观点成立，那么这一次魏国送给秦国的只有上郡一个郡。即使这样，秦国和张仪也仍然是赢家。张仪在秦国为相几年之后（有五年、有六年说，史书说法不一），被秦国免相，然后他到魏国为宰相。实际上这是张仪与秦王演的双簧戏，目的是让他能顺利地到魏国为相，做秦国的间谍，好为秦国谋取更大的利益。果然张仪成为魏国宰相后，极力劝说魏王事秦。张仪与秦国的目的，都是希望以魏国为突破口，把魏国作为"事秦"的榜样，使其他诸侯国效仿，以达到逐步瓦解、分化六国合纵联盟，然后让秦国各个击破的目的。张仪这时候是身在曹营心在汉，用心良苦。所以身为魏国宰相的张仪，"欲令魏先事秦而诸侯效之。魏王不肯听仪"，之后"魏襄王卒，哀王立。张仪复说哀王，哀王不听"。按照司马迁《张仪列传》的记载，张仪劝说魏王"事秦"，第一次劝的是魏襄王，第二次劝的是魏哀王，但是两次都遭到他们的拒绝。有的学者认为，张仪劝的应该是魏惠王和魏襄王。梁玉绳在《史记志疑》中案："襄"当作"惠"，"哀"当作"襄"[3]。韩兆琦《史记笺证》为梁说作了进一步论证，指出："梁说是，魏惠王（即梁惠王）名罃，公元前369—前319年在位。魏襄王名嗣，前318—前296年在位。魏惠王之卒与魏襄王之立在秦惠王后元六年（前319）。"[4]

由此看，张仪劝说的两个魏王应是魏惠王和魏襄王。他作为魏国宰

---

① 《史记·张仪列传》，第2285页。

② 韩兆琦：《史记笺证·张仪列传》，第4047页。

③ （清）梁玉绳：《史记志疑》，中华书局1981年版，第1251页。

④ 韩兆琦：《史记笺证·张仪列传》，4049页。

相，却一心在为秦国作打算，干着损魏利秦的事情。最后因为魏国在与齐国的战斗中失败，加上秦国又要进攻魏国，魏王在张仪的再次劝说下，“于是乃倍从约而因仪请成于秦”①。魏国背叛与东方诸侯国的合纵盟约后，张仪的间谍任务完成了，他就回到秦国，继续做他的秦国宰相。接着他先后到楚国、韩国、齐国、赵国、燕国游说他们的国君，让他们放弃合纵而事秦。由于有了魏国背叛合纵的带头作用，其余六国在张仪的巧舌如簧和威胁利诱下，也都纷纷背纵事秦。张仪游说的才华在这个时候发挥得淋漓尽致。他在魏国所起的作用胜过秦国战场上的千军万马。

六　帮主人著书立说

食客的服务性还表现在帮主人著书立说。春秋战国时期，随着私人办学之风的兴起，士阶层群体人数不断壮大。随着变法革新在各国的相继展开，人们的思想更加开放，思维更加活跃，各家各派思想不断地争辩交流，一时之间形成了“百家争鸣”的活跃自由的学术风气。各家各派纷纷著书立说，如儒家的孔子、孟子、荀子；道家的老子，庄子；法家的商鞅、韩非子；墨家的墨子，兵家的孙武等等，都通过著书立说来传播自己的思想和主张。一些权贵在招养食客的同时，也同样希望通过著书立说的方式来宣传自己的思想学说和政治主张，来扩大自己的影响和声誉。他们的门下聚集着各式各样的人才，为他们在各国兼并、诸侯争霸的社会潮流中大造舆论声势，在思想文化领域争取更多的话语权。为此，这些权贵纷纷召集手下门客为他们著书立说，据《史记·吕不韦列传》记载：

> 当是时，魏有信陵君，楚有春申君，赵有平原君，齐有孟尝君，皆下士喜宾客以相倾。吕不韦以秦之强，羞不如，亦招致士，厚遇之，至食客三千人。是时诸侯多辩士，如荀卿之徒，著书遍天下，吕不韦乃使其客人人著所闻，集论以八览、六论、十二纪、二十余万言。以为备天地万物古今之事，号曰《吕氏春秋》，布咸阳市门，悬千金其上，延诸侯辩士宾客有能增损一字者予千金。②

---

① 《史记·张仪列传》，第2287页。

② 《史记·吕不韦列传》，第2510页。

吕不韦虽然也像战国四君子一样招揽众多食客，但是他对食客的要求却不同于其他权贵，他不看重食客的武功或其他技能，他注重的是他们的文才、思想和见解。吕不韦虽然是商人出身，但是他对当时各家各派的思想却能广博地吸收，他看到当时各家各派的领袖都通过著书立说的方式，将他们的思想广为传播，通过“立言”的方式达到流芳百世、名垂青史的目的。他作为宰相自己没有精力去著书立说（当然能力上也不足），但是他可以借助别人的力量来帮助他完成心愿。他门下的食客中不乏思想敏锐、文采出众的文人墨客，通过他们把自己的思想主张记录下来，将他们各自的见闻记录下来。于是吕不韦召集其门客集体著述了《吕氏春秋》。

《吕氏春秋》因为是众多食客的集体著作，所以它“兼儒墨，合名法”，融合了先秦各家学派的思想和学说，吕不韦得意于该书包揽了“天地、万物、古今”的各种历史、奇闻、轶事，为此人们称之为杂书。这部书几经食客们的筛选、分类、删定、修改，最后定稿。完成后吕不韦让人悬挂于咸阳城门，声明如有能改动一字者，赏给千金。虽然围观欣赏者众多，但没有人能改动一字。并不是说该书完美无缺，主要原因是人们敬畏吕不韦的威势，不敢冒险，不想惹祸罢了。

信陵君的食客也为他著述了《魏公子兵法》。《史记·魏公子列传》记载：信陵君窃符救赵之后：

> 公子留赵十年不归。秦闻公子在赵，日夜出兵东伐魏。魏王患之，使使往请诸公子。……魏王见公子，相与泣，而以上将军印授公子。公子遂将。魏安厘王三十年，公子使使遍告诸侯。诸侯闻公子将，各遣将将兵救魏。公子率五国之兵破秦军于河外，走蒙骜，遂乘胜逐秦军至函谷关，抑秦兵，秦兵不敢出。当是时，公子威震天下，诸侯之客进兵法，公子皆名之，故世俗称《魏公子兵法》。[①]

从这段文献材料看，《魏公子兵法》产生的背景：秦军“日夜出兵东伐魏”，魏公子无忌回到魏国，重新执掌魏国上将军印，并向各诸侯国求援，各国派兵相助。于是，信陵君率五国之兵在黄河以南大败秦军，使秦国将领蒙骜战败而逃。接着五国联军乘胜追击，攻至函谷关，秦军紧闭关

① 《史记·魏公子列传》，第2384页。

门，不敢再出关。这次合纵攻秦的胜利，使信陵君名声大震，各诸侯宾客纷纷向他进献兵法，最后信陵君编辑整理成书，给它命名为《魏公子兵法》。班固的《汉书·艺文志》兵家类里有《魏公子》二十一篇，[①] 据此推测，班固在当年是见过此书的。凌稚隆曾引王世贞观点："或曰'公子非善知兵者，公子之客善之'。是不然，公子殁而未闻其客能西抗秦者也。且客善兵，亦唯公子善用之。"[②]

按照王世贞的看法，信陵君"非善知兵"，但是其"客善之"。王世贞的推测是有道理的。由此看，信陵君能率五国兵打败秦军，他的客之贡献，是功不可没的。另一方面也证实了《魏公子兵法》应当为其宾客的集体智慧的结晶。另外，凌稚隆认为，虽然信陵君不"善兵"，但是他善用"善兵"之客，所以他能够打败秦军。他去世之后，"未闻其客能西抗秦"就是一个最好的说明，凌稚隆的观点对我们很有启发性。

汉代的淮南王刘安的门客集体著述了《淮南子》。据《汉书·淮南衡山济北王传》记载：

> 淮南王安为人好书，鼓琴，不喜弋猎狗马驰骋，亦欲以行阴德拊循百姓，流名誉，招致宾客方术之士数千人，作为《内书》二十一篇，《外书》甚众，又有《中篇》八卷，言神仙黄白之术，亦二十余万言。时武帝方好艺文，以安属为诸父，辩博善为文辞，甚尊重之。每为报书及赐，常召司马相如等视草乃遣。初，安入朝，献所作《内篇》，新出，上爱秘之。使为《离骚传》，旦受诏，日食时上。又献《颂德》及《长安都国颂》。每宴见，谈说得失及方技赋颂，昏莫然后罢。[③]

上面的记载，说明了几个情况：第一，汉代权贵招养食客之风依然很盛，仅淮南王刘安就"招致宾客方术之士数千人"。第二，这些人中有不少高才学士，他们与刘安共同编定了《内书》（即《淮南子》）一书。在这数千的宾客中，究竟是哪些人参与了《淮南子》的编写呢？据司马贞

---

① 《汉书·艺文志》，第1758页。

② 韩兆琦：《史记笺证·魏公子列传》，第4290页。

③ 《汉书·淮南衡山济北王传》，第2145页。

《史记索隐》《淮南·要略》云：

> 安养士数千，高才者八人，苏非、李尚、左吴、陈由、伍被、毛周、雷被、晋昌，号“八公”也。①

泷川资言曰：

> 高诱《淮南序》云：“安为辨达，善属文，天下方术之士多往归焉。于是遂与苏飞、李尚、左吴、田由、雷被、毛被、伍被、晋昌等八人，及诸儒大山、小山之徒，共讲论道德，总统仁义，而著此书。”八人姓名，与《索隐》所引亦有异同。②

人们据此认为《淮南子》的编撰者，即为刘安宾客中的高才“八公”“及诸儒大山、小山之徒”。第三，《淮南子》原有《内篇》二十一，《外书》甚众，《中篇》八卷，20余万字。我们今天看到《淮南子》二十一篇，仅是原著中的一部分，即《内书》中的二十一篇。第四，汉武帝对刘安的文学才华是非常欣赏的。从班固的描述看，汉武帝对刘安是“甚尊重之”，“上爱秘之”，“每宴见，谈说得失及方技赋颂，昏莫然后罢”。表明武帝对刘安尊宠有加，两人关系非同一般。而这段描写恰恰是《史记》中没有的。众所周知，《汉书》与《史记》相比，在史事记载上更客观真实些，文学描述上逊色于《史记》；再有对同一人物的记载上，《汉书》多仿照《史记》。而上述几个细节描写不仅是《史记》没有的，而且班固在描述中用了几个形容词“甚尊重”、“爱秘”，还有“每宴见，谈说得失及方技赋颂”直到黄昏傍晚才停止。把武帝对刘安的尊重、宠爱及两人关系的融洽表现得淋漓尽致，生动逼真。以至于后来刘安的谋反行为让我们怀疑，谋反是刘安的真实想法，还是受其宾客挑唆所为？

---

① 司马迁：《史记·淮南衡山列传》，第3082页。

② ［日］泷川资言：《史记汇注考证·淮南衡山列传》，北岳文艺出版社1999年版，第4823页。

第四节　投机性

春秋战国时期，构成社会主体的除贵族之外，就是士农工商，所谓的四民。食客这一群体在社会上处于一种边缘人的状态，因此他们迫切地希望融入主流社会，希望改变自己这种不上不下的尴尬处境。更重要的是他们渴望立功扬名，渴望升官发财。于是他们寄食权贵家，试图走捷径而达到取富贵之目的。所以投机性和选择性是他们的基本特征，并且决定了食客在一些是非问题上，有的人没有什么坚定的政治立场和鲜明的是非观念，常常是“有奶便是娘”。他们寄食于权贵家，很多人的目的并不在于解决温饱，而是要利用权贵的人脉资源，为他们个人寻求发展的机会和途径，所以为了达到升官发财、步入仕途的目的，他们想方设法依附权贵、千方百计投机钻营。《史记·孟尝君列传》记载：

> 齐王惑于秦、楚之毁，以为孟尝君名高其主而擅齐国之权，遂废孟尝君。诸客见孟尝君废，皆去。……后召而复之（孟尝君官复原职），冯谖迎之。未到，孟尝君太息曰：“文常好客，遇客无所敢失，食客三千有余人，先生所知也。客见文一日废，皆背文而去，莫顾文者。今赖先生得复其位，客亦有何面目复见文乎？如复见文者，必唾其面而大辱之。”冯谖结辔下拜。孟尝君下车接之，曰：“先生为客谢乎？”冯谖曰：“非为客谢也，为君之言失。夫物有必至，事有固然，君知之乎？”孟尝君曰：“愚不知所谓也。”曰：“生者必有死，物之必至也；富贵多士，贫贱寡友，事之固然也，君独不见夫趣市（朝）者乎？明旦，侧肩争门而入；日暮之后，过市朝者掉臂而不顾。非好朝而恶暮，所期物忘其中。今君失位，宾客皆去，不足以怨士而徒绝宾客之路。愿君遇客如故。”①

孟尝君的食客在他失去相位后纷纷离他而去，虽然孟尝君的封邑收入仍然能够养活这众多食客，但是食客们深知，随着孟尝君的失势，他在齐王面前已经没有了话语权，这就意味着帮助他们、举荐他们获得一官半职

① 《史记·孟尝君列传》，第2362页。

的可能性几乎为零，所以他们选择离去，最后仅剩冯谖一人。当孟尝君官复原职，他们又重新看到了希望，相继回来。对于这些投机性极强的势利食客，连一向“好客，遇客无所敢失”的孟尝君也非常气愤和厌恶，声言对复返之客“必唾其面而大辱之”。但是冯谖作为食客，他深明食客的处世之道，为孟尝君分析了食客选择主人的基本想法和初衷。他给孟尝君作了一个形象的比喻：他得势为齐相时，犹如早晨的集市，商品众多，所以人们争相购买，对于食客来说就是机会很多；他失势了就如傍晚的市场，空荡无物，于食客而言则是仕途上已毫无机会，所以，人们自然就不再光顾。冯谖的话道出了春秋战国时期食客与权贵相处的一种普遍的投机心态：追名逐利，为我所用，以商品交换的原则来衡量处理与主人的关系。客观地说，食客这种心理虽然卑鄙，虽然丑陋，但是却非常真实地、极其深刻地揭示出了食客心灵深处阴暗的一面，把当时食客渴望名利富贵，渴望立身扬名的本质内涵暴露了出来。司马迁还意味深长地借冯谖之口说道“生者必有死，物之必至也；富贵多士，贫贱寡友，事之固然”。这几句话与其说为我们揭示了事物发展的一些必然规律，不如说是司马迁对世态炎凉而总结出的某种人生哲理，其中深含着他的人生感悟。

同样的情况在战国时期的赵国名将廉颇的身上又一次出现。《史记·廉颇蔺相如列传》记载：廉颇在长平之战中因为与赵王意见不合，被赵王罢免职位，廉颇失势之后，其门下食客都离他而去。五年之后，廉颇被重新起用，率赵军与燕军作战。

> 赵使廉颇将，击，大破燕军于鄗，杀栗腹，遂围燕。燕割五城请和，乃听之。赵以尉文封廉颇为信平君，为假相国。
>
> 廉颇之免长平归也，失势之时，故客尽去。及复用为将，客又复至。廉颇曰：“客退矣！”客曰：“吁！君何见之晚也夫，天下以市道交，君有势，我则从君；君无势则去，此固其理也，有何怨乎？”①

廉颇的食客把主客关系看成了一种市场上的买卖关系，聚散离合完全随利益而定。你有利可图我选择你，就如我到市场上选择于我有用的商品；你无权无势时，于我而言是无利可图之商品，我只能弃之而去。这位

---

① 《史记·廉颇蔺相如列传》，第 2448 页。

食客把主客关系琢磨得如此透彻，还把商品经济学的原理运用到了主客交往之中，其“市道交”之理论与冯谖的“趣市”分析如出一辙。可见这种依附权贵、投机取富贵的心理在当时的食客群体中是非常普遍的，甚至可以说已经成为他们当中一种约定俗成的潜规则。正因为司马迁意识到了这一点，所以在《史记》中有意识地将食客这种市侩的投机心理暴露出来。

《史记·平津侯主父列传》记载：

上拜主父为齐相。至齐，遍召昆弟宾客，散五百金予之，数之曰：“始吾贫时，昆弟不我衣食，宾客不我内门；今吾相齐，诸君迎我或千里。吾与诸君绝矣，毋复入偃之门！”

主父方贵幸时，宾客以千数；及其族死，无一人收者，唯独洨孔车收葬之。①

《史记·汲郑列传》载：

太史公曰：“夫以汲、郑之贤，有势则宾客十倍，无势则否，况众人乎！”下邽翟公有言：始翟公为廷尉，宾客阗门；及废，门外可设雀罗。翟公复为廷尉，宾客欲往，翟公乃大署其门曰：“一死一生，乃知交情；一贫一富，乃知交态；一贵一贱，交情乃见。”汲、郑亦云，悲夫！②

本来一个人在官场上的仕宦沉浮、起起落落是常有的事，但是通过周围人对他的升迁、贬谪之后绝然不同的态度，使人性中真、善、美和假、恶、丑的本性充分暴露出来。食客与主人聚散离合的去留，一切都取决于主人权势的强弱、地位的高低。所以食客对主人的投机与忠诚，这个时候会呈现出二律背反的倾向。对大多数食客而言，忠诚只是相对的，而投机却是绝对的。当主人落魄失势时，众多的食客如同鸟兽散，仍然坚定地选择留守在主人身边的只是极少数的食客。正因为像冯谖、洨孔车这样忠诚

---

① 《史记·平津侯主父列传》，第2062页。

② 《史记·汲郑列传》，第3114页。

的食客太少了，所以人们常常对这些忠诚者心生敬意。像冯谖在孟尝君被罢相，众食客都纷纷离去之后，他独自为孟尝君的复位奔走于各诸侯王间。主父偃的食客洨孔车在主父全家被灭族之后，毅然为他“收葬之”。此举连汉武帝都被感动，赞扬他“孔车长者也”。

一个人一生经历的事情很多，留给后人可记录的事情也会很多，写人物传记是不可能全部都写进去的，这就存在一个剪裁取舍的问题，选择什么材料写进史书中，体现出作者的思想感情和他的价值取向。司马迁因为李陵事件而遭遇宫刑，在他遭受不幸、身陷囹圄之时，他像一个溺水的求生者，渴望着有人对他伸出救援之手，可是“交游莫救，左右亲近不为一言”①。残酷的现实对他是个极大的触动，他感慨良多，其思想认识和价值观也发生了转变。他对于世态炎凉、人情冷暖有了比常人更为深刻的认识。所以每当他叙述笔下的历史人物遭遇坎坷不幸时，他都会特别地关注周围人对他笔下主人公的态度和反应，会将那些投机者的丑恶嘴脸暴露出来，以此鞭挞、谴责那些势利小人，同时也颂扬赞美那些对主人忠心耿耿的食客。

司马迁对食客的投机势利行为厌恶痛恨不已，所以他在各篇传记中多次给予暴露和谴责，使后人对于食客人性中的弱点和丑陋的一面有了更多的认识，后世学者们对此都感慨良多。钱钟书指出：“马迁于炎凉世态，如言之不足，故重言之者，殆别有怀抱而陈古刺今，借浇块垒欤。”② 他对司马迁在《廉颇蔺相如列传》、《孟尝君列传》、《魏其武安侯列传》、《汲郑列传》、《平津侯主父列传》等篇中对食客的投机与背叛的情况不厌其烦，屡屡言之评议道：“再三言此，感慨系之。”③ 柯维骐指出：“廉颇客的‘市道交’即冯谖所论‘趋市’者也。孟尝君唾面而翟公勒门，长平之吏移于冠军，魏其之客移于武安，汲郑废而其门益落，任昉逝而其后莫恤，古今交态尽然，不独廉颇也。”④

① 张大可：《史记新注·报任安书》，华文出版社 2000 年版，第 2193 页。

② 钱钟书：《管锥编》第一册，中华书局 1999 年版，第 357 页。

③ 同上书，第 318 页。

④ 韩兆琦：《史记笺证·廉颇蔺相如列传》，第 4445 页。

第五节 流动性

食客的流动性主要体现在两个方面，一个是脱离食客群体，改换身份角色，进入到另外一个阶层当中，例如步入仕途，进入到士大夫甚至权贵的行列中；另一种流动则是在权贵门下之间的流动，身份角色没有改变，只是改换门庭，变的是他们的主人。

春秋战国乃至秦汉时期，在社会外部呈现的是激烈的兼并战争，在内部则是卿大夫之间尔虞我诈的权力之争。内部的权力之争常导致卿大夫遭遇到来自统治集团内部的各种矛盾纷争。这种斗争有的时候是明枪暗箭，有的时候则是公开的武力较量。无论是哪一种性质的争斗，总有一方会是失败者。失败的一方最好的结局就是被朝廷罢了官职，摘了乌纱帽。最坏的一种结局则是权贵本人性命不保，家族被灭。每当这种情况出现的时候，直接受到牵连和冲击的就是权贵府上的食客们。如果遇到的仅是主人被朝廷罢免官职还好些，例如前面的孟尝君被齐王免去相位，廉颇被赵王解除将军印，还有主父偃的被解职等。这种情况下，许多食客就会因前途问题而离开自己的主人，另投其他权贵门下。这种流动是平行的，没有改变身份和地位，只是换了主人而已。如果遇到主人被朝廷或被仇家灭族，那么食客们有的会因牵连获罪，像嫪毐案件发生后，嫪毐的食客都受牵连。但是因为“秦王所加怒吕不韦、嫪毐皆已死，乃皆复归嫪毐舍人迁蜀者”[①]。嫪毐食客最初被迁谪到蜀地，但后来都被放回。由此看，一般被牵连的食客过几年都会获释，毕竟各为其主，所以即使是仇家，有的也都不会太追究食客的罪责。

有时候虽然主人没有遇到不幸，但是食客因为不满主人的一些做法，或者是没有给予他们所期望的待遇或礼遇，他们也会主动离开主人投奔其他权贵。因为“是时齐有孟尝，魏有信陵，楚有春申，故争相倾以待士”[②]。所以，食客们有较多自由选择去留的权力和选择主人的空间。《史记·平原君列传》记载：

---

① 《史记·吕不韦列传》，第2513页。

② 《史记·平原君虞卿列传》，第2365页。

平原君家楼邻民家，民家有躄者，槃散行汲。平原君美人居楼上，临见，大笑之。明日，躄者至平原君门，请曰："臣闻君之喜士，士不远千里而至者，以君能贵士而贱妾也。臣不幸有罢癃之病，而君之后宫临而笑臣，臣愿得笑臣者头。"平原君笑应曰："诺。"躄者去，平原君笑曰："观此竖子，乃欲以一笑之故杀吾美人，不亦甚乎！"终不杀。居岁余，宾客门下舍人稍稍引去者过半。平原君怪之，曰："胜所以待诸君者未尝敢失礼，而去者何多也？"门下一人前对曰："以君之不杀笑躄者，以君为爱色而贱士，士即去耳。"于是平原君乃斩笑躄者美人头，自造门进躄者，因谢焉。其后门下乃复稍稍来。①

事实上，躄者与美人之间的矛盾纠葛和平原君的爱客与贱客之间并无根本的联系，因为躄者并不是平原君的客，但是他却非常聪明，为了让平原君斩下其美人的头，他在逻辑上运用偷换概念的手法，有意识地把他与美人之间的矛盾和平原君的爱客与贱客联系起来，借此给平原君施加压力，也起到误导其食客的作用。让食客们以为平原君斩美人头就是爱客，不斩就是对客的不尊、不敬，其结果必将导致客的离去。果然，食客们因为平原君不斩美人头，感到自己受到了轻视，其人格尊严受到了严重的侮辱与伤害，由此他们认为平原君并不是一个能够礼贤下士、爱士尊客之主，这样的主人不值得追随和为其效力，在大感失望之余，他们纷纷选择离去。

大批食客离开平原君的事件还发生过一次。这是在信陵君窃符救赵之后，信陵君因违抗魏王之命不得已而留在赵国，他听说赌徒毛公和卖浆水的薛公都是德行很高的隐士，于是想方设法找到他们，与之交友。但是平原君听说之后，非常不屑地对其夫人信陵君的姐姐说：信陵君"妄从博徒卖浆者游，公子妄人耳"②。信陵君知晓后说："原来我以为平原君贤能，所以不惜辜负魏王而救赵，但是今天看来，平原君的爱客养客，不过是'徒豪举耳，不求士也'。毛公薛公贤能之极，我在魏国就久闻大名，与之交游唯恐不及，现在平原君竟然以此为羞，他不值得我相交。"于是

---

① 《史记·平原君虞卿列传》，第2366页。

② 《史记·魏公子列传》，第2382页。

收拾东西准备离去。平原君得知消息后诚恳道歉，极力挽留。“平原君门下闻之，半去平原君归公子，天下士复往归公子，公子倾平原君客。”①食客们从这个事件中都看到了平原君的虚伪，他的爱客、养客更多的是出于扩大自己的影响，提高自己声誉的需要，并不是出于对人才的渴求和重视。相比之下，则显示出了信陵君礼贤下士、求贤若渴的诚恳态度。正因如此，司马迁在《太史公自序》中给信陵君以很高的评价：“能以富贵下贫贱，贤能诎于不肖，唯信陵君为能行之。”②

由于当时战国四君子及秦国吕不韦都在大量地招揽食客，一方面使得食客有了更多选择的机会，同时也促进了食客在权贵之间的流动。另一方面也加剧了权贵之间为招揽人才（食客）的相互竞争，这也促使权贵们改变了过去那种对食客高高在上，尊卑有序，等级分明的态度。有的权贵是无条件地满足其食客提出的各种要求。像冯谖初到孟尝君府上，“无能”“无好”的他却一再地提要求，要食有鱼，要出有车。由下等客待遇提高到中等客，再提高到上等客。他这样一而再、再而三地提要求，连孟尝君门下的其他食客都觉得他太贪心，要求太过无理，对他心生厌恶之心。但是孟尝君却毫无条件地满足他的所有要求。孟尝君这样做的目的，用今天的话来说就是在作秀，但是他作秀的目的就是为了吸引更多的食客到他府上，来的食客越多，他掌握的人才资源就越多，他的实力才越强。孟尝君曾经说过“文常好客，遇客无所敢失”③。

权贵对待食客不仅仅表现在人格上的平等与尊重，还在生活上无微不至地对他们给予关心，这种关心甚至延伸到了食客的家人身上。“孟尝君待客坐语，而屏风后常有侍史，主记君所与客语，问亲戚居处。客去，孟尝君已使使存问，献遗其亲戚。”④《战国策》记载，孟尝君从门下食客处得知其食客冯谖家有老母，令他十分牵挂时，孟尝君立即“使人给其食用，无使乏”⑤。在战国四君子中，孟尝君对其食客生活上的关心照顾、体贴入微可以说超过其他几位。

司马迁由于对孟尝君存有偏见，认为他一生的活动都是在谋求个人私

---

① 《史记·魏公子列传》，第2382页。

② 《史记·太史公自序》，第3314页。

③ 《史记·孟尝君列传》，第2362页。

④ 同上书，第2354页。

⑤ 诸祖耿：《战国策集注汇考·齐四·齐人有冯谖者》，第591页。

利，养客的目的并不是真正的尊重客，而是为了维护自己的富贵尊荣。他在孟尝君传记的写作中，在对其史料的取舍上有较明显的贬损倾向，使得《战国策》中宽容大度的谦谦君子孟尝君，到了《史记》中竟然变成狭隘泄私愤的形象。后世学者受其影响，对其评价都不是很高。如王安石《读孟尝君传》曰："世皆称孟尝君能得士，士以故归之，而卒赖其力以脱于虎豹之秦，嗟乎，孟尝君特鸡鸣狗盗之雄耳，岂足以言得士？不然擅齐之强，得一士焉宜可以南面而制秦，尚取鸡鸣狗盗之力哉？鸡鸣狗盗之出其门，此士之所以不至也。"[①] 学者们而对孟尝君的评价过低，多是针对他的鸡鸣狗盗之客，但是这些食客在帮助孟尝君逃脱虎狼之穴的秦国时立下了汗马功劳。因为这些人的身份低贱，采用脱身的手段比较下作，所以才为后人所不齿，所诟病。后世学者因为对这些鸡鸣狗盗之徒心存偏见，对孟尝君门下的冯谖、魏子食客的杰出表现视而不见，未免有点以偏概全。

在食客这个群体当中，由于人员来源广泛，成分复杂，所以道德品质及文化素养都差别很大。既有鸡鸣狗盗之徒，也有穷困落魄之士，既有没落的贵族，也有酒色之徒。这些人中，不少人是没有坚定的政治立场和鲜明的是非观念的，他们唯利是图、见利忘义，强烈的投机心理使他们常游走流动于权贵之间。谁得势就投靠谁，鞍前马后，极尽谦恭、周全；一旦主人失势，立刻各奔东西。像廉颇失势，孟尝君失势，他们的食客都纷纷离开，等到他们被国君重新起用，这些食客又纷纷回来。这种主人得势时依附你，失势离开你的现象，不仅春秋战国时的食客是这样，到秦汉时期依然如此。

魏其侯窦婴是汉景帝的堂表兄，汉景帝的母亲窦太后是他的堂姑姑，因为有外戚的关系，加上他靠军功相继升任大将军、丞相之位。当他位高权重之时，"诸游士宾客争归魏其侯。孝景时每朝议大事，條侯、魏其侯，诸列侯莫敢与亢礼"[②]。甚至连汉武帝的舅舅，王太后的弟弟田蚡初出道未显贵时，对窦婴也是恭敬有加。

> 魏其已为大将军后，方盛，蚡为诸郎，未贵，往来侍酒魏其，跪

---

① 韩兆琦：《史记笺证·孟尝君列传》，第4241页。

② 《史记·魏其武安侯列传》，第2840页。

> 起如子姓。[①]
>
> 泷川资言指出："'子姓'各本作'子侄'"，今从《汉书》。王引之曰："古谓子孙曰'姓'，或曰：'子姓'，女子谓昆弟之子为侄，男子则否。当依《汉书》作'子姓'。"[②]

泷川先生的见解不无道理。如此看来，当初田蚡初出道未得势时，与窦婴相处，把自己放在子孙辈的位置，姿态非常之低。"孝景后三年封田蚡为武安侯"，《史记三家注》引《集解》徐广曰："孝景后三年即是孝武初嗣位之年也。"[③] 据此分析汉武帝继位当年就封其舅舅田蚡为武安侯，当然这肯定是其母王太后的意思，因为当时汉武帝才 16 岁。田蚡被封侯显贵之后，依附他的宾客渐多，而田蚡因为觊觎着丞相位置，所以"卑下宾客，进名士家居者贵之，欲以倾魏其诸将相"[④]。田蚡想在势头上压倒窦婴等一班老臣，所以极力地表现出一副礼贤下士的样子，以此广纳宾客。这说明食客在权贵之间流动的一个主要原因，是权贵相互之间对食客的一种恶性竞争造成的。

汉武帝即位之初，魏其侯窦婴与武安侯田蚡因喜好儒术，他们与另两位儒学人物御史大夫赵绾、郎中令王臧一起"务隆推儒术，贬道家言"[⑤]。此举触怒了喜好黄老之学的窦太后。"乃罢逐赵绾、王臧等，而免丞相、太尉。"[⑥] 赵绾、王臧下狱死，窦婴、田蚡因是外戚被免职，免职后两人只能闲居家中。

> 武安侯虽不任职，以王太后故，亲幸，数言事多效，天下吏士趋势利者，皆去魏其归武安，武安日益横。建元六年，窦太后崩，丞相昌、御史大夫青翟坐丧事不办，免。以武安侯蚡为丞相，以大司农韩安国为御史大夫。天下士郡诸侯愈益附武安。

---

① 《史记·魏其武安侯列传》，第 2841 页。

② ［日］泷川资言：《史记汇注考证·魏其武安侯列传》，北岳文艺出版社 1999 年版，第 4434 页。

③ 《史记·魏其武安侯列传》，第 2842 页。

④ 同上。

⑤ 同上。

⑥ 同上书，第 2843 页。

……

魏其侯失窦太后，益疏不用，无势，诸客稍稍自引而怠傲。[1]

窦婴被免丞相，田蚡被免太尉，但是两人的情形却大不相同。田蚡因为有一个当太后的姐姐，还有一个当皇帝的外甥，所以“武安侯虽不任职，以王太后故，亲幸，数言事多效，天下吏士趋势利者，皆去魏其归武安”。田蚡虽被免职却依然有话语权。《史记笺证》引杨树达曰：“《严助传》，建元三年，东瓯告急于汉，帝以问蚡，蚡欲不救，亦见《两粤传》，正蚡不任职而言事之证也。”[2] 正因为田蚡在朝廷上还能说得上话，所以天下宾客及诸士们“愈益附武安”。窦婴的情况与田蚡大相径庭，窦婴被免职后，其宾客渐渐地离开或远避窦婴，有的则显出态度懈怠傲慢的样子。

建元六年窦太后去世后，因为当时的丞相许昌和御史大夫庄青翟办丧事不力，被罢免职位，田蚡被重新起用，任丞相。但是窦婴却因窦太后的过世而“益疏不用”。实际上，许昌、庄青翟当初分别被提拔为丞相和御史大夫，并不是因为两人才能或功名卓著，司马迁在《张丞相列传》里说他们“皆以列侯继嗣，娖娖廉谨，为丞相备员而已，无所能发明功名有著于当世者”[3]。他们皆为平庸之臣。他们被任用，只是因为当初窦太后要废止尊儒行动，所以要提拔这两人，并非因两人有功。这是西汉初期的第二次儒道斗争。第一次是在汉景帝时，辕生与黄生辩论汤武革命。两次斗争都受到了窦太后的压制。随着窦太后去世，汉武帝重又尊儒，于是又罢免许昌、庄青翟两人。两人本无过，所谓的办丧事不力，完全是一个借口。无论是窦婴、田蚡，还是许昌、庄青翟的升降、任免，与之息息相关的其实是朝廷尊儒与反儒的斗争，而背后更深层次的原因则是朝廷的权力之争。

食客的另一种流动，是由低向高的流动。而这种流动是由食客的投机性决定的，也是一种必然趋势。食客寄食于权贵只是他们人生的一个阶段，很多人是把它作为一个阶梯，把它作为步入仕途的一条“终南捷

---

① 《史记·魏其武安侯列传》，第 2845 页。

② 韩兆琦：《史记笺证·魏其武安侯列传》，第 5364 页。

③ 《史记·张丞相列传》，第 2685 页。

径”，在此寻找升官发财的机会。所以一旦他们的目的达到了，就会脱离这个群体，进而完成了由卑微向高贵的身份与角色的转换。

春秋战国及两汉时期有不少的权贵，他们早年都有过食客的经历，后来经过个人奋斗，加上权贵的举荐，从而步入了仕途，完成了从食客到权贵的角色转换。像战国时期秦国的商鞅、范雎、李斯，赵国的蔺相如等，早年都有过食客的经历，后来因为各种机遇，个人才华得到展现，得到了君王或权贵的赏识而被提拔，进而成为新的权贵，随着他们职位的上升和名声的显赫，许多人也纷纷投到他们的门下做食客，他们也成为了招养食客的新权贵。

汉代这种情况仍然很普遍，像刘邦初起兵时，樊哙、张苍、周苛、任敖、陆贾等都曾经是刘邦门下的宾客或舍人，因为帮刘邦打天下立下汗马功劳，最终得到刘邦的提拔和重用成为权贵。

据《史记·魏其武安侯列传》记载：“灌将军夫者，颍阴人也，夫父张孟尝为颍阴侯婴舍人，得幸。因进之至二千石，故蒙灌氏姓为灌孟。”[①]灌夫是汉景帝时期平息吴楚七国叛乱的有功之臣，著名将领。他父亲张孟早年为汉初颍阴侯灌婴的舍人。因为得宠于灌婴，得到举荐而“进之至二千石”官阶，并冒用灌姓改名为灌孟，从此也进入了士大夫的行列。而其子灌夫也因军功得到朝廷的提拔，成为第二代权贵。

从上面食客的几种流动情况看，食客的自由流动性只能是相对的，而不会是绝对的。因为食客有选择主人的自由，他们会因主人的升降而决定去留，主人无法强行挽留。但是另一面主人也有选择食客的权力。若主人不满意食客，也会辞退他。孟尝君就曾因不满魏子无能，几次帮他收债都一无所获而辞退他。再有，食客向高层流动，成为新权贵的人数和比例都是有限的。对于大多数食客而言，虽然他们在不同的权贵中间流动，但是他们食客的身份是没有改变的。

食客向高层次流动的比例尽管不高，但是这并没有能够阻挡或者改变食客们向这个目标的奋进，因为这是很多食客梦寐以求，为之奋斗终生的目标。那些已经转换了角色成为权贵的成功者，对其他食客具有极强的吸引力和激励作用。榜样的力量是无穷的，前辈成功的先例，使后辈食客非常坚定不移地，继续沿着前人的足迹，一直走下去。

---

① 《史记·魏其武安侯列传》，第 2845 页。

第四章

食客的分类

食客为权贵服务是他们的本职工作，由于每个人的能力和特点各不相同，所承担的工作自然也不同。像战国四君子及吕不韦门下都有几千食客，对这些食客都有专人管理，让他们各尽其能，各司其职。这些人有动脑的，有动手的，有动口的，还有动腿的。他们不仅各有分工，还各有等级。根据每个人的水平高低，能力大小，划定不同的等级，给予不同的待遇。

李珺平在他的著作中将食客分为两个层次，第一个层次有：刺客、门客、客卿。第二个层次在门客下又分为说客、侠义客、小人客；在客卿下又分为客将、客相、纵横家。[①] 从李珺平对食客的分类来看，第一层次主要从等级上划分，第二层次有从职业上来划分，也有从性质上划分。从逻辑关系的角度来看，感觉有点混乱，有值得商榷的地方。

第一，“门客”与“食客”概念相同，都是食客的总称呼，所以“门客”不能再作为下一个层次的类别名称出现，这是不符合逻辑的。

第二，“刺客”与“客将”、“客相”及“纵横家”都属于不同的职业，如果要按职业分的话，它们应该分在同一个层次，但是现在李珺平把刺客放到第一层次，其余三个放在第二层次，这也是不妥的，大概他主要从身份等级上去考虑。

第三，“纵横家”与“说客”在内涵上大部分是重合的，所以应该合并为一类，不宜分开。但是李珺平把“说客”划分在门客类里，“纵横家”划在客卿类里，它们被分别划属在“门客”类和“客卿”类中。估

---

① 李珺平：《春秋战国门客文化与秦汉致用文艺观》，中国社会科学出版社2001年版。

计也是从身份等级上去考虑。

第四，“侠义客”、“小人客”的划分是就食客的性质而言，而“说客”划分则是从食客的职业而言，显然分类方法和标准都不相同，把它们放在同一个层次里，明显的是逻辑关系混乱。

由于很多食客多才多能，常具有几种食客的性质和特征，如苏秦和张仪，他们既是出色的说客，又是典型的谋客，同时还是著名的间谍。还有的食客在内涵上有交叉相融的情况，如侠客与刺客，将客与谋客等，这些都给食客分类带来一定的困难，加上史书中许多食客的资料都不完整，比较零散；不同史书记载同一个食客的事迹存在出入，这为我们对食客的划分带来一定的困难。

第一节　刺客

什么是刺客?《辞海》的解释：“旧称怀挟兵器进行暗杀的人。”《辞源》的解释与《辞海》相同。我们这里讲的“刺‘客’”与《辞源》、《辞海》讲的有所不同，我们这里讲的“刺‘客’”，是指受别人之托，怀挟兵器替人暗杀仇人者。一般而言，刺客与被杀者之间无怨无仇，他们是为别人进行暗杀。他们的共同特点是：受人之托，慷慨任侠，武艺超群，果敢胆大，重义轻生，信守诚诺。他们一旦接受了主人的托付，就会全力以赴地实施暗杀计划，即使遇到困难，他们也不会轻易放弃，即使遇到生命危险，他们都会义无反顾地慷慨赴难。

刺客的产生与当时社会有着密切的关系。“战国时代是一个刚健奋发、人格力量大发扬的时代，是一个士林阶层扬眉吐气的时代。多元分裂的政治局面促使各国诸侯贵族展开激烈的人才竞争，而诸侯贵族竞相养士唤醒了士林阶层的自我意识与自尊意识。不同层次的士林人物都在思想理论、政治、军事、外交、经济等方面慷慨立功，力图在最大程度上将自身内在的价值对象化，以此获得社会对自身价值的承认以及由此而来的普遍尊重。”① 但是另一方面，由于刺客自身文化素养不高，面对纷繁复杂的政治斗争，有的刺客缺乏坚定的政治立场及主张，缺乏一定的是非判别能力，常常唯主人之命是从，在他们眼中只有主人而无君主，只有小家

---

① 陈桐生：《史记名篇述论稿》，汕头大学出版社 1996 年版，第 218 页。

（主人之家）而无国家。

刺客是食客当中对后世产生影响最大的一类人。他们与那个时期权贵家的私家兵或家丁不同。私家兵、家丁虽然在主人遇到危险时他们也会拿起武器，与仇家或政敌展开你死我活的激烈斗争，但是这种战斗或者较量毕竟是公开的，面对面的，并且是群体对群体的较量。虽然有时候也会有双方力量悬殊的较量，但彼此都是在明处的较量，相对来说承受的危险和心理素质的考验比刺客要小一些。刺客往往是个体对群体的较量，弱势对强势的较量，有时候是明处对暗处的较量。这些都对刺客有极高的要求。首先，要武艺高强，刺客单枪匹马地面对众多武士，没有高超的武艺是不可能行刺成功的。其次，要胆大和有超强的心理素质。因为刺客都是要深入虎穴去行刺，要能够面对众多敌人做到脸不变色心不跳，不被敌人识破，才能保证行刺成功。否则还没开始动手就被敌人发现，势必功亏一篑。与荆轲一同去刺秦的刺客秦舞阳，就是因为心理素质差，“至陛，秦舞阳色变振恐。群臣怪之”[①]。荆轲他们上朝准备行刺时，秦舞阳脸色大变，引起了周围群臣的怀疑，幸亏荆轲机智应对，“北蕃蛮夷之鄙人，未尝见天子，故振慑”[②]。为他打了掩护。再次，要有不怕牺牲、慷慨赴难的勇气和决心。最后，要机智有谋略，只有经过周密部署和仔细谋划才有可能获得成功。

司马迁感慨于刺客这些卑微者的慷慨大义，身死赴难的英雄壮举，特意在《史记》中为他们设立了《刺客列传》，把这些生活于社会底层的卑微小人物载入史册，并给予他们热烈的礼赞。可以说每一个鲜活生动的刺客形象，都给后人心灵一种震撼的感觉。他们的事迹让人读了之后感到慷慨悲壮，热血沸腾，无不为之扼腕长叹。《刺客列传》自它产生之日起，就对后世产生了极其广泛和深远的影响。清代学者吴见思曾评价说：“刺客是天壤间第一种激烈人，《刺客传》是《史记》中第一种激烈文字。故至今浅读之，而须眉四照，深读之，则刻骨十分，史公遇一种题，便成一种文字，所以独雄千古。”[③] 可以说，司马迁的《刺客列传》成为后世武

---

① 《史记·刺客列传》，第2534页。

② 同上。

③ （清）吴见思、李景星：《史记论文　史记评议》，陆永品点校，上海古籍出版社2008年版，第52页。

侠文学及武侠小说的滥觞。

春秋战国及汉代著名的刺客有七位，司马迁《刺客列传》里专门记载的有五位刺客：曹沫、专诸、豫让、聂政、荆轲，还有《左传》中的钽麑，《吕氏春秋》中的要离。这七位是知名的刺客，另外不知名的刺客还有不少，如帮李园刺杀春申君的刺客，西汉初期受梁武王派遣刺杀袁盎的刺客等。在这七位刺客当中，有两位是比较特殊的。一位是鲁国的曹沫。曹沫，准确地说他只是一个杀手，还算不上一个刺客。据《史记·刺客列传》记载：

> 曹沫者，鲁人也，以勇力事鲁庄公。庄公好力，曹沫为鲁将，与齐战，三败北。鲁庄公惧，乃献遂邑之地以和，犹复以为将。
>
> 齐桓公许与鲁会于柯而盟。桓公与庄公既盟于坛上，曹沫执匕首劫齐桓公。桓公左右莫敢动，……桓公乃许尽归鲁之侵地。既已言，曹沫投匕首，下坛。①

曹沫是鲁国将领，因为与齐国三战三败，于是曹沫在齐鲁两国君主结盟仪式上劫持齐桓公。但是，这一事件给人留下的疑点很多。第一，《左传》、《春秋》中未见有曹沫其人，也无劫齐桓公之事。而《公羊传·庄公十三年》记载的是鲁庄公与曹子（并不是曹沫）的预谋行为。② 清人梁玉绳认为："《公羊》汉始著竹帛，不足尽信。即如归汶阳国在齐桓公时，当鲁成二年，乃《公羊》以为桓公盟柯，因曹子劫而归之，其妄可见。"③在梁玉绳看来，虽然《公羊传》记有此事，但毕竟《公羊》产生的时间较晚，产自汉代，加上它在记载其他史事上的错误，所以在梁玉绳看来，《公羊传》所记之事"不足尽信"。有的古人推测曹沫即曹刿，但是没有可信的史料证明。

第二，曹沫与齐三战三败一事也不符合实情。梁玉绳指出："庄公自九年败乾时，后至十三年盟柯，中间有长勺之胜。是鲁只一战而一胜，安

---

① 《史记·刺客列传》，第2515页。

② 王维堤、唐书文：《春秋公羊传译注》，上海古籍出版社1997年版，第132页。

③ （清）梁玉绳：《史记志疑》，中华书局1981年版，第1312页。

得有三败之事?”“鲁未尝战败失地，何用要劫?”[①]

第三，《史记》写鲁“献遂邑之地以和”。梁玉绳指出：“遂非鲁地，何烦鲁献，此皆妄也。”[②]

第四，梁玉绳对“曹沫执匕首劫齐桓公”的情节也提出质疑：“曹子非操匕首之人，春秋初亦无操匕首之习。”[③]

根据以上几点，我们可以推测曹沫劫持齐桓公之事，多为司马迁的文学手笔，而非历史事实。曹沫身份是鲁将，而非鲁庄公的宾客，他劫持齐桓公目的是为自己三战三败雪耻复仇，并非受鲁庄公之托。所以据此看，曹沫只是一个杀手或行刺者，而不能算是“刺客”。

另一位特殊的刺客是钼麑。据《左传·宣公二年》记载：晋灵公不君，赵盾作为朝中老臣多次劝谏，晋灵公表示：

> 吾知过矣，将改之。……犹不改，宣子（赵盾）骤谏，公患之，使钼麑贼之。晨往，寝门辟矣，盛服将朝。尚早，坐而假寐。麑退，叹而言曰：“不忘恭敬，民之主也。贼民之主不忠；弃君之命不信。有一于此，不如死也。”[④]

结果钼麑用头触院里的槐树而死。上文的“使钼麑贼之”是一个关键句，《左氏会笺》注：“钼麑，晋力士也。贼者，暗行刺害也。”[⑤]《吕氏春秋》高诱注云：“贼，杀也。”由此看钼麑是受了晋灵公派遣前往暗杀赵盾的刺客。关于钼麑行刺赵盾的事件，在《史记·晋世家》中也有记载“使钼麑刺赵盾”[⑥]，钼麑作为晋灵公的刺客，奉命去暗杀赵盾。但是，最后他并没有实施暗杀计划。因为当他半夜潜入赵盾府上，看到赵盾已起床穿好朝服准备上朝，正“坐而假寐”。看到这一幕，钼麑深受感动，他认定赵盾是一个尽忠职守的“民之主”，《春秋左传注》引高诱注曰：“大夫

① （清）梁玉绳：《史记志疑》，中华书局1981年版，第1312页。

② 同上书，第1313页。

③ 同上。

④ 杨伯峻：《春秋左传注·宣公二年》，中华书局1981年版，第658页。

⑤ ［日］竹添光鸿：《左氏会笺》，巴蜀书社2008年版，第823页。

⑥ 《史记·晋世家》，第1673页。

称主，因曰民之主。”[1] 在钼麑看来杀害一个恪尽职守，忠诚爱民的大夫，是对百姓的不忠。但是他如果放弃君命而不完成暗杀任务，又违背了君王对自己的信任和自己对君王的承诺。他陷入了“贼民之主不忠；弃君之命不信”的两难抉择当中。钼麑是一个非常有理性，有是非观念，有良知的刺客，为了不负民又不负君，他最后只有选择自杀，触槐树而死。钼麑的行为赢得了后人的敬重，称赞他舍生取义。

在汉代也有一个像钼麑这样有良知的刺客。《史记·袁盎晁错列传》记载：

> 梁王欲求为嗣，袁盎进说，其后语塞。梁王以此怨盎，曾使人刺盎。刺者至关中，问袁盎，诸君誉之皆不容口。乃见袁盎曰：“臣受梁王金来刺君，君长者，不忍刺君。然后刺君者十余曹，备之！”袁盎心不乐，家又多怪，乃之棓生所问占。还，梁刺客后曹辈果遮刺杀盎安陵郭门外。[2]

梁王刘武，即梁孝王，是汉景帝的弟弟，窦太后宠爱的小儿子。他希望兄长景帝的王位能兄弟相传，做汉景帝的接班人。出于为刘氏王朝安危的考虑，袁盎劝说景帝和窦太后不要破坏刘邦定下的传子规定。从此之后，汉景帝和窦太后都不再提让梁王做接班人的话题。梁王为此怨恨袁盎，派刺客到关中暗杀袁盎。这个刺客是个有心之人，他到关中后，向人打听袁盎的情况，没想到人人皆称赞袁盎，刺客由此知道袁盎是个“长者”，他不但不杀袁盎，还去见袁盎，告之梁王要暗杀他的事情，提醒袁盎注意。不久，袁盎果然被梁王再次派出的刺客拦截在安陵城门外刺死。

专诸是春秋时期吴国的一个刺客，他刺杀吴王僚的事件在《左传·昭公二十七年》（注《左传》为鱄设诸“设”为语词）和《史记·刺客列传》里都有记载。专诸为吴堂邑人，他受公子光之托刺杀吴王僚。

事情还得从公子光的父亲说起。公子光的父亲诸樊原是吴王，他有三个弟弟，老二馀祭，老三夷昧，老四季札。诸樊知道季札贤能，希望把王位传给他。于是他立下了王位传弟不传子的规定，希望王位传到老四季札

---

① 杨伯峻：《春秋左传注·宣公二年》，第658页。

② 《史记·袁盎晁错列传》，第2744页。

手中。诸樊死后王位传给馀祭，馀祭死后传给夷眛，夷眛死后当传季札，但季札不愿做吴王，离开了吴国。于是吴国人就立了夷眛之子僚为吴王。但是公子光不甘心父亲的王位被别人继承，他认为自己才是合法的王位继承人。为此他暗中寻找机会要杀掉吴王僚，夺回本该属于自己的王位。恰好这时伍子胥来到了吴国，他了解公子光的心事后，向他推荐了自己的朋友专诸。“光既得专诸，善客待之。”九年之后，终于等到了机会。吴王僚趁着楚平王去世向楚国进兵，结果被楚军断了退路。趁着此时国内空虚，公子光决定借机除掉吴王僚。专诸对公子光说：“杀吴王僚不是问题，但是我母亲年迈，孩子幼小，他们怎么办?”公子光再三地向专诸叩头表示：“你的家人老小，一切由我负责。”

> 四月丙子，光伏甲士于窟室中，而具酒请王僚。王僚使兵陈自宫至光之家，门户阶陛左右，皆王僚之亲戚也。夹立侍，皆持长铍。酒既酣，公子光详为足疾，入窟室中，使专诸置匕首鱼炙之腹中而进之。既至王前，专诸擘鱼，因以匕首刺王僚，王僚立死。左右亦杀专诸。①

专诸成功了，他虽然为此丢掉了性命，但是他不负公子光的重托，履行了自己的承诺。他的壮举得到了后人的赞扬，并且成为后世侠客学习效仿的榜样。《战国策·魏策四》记载了唐雎为安陵君出使秦国一事。当唐雎面对秦王“天子之怒，伏尸百万，流血千里”② 的威胁时，他毫不畏惧，针锋相对，高喊要效仿“专诸之刺王僚也，彗星袭月”③。彗星袭月，即彗星的光芒扫过月亮，按迷信的说法是重大灾难的征兆。唐雎明确地表示要效仿专诸行刺吴王僚的壮举，这种布衣之怒的后果就是“伏尸二人，流血五步，天下缟素”。虽然这段史事的真实性受到后世学者质疑，但是，即使是后人编撰出来的，也说明专诸、要离等刺客在战国、秦汉时期影响力非常大，成为许多下层武士心目中了不起的英雄，这种影响在代代相传，一直持续到今天。

---

① 《史记·刺客列传》，第2518页。

② 诸祖耿撰：《战国策·魏四·秦王使人谓安陵君》，第1344页。

③ 同上书，第1345页。

要离是春秋时期吴王阖闾（即公子光）的一个刺客。他的事迹见载于《吕氏春秋·仲冬纪十一忠廉》、《韩诗外传》和《吴越春秋》。要离刺庆忌的事迹虽然流传很广，但是司马迁的《刺客列传》却未见收录。要离的名字曾出现在《战国策·魏四·秦王使人谓安陵君》一文中，在文中唐雎提到“要离之刺庆忌也，仓鹰击于殿上”[①]，要离名字在《汉书》中也有提及。司马迁在《史记·鲁仲连邹阳列传》中转录了邹阳《狱中上梁王书》，其文有“荆轲之湛七族，要离之烧妻子，岂足道哉?”[②] 由此看，司马迁对要离刺庆忌的事情是了解的。要离的事迹可以说是非常悲壮，非常感人的。他刺杀庆忌的情节较之《刺客列传》几位刺客，一点也不逊色。但是为什么司马迁没有将要离收录在《刺客列传》里呢？后世学者对此感到不解，有人认为司马迁“所以未将要离刺庆忌的故事写入《史记》，很可能是出于对这一故事可信性的怀疑”[③]。这种观点是不具说服力的，因为曹沬劫持齐桓公一事，在史实上存在的疑点更多，而且其他文献也未见记载，其可信度要低于要离，但是司马迁照样收进了《刺客列传》中。那么是什么原因使司马迁没有将要离收入《刺客列传》呢？我们先了解一下要离的事迹，再说明原因。《左传·哀公二十年》载：

> 吴公子庆忌骤谏吴子，曰：“不改，必亡。”弗听，出居于艾，遂适楚。闻越将伐吴，冬，请归平越，遂归，欲除不忠者以说于越。吴人杀之。[④]

从《左传》记载看，庆忌是被吴人杀死的，这一点是确信无疑的，但是它并没有说明是谁杀死的。

《吕氏春秋·仲冬纪十一忠廉》载：

> 吴王欲杀王子庆忌而莫之能杀，吴王患之。要离曰：“臣能之。”

---

① 诸祖耿撰：《战国策·魏四·秦王使人谓安陵君》，第1345页。

② 《史记·鲁仲连邹阳列传》，第2475页。

③ 贾海建：《〈越绝书〉佚文与〈吴越春秋〉中要离故事的关系考察》，《中南大学学报》2010年第5期。

④ （晋）杜预：《春秋左传集解·哀公二十年》，第1838页。

> 吴王曰："汝恶能乎？吾尝以六马逐之江上矣，而不能及；射之矢，左右满把，而不能中。今汝拔剑则不能举臂，上车则不能登轼，汝恶能？"要离曰："士患不勇耳，奚患于不能？王诚能助，臣请必能。"吴王曰："诺。"明旦加要离罪焉，挚执妻子，焚之而扬其灰。要离走，往见王子庆忌于卫。王子庆忌喜曰："吴王之无道也，子之所见也，诸侯之所知也，今子得免而去之亦善矣。"……乃与要离俱涉于江。中江，拔剑以刺王子庆忌，王子庆忌捽之，投之于江，浮则又取而投之，如此者三。其卒曰："汝天下国士也，幸汝以成而名。"要离得不死，归于吴。吴王大说，请与分国。要离曰："不可。臣请必死。"吴王止之。要离曰："夫杀妻子焚之而扬其灰，以便事也，臣以为不仁。夫为故主杀新主，臣以为不义。夫三捽而浮乎江，三入三出，特王子庆忌为之赐而不杀耳，臣已为辱矣。夫不仁不义，又且已辱，不可以生。"吴王不能止，果伏剑而死。要离可谓不为赏动矣。故临利而不易其义，可谓廉矣。廉故不以贵富而忘其辱。①

《吴越春秋》记载要离的故事与《吕氏春秋》相近，只是前面多了一个要离与椒丘䜣比武较量的情节，其实这是为要离后面刺杀庆忌作一个铺垫。据《吴越春秋》描述，要离身材"细小无力，迎风而僵，负风则仆"②。而他要刺杀的庆忌则武艺超群，"筋骨果劲，万人莫当。走追奔兽，手接飞鸟。骨腾肉飞，拊膝数百里"③。无论从身体素质，还是武功来讲，庆忌比要离要高出很多，可以说他们不是一个级别的对手。所以当初伍子胥将要离推荐给吴王阖闾时，他认为："今子之力不如也。"（吴王）对要离能否完成暗杀任务表示怀疑。但是要离表示要采用智取的方式，"臣诈以负罪出奔，愿王戮臣妻子，焚之吴市，飞扬其灰，购臣千金与百里之邑，庆忌必信臣矣"④。为了骗取庆忌的信任，他不惜让吴王杀其妻，来接近庆忌，最后在庆忌毫无防备的情况下将利剑刺向他胸部。要离虽然成功了，他却不愿接受吴王的赏赐。他觉得自己虽然不负吴王重

---

① 许维遹：《吕氏春秋集释·仲冬纪·忠廉》，中华书局 2009 年版，第 247—249 页。

② 张觉校注：《吴越春秋校注·阖闾内传第四》，岳麓书社 2006 年版，第 66 页。

③ 同上。

④ 同上书，第 67 页。

托，但是他以牺牲妻子性命和“为故主杀新主”的做法，使他成了一个不仁不义之人，他无脸再活于世上，最后伏剑自杀。虽然《吕氏春秋》称赞要离“不为赏动……临利而不易其义，可谓廉矣”，但是他丧失人伦之爱，不近人情的行为，是违背儒家仁义礼智的道德精神，所以受到后世一些人的排斥。

从司马迁《刺客列传》收录的几位刺客的情况看，他们的共同之点是弱小者、卑贱者去刺杀强势的当权者，后世的教科书把刺客的这种行为称之为“反抗强暴”①，并给予肯定和赞扬。以这一标准来衡量，要离受托的主人是吴王阖闾，刺杀的对象庆忌虽然是王子，但却是一个走投无路、濒临绝境的落难公子。要离是代表强势的一方去杀害弱势的一方。所以如果把要离放进《刺客列传》里，势必违背司马迁着重表现弱小者对当权者“反抗强暴”的主题。这是司马迁不把要离收进《刺客》的原因之一。

司马迁在《太史公自序》中称赞曰：“曹子匕首，鲁获其田，齐明其信。豫让义不为二心，作《刺客列传》第二十六。”② 表明了他设立《刺客列传》的目的。在司马迁看来，齐桓公信守其承诺，退还鲁国之地，豫让“义不为二心”地忠于他的主人智伯，是值得肯定和载入史册的。可见“守信”、“忠诚”是司马迁贯穿于《刺客列传》的重要主题，是他要极力弘扬和肯定的道德观和精神品格。而要离“为故主而杀新主”是不义之举，完全违背了儒家倡导的忠诚原则。所以司马迁并不认同他的做法。这是要离事迹没有被收录进《刺客》的原因之二。

司马迁《刺客列传》记载的一个刺客聂政，是一个非常重孝道亲情之人，为奉养母亲他拒绝了严仲子的请求，直到母亲去世他才出来帮助严仲子杀侠累。刺杀成功之后，他为保护家人，又自已毁容，最后自杀。从司马迁对聂政表现出的孝道亲情的肯定与赞扬，折射出他对要离做法的否定。要离以牺牲妻子骗取庆忌信任的做法，在世人看来是极其不仁义，不近人情的。这种以对亲人的不仁、不爱来换取对君王忠诚的做法，是不值得提倡和肯定的。所以尽管要离的事迹很悲壮感人，但是他不仁不义的做

---

① 游国恩：《中国文学史》，章培恒：《中国文学史》，裴斐：《中国古代文学史》，马积高：《中国古代文学史》。

② 司马迁：《史记·太史公自序》，第 3315 页。

法背离了儒家忠诚守信的基本准则。可以推测司马迁对要离以非常手段来达到刺杀目的的做法是极其排斥的。这是他《刺客》不载要离的原因之三。

有关豫让的事迹见载于《史记·刺客列传》和《战国策·赵策一》。两书的情节和内容基本相同，究竟是谁借鉴谁的，尚不好说。一般学者都认为是司马迁学习借鉴《战国策》的。但是，《战国策》最后整理编订成书是在西汉后期的刘向手中完成的，所以《战国策》学习借鉴《刺客列传》的可能性也是存在的，对这一问题我们暂且不论。有关豫让的情况，将在第五章第三节再作详细论述。

聂政刺杀韩相侠累的事迹，在《刺客列传》和《战国策·韩策二》里都有记载。内容大致如下：韩国大夫严仲子与韩丞相侠累因矛盾纷争而结下怨仇，严仲子找到聂政，以重金财物厚赠之，请求聂政为他杀掉仇敌。严仲子的请求遭到聂政的拒绝，理由是："老母在，政身未敢许以人也。"[①] 聂母去世之后，聂政为严仲子刺杀了侠累。为保护家人，他自毁面容然后自杀。聂政姐聂荣为了不埋没弟弟的英名，毅然前去认尸，最后自杀于聂政尸旁。两书内容和情节大致相同，不同处：第一，聂政刺杀的对象，《战国策》作韩相韩傀，《史记》作韩相侠累。但《史记索隐》引高诱注云："韩傀，侠累也。"[②] 说明韩傀和侠累是同一人。第二，《战国策》说聂政刺韩傀时，兼中韩哀侯，《史记》则没有，因为韩哀侯不在场。第三，《战国策》中聂政的姐姐没有名字，《史记》聂政姐名荣。

作为刺客，聂政身上体现出儒家"百善孝为先"的伦理观念。为奉养老母，他降志辱身，甘居市井为屠夫。尽管他渴望立功扬名，渴望得到世人的理解和社会的承认，但是当"严仲子至门请，数反，然后具酒自畅聂政母前，酒酣，严仲子奉黄金百镒，前为聂政母寿"[③]。表达了对聂政的赏识和礼遇，请求聂政为自己复仇时，他拒绝了严仲子，因为"老母在，政身未敢许以人也"[④]。他谨遵儒家孝道准则："父母存，不许友以死。"郑元（郑玄）注："为忘亲也。死为报仇也。"[⑤] 如果聂政允诺了严

① 《史记·刺客列传》，第 2522 页。

② 同上书，第 2523 页。

③ 同上书，第 2522 页。

④ 同上。

⑤ （清）阮元校刻：《十三经注疏·礼记正义卷一·曲礼上第一》，第 1234 页。

仲子，那么他将母亲生死于不顾，这在儒家看来是极其不孝之举，“为忘亲也”。所以，他对严仲子的知遇之恩只能铭刻于心。当母亲去世，他无所牵挂之后，即舍身相报，替严仲子杀了侠累。刺杀成功后，为了不牵连家人，他毁容自杀。他身上的孝道之情延伸为手足深情。

聂政故事的感人不在于他为严仲子刺杀了侠累，不负朋友和主人的重托。其故事的意义在于它表现并肯定了聂政有孝心、重亲情的血性男儿的一面。聂政不仅是一个知恩图报、舍生取义的刺客，还是一个有着极强责任感和家庭观念，挚爱家人，保护家人的孝子。而他的姐姐聂荣为不掩弟弟的一世英名，不顾杀身之险，毅然前往认尸，堪称中华刚烈女子，其果敢勇气超越一般男子。为此，后世学者对聂政姐弟的英雄壮举给予了热烈的赞扬。董份曰：“直入奋击，顷刻事成，虽亡其身，勇亦著矣。”[①] 郭嵩焘曰：“聂政之刺韩相，尤为悖，然聂政人品与伎能，乃独高出一切。”史珥曰：“聂政之死，全赖姊荣生色。”[②]

荆轲的事迹见载于《史记·刺客列传》、《战国策·燕策三》、《燕丹子》。《四库全书总目提要》云：“《燕太子》实割裂诸书燕丹、荆轲事杂缀而成。其可信者已见《史记》，其他多鄙诞不可信，殊无足采。”[③] 而《战国策》和《史记》所载荆轲事几乎完全相同，究竟是谁借鉴谁呢？清人方苞考证认为：“《国策》本无是文，或以《史记》之文入焉。”[④] 司马迁在《刺客列传》结尾曰：“世言荆轲，其称太子丹之命，‘天雨粟，马生角’也，太过；又言荆轲伤秦王，皆非也。始公孙季功、董生与夏无且游，具知其事，为余道之如是。”[⑤] 据王国维、顾颉刚、赵生群的考证认为，这段话中“为余道之如是”的“余”当指司马谈，而不可能是司马迁。王国维曰：“公孙季功、董生曾与夏无且游，考荆轲刺秦王之岁下距史公之生凡八十有三年，二人未必能及见史公道荆轲事。”[⑥] 可见司马谈、司马迁在荆轲刺秦一事上是掌握了较为

---

① 韩兆琦：《史记笺证·刺客列传》，第 4598 页。

② 同上。

③ （清）永容、纪昀：《四库全书总目提要》，海南出版社 1999 年版，第 734 页。

④ 岳庆平：《荆轲并非“壮士”》，《河北学刊》1986 年第 3 期，《方望溪全集·书刺客传后》。

⑤ 《史记·刺客列传》，第 2538 页。

⑥ 韩兆琦：《史记笺证·刺客列传》，第 4623 页。

可信的第一手资料。

荆轲是司马迁刻画得非常成功的一个刺客典型，他刺杀的秦始皇是有名的暴君，所以他及前面几位刺客的行为都被认为是“反抗强暴”，许多学者及文学史教科书都对荆轲等刺客给予了高度评价。如游国恩《中国文学史》说：“刺客们自我牺牲，反抗强暴的侠义精神，却是可歌可泣的，在一定程度上打击了封建暴力统治的气焰。”[①] 这一观点在一些学者和文学史教科书中具有代表性。章培恒、骆玉明《中国文学史》，裴斐《中国古代文学史》，马积高、黄均《中国古代文学史》都基本持这一观点。这一评价是否符合历史事实呢？对荆轲等刺客行为究竟应该如何评价？从唯物主义的观点看问题，首先要看刺客行刺的主观动机，还要看其客观效果，再有考察写作者的创作心理，这样才会得出比较客观公正的结论。

荆轲刺秦的故事人们都耳熟能详，这里不再赘述。我们在分析荆轲刺秦的动机时发现，他的刺秦具有一定的盲目性，并不像后人想象的那么崇高伟大。《史记》上说荆轲是卫国人，他曾“以术说卫元君，卫元君不用”[②]，当时的卫国已降为魏国的附庸，卫元君因为是魏王之婿，所以魏仍使他居于濮阳（卫都）而称君。失落之余，荆轲离开了卫国。对荆轲而言，他思想上并不像其他卿大夫那样有很强的国家观念意识。他也没有樊於期那样“父母宗族，皆为戮没”的血海深仇。他最初接受田光之托帮助太子丹时，并不知道要行刺秦王。作为朋友田光很了解他，为了坚定他的决心，田光不惜“自杀以激荆轲”。即使这样，当太子丹将刺秦的计划和盘托出时，荆轲感到了责任的重大和行动的危险，他推托曰：“此国家之大事也，臣驽下，恐不足任使。”在太子丹“顿首，固请毋让”[③] 的情况下，他才勉强答应。由此看，最初荆轲刺秦完全是太子丹在借躯复仇。后来太子丹“尊荆卿为上卿，舍上舍，太子日造门下，供太牢具异物，间进车骑美女，恣荆轲所欲，以顺适其意”[④]。这使他刺秦的动机又加了一层报恩的因素。一直以来都有人认为荆轲刺

---

① 游国恩等：《中国文学史》第一卷，人民文学出版社 1966 年版，第 135 页。

② 《史记·刺客列传》，第 2527 页。

③ 同上书，第 2531 页。

④ 同上书，第 2527 页。

秦是源于“士为知己者死”的动机，应该说这只是其一，这其中有对荆轲形象拔高之嫌。不可否认司马迁在塑造荆轲形象时有表现“士为知己者死”的主观意图，但是客观效果却并非如此。据司马贞《史记索隐》载：

> 轲与太子游乐宫，轲拾瓦投蛙，太子捧金丸进之。又共乘千里马，轲曰：“千里马肝美”，即杀马进肝。太子与樊於期置酒于华阳台，出美人能鼓琴，轲曰：“好手也”，断以玉盘盛之。轲曰：“太子遇轲甚厚，是也。”①

司马贞提供的史料，让我们了解了荆轲在刺秦问题上心路历程的转变过程。从开始的犹豫不决，到最后的坚定不移，经济利益的驱使，是一个重要因素。当然，太子丹对荆轲的赏识和器重与卫元君相比可谓天壤之别，他体现了太子丹对荆轲才能的高度认同与肯定，这使他非常感动和感激，这也是世人认为他是“士为知己者死”的原因。盛情之下荆轲刺秦已经别无选择。荆轲在不知不觉中成为太子丹豢养的一个借躯复仇的工具。

从荆轲及前面几位刺客的情况看，刺客与主人的关系基本上都是豢养与被豢养，施恩与报恩的关系。虽然他们刺杀的对象多为统治者，但是这些人与他们的主人一样，都处于统治者的地位，他们之间的矛盾斗争不过是权利之争，利益之争，我们不能一味地用贤君或暴君来区分彼此。如果站在历史的高度看问题，在那样一个诸侯纷争、强国兼并的时代，统治者之间的矛盾斗争显得尤为激烈和残酷，除了战场上你死我活的血腥搏斗之外，还以暗杀的手段除掉对手或敌人，这使得他们对刺客有了大量的需求，为此也对刺客以超乎寻常的厚爱和礼遇。另一方面，刺客们渴望出人头地，渴望立身扬名的迫切心情正好被统治者利用，于是乎刺客们不经意地成为统治者借躯复仇的杀人工具，成为统治者矛盾斗争的牺牲品。徐朔方在他的《史汉论稿》中指出：“侠者是春秋战国时代各国统治者在军事、政治、经济力量之外，用来争权夺利的一种补充手段。布衣之侠的地位是卑微的，但是不管他们具有多么崇高的品德，他们的本领，连同整个

---

① 《史记·刺客列传》，第 2532 页。

灵魂都已经被统治者所收买，成为他们手中温驯的工具。”①

第二节　侠客

我们这里论述的侠客与一般意义上的侠客略有不同，《辞源》对侠客的解释：“指急人之难，出言必信，见义勇为的人。”“唐及后来武侠小说专指武艺高强，敢于打抱不平之武士。”《辞海》解释：“旧称抑强扶弱的豪侠之士。”上述的几种解释重点放在“侠”的意义上，“客”的意义是淡化的。普通侠客大多为自由之身，并无托身于某个权贵。我们这里论述的侠客从内涵上说与上述几种解释并无太大差别，不同的是我们这里强调“客”的身份。所以从外延上说他小于普通的侠客，他们身上虽然也具有上述侠客的特点，但这些人的身份则是食客，这是他们与普通侠客的区别。像《史记》、《战国策》里记载的田光、樊於期、高渐离、荆轲、豫让等，都是战国时期著名的侠客，他们帮助燕太子丹刺杀秦王嬴政的事迹前面已有叙述。当然，荆轲、豫让同时也是刺客。侠客与刺客的关系是，侠客不一定是刺客，但刺客大多数时候也是侠客，刺客的外延比侠客要小。

《史记·孟尝君列传》记载：

> 其舍人魏子，为孟尝君收邑入，三反而不致一入。孟尝君问之，对曰：“有贤者，窃假与之，以故不致入。”孟尝君怒而退魏子。居数年，人或毁孟尝君于齐湣王曰：“孟尝君将为乱。”及田甲劫湣王，湣王意疑孟尝君，孟尝君乃奔。魏子所与粟贤者闻之，乃上书言孟尝君不作乱，请以身为盟，遂自刭宫门以明孟尝君。湣王乃惊，而踪迹验问，孟尝君果无反谋，乃复召孟尝君。②

魏子原为孟尝君的食客，因为他收租多次收不上来，被孟尝君辞退，自此他与孟尝君已经解除了主客关系。但是当他知道孟尝君被人陷害时，他毫不犹豫地挺身而出，不仅上书齐王，为孟尝君辩白鸣怨，申明无作乱

---

① 徐朔方：《史汉论稿》，江苏古籍出版社 1984 年版，第 188 页。

② 《史记·孟尝君列传》，第 2357 页。

之意。为引起齐王的注意，更是为了以自身性命为孟尝君作证，他自刭于宫门前，用这种特殊的方式来解救孟尝君。魏子的可贵在于他胸怀宽广，不计前嫌。当年他不仅没有得到孟尝君的理解，还因为主人对他的表现不满，将他开除。他并没有因此怨恨主人，反而在孟尝君遭人诬陷时，能够舍身相救。扶危济困、行侠仗义的优秀品质在他身上充分地体现了出来。

“赵氏孤儿”是中国文学史上流传很广的一个复仇故事，它出自《史记·赵世家》。《赵世家》记载的版本与《左传》的记载有较大的出入。“司马迁把《左传》中一段家族内部矛盾引起的血案，演绎改造成奸臣谗害忠臣及后代，忠臣之友舍生取义，冒死救孤育孤，最后为其复仇的故事。”①

梁玉绳等近现代史学家对“赵氏孤儿”中的一些细节和人物都提出了质疑。由于后世的读者们无不被这一故事及其人物深深地感动和感染，对于故事中的一些情节和人物的真实性反而忽略不去深究了。笔者曾有文章专门论述这个问题，这里不再展开。②“赵氏孤儿”里的一个重要人物是公孙杵臼。公孙杵臼是晋国大夫赵朔家的门客，也是食客中最具侠义精神的一个。他的主人赵朔遭到奸臣屠岸贾的陷害。

> 晋景公之三年，大夫屠岸贾欲诛赵氏。……贾不请擅与诸将攻赵氏于下宫，杀赵朔、赵同、赵括、赵婴齐，皆灭其族。
>
> 赵朔妻成公姊，有遗腹，走公宫匿。赵朔客曰公孙杵臼，杵臼谓朔友人程婴曰：“胡不死？”程婴曰：“朔之妇有遗腹，若幸而男，吾奉之；即女也，吾徐死耳。”居无何，而朔妇免身，生男。屠岸贾闻之，索于宫中。夫人置儿于绔中，……已脱，程婴谓公孙杵臼曰：“今一索不得，后必且复索之，奈何？”公孙杵臼曰：“立孤与死孰难？”程婴曰：“死易，立孤难耳。”公孙杵臼曰：“赵氏先君遇子厚，子强为其难者；吾为其易者，请先死。”③

公孙杵臼作为赵朔的门客，面对主人全族被灭，仅存孤儿的悲惨现

---

① 杨宁宁：《史记人物的性格与命运》，群言出版社 2005 年版，第 253 页。

② 杨宁宁：《论司马迁的复仇表现与超越》，《广西民族学院学报》2000 年第 6 期。

③ 《史记·赵世家》，第 1784 页。

实，毅然决定以牺牲自己的性命来救助孤儿。他与程婴商定，找来一个婴儿假作赵氏孤儿，由公孙杵臼带着藏匿山中。程婴假作告发者，带着诸将士来抓公孙杵臼及假孤儿。公孙杵臼假意“抱儿呼曰：‘天乎天乎！赵氏孤儿何罪？请活之，独杀杵臼可也。’诸将不许，遂杀杵臼与孤儿。诸将以为赵氏孤儿良已死，皆喜。然赵氏真孤乃反在，程婴卒与俱匿山中”①。就这样，公孙杵臼以自己的生命保全了赵氏孤儿。《赵世家》没有记载赵朔生前对公孙杵臼有什么特殊的恩宠和厚爱，但是在主人家遭到灭顶之灾时，他却义无返顾地选择了舍命救孤。其忠诚、侠义及勇气令人感动和敬佩。15 年后，晋景公给赵氏家族平反昭雪。

> 景公因韩厥之众以胁诸将而见赵孤，赵孤名曰武，诸将不得已乃曰：“昔下宫之难，屠岸贾为之，矫以君命，并命群臣。非然，孰敢作难！微君之疾，群臣固且请立赵后。今君有命，群臣之愿也。”于是召赵武、程婴遍拜诸将，遂反与程婴、赵武攻屠岸贾，灭其族。复与赵武田邑如故。②

公孙杵臼舍弃性命救助的赵氏遗孤赵武，终于在 15 年之后杀了屠岸贾，为赵氏家族报了仇，公孙杵臼地下有知，当含笑九泉。元代杂剧作家纪君祥被这一故事深深地打动了，以这一故事为题材，创作了著名的杂剧《赵氏孤儿》。“赵氏孤儿”一词由此而来。到了 17 世纪，《赵氏孤儿》一剧被介绍到西方，法国作家伏尔泰将其翻译成法文，取名为《中国孤儿》。

从《左传》到《史记 · 赵世家》再到元杂剧《赵氏孤儿》，这一故事在发展演变过程中，故事更曲折生动，情节更惊心动魄，人物形象更鲜明丰满。总体来说其历史的成分在减少，文学的成分在增加。对这一现象该如何把握呢？吾师韩兆琦教授认为：“赵氏孤儿”一节显然与历史不合，充分表现了司马迁的“好奇”，表现了他为突出某种人生观、价值观而不惜舍弃事实，采用传说的大胆做法。③

---

① 《史记 · 赵世家》，第 1784 页。

② 同上书，第 1874—1785 页。

③ 韩兆琦：《史记笺证 · 赵世家》，第 3020 页。

司马迁虚构的公孙杵臼这个侠客典型，其忠心耿耿，不畏牺牲，舍生取义的精神和品格，对后世武侠文学侠客形象的塑造，具有启示性和典范性的意义，对侠义精神的弘扬传播有着积极的影响。

第三节　说客

我们这里用“说客”而不用“纵横家”作为这类食客名称的原因有三：一是考虑能突出其“客”的身份和其游说的特点；二是有的纵横家未必是食客身份；三是在学术界对有的纵横家的身份意见不统一。

“说客”是指以口才见长，游说于各诸侯的食客。他们凭借三寸不烂之舌周旋于各国的权贵之间。他们不仅能言善变，能说会道，还善于察言观色，对游说对象能投其所好，极尽蛊惑之能事。对于无信心者能说得你信心满满，有的时候又会故作危言耸听。春秋战国时期说客的杰出代表有：苏秦、张仪、公孙衍、陈轸、毛遂、范雎、蔡泽等，这些说客都是人们熟悉的，还有很多说客是人们不太熟悉，或者熟悉，却不知道他们的食客身份。

刘邦集团中有一批出色的说客，这些说客为刘邦打天下立下了汗马功劳，以往人们多忽略了他们的作用和贡献。郦食其，也叫郦生，他在刘邦率军西进咸阳反秦战斗时，说服刘邦先攻陈留，借陈留粮食装备部队，并且主动去劝降陈留守，使刘邦顺利拿下陈留。楚汉相争时，他已成功地说服齐王投降刘邦，后因韩信妒忌郦食其靠卖弄嘴皮子竟然“下齐七十余城，乃夜度兵平原袭齐。齐王田广闻汉兵至，以为郦生卖己……遂亨郦生”[①]。韩信心胸狭隘，害怕郦生功劳盖过自己，竟向齐王发兵，令齐王以为郦食客出卖自己，将其杀害。

刘邦集团的另一位著名说客叫陆贾，《史记》载：

> 陆贾者，楚人也。以客从高祖定天下，名为有口辩士，居左右，常使诸侯。
>
> 及高祖时，中国初定，尉他平南越，因王之。高祖使陆贾赐尉他印为南越王。陆生至，尉他魋结，箕倨见陆生。陆生因进说他曰：

① 《史记·郦生陆贾列传》，第2696页。

> “足下中国人，亲戚昆弟坟墓在真定。今足下反天性，弃冠带，欲以区区之越与天子抗衡为敌国，祸且及身矣。……天子怜百姓新劳苦，故且休之，遣臣授君王印，剖符通。君王宜郊迎，北面称臣，乃欲以新造未集之越，屈强于此。汉诚闻之，掘烧王先人冢，夷灭宗族，使一偏将将十万众临越，则越杀王降汉，如反覆手耳。”
>
> 于是尉他乃蹶然起坐，谢陆生曰：“居蛮夷中久，殊失礼义。”……赐陆生橐中装直千金，他送亦千金。陆生卒拜尉他为南越王，令称臣奉汉约。归报，高祖大悦，拜贾为太中大夫。[①]

一般人都知道陆贾为刘邦时的著名儒生，著有《新语》十二篇，为刘邦总结“秦所以失天下，吾所以得之者何?”[②] 却不知道陆贾还是刘邦得力的说客。他为刘邦出使南越，成功说服南越王尉他臣服汉王，使南越成为汉朝的一个蕃属国。南越王的和平归顺，使南越与汉王朝避免了战火之灾。汉文帝时，在丞相陈平的推荐下，文帝任命陆贾为太中大夫，派遣他再次出使南越，修复汉朝与南越关系。在陆贾的说服下，南越王尉他去除帝号，归复汉朝。

说客当中，影响最大、最杰出的当数苏秦和张仪了。从思想学术流派的划分来说，苏秦与张仪是纵横家的杰出代表，在诸子百家中占有重要的一席之地。从食客的功能、性质和分类来看，他们又是说客当中的领军人物。据《史记》和《战国策》记载，苏秦作为合纵派的倡导者（另一种说法是公孙衍），曾经成功说服燕、赵、韩、魏、齐、楚六国结成合纵联盟，共同抵抗秦国。而张仪则极力主张连横，他也曾一一说服魏、楚、韩、齐、赵、燕与秦国结盟。司马迁写作苏秦和张仪传记的时候，其材料大多来源于《战国策》，尤其是他们向各诸侯国的游说辞。

我们都知道苏秦、张仪的游说辞为后人的拟托之作，而非实录，它是作为后辈有志为说客的游说者练习用的范本，具有一定的权威性、示范性和实用性。这些游说辞有这么几个特点：

第一，主纵者苏秦以“高主之节行，言其利而不言其害”，即赞扬、挖掘游说对象的优势和长处，扬长避短地进行“长说”，极力宣传表现合

---

① 《史记·郦生陆贾列传》，第2697—2698页。

② 同上书，第2699页。

纵的好处。主横者张仪则相反，以“贬主之节行，言其害而不言其利”，尽量示弱和揭短，使对方接受其连横之主张。结果都获得成功。

第二，苏秦说辞结尾的君主表态，都是懊悔、自责自己的“不肖”、“不敏”，希望“得闻明教”，甘愿“敬奉社稷以从”；张仪说辞结尾都是君主的悔过醒悟，表示“前计失之”，自愿“变心易虑”，最后都简要地说明他们实际行动“事秦”，最终达到了游说者的目的。

学者熊宪光对苏、张的游说辞的框架结构作了归纳性的总结：“开篇（游说者→游说目的→游说对象）→正文（纵横说辞）→结语（国君表态或纵或横，或略叙实际行动）。熊宪光认为：“苏、张纵横说辞虽属后人拟作，但还应该是有一些原始资料作为依据的，并非完全凭空臆造。只不过根据现实的需要，经过了有意识的加工修饰，掺进了一定的虚构和想象罢了。”①

曾经有学者在合纵连横问题上提出不同看法，如徐中舒在《论〈战国策〉的编写及有关苏秦诸问题》中指出：“所谓合从（纵）连横，原是以三晋为主，北连燕，南连楚为从（纵），东连齐或西连秦为横，合从（纵）既可以对秦，也可以对齐，连横既可以连秦也可以连齐。”② 再有，车新亭指出：“战国形势变化万端，有五国联合攻赵，有山东诸国约而摈秦，有天下共击齐，还有别的联盟形式，纵横只是其中之一。”③ 他们的观点只能说是对合纵连横概念的补充和完善，或者说是一家之言，并不能作为否定苏秦、张仪纵横家地位和他们杰出的游说才华的根据。

后人对张仪以欺诈的卑劣手段欺骗魏、楚等六国的做法有诸多的谴责和诟病，但是也有一些学者能够以客观的态度来评价张仪，他们看到了他为秦国所作的杰出贡献。李斯在他的《谏逐客书》中指出“惠王用张仪之计，……遂散六国之纵，使之西面事秦”④。李斯高度肯定了张仪的历史功绩，一是解散六国的合纵联盟，二是让六国先后向秦称臣。马非百认为：“张仪在惠王一代，对于秦国统一运动所贡献者不止一端。初为秦相魏，破坏魏、齐同盟，使魏去齐而昵秦；后又相楚，破坏楚、齐同盟，使

---

① 熊宪光：《苏秦、张仪纵横说辞探研》，《西南师范大学学报》2006 年第 4 期。

② 徐中舒：《论〈战国策〉的编写及有关苏秦诸问题》，《历史研究》1964 年第 1 期。

③ 车新亭：《〈战国纵横家书〉与苏秦史料辩证》，《北京师范大学学报》1990 年第 3 期。

④ 《史记·李斯列传》，第 2542 页。

楚去齐而昵秦。”① 如果说李斯对张仪的赞扬和肯定是基于同为秦国丞相的后辈对前辈赞扬的话，那么马非百等其他学者就是站在比较客观的立场来看待张仪的游说之功和间谍行为。他认为张仪相魏、相楚的目的就是为了破坏魏与齐、楚与齐的联盟，其游说的功效和成绩都是非常显著的，肯定了他对秦国的发展和统一天下所作的贡献。

杨宽从政治和战略的高度，对张仪破坏诸侯六国合纵联盟战略的历史作用和战略意义作了肯定和赞扬。他在《战国史》中指出：“张仪在秦国推行连横策略是获得成功的，达到了对外兼并土地的目的，使得秦惠王能够东‘拔三川之地，西并巴蜀，北收上郡，南取汉中’，‘散六国之纵，使之西面事秦’，这是因为他用‘外连横而斗诸侯’的策略配合了当时秦国耕战政策的推行。”②

李贽也对苏秦、张仪等人评述曰：“士之有智谋者未必正直，正直者未必有智谋，予以为智谋之士可贵也。若夫敦厚清谨，以之保身虽有余，以之待天下国家缓急之用则不足，是亦不足贵矣。”③ 李贽的评价最为中肯和客观，在他看来，衡量智谋者不能仅从道德的视角看其正直与否，而应看其能否用于“国家缓急”之需。所以据此标准来衡量，苏秦、张仪能在天下、国家缓急之时以其智谋化解危机，是应该肯定的，不必过多地拘泥于他们的手段是否合乎道德。

第四节　将客

将客，主要指一些诸侯国的军中将领，其身份为客。西周时期各诸侯的将领大多为本国的贵族，这些人很多本身就是宗亲王室成员。到春秋时期情况有所改变，各诸侯国的将领中，开始有本国的异姓贵族，也有本国的普通平民，再有的就是来自其他诸侯国的食客充任。像伍子胥、孙武、吴起、孙膑都属于将客。

伍子胥原是楚国人，因其父亲伍奢、哥哥伍尚被楚平王杀害，为躲避楚平王的追杀，也为了报仇，他辗转逃到了宋国、郑国，最后乞讨来到了

---

① 韩兆琦：《史记笺证·张仪列传》，第 4097 页。

② 杨宽：《战国史》，上海人民出版社 2003 年版，第 351—352 页。

③ 韩兆琦：《史记笺证·张仪列传》，第 4096 页。

吴国。他得知公子光与吴王僚有仇，于是投到公子光门下做宾客。他帮助吴公子光杀掉了吴王僚，公子光继位为吴王阖闾。阖闾继位三年，任命其客伍子胥、伯嚭为吴国将领，兴师伐楚取其舒。

> 四年，吴伐楚，取六与灊。五年，伐越，败之。六年，楚昭王使公子囊瓦将兵伐吴。吴使伍员（伍子胥）迎击，大破楚军于豫章，取楚之居巢。①

吴王阖闾九年，伍子胥又率吴师与唐蔡联合伐楚，五战五胜，一直攻进楚都郢，楚昭王逃亡。

> 及吴兵入郢，伍子胥求昭王。既不得，乃掘楚平王墓，出其尸，鞭之三百然后已。……当是时，吴以伍子胥、孙武之谋，西破强楚，北威齐、晋，南服越人。②

伍子胥作为吴国将领，辅佐了吴王阖闾、吴王夫差父子两代人，他为吴国的发展，为吴国在春秋末期的称霸做出了巨大贡献。

孙膑是孙武的后人，他与庞涓同师学习兵法。之后，庞涓到魏国做了梁惠王的将领。庞涓“自以为能不及孙膑，乃阴使召孙膑。膑至，庞涓恐其贤于己，疾之，则以法刑断其两足而黥之，欲隐勿见”③。

《辞源》解释古代剔去膝盖骨的酷刑叫“膑”。据此推测，孙膑的名字当与庞涓让他受的酷刑有关。庞涓的目的是想让孙膑因残疾而被埋没，不能出头与他相争。残疾后的孙膑设法逃到了齐国，他投到齐国将军田忌门下做宾客。田忌通过赛马一事，知道孙膑懂兵法，于是将他引见给齐威王。之后在齐国围魏救赵的桂陵之战中，还有 12 年之后齐军与魏军的马陵之战中，以孙膑为军师，田忌为将领的齐国军队，两次打败了庞涓率领的魏军。

对于孙膑非凡的军事天才以及他指挥的杰出的军事战役，后人给予了

---

① 《史记·伍子胥列传》，第 2175 页。

② 同上书，第 2176—2177 页。

③ 《史记·孙子吴起列传》，第 2162 页。

高度肯定和评价。吴如嵩在《中国军事通史》中指出：“孙膑能根据魏国军队和将帅的心态及地形情况，运筹演谋，掌握主动，调动敌人，将其全歼，的确不愧为古代杰出的军事家。”[①] 黄朴民在《中国军事通史·春秋军事史》中指出：“中国古代史上创造的众多以弱胜强、出奇制胜的光辉战例，如齐魏桂陵之战、马陵之战，韩信背水破赵之战，……都反映出运用《孙子兵法》所阐述的某些原理和制胜之道。”[②]

吴起是卫国人，喜好兵法。他在鲁穆公手下任将军，率领鲁军与齐军战斗，大破之。他后来又投奔魏文侯，做了魏文侯的宾客，被魏文侯任命为将，率魏军与秦军战，拔五城。之后他又到楚国，“楚悼公素闻起贤，至则相楚。明法审令，捐不急之官，废公族疏远者，以抚养战斗之士。……于是南平百越，北并陈、蔡，支三晋，西伐秦”[③]。

吴起虽然具有杰出的军事才能，在鲁国、魏国和楚国为将，作为将领他率领军队可以说是战无不胜、攻无不克的。但是其结局悲惨。由于他在楚国实行一系列改革，触犯了宗室贵族的利益，“故楚之贵戚尽（欲）害吴起。及悼王死，宗室大臣作乱而攻吴起，吴起走王尸而伏之。击起之徒因射刺吴起，并中悼王”[④]。

吴起的军事才能，得到后世学者的肯定。明代学者李贽曰：“吴起料敌制胜，号知兵矣。”[⑤] 吾师韩兆琦评价曰：司马迁“赞扬了他们（孙武、孙膑、吴起）杰出的军事才能，和他们各自为所在国家做出的历史贡献。作者对他们的才能是称颂的，但对于他们的品德为人却不见褒美之意。尤其是对于吴起，其态度之偏颇与指责商鞅、晁错之无理相同。……这是不够公平的。吴起不仅是军事家，而且是战国时期杰出的政治家，其在楚国的变法卓有成效，而且较之秦国的商鞅变法尚早二十年。后来虽然失败被杀，但其历史意义不可低估”[⑥]。

---

① 韩兆琦：《史记笺证·孙子吴起列传》，第 3823 页。

② 同上书，第 3824 页。

③ 《史记·孙子吴起列传》，第 2168 页。

④ 同上。

⑤ 韩兆琦：《史记笺证·孙子吴起列传》，第 3825 页。

⑥ 同上。

第五节 谋客

谋客，顾名思义，专以谋略擅长的食客。他们以为主人出谋划策为其主要工作。在春秋战国及至秦汉，在激烈的政治、军事、外交斗争中，无论是国与国之间，卿相与国君之间，还是卿大夫之间，都经常会发生各种各样的矛盾冲突，许多事情是难以预料的。在这样的敏感或者是关键时期，权贵们的一言一行稍有不慎，都有可能改变自己的命运，或者使自己进入天堂，或者是走进地狱。所以每一步该怎么走，都需要谋客为主人认真分析，仔细谋划。有时候谋客不仅要细心琢磨，详细谋划，还需要把他们的策谋、主张详细地给主人分析，以说服主人接受他们的意见，这就需要谋客必须具有一定的说话技巧和说话水平。所以在这点上，说客和谋客之间并无明显的界线划分，就是说谋客与说客两者之间在内涵上具有相互兼容、相互交叉的关系。懂谋略的谋客多是口才了得、能说会道、能言善辩的说客，也都头脑机敏，反应灵活，遇事多能谋善断。像苏秦和张仪虽然是巧舌如簧，但是他们提出的合纵、连横的外交主张，本身就具有很深的权谋机巧在里面，是非常具有战略眼光的，所以很容易得到各诸侯国的响应和接受。

谋客中有人们熟悉的伍子胥、商鞅、冯谖、蔺相如、范雎等。也有一些是人们不熟悉的。薛公是刘邦集团汝阴侯滕公的食客，在刘邦平定黥布谋反时他曾献上一计，为刘邦平定黥布叛乱立下一功。当黥布谋反消息传来，朝廷上下震惊之余又不知所措。而薛公对主人汝阴侯曰："是故当反，……往年杀彭越，前年杀韩信，此三人者，同功一体之人也。自疑祸及身，故反耳。"① 薛公的分析让汝阴侯感觉薛公一语中的，看问题深刻透彻，于是把他推荐给刘邦，"臣客故楚令尹薛公者，此人有筹策之计，可问"②。刘邦与他深谈，薛公为刘邦分析了黥布可能采取的几种战略战术，又分析了黥布的性情为人和他反叛的真实意图，认为他会"东取吴，西取下蔡，归重于越，身归长沙，陛下安枕而卧，汉无事矣"③。黥布谋

① 《史记·黥布列传》，第 2604 页。

② 同上。

③ 同上。

反的一切军事行动，果然被薛公言中。薛公的分析为刘邦决策和平定黥布叛乱起了重要作用。

商鞅当年在魏丞相公叔座府上任中庶子（相当于食客，见本书第一章），他任秦国丞相后，为秦孝公谋划的政治变法，使秦国从一个偏僻落后的国家一跃成为富裕强盛的国家，这是众所周知的事实，但是商鞅早年一段料事如神的经历却鲜有人知晓。《史记·商君列传》载：

> 公叔座知其贤，未及进。会座病，魏惠王亲往问病，曰："公叔病，有如不可讳，将奈社稷何?"公叔曰："座之中庶子公孙鞅，年虽少，有奇才，愿王举国而听之。"王嘿然。王且去，座屏人言曰："王即不听用鞅，必杀之，无令出境。"王许诺而去。公叔座召鞅谢曰："今者王问可以为相者，我言若，王色不许我。我方先君后臣，因谓王'即弗用鞅，当杀之'。王许我。汝可疾去矣，且见禽。"鞅曰："彼王不能用君之言任臣，又安能用君之言杀臣乎?"卒不去。惠王既去，而谓左右曰："公叔病甚，悲乎，欲令寡人以国听公孙鞅也，岂不悖哉!"①

从公叔座对商鞅的评价看，他是非常认可商鞅才能的，认为他可以替代自己为魏相。显然在公叔座的眼中商鞅不仅谋略过人，而且具有管理国家的综合素质。公叔座的意见并没有得到魏王的重视，他不仅不看重商鞅，反而误以为公叔座病得脑子糊涂了，所以没有把公叔座的意见当一回事。多年之后，商鞅率领秦军以智取的方式打败了魏军，魏国被迫"割河西之地献于秦以和。而魏遂去安邑，徙都大梁。梁惠王曰：'寡人恨不用公叔座之言也'"②。司马迁在很多人物的叙事上都非常注意前面铺垫与后面呼应相结合的谋篇布局的方法，这样对人物刻画起到很好的艺术效果。再看商鞅，在公叔座府上他并没有直接与魏王接触，更没有看到魏王当时的反应，只是通过公叔座的叙述，做出了自己的分析判断。他认为魏王既然不接受公叔座的举荐，也自然不会接受杀掉他的建议，所以自己是安全的。这件事情反映出商鞅具有很强的逻辑分析能力，他遇到事情能够

① 《史记·商君列传》，第2227页。

② 同上书，第2233页。

抓住问题的要害进行推理分析，做出准确的判断。

伍子胥是吴王阖闾、吴王夫差父子两代的谋客，他帮助阖闾杀掉吴王僚，夺取王位，又帮助吴王阖闾进军楚国，直入楚国郢都，几乎灭了楚国，报了自己的杀父之仇。还帮助吴王夫差在夫椒打败越王勾践。但是在《史记·伍子胥列传》中，司马迁并没有对伍子胥的谋略有详细的叙述。他主要围绕伍子胥的复仇来展开叙述，所以伍子胥为吴王谋划的很多事件或战役，都叙述得极其简单，只有如下几句："当是时，吴以伍子胥、孙武之谋，西破强楚，北威齐、晋，南服越人。"[①] 相对来说，《左传》有些地方叙述得较为详细。如《左传·昭公三十年》载：吴王阖闾向伍子胥征询伐楚之事：

> 吴王问于伍员曰："初而言伐楚，余知其可也，而恐其使余往也，又恶人之有余之功也。今余将自有之矣，伐楚何如?"对曰："楚执政众而乖，莫适任患。若为三师以肄焉，一师至，彼必皆出。彼出则归，彼归则出，楚必道敝。亟肄以罢之，多方以误之。既罢而后以三军继之，必大克之。"阖闾从之，楚于是乎始病。[②]

伍子胥首先分析了楚国统治集团内部的情况，指出"楚执政众而乖，莫适任患"。这是指楚国执政的人多却互相违戾，不能协调配合。如果我军采用突然袭击又迅速撤退的战术，那么楚军怕失败而承担过失，必定会全部出动应战。等他们出师应战我们就撤退；他们退了我们再出师。这样屡次之后他们一定疲于奔命。我们用多种方法使楚军失误，等他们疲惫不堪时我方再全军出击，定能克敌制胜。这种战略战术与毛泽东当年在井冈山提出的"敌进我退，敌驻我扰，敌疲我打，敌退我追"的十六字游击战术有着惊人的相似。以毛泽东渊博的历史知识和深厚的古文功底来看，伍子胥的这种战略战术，极有可能对毛泽东产生过影响。吴王阖闾采纳了伍子胥的意见，取得了伐楚一个又一个的胜利。据《史记·吴太伯世家》载：

---

① 《史记·伍子胥列传》，第 2177 页。

② （晋）杜预：《春秋左传集解·昭公三十年》，第 1586—1587 页。

三年，吴王阖闾与子胥、伯嚭将兵伐楚，拔舒，杀吴亡将二公子。……四年，伐楚，取六与灊。五年，伐越，败之。六年，楚使子常囊瓦伐吴。迎而击之，大败楚军豫章，取楚之居巢而还。[①]

到吴王阖闾九年，吴军又再伐楚，大败楚兵。“比至郢，五战，楚五败。楚昭王亡出郢，……吴兵遂入郢，子胥、伯嚭鞭平王之尸，以报父仇。”[②] 到了夫差继位为吴王后，在伐越问题上夫差多次拒绝接受伍子胥的意见，而听从另一位谋客太宰伯嚭的意见，最终导致了吴国的灭亡。而伍子胥也被夫差赐剑自刎，结束了他悲壮的一生。

“商山四皓”是汉代孝惠帝刘盈为太子时的宾客。四皓分别为东园公唐秉、夏黄公崔广、绮里季吴实、角里先生周术。他们原是秦朝的博士，著名学者。他们通古今，辨然否，典教职，德高望重。因为不愿当官，长期隐居于商山，出山时都已年过八十，须发尽白，所以得名。刘邦久闻四位大名，曾请他们出山为官，但是遭到他们的拒绝。

刘邦曾经有过废易太子的想法，因为原太子刘盈是他与吕后所生。刘邦表面上的理由是说刘盈生性懦弱，不像自己，而他与戚夫人生的儿子赵王如意，生性聪明，才学出众，类似自己。所以刘邦产生了废刘盈，改立如意为太子的想法。实际上刘邦是爱屋及乌，因为宠幸戚夫人，自然也非常疼爱与她生的儿子如意，易太子自然是为了讨戚夫人的欢心。刘邦此举虽然遭到众大臣的反对，但是并不能改变他的想法。吕后很是着急，她让其兄吕泽找张良出主意。张良认为：“此难以口舌争也。顾上有不能致者，天下有四人。四人者年老矣，皆以为上慢侮人，故逃匿山中，义不为汉臣。然上高此四人。……令太子为书，卑辞安车，因使辩士固请，宜来。来，以为客。”[③] 他们遵从张良的意见，让刘盈修书一封，“卑辞厚礼，迎此四人”。四皓到来，为刘盈谋划果然出手不凡。

汉十一年，黥布反，上病，欲使太子将，往击之。四人相谓曰：“凡来者，将以存太子。太子将兵，事危矣。”乃说建成侯曰：“太子将

① 《史记·吴太伯世家》，第1466页。

② 同上。

③ 《史记·留侯世家》，第2045页。

兵，有功则位不益太子；无功还，则从此受祸矣。且太子所与俱诸将，皆尝与上定天下枭将也，今使太子将之，此无异使羊将狼也，皆不肯为尽力，其无功必矣。……君何不急请吕后承间为上泣言：'……上虽病，强载辎车，卧而护之，诸将不敢不尽力。上虽苦，为妻子自强。'"于是吕泽立夜见吕后，吕后承间为上泣涕而言，如四人意。上曰："吾惟竖子固不足遣，而公自行耳。"于是上自将兵而东。①

太子刘盈在性格和能力上都比较弱，让他率兵出征平叛显然难以胜任，其结果必然动摇他的太子位，在四皓看来，阻止刘盈出征才是上策。为此他们设计让吕后到刘邦面前哭诉哀求。此计果然有效，刘邦只得自己亲征。

一次刘邦宴饮，太子在旁边侍候。刘邦看到刘盈身后有四位长者随侍身旁，便询问其姓名，当四人报上名字后，刘邦大惊，曰：

"吾求公数岁，公辟逃我，今公何自从吾儿游戏乎？"四人皆曰："陛下轻士善骂，臣等义不受辱，故恐而亡匿。窃闻太子为人仁孝，恭敬爱士，天下莫不延颈欲为太子死者，故臣等来耳。"②

刘邦目送着他们与太子离去，对戚夫人说："我欲易之，彼四人辅之，羽翼已成，难动矣。"③ 有四皓给太子做谋客，自此刘邦放弃了易太子的打算。四皓以他们的谋略、学识和名望给太子刘盈许多帮助。刘盈能够保住太子位，完全是因为有四皓做其谋客的缘故。

还有许多食客，从他们后来的人生发展来看，其身上具有很高的谋略之才，例如范雎为秦昭王提出"远交近攻"对付六国的战略；李斯为秦王政提出的废除分封制，改为郡县制；晁错为汉景帝提出的削藩固本的建议等。

第六节　学术客

有一些食客我们可以把他们称为"学术客"。学术客主要从事为主人

① 《史记·留侯世家》，第 2045 页。

② 同上书，第 2046 页。

③ 同上书，第 2047 页。

著书立说的工作。有的食客虽然不为主人著述，但也是在主人供养和帮助下进行学术创作。

《左传·襄公二十四年》载："大上有立德，其次有立功，其次有立言，虽久不废，此之谓不朽。"[1] 此后古代的君王和士大夫们都把"立德、立功、立言"作为他们追求和崇尚的最高的人生境界。如何才能"立德、立功、立言"呢？古人认为："创制垂法，博施济众，圣德立于当代，惠泽被于无穷，如此之类，乃是立德也。拯危除难，功济于时，其余勤民定国，御灾捍患，皆是立功者也。言得其要，理足可传，其身既没，其言存立于世，乃是立言也。"[2] 对权贵而言，要达到立德、立功的境界，有相当的难度，而立言则要容易些，它既能使自己"不朽"，"其身既没，其言存立于世"，又能使自己扬名，提高自己的声望。基于这样的目的，一些权贵开始招养知识才学出众的食客，为自己著书立说，于是学术客孕育而生。

学术客一方面秉承主人的思想宗旨，另一方面通过自己的学术思想和政治见解来影响、感染他们的主人。他们在与主人的思想交流中，在食客相互的沟通交流中，不断地融合、吸收主人和众多食客的思想精髓和真知灼见。又广博地吸取诸子百家的思想来不断丰富、提升他们的思想内涵，形成了他们多元的思想学说的理论体系。这也成为食客集体著述成果的一个显著特征。

吕不韦门下的一批学术客，为他著述了著名的集各家学派和思想为一体的哲学与文学著作《吕氏春秋》。西汉淮南王刘安手下有号称"八公"的食客，他们为刘安集体著述了以道家思想为主，融合各家思想学说的哲学和文学著作《淮南子》。西汉梁孝王门下也有一批学术客，他们擅长文学创作，创作了许多优秀的散文和汉赋，他们的文学作品代表了西汉文学的最高成就。如枚乘、枚皋、邹阳、司马相如等，所以准确地说他们是文学客。

学术客的著述能够广纳百家思想学说之精华，又具有自己的思想体系和特色。他们创作的学术著作，既是他们与主人思想智慧的结晶，也充分展现了他们和主人在思想、文化、谋略和战术上的才华。他们的著作闪耀着思想的光芒，是他们和主人的思想学说、道德观念的体现。后面第九章"食客文学"将作专门介绍。

---

① （晋）杜预撰：《春秋左传集解·襄公二十四年》，第 1011 页。

② ［日］竹添光鸿：《左氏会笺·襄公二十四年》，巴蜀书社 2008 年版，第 1404 页。

第七节　杂客

杂客的性质比较复杂，因为许多食客从事的工作比较琐碎，还有一些食客的工作是临时性的，并不是固定地做某项工作，所以不好划分，我们把他们都划归为杂客类里。杂客在食客中的地位或者说级别是比较低的，他们在权贵家中从事的工作没有专门的分工。往往是什么需要就做什么，像孟尝君的鸡鸣狗盗客就属于杂客类。再有像收租收债、管理账簿、管理佃户、管理府上食客或充当信使等等，也是由杂客来承担的工作。像孟尝君因为府上的食客多，开销大，为了应付巨大的开支，需要派人到封邑去收债，这是一个临时性的工作，所以就在食客中招募能胜任这项工作的人，冯谖自动报名，就这样被选上了。可见最初冯谖也是杂客。估计许多谋客或上等客，最初也像冯谖那样，从杂客干起，直至他们有了不俗的表现，或是被主人发现了才能，才有专职工作。

有时食客也充当打手，像范雎最初在魏国大夫须贾府上做食客，曾跟随须贾出使齐国，齐襄王听说范雎口才好，便让人送了一些钱和酒肉给范雎。一个随主人出访的食客，竟然得到对方国君赠礼送金的待遇，这自然引起了须贾的怀疑，他误以为范雎私下通齐，所以回来将此事告诉了宰相魏齐，“魏齐大怒，使舍人笞击雎，折胁折齿”[①]。魏齐的门客奉主人之命将范雎打得死去活来，显然他们用刑之酷，下手之狠，完全是依主人的指示去做的。

有的门客则要给主人办理后事，像伍子胥被吴王夫差赐剑自尽，临死前他向自己的舍人交代后事：“乃告舍人曰：‘必树吾墓上以梓，令可以为器；而抉吾眼县吴东门之上，以观越寇之入灭吴也。’乃自刭死。”[②]

从伍子胥对其食客的交代来看，他是让食客帮助自己复仇，完成自己未了的心愿。再有，吕不韦被秦王嬴政赐死，“文信侯不韦死，窃葬”。司马贞《索隐》曰：“不韦饮鸩，其宾客数千人窃共葬于洛阳北芒山。”[③]对“窃葬”的理解，韩兆琦认为是相对“‘国葬’而言，即私家殡葬，非

① 《史记·范雎蔡泽列传》，第2401页。
② 《史记·伍子胥列传》，第2180页。
③ 《史记·秦始皇本纪》，第231页。

谓偷偷埋葬"①。吕不韦作为秦国的丞相，本应得到朝廷的厚葬，但因为是获罪被告发，秦王赐死的，所以自然不会给他安置殡葬。吕不韦的食客自然要给其主人办理殡葬事宜。从几千食客给吕不韦下葬的情况看，给吕不韦办后事的应该是他全部的食客或大部分，说明其食客与吕不韦感情之深，情意之重。这些食客敢于冒着巨大危险为主人下葬，体现了他们舍生取义的勇气和对主人的忠诚。

有的时候主人与其他人发生冲突或纠纷，需要用武力解决时，杂客又充当私家兵这样的角色。《史记·孟尝君列传》记载：

> 孟尝君过赵，赵平原君客之。赵人闻孟尝君贤，出观之，皆笑曰："始以薛公为魁然也，今视之，乃眇小丈夫耳。"孟尝君闻之，怒。客与俱者下，斫击杀数百人，遂灭一县以去。②

这个突发事件完全是因为孟尝君心胸狭小而造成的。赵人慕名前来一睹孟尝君的风采时，眼前的"眇小丈夫"与他们想象中的伟岸魁梧的孟尝君相去甚远，议论嘲笑当然在情理之中。但是以爱客好客闻名的孟尝君此时却失去了谦谦君子的风度，冲冠一怒，他身边的食客为讨主人高兴，不管三七二十一，一拥而上，一气乱砍乱杀，竟然"斫击杀数百人"。虽然"灭一县以去"的说法可能有些夸张，但是死伤数百人应该是事实。假如当时孟尝君身边有冯谖这样的谋客，相信这场冲突不会发生，或者会以和平的方式得到解决。为此，后世学者对孟尝君及其食客的评价多有微辞。李景星曰："养士三千，仅得一士之用，其余纷纷，并鸡鸣狗盗之不若也。太史公于此，其有微意哉！……史公不但不满于孟尝君之客，其不满孟尝君之意，又明言之矣。"③ 吴见思曰："至孟尝君之客，冯谖差强人意，余则盗贼势利之徒，写得极其不堪，而千载之下，独传孟尝君，何也？"④ 显然吴见思看到了司马迁对孟尝君存有偏见，认为他在孟尝君食客记录上是有意丑化之。

---

① 韩兆琦：《史记笺证·秦始皇本纪》，第427页。

② 《史记·孟尝君列传》，第2355页。

③ （清）吴见思、李景星：《史记论文 史记评议》，陆永品点校，上海古籍出版社2008年版，第166页。

④ 同上书，第46页。

第五章

食客与主人之关系

食客与主人的关系比较复杂，它体现出多层次性、多重性和多变性的特点。多层次性，主要体现在政治层面、经济层面、精神层面、道德层面、文化层面等多个层面。多重性则体现于食客与主人的关系大多不是单一的在政治或经济、军事方面，而是同时体现于几个方面。多变性主要表现在食客与主人的关系不是一成不变的，随着彼此的了解加深，如果双方在价值观、人生观等思想认识上不能达成共识，或者在生活待遇方面没有达到食客原先的期望值，或者在人格尊严上没有得到起码的尊重，都会导致食客离去，重新选择适合自己的主人。还有一种情况是主人的政治地位和社会地位的改变，如被削贬或者罢免官职、被逐被杀等等，也会导致一些食客离开原来的主人。上述的几种情况，都使食客与主人的关系处在不断的变化之中。这种变化，一是朝着好的方向发展，二是朝着相反的方向发展。

第一节　依附与豢养

依附与豢养关系，是所有食客与主人之间最基本的关系，它主要体现在经济层面上。中国古代，特别是西周至两汉时期，中国社会以农业经济为主，而西周时期的宗法制社会，决定了诸侯王、卿大夫、士大夫拥有与其爵位等级相匹配的大量的土地及禄邑。《国语·晋语》曰："公食贡，大夫食邑，士食田，庶人食力，工、商食官……"[①] 童书业指出："王公

① 曹建国、张玖青：《国语·晋语四》，河南大学出版社 2008 年版，第 249 页。

皆食贡税，大夫食采邑，士虽卑而尚分有‘公田’，庶人、工、商则无田自食其力，或食于官府，是本无土地财产也。”① 由于诸侯王有大量的贡税，卿大夫有采邑，因此有了大量充足而且稳定的经济收入，除此之外，他们还不时地得到上一级统治者的赏赐，所以他们拥有大量的粮食和金钱，具备了供养大量食客的经济条件和物质基础。另一方面，大量的庶人、工、商因为没有财产，也没有土地能让他们自食其力，有的人也没有工匠艺人的手工技术，可以说缺乏生存的本领和基本条件，所以只能依附于权贵，“食于官府”，做了食客。

食客在权贵府上，由于每个人的能力有不同，工作分工不同，所以受到的待遇也不同。像冯谖初到孟尝君府上时，因为“无能”、“无好”，所以得到的是下客的待遇。诸祖耿在《战国策集注汇考》转引《列士传》云：“孟尝食客三千人，上客食肉，中客食鱼，下客食菜。冯谖经年无袴，面有饥色。”② 豫让曾经对他的朋友诉说他在范氏、中行氏门下做食客的生活状况：“范氏、中行氏，我寒而不我衣，我饥而不我食，而时使我与千人共其养，是众人畜我也。”③ 从冯谖和豫让的情况来看，主人对于下客待遇是极其差的，可以说连起码的温饱都难以保障。但是上客的待遇与下客相比，则有天壤之别。冯谖后来被升为上客后，不仅食有鱼，还出有车。甚至孟尝君得知冯谖家有老母，还“使人给其食用，无使乏”④。据《史记·春申君列传》记载：

> 赵平原君使人于春申君，春申君舍之于上舍。赵使欲夸楚，为瑇瑁簪，刀剑室以珠玉饰之，请命春申君客。春申君三千余人，其上客皆蹑珠履以见赵使，赵使大惭。⑤

从平原君食客与春申君食客比富的情况看，在他们府上的上客生活极其奢侈，穿戴得极其光鲜，浑身上下皆装饰得珠光宝气，甚至连鞋子都镶嵌了许多珠宝，其奢华程度估计与其主人不相上下。从两府斗富的情况分

① 童书业：《春秋左传研究》，上海人民出版社 1983 年版，第 123 页。

② 诸祖耿撰：《战国策集注汇考·齐四·齐人有冯谖者》，第 594 页。

③ 许维遹撰：《吕氏春秋·不侵篇》，中华书局 2009 年版，第 271 页。

④ 诸祖耿撰：《战国策集注汇考·齐四·齐人有冯谖者》，第 594 页。

⑤ 《史记·春申君列传》，第 2395 页。

析，这种奢华的情况并不是个别现象。较之下客的情况，可以说两者同处一府，却有着天壤之别。

由于战国时期各诸侯国的权贵养客用客已经蔚然成风，这无形中加剧了人才的流动，同时也促使权贵之间为争夺人才展开了激烈竞争。为了招揽更多的人才，权贵们不得不给予贤者食客以优厚的待遇，以此来留住人才。权贵对上客的优厚待遇不仅仅是高规格的礼遇，来体现人格上的尊重，还有更多实质性的内容，那就是物质生活的最大限度满足。像燕太子丹对荆轲，就是让他住上舍，“供太牢具，异物间进，车骑美女恣荆轲所欲，以顺适其意”①。只要是荆轲开口提到的，无论是什么，太子丹都会无条件地满足他，供他享用。其实权贵对于上客生活上的极尽满足，待遇优厚，除了要招贤纳士之外，另一个目的就是向世人显示他的实力，炫耀他的富有，以此提高他在诸侯国的知名度，在君王面前的声誉和地位。

一些权贵，由于府上的食客人数众多，加上上客生活条件的优越，使得主人的经济开销巨大，有时会造成主人经济上的入不敷出。像孟尝君就曾因“食客三千，邑入不足以奉客，使人出钱于薛。岁余不入，贷钱者多不能与其息，客奉将不给”②。为此，孟尝君不得不多次派出冯谖、魏子等食客到其采邑薛地为他收债，以解燃眉之急。汉武帝时期的公孙弘，虽然位尊至丞相，“奉禄甚多”，但是为了供养其故人及宾客，他生活极为俭朴，“食一肉脱粟之饭。故人所善宾客，仰衣食，弘奉禄皆以给之，家无所余”③。公孙弘为了供养家中的食客，平日里餐桌上只吃一种肉菜，主食也是粗糙的米饭。他虽然生活如此节俭，但是仍然是“家无所余”。他这种节俭的生活，引起了同朝官吏的怀疑，汲黯曾经在汉武帝面前直言不讳地揭发他“弘位在三公，奉禄甚多，然为布被，此诈也”④。认为公孙弘是在故意作秀，有沽名钓誉之嫌。汉武帝当即问公孙弘，公孙弘是有苦难言，因为他知道汉武帝非常痛恨权贵养客，所以他只得承认。

---

① 《史记·刺客列传》，第 2531 页。

② 《史记·孟尝君列传》，第 3360 页。

③ 《史记·平津侯主父列传》，第 2951 页。

④ 同上。

第二节　尊重与信任

从西周至春秋战国，随着社会不断发展进步，奴隶制的崩溃，封建制的建立，带来了人们的思想解放，观念意识的改变。庶民的人性意识、人权意识在觉醒。所以食客在选择主人时，并不仅仅看重对方的经济实力、政治地位，还特别看重主人的人品及社会声誉，特别在意主人对自己人格尊严的尊重、理解，对自己是否给予充分的信任。特别看重主与客在精神层面上的思想感情的交流，对自己的谏言献策是否给予采纳，以及彼此理想目标是否一致。所以它体现的是主客双方在精神层面的关系。

《史记·管晏列传》记载：

> 越石父贤，在缧绁中。晏子出，遭之涂，解左骖赎之，载归。弗谢，入闺。久之，越石父请绝。晏子戄然，摄衣冠谢曰："婴虽不仁，免子于厄，何子求绝之速也?"石父曰："不然。吾闻君子诎于不知己而信于知己者。方吾在缧绁中，彼不知我也。夫子既已感悟而赎我，是知己；知己而无礼，固不如在缧绁之中。"晏子于是延入为上客。①

越石父原是一个囚犯，晏婴外出途中遇到，知其贤，便用自己的马将其赎出，并收留他为食客。照理说晏婴对他有救命之恩，又将他收留在自己的府上，越石父对晏婴应该感恩戴德，并死心塌地地为其服务、效力才是。但是时间不久越石父却很坚决地向晏婴提出请辞，并要绝交。他的理由是"君子诎于不知己而信于知己"，在他看来，一个人在不了解自己的人面前受委屈是正常的；但是在了解自己的人面前就应该得到应有的尊重，而晏婴对自己却是"知己而无礼"。主人既了解自己，又没有给予他人格上起码的尊重，这是他不能接受的，所以必须辞去。晏婴得知原委后，立即向越石父道歉，"于是延入为上客"。晏婴以自己的实际行动来改正错误，将越石父提为上客，给他以最高的礼遇和尊重。越石父用行动维护了自己的人格与尊严。

---

① 《史记·管婴列传》，第2135页。

平原君素以好客而著称，门下也聚集有几千食客，但是他曾经因为“不杀笑躄者，以君为爱色而贱士，士即去耳”①。他一个不小心的举动，导致门下食客离去过半。虽然平原君明知杀“笑躄者”与爱色贱客并无因果关系，但是在食客被误导的情况下，他不得不以杀美人来表明自己爱客轻色的立场和态度，以阻止食客的离去。在食客们看来，主人杀不杀美人，是他爱不爱客的具体表现，折射出他们人格尊严是否得到主人应有的尊重和礼遇，表现出平原君是真爱客还是装样子，这是原则问题。这个事件说明当时食客，已经具有很强的民主意识，这与当时整个社会强调民主与自由、平等与尊重的社会风尚有很大的关系。

第三节　忠诚与守信

忠诚守信的伦理道德的产生与早期的封建宗法制社会有一定的关系。宗法制社会的宗亲大室或权贵豪门家族，在让宗室成员在政治、经济上充分享受许多特权和世袭爵位、利禄的同时，也制定了许多的族规、条约来规范宗室成员。一方面起着团结维护、凝聚宗族人心的作用。另一方面也有约束、规范家族及宗室成员的目的。随着时间的推移和社会的发展，忠诚守信由对宗室成员的要求，逐渐发展成为一种约定俗成的社会伦理道德观念。

苏秦、张仪在一般人的眼里是以欺诈著称的，把他们作为忠诚的食客来介绍，可能很多人不一定能够接受。但是既然把他们作为忠诚的食客，就一定有充足的理由。苏秦对主人燕王，张仪对主人秦王是当之无愧的“忠诚”忠臣。他们虽然在许多国家采用了欺诈的手段，并因此获得了高官厚禄，但是，他们对自己的主人是始终如一地忠诚，从没有改变自己的立场，从未动摇过他们对主人的忠心。对于这一点不少学者是认同的。牛鸿恩曾指出：

> 张仪多施用欺诈手段，但他的一系列活动对秦国的发展做出了不容否定的贡献。而且他始终是效忠秦国的连横派，找不到他对秦国“诈伪反复”的例证。苏秦既然是高级间谍，也就必然倾危谲诈。但

---

① 《史记·平原君虞卿列传》，第 2366 页。

从燕国的立场说，他是一个忠臣。“功秦不信于天下，而为燕尾生”；“功秦以百诞成一诚”。有人说苏、张是“态（慝）臣”，说“用态臣者亡”，那是站在齐、楚的立场上说话。①

这里对“态臣”稍作解释：“态臣”的“态”是“慝”的通假字。“态（慝）臣”即奸诈之臣。《荀子·臣道》对“态（慝）臣”的基本内涵作了描述：“内不足使一民，外不足使距难，百姓不亲，诸侯不信，然而巧敏佞说，善取宠乎上，是态臣者也。”②

牛鸿恩对苏秦、张仪给予高度评价，称他们为忠臣，肯定张仪对秦国，苏秦对燕国是绝对忠诚。他特别指出：虽然苏秦欺骗了天下人，但是他可以说是燕国的“尾生”。尾生是战国时期流传很广的一个信守承诺的人物。他和情人相约于水浅的桥下，但是情人未到，突然涨大水，尾生守信不肯离去，结果他抱着桥下的柱子被水淹死。在《史记·苏秦列传》和《战国策·燕策一·人有恶苏秦于燕王者》里，都有苏秦在燕王面前保证自己“信如尾生”，希望燕王对自己给予充分信任的情节。结果苏秦确实信守了承诺，最后他在齐国被“车裂”而死。牛鸿恩的评价，颠覆了以往人们基于传统道德观的立场对苏秦和张仪的批评和指责。首先他承认了苏秦、张仪对诸侯国采用了“百诞”、“欺诈手段”。但是他指出：张仪“对秦国的发展做出了不容否定的贡献”；苏秦“从燕国的立场说，他是一个忠臣。‘以百诞成一诚’”。“诞”《辞源》、《辞海》解释：欺骗，虚妄。牛鸿恩非常客观地肯定并且赞扬了他们对于效忠的秦国和燕国来说，称得上是忠臣。牛鸿恩的观点与中国传统的“各为其主”的说法是一脉相通的。由此看，认为苏秦、张仪行为有“欺诈”的人，不过“是站在齐、楚的立场说话”罢了。

牛鸿恩的观点为我们提供了思考问题的新路径。中国人向来有同情弱者的传统心理和悲悯情结，所以千百年来，对苏秦、张仪的评价是强烈的谴责与批评多于客观的分析和冷静的思考，显然这是基于儒家忠诚守信的伦理道德的立场和观念。如果我们站在历史的高度，从春秋战国时期激烈残酷的兼并、争霸战争来审视他们的所作所为，就不应该用传统的是非、

① 韩兆琦：《史记笺证·张仪列传》，第4097页。

② 《诸子集成·卷二·荀子集解·臣道》，第164页。

善恶、美丑、对错的标准来衡量他们的言行，只能把它看成是一种权术的运用罢了。

从中国战争史，乃至世界战争史来看，有多少胜利者是以道德合法的手段取胜的呢？如果仅是凤毛麟角，那么我们有什么理由去苛求和非难苏秦、张仪的做法呢？我们这样说并不是认为应该肯定苏秦、张仪的欺诈行为，只是想说明他们这样做是形势使然，无可厚非。

社会要求食客忠诚守信，与当时的社会大环境有着密切关系。春秋战国时代，是一个社会大变革的时代，也是人们思想观念大解放的时代。第一，人才流动加剧，导致人们观念意识的改变。奴隶制、宗法制受到冲击进而土崩瓦解，举贤任能等新的人才选拔机制的出现，促进了各诸侯国之间的人才流动，也为各国权贵招贤纳士提供了条件。但是另一方面，也出现了食客朝秦暮楚，楚材晋用等频繁更换主人的现象。一些食客和士人抱着有奶便是娘，谁的待遇优厚、给钱多就投靠谁的想法。有的甚至跑到敌对国去，帮助敌国攻打自己的国家，或是帮助敌方对付自己的故主，这就使得社会在需要人才的同时，也呼唤和看重忠诚守信的道德品质。

第二，国家观念日益淡漠，人们忠诚守信的道德品质和观念意识受到强烈的冲击，社会呼唤忠诚守信道德观念的回归。西周初期还有 800 多个诸侯国，随着弱肉强食、大国兼并的加剧，到春秋初期锐减到 170 多个，而到战国初期仅剩下 10 多个。由于早期的国家是在部族、部落的基础上建立的，所以在当时人们的观念意识中，常常是家国一体，宗族观念、国家观念极强。但是面对自己国家被强国、大国吞并的事实，面对原有祖国已不复存在的现实，许多人在丧失国家的同时，也逐渐丧失或者淡漠了自己的国家观念意识和对祖国的感情。一方面只要有人任用自己，在哪里谋职，为谁做事都是一样的想法，在食客群体和士林阶层中得到普遍的认同。另一方面是人们对国家和君王的忠诚度大大降低。这种情况在职位较低的士大夫和庶民中比较普遍，但是在高层次的卿大夫、贵族当中还是保持有一定的国家观念意识的，毕竟他们是既得利益者，又是宗亲王室的后裔或者成员。

第三，各诸侯国对人才的需求促进了人才的流动，为了留住人才，阻止人才外流，巩固本集团的人才队伍，君王或权贵们都会强化食客们的忠诚意识和服务意识。

第四，春秋战国的思想解放，诸子百家的论辩，战国纵横家的游说之风，都促使许多思想观念和道德风尚逐步形成，走向完善。社会对忠诚守信者的赞扬、肯定，权贵及君王对他们的褒奖，促进了社会上对忠诚守信道德风尚的继承发扬。

忠诚是主人对食客一方的基本要求，也是食客必须遵守的行规及准则；守信既是食客对主人的期望，有时候也是食客对主人的一种坚守。食客受主人之养就应对主人尽忠，这是天经地义的事，一般来说，大多数食客都能遵守这一原则，尤其是主人权力在手或平安无事时。但是食客对主人是否忠诚，常常是在主人遭遇危险，或被君王免除职位之后，才能够真正检验出来。有不少的食客是树倒猢狲散。主人遭难，他们纷纷作鸟兽散，尽管这种功利的做法很受人鄙视，但是在食客盛行的春秋战国及秦汉时代，仍然屡见不鲜。食客对主人的始终坚守，忠诚如一的当首推豫让，豫让事迹将在第八章“忠诚型”食客里作具体分析论述。

刘邦之所以能够打败项羽，原因之一是他的集团成员中有一批对他忠心耿耿的食客。周苛早年为刘邦之客，后随刘邦破秦入关，被刘邦任为御史大夫。楚汉相争时，周苛为刘邦守荥阳城，“楚下荥阳城，生得周苛。项王谓周苛曰：‘为我将，我以公为上将军，封三万户。’周苛骂曰：‘若不趣降汉，汉今虏若，若非汉敌也！’项王怒，烹周苛。”[①] 关于周苛忠于主人，坚贞不屈，不为项羽的高官厚禄所诱惑，最后被项羽残忍杀害的事情，司马迁在《史记·张丞相列传》和《史记·高祖本纪》中都有相同的记载。这与司马迁在《史记》写作上为避免重复而采用互见法的一贯做法明显不同。这种在不同传、纪中重复写同一人的同一事的情况，在《史记》中不是个别，但凡出现这种情况都有一个相同的原因，那就是司马迁对这个人物有着超过常人的偏爱或同情。周苛忠于主人，决不背叛，为此付出生命代价的壮烈行为，深深感动了司马迁。他几次在书中将这个小人物义不降楚的事迹记录下来，就是要弘扬这种忠诚守信的崇高精神。司马迁对周苛行为的赞扬与肯定，实际上就是对那种随波逐流，立场不坚定者的批判与否定。

刘邦集团的周緤，同样是一个小人物，他比周苛更平常普通，没有感人的悲壮事迹，同样得到司马迁的褒奖和肯定。

---

① 《史记·项羽本纪》，第177页。

周緤“常为高祖参乘，以舍人从起沛。至霸上，西入蜀、汉，还定三秦，食邑池阳。东绝甬道，从出度平阴，遇淮阴侯兵襄国，军乍利乍不利，终无离上心。以緤为信武侯，食邑三千三百户。”……

上欲自击陈豨，蒯成侯泣曰：“始秦攻破天下，未尝自行。今上常自行，是为无人可使者乎？”上以为“爱我”，赐入殿门不趋，杀人不死。①

周緤对刘邦的忠诚表现在无论主人是顺境还是逆境，无论“军乍利乍不利，终无离上心”。这种始终如一的坚守，不离不弃的忠诚难能可贵。刘邦以“爱我”对他给予了高度赞扬和评价，不仅封周緤为侯，及众多食邑，还赏给他“赐入殿门不趋，杀人不死”的特权。

《史记·季布栾布列传》记载：栾布早年与彭越为知己好友。后来栾布做了燕王臧荼的将领。因燕王反叛被刘邦击灭，栾布被俘。此时，彭越已在刘邦手下做了梁王，他得知消息后，向刘邦进言，主动请求替栾布赎罪，并任他为梁国大夫。后来彭越以谋反罪名被刘邦诛三族。他的头被割下悬挂在城门上示众。栾布义无反顾地到城门下哭祭彭越，并冒死为彭越向刘邦进言，为他申辩。刘邦敬佩栾布的忠诚和勇气，不单不处罚栾布，反而赦免他的罪行，任他为都尉。栾布不惜生命的代价来捍卫对主人的忠诚，尽他们作为食客或属下应尽的职责。为此他们赢得了来自敌人或者说对手的尊重和敬佩。

赵王张敖是刘邦的女婿，他娶的是刘邦与吕后生的女儿鲁元公主。汉七年刘邦从平城过赵，张敖侍候刘邦极其谦恭孝顺。一边是身为赵王的张敖亲自为刘邦端菜送饭，极尽子婿之礼；另一边是刘邦叉开双腿而坐，胡乱骂人，极其傲慢无礼。两者形成强烈的反差对比。刘邦的傲慢之举引起了赵王身边的赵相贯高、赵午等人的不满。他们都曾是张敖的门客，为人重气节，讲义气。他们要为主人打抱不平，帮主人出气解恨，因此决定谋杀刘邦。他们对赵王提出“今王事高祖甚恭，而高祖无礼，请为王杀之！”② 在今人看来，为主人的尊严和利益敢于谋杀君主，这不仅是大逆不道，而且是不可思议的事情。但是在当时“家臣知有家而不知有国，

① 《史记·傅靳蒯成列传》，第2711—2712页。

② 《史记·张耳陈余列传》，第2584页。

诸侯之臣知有国而不知有天下"[1]。对于当时的家臣和宾客来说，主人是他们的天，是他们的衣食父母，所以主人的名誉就是他们的名誉，主人的荣辱就是他们的荣辱，他们不能容忍主人被人轻视和侮辱，即使是君王也不能侮辱他们的主人。君王对他们来说毕竟离得太远，只不过是一种虚幻的精神符号，他的地位与重要性远比不上自己的主人。但是他们的想法遭到了张敖的坚决拒绝，他啮指出血，表明自己对刘邦感恩的忠诚，他说："先人亡国，赖高祖得复国，德流子孙，秋毫皆高祖力也。愿君无复出口。"[2] 为此，贯高、赵午等十多人只有背着张敖私下密谋杀刘邦。"会事发觉，汉下诏捕赵王及群臣反者。于是赵午等皆自杀"[3]，以示不愿受辱以及对主人的忠诚。但是，贯高却不肯自杀，他说："赵王确实没参与此事，你们都死了，谁为赵王洗刷清白。"张敖等人被押往长安。虽然刘邦下诏"赵群臣宾客有敢从王皆族"[4]，对于禁令，张敖之客"孟舒、田叔等十余人赭衣自髡钳，称王家奴，随赵王敖至长安"[5]。贯高在狱中受尽酷刑，始终不改其口供："独吾属为之，王实不知。"[6] 最后刘邦又通过贯高的同乡泄公，以朋友的身份去狱中探监，私下了解事情的原委。当刘邦得知赵王没有参与谋杀事件，即将赵王释放，同时他敬佩贯高对主人的忠诚守信，也不予追究，将其释放。贯高获得自由之后，得知主人赵王已被释放，如释重负。他说：

> "所以不死一身无余者，白张王不反也。今王已出，吾责已塞，死不恨矣。且人臣有篡杀之名，何面目复事上哉！纵上不杀我，我不愧于心乎？"乃仰绝肮，遂死。[7]

贯高、孟舒、田叔等宾客，以自己的生命誓死捍卫主人的清白和声

---

① 杨燕起：《历代名家评史记》，北京师范大学出版社 1985 年版，第 634 页。
② 《史记·张耳陈余列传》，第 2584 页。
③ 《史记·田叔列传》，第 2776 页。
④ 《史记·张耳陈余列传》，第 2584 页。
⑤ 《史记·田叔列传》，第 2776 页。
⑥ 《史记·张耳陈余列传》，第 2584 页。
⑦ 同上书，第 2585 页。

誉，赢得了刘邦的敬重，这十几个宾客，刘邦“尽拜为郡守、诸侯相”[①]。像孟舒被拜为云中守，田叔被拜为汉中守。司马迁在《张耳陈余列传》中用了“当此之时，名闻天下”来表达对贯高等人的敬佩和赞扬。吾师韩兆琦先生也高度评价“史公写贯高之死，颇与《刺客列传》写豫让之死相同，情采激扬，感慨遥深”[②]。

第四节　礼遇与师友

如果说礼遇是食客对主人的一种要求和愿望，那么，师友则是主人对待食客的最高礼遇。主人对食客能够礼贤下士，以师友的态度对待和相处，那是主客关系中最高的境界，它主要体现于精神层面。主客双方在思想上彼此沟通，相互理解，相互信任。主对客卑身厚礼，以近似或超过师者的尊重和礼遇对待之，对客的谏言献策认真倾听，积极采纳和实施。客对主在内则审时度势，运筹帷幄，把握时局；在外游说联络各方诸侯，为双方合作沟通信息，搭建桥梁。食客为本国或主人的发展和利益寻找机遇，都是全力以赴地奔走效力，不惜鞠躬尽瘁，死而后已。以自己的行动践行“士为知己者死”的忠诚。像乐毅与燕昭王，秦孝公与商鞅，楚悼公与吴起，秦昭王与范雎，张仪与秦惠王，苏秦与燕王等都属于这种关系。

秦孝公与商鞅两人从相识到相知，从一般的主客关系，上升到师、友的关系，经过了一番的曲折。商鞅原名公孙鞅，最初在魏国丞相公叔座府上做中庶子，类似于管家的工作。公叔座去世后，他听说秦孝公“下令国中求贤者，将修缪公之业”[③]，于是他来到秦国，投到秦孝公的宠臣景监门下为客，通过景监的引见，他得以见到秦孝公。第一次孝公见公孙鞅，“语事良久，孝公时时欲睡，弗听”[④]。事后孝公怒斥景监，“你的客说的都是大话，一点也不实用!”不久商鞅又请求景监再给他引见秦王。这次“益愈，然而未中旨”[⑤]。虽然效果比第一次好，但是仍不符合孝公

① 《史记·田叔列传》，第 2776 页。

② 韩兆琦：《史记笺证·张耳陈余列传》，第 4754 页。

③ 《史记·商君列传》，第 2228 页。

④ 《史记·张耳陈余列传》，第 2228 页。

⑤ 同上。

的心愿，景监又受到秦孝公的责备。第三次再见孝公，又比第二次好些，虽然“孝公善之而未用也”①。但是孝公对景监曰：“汝客善，可与语矣。”② 第四次景监再见孝公。

> 公与语，不自知膝之前于席也。语数日不厌。景监曰：“何以中吾君？吾君之欢甚也。”鞅曰：“……吾以强国之术说君，君大说之耳。”③

秦孝公经过与商鞅的几次沟通交流，逐渐地采纳和接受了商鞅的主张和建议，开始在国内实行变法改革，他下令：

> 民为什伍，而相牧司连坐。不告奸者腰斩，告奸者与斩敌首同赏，匿奸者与降敌同罚。民有二男以下不分异者，倍其赋。有军功者，各以率受上爵；为私斗者，各以轻重被刑大小。僇力本业，耕织致粟帛多者复其身。事末利及怠而贫者，举以为收孥。宗室非有军功论，不得为属籍。明尊卑爵秩等级，各以差次名田宅，臣妾衣服以家次。有功者显荣，无功者虽富无所芬华。④

变法颁布一年，秦国百姓等许多人士都有抱怨，感觉诸多不便，但是十年之后，“秦民大说，道不拾遗，山无盗贼，家给人足。民勇于公战，怯于私斗，乡邑大治”⑤。秦国实行变法之后，富国强兵，国家的经济实力得到很大提升。

商鞅变法对秦国的贡献是巨大的，秦国由原来西部偏远落后的国家，一跃成为敢于雄视东方六国的强国，并且具备了与六国争夺天下的实力。从商鞅变法的初期情况看，从宗亲王室，到庶民百姓，反对之声四起，怨声载道。可以想见其阻力之大，可以设想，如果没有秦孝公对商鞅的充分理解和信任，没有秦孝公的鼎力支持，变法是难以实施的。虽然商鞅最后

---

① 《史记·商君列传》，第 2228 页。

② 同上。

③ 同上。

④ 同上书，第 2230 页。

⑤ 同上书，第 2231 页。

被车裂而死，但是他推行的变法却并未终止，继续被后来的秦国君王效法实行。魏国、楚国都曾经实行过改革，但是，随着魏文侯、楚悼王的去世，他们的改革未能继续进行。相对来说，秦国的改革是最彻底、最成功的，这也是秦国最终能够吞并六国，统一天下的关键所在。如此看来，秦国能够统一天下，商鞅的贡献是不容忽视的。

范雎与秦昭王的关系可谓典型的“亦师亦友”之关系。范雎初见秦昭王之时，正是秦丞相穰侯的贵盛时，所以尽管秦昭王对范雎“敬执宾主之礼”[①]，但是范雎还是小心谨慎地不言一声。第二天，当秦王屏退左右，宫中虚无一人，秦王跪而向范雎求教时，范雎只“唯唯”而已，并无多言，秦王恳请再三。

> 范雎谢曰：“非敢然也！……今臣羁旅之臣也，交疏于王，而所愿陈者，皆匡人君臣之事，处人骨肉之间，愿以陈臣之陋忠，而未知王心也；所以王三问而不对者是也。臣非有所畏而不敢言也，知今日言之前，而明日伏诛于后，然臣弗敢畏也。大王信行臣之言，死不足以为臣患，亡不足以为臣忧。……死者人之所必不免也，处必然之势，可以少有补于秦，臣之所大愿也。臣何患乎？……独恐臣死之后，天下见臣尽忠而身蹶也。是以杜口裹足，莫肯向秦耳！足下上畏太后之严，下惑奸臣之态，居深宫之中，不离保傅之手，终身闇惑，无与照奸，大者宗庙灭覆，小者身以孤危，此臣之所恐耳！若夫穷辱之事，死亡之患者，臣弗敢畏也。臣死而秦治，贤于生也。”秦王跽曰：“寡人得受命于先生，是天所以幸先王而不弃其孤也！先生奈何而言若此？事无大小，上及太后，下至大臣，愿先生悉以教寡人，无疑寡人也！”[②]

范雎与秦王经过彼此的试探、沟通、交流之后，确定秦王是非常诚恳地希望得到他的指教，于是他指出秦国当前的错误是：“闭关而不敢窥兵于山东者，是穰侯为国谋不忠，而大王之计有所失也！”[③] 再有秦国“越

---

① 《史记·范雎蔡泽列传》，第2406页。

② 同上书，第2406—2407页。

③ 同上书，第2409页。

韩魏而攻强齐，非计也”。其做法是极其愚蠢的，就像当年“齐湣王南攻楚，破军杀将，再辟地千里，而齐尺寸之地无得”①，结果是：“伐楚而肥韩、魏也。此所谓藉贼兵而赍盗食者也。”② 自己得不到任何的好处。在此基础上范雎向秦王提出了“远交近攻”的战略构想，提出“韩、魏，中国之处而天下之枢也，王其欲霸，必亲中国以为天下枢，以威楚、赵”③。因为韩、魏两国地理位置极其重要，所以对付两国的办法是：“卑词厚币以事之；不可，则割地而赂之；不可，因举兵而伐之。”④ 范雎鞭辟入里的分析，使秦王茅塞顿开，极其佩服。今人牛鸿恩指出：

> 范雎开始走上秦的政治舞台时，面临着一个以穰侯为首、宣太后为后台的强有力的政治集团，即所谓“四贵”。范雎以一个羁旅之臣，要达到自己的政治目的绝非易事。所以他在说出自己的主张之前，首先说出自己的疑虑，而且反复表明他对秦王的一片忠心。说得委曲周密，恳切动人，终于赢得了昭王的信任。⑤

秦昭王“乃拜范雎为客卿，谋兵事。卒听范雎谋，使五大夫绾伐魏，拔怀（魏县名）。后二岁，拔邢丘（魏县名）”⑥。

范雎在秦国的地位逐渐稳固，与秦王关系日益密切之后，又给秦王指出穰侯、太后擅权的危害，帮助秦王“废太后，逐穰侯、高陵、华阳、泾阳君于关外”⑦，范雎以一个羁旅之客来到秦国，经过与秦昭王一次次的交谈、沟通，彼此之间有了深入的了解和高度的信任，两人从一般的主客关系逐步上升到亦师亦友的关系，最终范雎被秦王任为丞相。

我们再来看乐毅与燕昭王的亦师亦友关系。公元前214年齐宣王乘燕国内乱，趁机攻伐燕国，大败燕国，燕王哙及丞相子之死，太子即位为燕

---

① 《史记·范雎蔡泽列传》，第2409页。

② 同上。

③ 同上。

④ 同上书，第2410页。

⑤ 韩兆琦：《史记笺证·范雎蔡泽列传》，第4350页。

⑥ 《史记·范雎蔡泽列传》，第2410页。

⑦ 同上书，第2412页。

昭王。为了向齐国复仇，燕昭王“卑身厚币，以招贤者”[①]，去拜访郭隗先生。郭隗向他建议：“选国中之贤者而朝其门下，天下闻王朝其贤臣，天下之士，必趋于燕矣。”[②]

郭隗给燕昭王讲了一个“涓人（侍臣）求千里马”的寓言故事。古代君王想以千金买千里马，三年不能得。宫中侍臣自告奋勇要为君王去买千里马。结果三个月后，虽找到了千里马，但马已死。于是涓人用五百金买下马头，回来交给君王。君王大怒，说：“我要的是活马，为什么用五百金买死马？”涓人告诉君王“死马且买之五百金，况生马乎？天下必以王为能市马，马今至矣！”[③] 果然不到一年，“千里之马至者三”[④]。郭隗用这个故事告诉燕昭王，若想招纳贤良之士，就必须重金礼聘，卑身下士，大造舆论声势，再以自己作示范。

> “先从隗始。隗且见事，况贤于隗者乎？岂远千里哉！”于是昭王为隗筑宫而现之。乐毅自魏往，邹衍自齐往，剧辛自赵往，士争凑燕。[⑤]

乐毅经过考察，认为燕昭王是一个超越一般人主的理想君王，他决定投到燕昭王门下，为其效力。燕昭王对乐毅是格外的礼遇和重视。“厕之宾客之中，立之群臣之上，不谋父兄，以为亚卿。”[⑥] 不仅破格举用乐毅，还认真听取他攻打齐国的计划。

> 夫齐，霸国之余业而最胜之遗事也。练于兵甲，习于战攻。王若欲攻之，必与天下图之。与天下图之，莫若结于赵。且又淮北、宋地，楚魏之所欲也，赵若许而约四国攻之，可大破也。[⑦]

---

① 诸祖耿撰：《战国策集注汇考·燕一·燕昭王收破燕后即位》，第1552页。

② 同上书，第1553页。

③ 同上。

④ 同上。

⑤ 同上。

⑥ 《史记·乐毅列传》，第2431页。

⑦ 同上。

燕王诚恳地接受了乐毅的建议，对他以师友相待，派他出使赵、楚、魏等国，当乐毅联合到楚、魏、赵、韩等国军队后，燕昭王“于是遂以乐毅为上将军，与秦、楚、三晋合谋以伐齐。齐兵败，闵王出走于外，燕兵独追北，入至临淄，尽取齐宝，烧其宫室宗庙。齐城之不下者，唯独莒、即墨”①。

乐毅能取得连下齐国70余城的战绩，与燕昭王对他充分的信任、大力的支持是分不开的。

在战国四君子中，对宾客最为礼贤下士的当数信陵君，《史记》载："公子为人仁而下士，士无贤不肖皆谦而礼交之，不敢以其富贵骄士。士以此方数千里争往归之。致食客三千人。"②《史记》通过信陵君与侯嬴、朱亥、毛公、薛公等贤士的交往来表现他的礼贤下士。信陵君的事迹，反映出战国时期的权贵所以能够招揽众多食客聚集在他们周围，与他们对客的礼贤下士有着重要关系。

第五节 施恩与报恩

施恩与报恩是主人与食客关系中较为特殊的一种关系，从主人一方来说，其施恩一般分两种情况。第一种是有目的的施恩。这种施恩与平时豢养食客的施恩有着本质的不同。这种施恩，是主人为了达到某种目的，有意对某一食客或某些食客表现出在物质和精神层面的特别恩宠。而主人这种施恩常是倾其所有，尽其所能地为有求于他帮助的食客提供生活上物质上最优厚的待遇，不仅是金钱、美女、美味珍馐任其享用，甚至于封官封地，还有极尽卑躬屈膝地以高规格礼遇他们，后人总结为卑身厚礼。但是另一方面，主人需要食客为他完成的工作却是非常危险、非常困难的。不仅需要食客超常的勇气和智慧，很多时候还需要付出生命的代价。正因为如此，主人才会不惜血本地在物质层面和精神层面上满足食客的各种需求。例如《史记·刺客列传》中吴国的公子光为了让专诸帮助他刺杀吴

---

① 诸祖耿撰：《战国策集注汇考·燕一·燕昭王收破燕后即位》，第1553页。

② 《史记·魏公子列传》，第2377页。

王僚，对专诸是“善客待之”[①]。《吴越春秋》载：“光既得专诸，而礼待之。”[②]《史记》虽然没有详写公子光如何对专诸施恩，但是当专诸答应为他刺杀吴王僚时，公子光明确表示：“光之身，子之身也。”[③] 意思是说，今后你家里的一切事情由我负责到底。专诸刺死吴王僚，自己也被吴王僚的卫士乱刀砍死。公子光继位为吴王阖闾之后，“阖闾乃封专诸之子以为上卿”[④]。上卿在当时是诸侯国大臣的最高爵位，一般是丞相、大将才有资格享此爵位。

严仲子也是为了要刺杀仇敌韩相侠累，特意找到聂政，“至门请，数反，然后具酒自畅聂政母前。酒酣，严仲子奉黄金百溢，前为聂政母寿”[⑤]。严仲子知道聂政是个孝子，所以投其所好，又是给聂母祝寿，又是赠黄金百镒作为聂母的寿礼。“溢”通“镒”，是古代的重量单位，一镒为 24 两，一说为 20 两。如果一镒为 24 两，就等于 2400 两黄金，如果是 20 两，就等于 2000 两黄金。这么厚重的礼金，难怪“聂政惊怪其厚，固谢严仲子”[⑥]。

聂政虽然没有接受严仲子的礼金，却被他的真诚和一片苦心所感动。无奈老母需要奉养，所以拒绝了他的恩惠。当聂母去世，聂政将母亲下葬，服丧期满后，他感激于严仲子作为一个卿大夫，竟然不远千里，屈尊来与自己交友，自尊心得到极大的满足。他认为严仲子“深知政也”，“政将为知己者用”[⑦]。聂政决定报答严仲子的知遇之恩，为他刺杀仇人侠累。结果聂政的暗杀获得了成功，为严仲子除掉了仇敌。

燕太子丹，为了刺杀秦王嬴政，以阻止秦国吞并六国的步伐，开始了他施恩与复仇的计划。太子丹通过田光结识了荆轲。之后太子丹开始有目的地向荆轲施恩。先是高官，尊荆轲为上卿；然后厚禄，给荆轲最好的物质待遇：住最好的房屋，美女、车骑、异物“恣荆轲所欲，以顺适其

---

① 《史记·刺客列传》，第 2517 页。

② 张觉校注：《吴越春秋校注·王僚使公子光传》，岳麓书社 2006 年版，第 45 页。

③ 《史记·刺客列传》，第 2518 页。

④ 同上。

⑤ 同上书，第 2522 页。

⑥ 同上。

⑦ 同上书，第 2523 页。

意”[①]。自己每日极尽谦恭地到荆轲门下拜访，使得荆轲在感动之余，已经无法拒绝太子丹刺秦的要求。太子丹通过不断翻新的物质待遇，来加重他施恩的分量，让荆轲在感恩之余，坚定和强化他刺秦的勇气和决心。

从食客的一方来说，他们为报答主人的大恩大德，不惜赴汤蹈火，死不旋踵地为主人刺杀仇人。首先，丰厚的物质利诱是其主要原因。其次，在精神层面上，食客因为得到主人的赏识和器重，使他们有知遇之感，有了一定的社会地位和知名度。食客在心理上和精神上得到了极大的满足。因为对于渴望立功扬名、出人头地的食客来说，这是他们立功扬名的机会，其行为能够得到社会认可和舆论的肯定，对他们来说是一种莫大的荣幸和自豪。他们得到了想要的名与利，回报主人自然是在情理之中。

再一种施恩则是体现于平日的生活细节上。主人招养食客，为其提供衣食住行等生活保障，解决其温饱，这本身就是一种施恩。而食客为了报答主人，为其做事，也是带有回报的性质。但是从主人一方来说，这种对食客的施恩，是对所有人的，并无特殊性和目的性。即使是上等客，待遇优厚，也是对同一层次的所有人；而从食客一方来说，为主人做事，无论是对内的各种服务性的杂事工作，还是对外的出使、奔走游说等工作，是既能体现自己的才能，又能提升自己地位的好事。是人人都想做，人人都在做的事情。这种施恩受到主人品德修养、人格魅力及礼贤下士等多种因素的影响。平日里主人通过自己的言行来潜移默化地感染、感动其府上的食客。有时候主人对食客没有完成交办的工作，或者工作没有成绩，都能以大度宽容之心对待，并无责备惩罚。还有平日里他们不经意间的言谈举止，或者对某些问题的处理，都会使食客心存感激之心，有时会直接影响并改变这个食客的一生。人们常说“知恩图报”，食客对主人的滴水之恩会铭记于心，常常在关键时刻，会毫不犹豫地挺身而出，为主人的利益献出自己宝贵的生命。

《战国策·齐三》记载：孟尝君有一舍人，私下里与他的姬妾偷情，这在常人看来“为君舍人，而内与夫人相爱，亦甚不义矣!”[②] 是大逆不道的。手下人将这一情况报告给孟尝君，建议将偷情者杀之。但是孟尝君认为：“爱美之心人皆有之”，这不是那舍人的错，他将这事搁置一边，

---

① 《史记·刺客列传》，第 2531 页。

② 诸祖耿撰：《战国策集注汇考·齐三·孟尝君舍人有与君之夫人相爱者》，第 575 页。

不再理会。一年后，孟尝君叫来那位偷情舍人，将他推荐给卫国国君，让他到卫国国君处做事。那位舍人到卫国后很受卫君器重。不久，齐、卫两国关系恶化，卫君打算联合各国兵攻打齐国。被孟尝君举荐到卫国的舍人对卫君说："孟尝君不知道我不贤，欺骗您向您举荐我。我听说齐、卫两国君主曾经歃血为盟：齐、卫两国后世无相攻伐。若有攻伐者，将不得好死。现在大王您要约天下之兵以攻齐，这是违背先君盟约而欺骗孟尝君的做法。希望您不要伐齐，若能接受我的意见最好，不行，我将以死谏君，血染您的衣襟。"卫君听了那位舍人的话，停止了伐齐的计划。人们对此称赞说："孟尝君可谓善为事矣！转祸为功！"[①] 高诱认为："不杀其舍人，是转祸；使齐不伐，是为功。"[②] 孟尝君以他宽大的胸襟宽恕了舍人的过错，并且巧妙机智地处理了这件事情。他以自己的人格魅力得到了舍人的尊重和敬佩，最终在他遇到危险的时候，得到舍人以死相谏的回报。

另一位以死相谏的是孟尝君的舍人魏子，他早年帮孟尝君收债时自作主张，将他收上的粮食送给了贤者，为此"孟尝君怒而退魏子"[③]。几年之后，当孟尝君受人诬陷，被齐滑王怀疑将为乱时，魏子与受粮贤者自到于宫门前，以死相谏，表明孟尝君的清白。此举震惊了齐王，"而踪迹验问，孟尝君果无反谋，乃复召孟尝君"[④]。魏子及"与粟贤者"用这种极端的方式回报孟尝君当年的宽释之恩，同时也用事实证明了"与粟贤者"乃真"贤者"。

第六节　侮慢与报复

主与客的关系并不都是和谐、平等、友好、尊重的关系。由于各自所处的政治地位和经济基础决定了主与客之间必然存在着等级和差距，一些素质不高或胸襟气度狭隘的主人，对其客不仅没有起码的平等和尊重，还存在冷漠、打骂、虐待、侮慢、歧视等现象。像范氏、中行氏对豫让那样缺衣少食。这些都会引起食客的不满，常常容易激化主客矛盾。主与客的

---

① 诸祖耿撰：《战国策集注汇考·齐三·孟尝君舍人有与君之夫人相爱者》，第 575 页。

② 同上。

③ 《史记·孟尝君列传》，第 2357 页。

④ 同上。

关系一旦交恶，导致的后果是食客对主人的背叛与报复。

背叛和报复使食客与主人关系破裂之后，朝着另一个极端的方向发展。一般而言，当主人不满食客，即将他辞退；而食客不喜欢其主人，也会主动选择离开。这样双方的关系即告终结，彼此好合好散，不会引发太大的矛盾。但是由于一些主人，对其食客缺乏起码的尊重，有的虐待羞辱食客，有的打骂惩罚食客。从史料记载的情况看，在汉朝，主人虐待打骂食客的情况较之战国要严重得多。受虐食客心理失衡，心生怨恨，于是产生强烈的报复心理。

范雎当年因为被魏丞相魏齐怀疑私通齐国，受到严厉鞭笞，心中充满仇恨。他逃到秦国得到秦昭王器重之后，开始了疯狂的报复。一是对自己主人须贾的报复。他假扮落魄穷困的样子去见须贾，再将须贾带到丞相府，然后自己进去换上丞相服出来见须贾，故意羞辱他。“须贾大惊，自知见卖，乃肉袒膝行，因门下人谢罪。”[①] 范雎数落了须贾的条条罪状，还不解恨，又大宴宾客，让那些坐上位的宾客享用丰盛的珍馐美味，却让须贾坐下位，又让两个囚犯左右夹着须贾，强迫喂他马料，对他极尽羞辱之能事。最后让须贾给魏齐下最后的通牒：“为我告魏王，急持魏齐头来！不然者，我且屠大梁。”[②] 结果逼得魏齐走投无路，自杀身亡。

韩信为刘邦夺取天下立下了汗马功劳。他功高震主，又不知谦逊收敛，低调处事。他任楚王时，“行县邑，陈兵出入”[③]，又自负地表现出刘邦不如自己，说刘邦不过能将兵十万，而自己是多多益善。他张扬和自负的种种表现，引起了刘邦的忧虑，加上各地不断传来部下反叛的消息，就更加深了刘邦的不安，他几次想除掉韩信却无理由。韩信最后被杀，是因为被他的舍人告发。韩信曾与陈豨就谋反的事情有过密谋。汉十年陈豨在外起兵，高祖亲自率兵征伐，韩信与家臣宾客在家中密谋，准备发兵袭吕后、太子，来个里应外合。在这关键时刻，“其舍人得罪于信，信囚，欲杀之。舍人弟上变，告信欲反状于吕后”[④]，于是吕后在相国萧何的帮助下，用诱骗的方法将韩信擒拿，并“夷信三族”。

---

① 《史记·范雎蔡泽列传》，第 2414 页。

② 同上。

③ 《史记·淮阴侯列传》，第 2627 页。

④ 同上书，第 2628 页。

需要辨明的是，司马迁在《淮阴侯列传》里言韩信是因其舍人弟告发被族。同样在班固《汉书·韩信传》载：韩信“其舍人得罪信，信囚，欲杀之，舍人弟上书变告信欲反状于吕后”①，与《史记》的记载是相同的。但是在《史记·高祖功臣侯者年表》慎阳侯栾说一栏中是这样记载：栾说（《史记索引》《汉表》作“乐说”）“为淮阴舍人，告淮阴侯信反，侯二千户”②。而《高祖功臣侯者年表》淮阴侯一栏载：“十一年（高祖年），信谋反关中，吕后殊信，夷三族，国除。”③ 表中只写韩信谋反被吕后殊，并未写是谁告发。与《高祖功臣侯者年表》栾说一栏相似的记载是班固《高惠高后文功臣表》慎阳侯乐说一栏载：乐说“淮阴侯韩信舍人，告信反，侯，二千户”④。究竟告发韩信的是其舍人还是舍人之弟？这是需要弄清楚的。值得注意的是，韩信被诛是在高祖十一年，而《史记·功臣表》上记载栾说被封侯的时间是高祖十一年十二月，恰好与韩信被诛是在同一年，并且他封侯是在年末。以他是韩信舍人的身份及封侯的时间上推测，他的封侯与他告发韩信构成直接的因果关系，所以告发韩信谋反者当为其舍人栾说。那么如何解释《淮阴侯列传》上说是舍人之弟告发这个问题呢？我们应注意前面的一句话：“舍人得罪于信，信囚，欲杀之。”⑤ 据此推测，舍人栾说得罪了韩信，被韩信囚禁，于是为了自保，他写信告发韩信谋反。由于栾说行动失去自由，他不具备送信的条件，估计其弟在探监时，栾说将告发信交给其弟，再通过其弟将告发信送到吕后手中的。整个告发事件是栾说与其弟联合完成的，但是栾说是主谋和起主要作用者，其弟只是个送信者，并非真正的告发者，否则被封侯的应该是其弟而非栾说了。

刘邦时期的功臣彭越之死，也是被其太仆及舍人告发导致的。据《史记·魏豹彭越列传》载：汉十年秋，陈豨反代地，刘邦亲自率军出征，他下令征彭越出征，但是彭越借病不往，这自然引起刘邦的不满，于是派人责备彭越，彭越深感不安，想亲自去向刘邦谢罪，但是他手下人扈辄却劝他起兵反叛，彭越没有接受其意见。恰好这时彭越的太仆，即车夫

---

① 《汉书·韩彭英卢吴传》，第 1877—1878 页。

② 《史记·高祖功臣侯者年表》，第 953 页。

③ 同上书，第 913 页。

④ 《汉书·高惠高后文功臣表》，第 598 页。

⑤ 《史记·淮阴侯列传》，第 2628 页。

触怒了彭越，“梁王怒其太仆，欲斩之。太仆亡走汉，告梁王与扈辄谋反。于是上使掩梁王，梁王不觉，捕梁王，囚之洛阳”①。随后彭越被判有罪依法论处。后又被刘邦赦为庶人。对彭越来说危机已经过去，但是没想到，他在半道遇上吕后，彭越哭泣着向吕后申诉自己的冤屈。吕后假意安抚彭越，并把他带回长安。私下里“吕后乃令其舍人告彭越复谋反”②。最后彭越被以谋反罪灭族。一个功勋卓著的战将，其性命就这样断送在了自己豢养的舍人身上，既让人感到惋惜，也让人感到悲哀！后世学者也为彭越之死感到不平，多发议论感慨。宋人黄震在《黄氏日钞》中曰：“彭越有大功，无反意，既以疑问掩捕，论罪迁蜀青衣矣，吕氏又诈使人告其反，族之，何忍哉?”③ 清人吴见思在《史记论文》中曰：“信、越、布三人之死也，越最无罪，故史公直书不讳。”④

刘邦的三员大将，韩信、彭越、英布的悲剧都有其相似性，都是因为仇人告发谋反（韩信、彭越为其舍人，英布为其仇家）最终导致了自己身死族灭的下场。探究其原因，有其相同之处值得我们认真总结和反思：从刘邦一方来看，这三人都是从项羽处反叛投奔自己的，不像自己手下的周勃、樊哙、灌婴等大将，或为自己的故旧，或为自己的舍人。这些人与刘邦不仅交情深厚，彼此还有着高度的信任和亲密的关系。而韩信等人则不同，与刘邦始终隔着一层，当然这主要是刘邦的感觉。一般对君王而言，对于投诚者的忠诚多少都会心存疑虑，这自然就会有些戒备之心。加上韩信功高震主，他们三人手中都握有重兵，这就更加剧了刘邦的不安。刘邦夺取天下后似乎患上了妄想症，因害怕功臣谋反而导致了他对每个功臣的胡乱猜疑，尤其是像韩信这三人又是投诚握有重兵的功臣。一有风吹草动，他就草木皆兵。在这个问题上，他是宁可信其有，不可信其无。所以一旦有人告发，他就都不做仔细的调查分析，轻信告发者，并武断地得出结论，立即对韩信等人采取行动。从韩信三人来看，一方面对自己与君王刘邦的关系缺乏清醒的认识，另一方面对自己估计过高，自恃对汉王朝劳苦功高，所以对朝廷有了过高的期望和要求，平日的言行举止又极其张

① 《史记·魏豹彭越列传》，第2594页。

② 同上。

③ 韩兆琦：《史记笺证·魏豹彭越列传》，第4788页。

④ 同上。

扬，这些都加剧了刘邦对他们的猜忌之心。这种猜忌之心反过来成为催化功臣反叛念头的催化剂。再有就是韩信他们对自己的食客、舍人平日里缺乏应有的平等与尊重，缺乏战国四君子那种礼贤下士、诚恳相待的姿态。舍人办事有差错，或者犯了错误，他们都缺乏起码的宽大包容之心，无形中加剧了主人与舍人、食客的矛盾，也为自己的灭亡找来了掘墓人。他们的教训是极其深刻的，值得后人认真地思考和警醒。

第六章

食客思想的多元化

在春秋战国及秦汉时期，就食客的社会地位而言，他们属于社会的边缘人，但是他们却能够长期地活跃于社会政治舞台的中心，并且以他们个人的思想和政治见解影响他们的主人，又通过主人影响各诸侯国及其君王，影响当时的社会。他们是一群有思想，有抱负，有理想，有追求的特殊士人。从春秋到两汉，食客存在的时间有几百年，在这漫长的历史过程中，食客们在吸取诸子思想的同时，也逐渐形成了自己的思想学说，这些思想有的具有积极的进步意义，对中华民族优秀传统文化的形成，对中华民族思想理论体系的建构都具有积极的影响。同时我们也看到，有的则积淀成为中华民族思想文化的糟粕。

食客成分复杂，来源广泛，文化修养，各人的理想抱负和人生追求都有很大的差异。由于这一群体存在的时间较长，不同的时代各种思想文化的影响，以及不同时代风尚的影响，加上食客们向来以思想活跃，求新求变而著称，这些因素都导致了食客思想的复杂和丰富。

食客的思想主要集中体现于食客们集体编撰的两部宏篇巨著《吕氏春秋》和《淮南子》，同时也散见于《史记》、《战国策》等记载食客事迹的史书中。由于食客来源广泛，各自所处的地域环境不同，接受的文化教育不同，有的是儒家，有的是道家，有的是法家，有的是兵家，有的是纵横家，等等。加上每个人的人生追求不同，自然形成各自的思想和世界观。这使他们在帮助吕不韦编撰《吕氏春秋》，帮助刘安编撰《淮南子》的时候，自然地将自己的思想融入到书中。虽然这两部书都体现有道家、儒家、墨家、法家、纵横家的思想，但是这些诸子思想是经过食客们的选择、吸收、消化及扬弃后的诸子思想，它经过改造后已经成为食客的思想。这就是食客思想呈现出多元化倾向的原因。《吕氏春秋》和《淮南子》也因此被许多人称为“杂家”思想。

自汉以后，《吕氏春秋》被许多文献目录列为“杂家”一类，《汉书·艺文志》谓其“兼儒墨，合名法”，《四库全书总目提要》称“是书裒合群言，大抵儒者十之八九，参以道家墨家之近理者十之一二”① 等等。“这使得此书所载史料不仅带有兼容并包的特点，而且在一定程度上弥补了各家子书所载的不足。”② 清人在《四库全书总目提要·子部杂家类》中称《吕氏春秋》“较诸子之言独为醇正”，“其持论颇为不苟”，并由此指出《吕》书有“多引六艺之文”的特点。

董志安认为：“可见，在战国之末，除儒门自家以外，道、墨、阴阳、纵横等家实际上也在一定程度上接受了‘以诗为经’观念的影响，这种现象的产生，固然与吕不韦个人的政治需要和主观作用有关，但也毕竟从一个方面反映出，在当时天下趋于一统的大背景下，各家各派的学术思想，已由春秋以来相互争鸣的态势而逐渐走向合流。”③

第一节　融合道家思想

关于“道”老子和庄子都曾经有过论述，老子认为“天下万物生于有，有生于无”④，“道生一，一生二，二生三，三生万物”⑤。《老子》的“道生一”，即道产生混沌，混混沌沌，没有形状，不好命名。道是万物的本原。老子“道”的学说具有否定上帝创世说的含义。《吕氏春秋》和《淮南子》对这一问题也有自己的见解。吕不韦的食客对“道”是这样认识的：“道也者，至精也，不可为形，不可为名，强为之谓太一。”⑥

“太一”，即老子所谓的道，为道的别称。在《吕氏春秋》的作者看来，天地是有形有名的，而太一是极细微的，细小到无形，也叫不出名。这个“至精”的“道”就是精气，即精细的原始物质。《吕氏春秋》的论述，表明“道”是万物的本原，同是看不见，听不着，摸不到的，它

① （清）梁章钜：《退庵随笔》，江苏广陵古籍刻印社 1997 年版，第 441 页。

② 董志安：《〈吕氏春秋〉之论诗引诗与战国末期的诗学发展》，《文史哲》1996 年第 2 期。

③ 同上。

④ 《诸子集成·老子·道德经》，第 25 页。

⑤ 同上书，第 26 页。

⑥ 许维遹：《吕氏春秋集释·大乐》，第 111 页。

运行不停。道虽然没有形状，也不知它的开始和终极，但它是一种物，只是极其细微而已。这些论述反映了食客认识到事物由简单到复杂，由低级到高级的发展过程。

> 太一出两仪，两仪出阴阳。阴阳变化，一上一下，合而成章。混混沌沌，离则复合，合则复离，是谓天常。天地车轮，终则复始，极则复反，莫不咸当。日月星辰，或疾或徐，日月不同，以尽其行。四时代兴，或暑或寒，或短或长。或柔或刚。万物所出，造于太一，化于阴阳。①

《吕氏春秋》在这里论述了天地是怎样开始，怎样出现的。他们认为，“太一出两仪”，即“太一”出天地，两仪即天地。有天地才有阴阳，阴阳变化，产生万物。天地之前，亦即“太一”，是混沌状态，混沌状态分离，才产生天地。天地终究也要回到混沌状态中，这是自然的规律，混沌分离为天地，天地又复合为混沌。在《吕氏春秋》看来，天地不但有始，也有终。“终则复始，极则复反。”当一个天地终结了，还会出现新的天地，这种自然规律的运行，就好像车轮转动一样循环。同样的，日月星辰，四时寒暑，也是循环往复，虽然它们的运行有快慢、长短的不同。万物都是由太一产生，都是阴阳之化。“值得重视的是，《吕氏春秋》上述看法，从哲学的自然观看，回答天地的终始问题，它认为天地有始有终，周而复始，天地之前和之后是另一种状态（混沌），这一趋向是正确的，同现代科学观点一致。”②

《淮南子》一书许多地方体现了道家的思想，书中以老庄思想为主的篇章有五篇：《原道训》、《俶真训》、《精神训》、《本经训》、《道应训》。在这五篇文章里，主要论述：道的本体论、道家治国论、道之创生论、道家养生论、道家快乐论、养性论。像《原道训》主要是全面深入地阐述“道”的本质，以及“道”生成万物和万物发展所遵循的总规律。文中充满着智慧和许多辩证的哲理。《淮南子》认为：

---

① 许维遹：《吕氏春秋集释·大乐》，第108页。

② 刘元彦：《〈吕氏春秋〉：兼容并蓄的杂家》，三联书店2008年版，第104页。

夫道者，覆天载地，廓四方，柝八极，高不可际，深不可测，包裹天地，禀授无形，原流泉浡，冲而徐盈，混混滑滑，浊而徐清。故植之而塞于天地，横之而弥于四海，施之无穷而无所朝夕。……约而能张，幽而能明，弱而能强，柔而能刚。横四维而含阴阳，纮宇宙而章三光。①

在这里《淮南子》阐述了“道”本体的至大至长，它囊括宇宙，包容古今，在空间上它“包裹天地，禀授无形”，所以它“高不可际，深不可测”，在时间上，它如汩汩泉水，“冲而徐盈”，无穷无尽，不能以时日计之。它竖起来顶天立地，横过来连贯四海。延伸下去无穷无尽。它具有超常的禀赋，通晓万物之化，百事之变。它贯通四维包含阴阳，维系宇宙使日月星辰发光。

夫太上之道，生万物而不有，成化像而弗宰。……收聚畜集而不加富，布施禀授而不益贫，旋县而不可究，纤微而不可勤，累之而不高，堕之而不下，益之而不众，损之而不寡，斫之而不薄，杀之而不残，凿之而不深，填之而不浅。忽兮怳兮，不可为象兮，怳兮忽兮，用不屈兮，幽兮冥兮，应无形兮，遂兮洞兮，不虚动兮。与刚柔卷舒兮，与阴阳俯仰兮。②

作者阐明了“道”的至高无上，不可限量：它超越时空与物象，无始无终，无穷无尽，无声无形。至高无上的道，生出万物而不据为己有，万物化成形象而不主宰。……收敛聚集财物，道不会更加富有，布施振救他人，道不会更加贫穷。渺小得无法深究，细微却无穷无尽。堆积它不变高，摧毁它不变低。增加它不变多，减少它不变少。砍削它不变薄，伤害它不变残，挖凿它不变深，填充它不变浅。它恍恍忽忽，不能描绘具体的形象；却功用无可限量。感应万物不露形迹；它幽深难测，感应万物从不虚动。和刚柔一起卷舒屈伸，和阴阳一起俯仰降升。

① 刘康德：《淮南子直解·原道训》，复旦大学出版社2001年版，第1页。
② 同上书，第4—5页。

> 故得道者，志弱而事强，心虚而应当。……是故贵者必以贱为号，而高者必以下为基，托小以包大，在中以制外，行柔而刚，用弱而强，转化推移，得一之道，而以少正多。……
>
> 是故欲刚者必以柔守之；欲强者必以弱保之。积于柔则刚，积于弱则强，观其所积，以知祸福之乡。……故兵强则灭，木强则折，革固则裂，齿坚于舌而先之敝。①

得道的人，意志柔弱而行事坚强，胸怀宽广而应对恰当。……所以高贵者必用低贱之名为号，高大的建筑必以底部为根基。依托小的包容大的，在中央以控制四方。行为柔弱而实刚硬，处事软弱而实坚强。掌握“一”这个道，就能够以少制多。

所以，要刚健必须保持柔弱；要强胜必须保持软弱。柔弱积多了会刚健，软弱积多了会坚强。观察他积柔弱的程度，就可以知道祸福发生的趋向。……兵强最终被消灭；木质坚硬则被折断，皮革坚固易被撕裂，牙齿比舌头坚实，却比舌头先坏。

> 所谓无形者，一之谓也。所谓一者，无匹合于天下者也。卓然独立，块然独处，上通九天，下贯九野，员不中规，方不中矩，大浑而为一，叶累而无根，怀囊天地，为道关门，穆忞隐闵，纯德独存，布施而不既，用之而不勤。是故视之不见其形，听之不闻其声，循之不得其身。无形而有形生焉，无声而五音鸣焉，无味而五味形焉，无色而五色成焉。是故有生于无，实出于虚，天下为之圈，则名实而同居。
>
> ……道者，一立而万物生矣。是故一之理，施四海，一之解，祭天地。其全也纯兮若朴；其散也混兮若浊。浊而徐清，冲而徐盈。澹兮其若深渊，泛兮其若浮云，若无而有，若亡而存。②

这里阐述了“道”能化生自然万物。作者阐明了“道”的无所不能，无处不在。他们认为：所谓无形，说的是“一”。所谓“一”，就是天下

① 刘康德：《淮南子直解·原道训》，复旦大学出版社2001年版，第19—20页。

② 同上书，第25—26页。

没有谁与之相匹配的。它特立不凡，傲然独立，孤高不群默然独处。上通九天，下贯九野，圆不合规，方不中矩，混成为一体，聚为一体而无根，怀抱天地，为道之门，无形无迹，只有纯粹的德性存在，布施无穷尽，用之不会劳损。因此，审视它则不见其形体，听之不闻其声，抚摸则摸不到其身。因为无形而生有形，无声而鸣五音，无味而五味成，无色而五色成，所以有生于无，实从虚化出，把天下当成圈栏，则名和实同居一处。

道者，一确立则万物生。因此，“一”这个道，施与四海，“一”的内涵，可以通达天地。它完整时，淳朴如未加工的朴木；分散时混沌如污浊。它由混浊而渐清澄，由虚缓而渐盈满，不动时像深渊，浮泛又像浮云，它似无似有，若亡若存。

作者在这里充分论述了“道”的本质和特征：“道”是宇宙的混沌状态，道是无形的，浑然一体的。“道”是不可限量的，能够在空间上包容一切，在时间上无穷无尽。自然界的万事万物都是由道自然化生而来，所谓“道者一立而万物生”，“道”是万物之源，它虽然“生万物而不有，成化像而弗宰”，但是它又无时无刻不作用于万物，世间万物都是“道”派生出来的，所以“道”又是万物之宗。而“道”却不以有为有，不以无为无，永恒而不熄。所以对于“道”，人类只能顺应它，而不能违背它。

那么《淮南子》中的“道”与老庄的“道”相比较，又有哪些变化呢？孙纪文认为：

> 最主要的变化是“道”的玄想性质淡化而实体性质增强。……一系列的抽象哲学命题就变成为一系列的形象化生物学命题，随之，“道”的本体属性所具有的玄学高度也被轻轻地解构了。……这种变化的确是意味着“思想上的一种堕退”，意味着汉初人因关注宇宙论、宇宙生成论而使哲学的思维变得迟钝起来，也意味着淮南宾客的形上思维较老庄显得笨拙。但是，这种“迟钝”和“笨拙”对于文化史来说，并不一定是一件无价值的事情。它带来的启示是：哲学思辨的发展，并非如同射线一样总是勇往直前的。有时候在遭遇一个思辨高峰之后的一段时间内，哲学思辨的发展空间会停滞不前或滞后，这是正常的文化现象。《淮南子》对

"道"的认识和体悟亦如此。[①]

第二节 平等思想

西周王朝建立的封建宗法制的等级社会，其基本内涵之一就是血缘制和等级制，它强调人的尊卑贵贱先天注定，不可更改。这种体制极大地约束了人们的进取之心。一方面贵族阶层不思进取，因循守旧，日益腐败；另一方面下层平民渴望改变自己身处下位，贫贱与平庸的现实，渴望立身扬名，但是却仕进无门。到了春秋战国时代，各诸侯国之间不断爆发各种战争，"争地以战，杀人盈野；争城以战，杀人盈城"[②]。"民之憔悴于虐政，未有甚于此时者也。"[③] 大国争霸，强国兼并的事情不断发生。受此冲击，旧的传统观念开始动摇并发生改变，人们的思想认识也不断地发生变化。

在士林阶层，人们开始对传统区分人的尊卑贵贱的封建等级制提出了怀疑和否定，一些具有进步民主意识的思想家在理论上给予了猛烈批判，并纷纷提出了各自的思想和主张。墨子提出了"官无常贵，而民无终贱，有能则举之，无能则下之"[④] 的平等思想，在追求平等的思想中包含了对贫贱者人性尊严的肯定和重视。墨子还提出了"兼相爱，交相利"[⑤] 的主张。他的"兼爱"主张，强调在社会上建立一种无等级差别，无厚薄亲疏的爱。反对有高低贵贱之分的差等之爱，主张平等互爱。他的"兼爱"思想，反映了身处下层的庶民对政治民主的追求和人格平等的向往。"兼爱"的真正内涵在于"在天下公义面前人人平等。这就是赋予了每个人同等的爱和被爱的机会。它不以亲情损害正义，也不以与生俱来的身份限制人的未来发展"[⑥]。

在墨子看来，"天下无大小国，皆天之邑也；人无幼长贵贱，皆天之

---

① 孙纪文：《淮南子研究》，学苑出版社2005年版，第136—137页。

② 《诸子集成·孟子正义·离娄上》，第303页。

③ 《诸子集成·孟子正义·公孙丑上》，第109页。

④ 《诸子集成·墨子闲诂·尚贤上》，第27页。

⑤ 《诸子集成·墨子闲诂·兼爱中》，第65页。

⑥ 秦彦士：《墨子考论》，巴蜀书社2002年版，第203页。

臣也”[①]。他认为国与国是平等的，并无大小之分；人与人也是平等的，并无贵贱长幼之别。墨子本人就是平民出身，他的这些观点和思想表现了对封建宗法制规定的尊卑贵贱等级制的彻底否定与批判，也表现出庶民阶层在思想认识上的觉醒。墨子的思想不仅在当时具有普遍性，而且反映了卑贱平民者们的普遍诉求。

《战国策·齐策四》载：

> 齐宣王见颜斶，曰：“斶前！”斶亦曰：“王前！”宣王不悦。左右曰：“王，人君也；斶，人臣也；王曰：‘斶前’，斶亦曰‘王前’，可乎？”斶对曰：“夫斶前为慕势也，王前为趋士，与使斶为慕势，不如使王为趋士。”王忿然作色，曰：“王者贵乎？”对曰：“士贵耳！王者不贵！”王曰：“有说乎？”斶曰：“有！昔者，秦攻齐，令曰：‘敢有去柳下季垄五十步而樵采者，罪死不赦！’令曰：‘有能得齐王头者，封万户侯，赐金千镒。’由是观之，生王之头，曾不若死士之垄也！”[②]

颜斶见齐王的故事，反映了战国时期庶民阶层对平等、个性尊严的追求和重视。像颜斶这样的食客，哪怕是在君王面前也丝毫不能卑恭屈膝，委曲求全。因为在他看来士与王是平等的，他的理由是：假如我颜斶上前，就显得我是在趋炎附势；而如果大王主动上前，表现的则是大王能够礼贤下士。与其让我变得趋炎附势，不如让大王显示礼贤下士更好。表面看他是在为齐王着想，实际上颜斶内心深处坚守的是一个底线，自己与齐王在人格尊严上是平等的。大王以命令的口吻让自己上前，就是对自己的轻视，对自己的不尊。所以绝不能因惧怕大王的威势而上前半步，为此他针锋相对地要大王上前。面对齐王“忿然作色”的情况，他毫不畏惧，高喊“士贵耳！王者不贵！”最终迫使齐王放下了盛气凌人，不可一世的架子，诚恳地向他道歉：“嗟乎！君子焉可侮哉？寡人自取病耳！及今闻君子之言，乃今闻细人之行，愿请受为弟子。”[③] 最后齐王希望拜颜斶为

---

① 《诸子集成·墨子闲诂·法仪》，第12页。

② 诸祖耿撰：《战国策集注汇考·齐四·齐宣王见颜斶》，第607页。

③ 同上书，第609页。

师，并极力地挽留他。像颜斶这样的思想和行为在当时的庶民中是非常具有代表性和典型性的。

孟子与颜斶生活于同一时期，在他们这个时期，人们的思想观念有了更大的进步和提升。君与臣的关系该如何处理，孟子就有自己独特的看法，他说："君之视臣如手足，则臣视君如腹心；君之视臣如犬马，则臣视君如国人；君之视臣如草芥，则臣视君如寇仇。"[①] 孟子认为君臣关系是对等的，君敬臣一尺，臣就敬君一丈。所以，只有彼此平等，才能彼此尊重。人心换人心，为君者只有真诚地对待自己的臣民，臣民才会接纳这个君主，才会心悦诚服地做他的子民。

墨子及孟子等思想家，代表着一大批庶民出身的士人的思想和心声，在当时具有广泛的影响力。在他们思想和言论的影响下，人们的思想观念发生了转变。在食客当中，追求平等、尊重人格尊严和权利的思想已经成为一种共识，它更具有普遍性和现实性。

食客寄食、依附于权贵家，他们与主人的关系本来就是一种豢养与被豢养，依附与被依附的主与客的关系。从地位上说他们之间的关系本来就是不平等的。但是，在食客们看来，他们与主人在精神层面是平等的，在人格尊严上是平等的。所以，他们非常在意主人对他们的态度是傲慢还是尊重，是居高临下还是平等相待，哪怕是主人的偶尔失误，也会引起他们的不满，甚至会做出一些过激的行动。

前面第五章曾谈到晏婴与食客越石父的故事。越石父从囚徒变为食客之后还要执意离开，在他看来，晏婴既知己又不尊重自己，表明主人对他缺乏起码的平等和尊重，这是对他极大的羞辱，是他不能容忍的事情，所以他宁愿辞去。越石父这里争取的不是金钱、利益等物质层面的东西，他追求的是精神层面的东西，是平等的地位和人格的尊严。从物质层面而言，许多食客在权贵门下，温饱得以解决，衣食无忧，但是一些权贵对于下等客并没有给予应有的平等和尊重，打骂、虐待、羞辱之事时有发生。而春秋战国士人思想的改变，精神的觉醒，对等级森严的世卿世禄制的否定和质疑，在食客心里产生很大影响。他们在得到生活保障之后，精神方面有了更高的要求。他们追求平等、尊重人格的背后，是对自己才能的褒奖和肯定。

---

① 《诸子集成·孟子正义·离娄下》，第 322 页。

《史记·孟尝君列传》载："孟尝君曾待客夜食，有一人蔽火光，客怒，以饭不等，辍食辞去。孟尝君起，自持其饭比之，客惭，自刭。"①自刭食客因为光线不好，看不清饭食，误以为孟尝君待客"饭不等"。在他看来，这"饭不等"现象的背后，是主人对客，也是对他的轻视，如此看来他在孟尝君府上没有得到起码的尊重，没有得到平等相待的权利，所以愤怒之余，决定辞去。因为在食客们看来，与主人地位的平等，则体现出他们人格尊严的平等，这是许多食客特别看重和坚守的原则。当他发现这是一场误会时，他为自己的鲁莽和冲动感到羞愧，他感到对不起孟尝君对他们的真诚与信任，于是以自刭这种极端的方式，来向孟尝君谢罪。

据《礼记·檀弓下》记载：

> 齐大饥，黔敖为食于路。以待饥者而食之。有饥者，蒙袂辑屦，贸贸然来，黔敖左奉食，右执饮，曰："嗟来食。"扬其目而视之，曰："予唯不食嗟来之食，以至于斯也。"从而谢焉，终不食而死。②

这是一个妇孺皆知，流传很广的故事。故事发生在春秋时期的齐国，"嗟来之食"的成语由此而出。虽然故事的主人公黔敖与蒙袂饥者只是一种临时性的主客关系，但是对于黔敖这种居高临下的施舍，这种带有轻视、侮辱性的吆喝"嗟来食"的行为，蒙袂饥者宁愿饿死也决不肯接受这"嗟来之食"。因为在他看来，施舍者与受施者的地位应该是平等的，哪怕是你施舍食物，都不应以居高临下的傲慢态度来对待受施者。而对于受施者来说，人格尊严重于生命，如果他们感到人格尊严受到侮辱与伤害，哪怕放弃一些可贵的东西，例如食物、金钱、财富乃至生命，都要维护自己的人格尊严。

上述的颜斶、越石父、孟尝君的自刭客及不食"嗟来食"的饥者，他们的共同点是对平等和人格尊严的重视，甚至超越了对生命的珍惜和重视。为了捍卫自己的人格尊严，可以舍弃生命。说明这种对平等与尊严的追求和看重，不仅仅反映在士大夫身上，也体现于食客及其他的普通庶民当中。这反映了在春秋战国这样一个思想解放的时代里，人性在觉醒，民

---

① 司马迁：《史记·孟尝君列传》，中华书局1985年版，第2354页。

② （清）阮元校刻：《十三经注疏·礼记·檀弓下》，第86页。

主精神得到肯定与高扬。在这样的时代背景下，士人把平等与尊严的价值观提到了首位。

第三节 民本思想

“民本”一词最早出自《尚书·夏书·五子之歌》“民惟邦本，本固邦宁”①。民本思想的内涵可以概括为：民为邦本、民贵君轻等思想，它包括：重民、爱民、安民、保民、恤民、养民、息民、富民等方面内容。这种思想成为儒家思想的主要内容之一，自它产生之日起，一直以来都受到历代统治者的重视。“作为一种‘中国式’的民主意识，民本思想远比同时代的西方社会在思想上要深刻、在政治上要成熟得多。”②

在春秋战国时期，随着变法革新在各个国家的推广实行，人们的思想观念开始发生转变，在人们看来，君与民之间不应再以尊卑贵贱来划分。孟子就提出了“民为贵，社稷次之，君为轻。是故得乎丘民而为天子，得乎天子为诸侯，得乎诸侯为大夫。诸侯危社稷，则变置”③。

孟子认为，人民是第一位的，农神土地神是第二位，国君排在第三。他把人民看得最为重要，排在了国君之上。孟子又说：“君有大过则谏；反复之而不听，则易位。”④“无罪而杀士，则大夫可以去；无罪而戮民，则士可以徙。”⑤在他看来，如果国君有过不改，做出“贼仁”“贼义”的事情，臣民可以离去，可以撤换他，甚至可以杀掉他。社稷和国君在一定的条件下是可以更换的，而人民在任何情况下都是不能变更的。孟子“民贵君轻”的新主张，不仅是对传统的宗法等级制的否定，并且他在这个基础上提出了自己新的等级观念，体现出他进步的民主思想。从孟子的“民贵君轻”到颜斶的“士贵耳！王者不贵”来看，在思想观念上他们是一脉相承的，这些都表现了庶民阶层的觉醒和对传统封建等级制的否定与抗争。

孟子民本思想的核心是对人民力量的肯定，对人民意愿的重视。他这

① （清）阮元校刻：《十三经注疏·尚书·夏书·五子之歌》，第156页。

② 杨丽华：《民本与民主》，《理论月刊》2003年第2期。

③ 《诸子集成·孟子正义·尽心下》，第573页。

④ 《诸子集成·孟子正义·万章下》，第430页。

⑤ 《诸子集成·孟子正义·离娄下》，第324页。

种民本思想的表达在当时并不是个别的、孤立的，无论在各诸侯国的朝廷上，还是在民间，或者是在食客当中，都能听到重民、保民的声音在回响。像《战国策·齐四》“赵威后问齐使”，作为当时赵国的掌权人，赵威后认为“苟无岁，何以有民？苟无民，何以有君？故有舍本而问末者耶？”[①] 赵威后在与齐国使者交谈中，表现出她对人民的重视，对民心向背的重视。而《战国策·齐策一》“邹忌讽齐王纳谏”里，邹忌劝说齐王要重民心，听民意，广开纳言之路，倾听百姓的想法，了解施政得失，才能得到百姓的拥护。

《吕氏春秋》是吕不韦门客集体编撰的一部书籍，应该说是食客思想精华的集中表现。其书综合表现了诸子各家的思想学说，被认为是杂家之言。书中许多地方表现了儒家的民本思想和主张。他们在《贵公》篇里提出了“天下非一人之天下也，天下之天下也。阴阳之和，不长一类；甘露时雨，不私一物。万民之主，不阿一人”[②]。他们弘扬和表现的是天下为公的思想。在他们看来，如果统治者：

> 上不顺天，下不惠民，征敛无期，求索无厌，罪杀不辜，庆赏不当，若此者，天之所诛也，人之所仇也，不当为君。今兵之来也，将以诛不当为君者也，以除民之仇而顺天之道也。[③]

作为国君如果违背天意，违背民心，这样的人将被天诛人仇，而除掉这样的国君则是顺天意，得民心的，这种思想与孟子的“诛一夫”可说是一脉相承的。食客们在《吕氏春秋·适威》篇里提出：“古之君民者，仁义以治之，爱利以安之，忠信以导之，务除其灾，思致其福。”[④] 这是他们心目中理想的明主、贤君的标准。食客们在《吕氏春秋》中阐发的思想，体现出浓厚的儒家民本思想的精神追求，甚至已经表现出他们民主思想的萌芽。

《淮南子》也体现了儒家的民本思想。

---

① 诸祖耿撰：《战国策集注汇考·齐四·齐王使使者问赵威后》，第 621 页。
② 许维遹撰：《吕氏春秋集释·贵公》，第 25 页。
③ 许维遹撰：《吕氏春秋集释·怀宠》，第 173 页。
④ 许维遹撰：《吕氏春秋集释·适威》，第 528 页。

食者，民之本也；民者，国之本也；国者，君之本也。是故人君者，上因天时，下尽地财，中用人力，是以群生遂长，五谷蕃殖。①

他们强调粮食是人民之本，人民是国家之本，而国家又是君主之本，四者之间构成了一个严密的逻辑关系。所以，为人君者要治理好国家，使国家能够长治久安，就必须安民、顺民，对上要顺应天时，对下要竭尽地财，中间使用人力，只有这样，万物才能顺利生长，五谷才能繁殖茂盛，人民生活才有保障。他们将国与民的关系作了一个形象的比喻："国主之有民也，犹城之有基，木之有根，根深则本固，基美则上宁。"② 国君拥有人民，就像是城墙有基石，大树有根系一样。城要坚固，基石要稳；树要茂盛，根要扎得深；国家要稳定，就要安民、保民。一个国君，应为人民之忧而忧，劳心尽虑，这样的国君才能得到人民的拥护，国家稳定，君才安宁。作为国君，要时刻把人民的安危冷暖记挂心上。在他们看来，"古之君人者，其惨怛于民也，国有饥者，食不重味，民有寒者，而冬不被裘"③。身为人君，就必须关心人民，忧劳人民。当国家出现饥饿者时，国君饮食就应尽量简单，不能有多种菜肴；百姓有挨冻受寒者，国君就不穿裘皮之衣。总而言之，就是希望国君与民同甘共苦，希望国君能"先天下之忧而忧，后天下之乐而乐"。

《战国策·齐四》载，孟尝君曾让他的食客冯谖帮他到其采邑去收债，结果债未收上来，冯谖回来告诉主人为他买回了"义"。冯谖为孟尝君的"市义"，其实就是买民心，买民意。因为在冯谖看来，作为统治者必须重民、爱民，要对自己子民的疾苦予以关心和关注，这样才能得到自己臣民的拥戴，才能得民心，顺民意。只有得民心，顺民意的统治者，才能保有江山社稷，其君位才能稳如泰山。在冯谖看来，孟尝君的债民因粮食歉收和租税过重，无力偿还债务，与其逼迫他们交租纳税，不如顺从民意，取消无力偿还者的债务，以减轻其经济和生活的压力。他这种顺民心民意的做法，正是他民本思想的体现。

---

① 刘康德撰：《淮南子直解·主术训》，第436页。

② 刘康德撰：《淮南子译注·泰族训》，第1179页。

③ 刘康德撰：《淮南子直解·主术训》，第435页。

第四节　尚贤思想

《吕氏春秋》一书问世以前，在先秦诸子中大力倡导崇尚贤能者当数墨子。墨子与许多食客一样，来自社会的底层，所以他们深知，要想获得社会的承认，能够出人头地，建立功业，唯有依靠自己的才能。所以崇尚贤能，成为食客们孜孜以求、大力弘扬的民主思想。范雎在上书秦昭王时就指出：

> 臣闻明主立政，有功者不得不赏，有能者不得不官，劳大者其禄厚，功多者其爵尊，能治众者其官大。故无能者不敢当职焉，有能者亦不得蔽隐。……“庸主赏所爱而罚所恶；明主则不然，赏必加于有功，而刑必断于有罪。”①

范雎的主张在战国食客中极具代表性。在当时，崇尚能者，奖赏功者，既是食客们对君王、对权贵的基本要求，也是诸侯王招贤纳士时对贤者、能者的庄重承诺，它体现了诸侯王在物质和精神两方面所给予人才的保障和待遇。

> 自春秋以至战国，随着宗法贵族政体的崩溃，尚贤传统与日精进，战国时代的君主礼贤尤其昭昭在人耳目。最著名的要推魏文侯，他对卜子夏、田子方、段干木等名儒都给以师友的待遇，凡过往必礼敬之；翟璜、李克、西门豹等能臣虽然居官受禄，对文侯而言仍不失其贤士身份，绝非后世犬马之臣可比。……这一风气的形成，是由于战国纷争，人才为急，旧有的世卿世禄制度已不合潮流，新兴的官僚制度逐渐被采用，于是各国大量引进客卿，委国政于贤者。先秦诸子群言尊圣尚贤，皆由上述传统和现实所激发。②

尽管如此，食客们也深知，崇尚贤能与传统的宗法治国两者是水火不

---

① 《史记·范雎蔡泽列传》，第2420页。

② 张富祥：《王政全书：〈吕氏春秋〉与中国文化》，河南大学出版社2001年版，第53页。

相容的。所以他们在其著作《吕氏春秋》及《淮南子》中，大量地罗列和表现上古君王举贤任能而获得天下的事迹，甚至一些君王将其君位授予贤人而不授予子孙的史实，意在为自己的理论寻找事实依据，同时阐明其尚贤任贤的思想主张。

> 尧、舜贤者也，皆以贤者为后，不肯与其子孙，犹若立官必使之方。今世之人主，皆欲世勿失矣，而与其子孙，立官不能使之方，以私欲乱之也。①

食客们赞扬尧、舜的禅让之举，他们的禅让是以贤者为前提的。“先王立高官，必使之方”②，“方”应为“正，不私邪之谓也”③。许维遹解释曰：“此言尧、舜不以天下传之子孙，而其立官也犹然必使之方。下文曰‘今世之人主皆欲世勿失矣，而与其子孙计，立官不能使之方，以私欲乱之也。何哉？其所欲者之远，而所知者之近也’。此正见其与尧、舜相反。尧、舜不为子孙计，而立官犹必使方，今世人主无不为子孙计，而立官反不使方，故为所欲远而所知近也。”④ 食客们通过对比说明“今世之人主”传位子孙的结果与他们的初衷是背道而驰的。

> “故圣主举贤以立功，不肖主举其所与同。文王举太公望、召公奭而王，桓公任管仲、隰朋而霸，此举贤以立功也。”⑤
>
> 有司请事于齐桓公，桓公曰：“以告仲父。”有司又请，公曰：“告仲父。”若是三。习者曰：“一则仲父，二则仲父，易哉为君！”桓公曰：“吾未得仲父则难，已得仲父之后，曷为其不易也？”桓公得管子，事犹大易，又况于得道术乎？⑥
>
> 世人之事君者，皆以孙叔敖之遇荆庄王为幸，自有道者论之则不然，此荆国之幸。荆庄王好周游田猎，驰骋弋射，欢乐无遗，尽传其

---

① 许维遹撰：《吕氏春秋集释·圜道》，第82页。

② 同上书，第81页。

③ 同上。

④ 同上书，第82页。

⑤ 刘康德撰：《淮南子直解·泰族训》，第1157页。

⑥ 许维遹撰：《吕氏春秋集释·任数》，第447页。

境内之劳与诸侯之忧于孙叔敖，孙叔敖日夜不息，不得以便生为故，故使庄王功迹著乎竹帛，传乎后世。①

这几则材料列举了历史上的明主贤君举贤任能的明智之举。第一则材料是列举周文王任用姜太公和召公而称王，齐桓公因为任用管仲、隰朋而称霸。第二则材料是通过具体事例来说明齐桓公任用贤人管仲的情况。大臣向齐桓公请示事情，齐桓公说："把这件事告诉仲父。"大臣接二连三地请示，齐桓公都说同样的话。为此，他的近臣说："当君主太容易了。"齐桓公说："我没有得到管仲时，做事很难，得到管仲之后有什么不容易呢！"言下之意是：得到管仲之后，有管仲可使，所以为君变得容易了。

第三则材料是与常人观点相左的。过去人们认为孙叔敖遇到楚庄王是他的荣幸，因为他遇到了明主，其才能得到了发挥。而食客们却从楚庄王的角度看待这一事情，认为孙叔敖被用其实是楚国和楚庄王的幸事。正如高诱所言："孙叔敖贤，能事君以道，致之于霸，荆国得之，幸也。"② 高诱又曰："庄王之霸功，传于后世，乃孙叔敖之日夜不息，以广其君德之所以成也。"③ 在食客们看来，楚庄王把所有的国事交由孙叔敖管理，自己则"欢乐无遗"，享受着田猎的乐趣。楚庄王能够成为霸主，"功绩著乎竹帛"，完全是孙叔敖的功劳。编撰《吕氏春秋》的食客意在通过楚庄王举用孙叔敖而霸天下的事情，来说明尚贤任贤对于明主是多么重要。应该说他们的观点和材料具有很强的针对性和现实性。

《淮南子·修务篇》记载：魏文侯路过段干木居住的闾巷而伏轼致敬。他这种超乎寻常的尊重引来了仆人的疑问，魏文侯告诉他："段干木不追逐势利，胸怀君子之道，隐居陋巷，声名远播千里，我岂敢不向他伏轼致敬？段干木因美德多而扬名，我因权势大而显赫；段干木富有的是道义，我富有的是财产。拥有权势不如拥有美德尊贵，拥有财产不如拥有道义高尚。现在即使让段干木和我交换位置，他也决不愿意。我每天悠悠地对着影子惭愧，你怎么能轻视他呢！"后来秦国将要起兵攻打魏国，司马庚劝谏说："段干木是位贤人，其国君对他非常礼遇，天下没有谁不知

① 许维遹撰：《吕氏春秋集释·情欲》，第46页。

② 陈奇猷：《吕氏春秋新校释·情欲》，上海古籍出版社2002年版，第95页。

③ 同上书，第96页。

道，诸侯没有谁不听说，现在要举兵攻打魏国，恐怕有妨道义吧？于是秦国息兵，停止攻魏。《淮南子》通过魏文侯之口赞扬“段干木光于德，寡人光于势；段干木富于义，寡人富于财。势不若德尊，财不若义高”①。表明了食客们的价值取向，在德、在义。而魏文侯礼敬贤者段干木，最终使他赢得秦人的尊重而免于兵祸。

张富祥在《王政全书：〈吕氏春秋〉与中国文化》一书中，特设专章来论述食客尚贤的思想和主张，他总结了《吕氏春秋》的尚贤思想主要表现在这几个方面：

第一，“尊贤上（尚）功”与“亲亲上（尚）恩”是两条对立的文化路线。

第二，举贤、用贤为治国立功之本。

第三，人主礼贤，不可骄士。

第四，举贤以德为先。

第五，贤人政治，贵在至公。②

张富祥较全面系统地总结了《吕氏春秋》食客的尚贤任贤的思想和主张。从他总结的情况来看，这当中反映了一个事实，就是尚贤思想随着战国社会形势的发展变化，到了《吕氏春秋》的战国末期，甚至到了《淮南子》的西汉初期，其尚贤的思想学说不仅深入人心，而且趋向成熟和完善了。

第五节　名利思想

追逐名利的思想在食客当中非常具有普遍性，甚至可以说是食客群体的共性特征。苏秦和张仪之所以被后人诟病的一个主要原因，就是因为他们为了名利，不惜以欺诈的手段来骗取一些诸侯王的信任，尽管苏秦对燕国，张仪对秦国是忠贞不二的。但是另一方面他们却欺骗了天下人，尤其是苏秦在齐国，张仪在楚国、在魏国都是用欺骗的手法来达到自己的目的。他们这样做既是因为“士为知己者死”考虑，也是因为对名利富贵的渴望和追求。

---

① 刘康德撰：《淮南子直解·修务训》，第1075页。

② 张富祥：《王政全书：〈吕氏春秋〉与中国文化》，第54—57页。

苏秦荣归故里，得到了父母及家人隆重热烈的欢迎，对比他落魄归家时家人对他的淡漠冷遇，苏秦曾感慨万千：“人生世上，势必位富贵，盖可忽乎哉！”① 苏秦的话，一语道破了食客群体追名逐利的思想根源。由此说明一些食客为了获取最大利益，为了个人的升官发财之梦，他们可以不择手段。据《史记·张仪列传》记载：张仪为秦国出使到魏国，“仪因说魏王曰：‘秦王之遇魏甚厚，魏不可以无礼。’魏因入上郡、少梁，谢秦惠王。惠王乃以张仪为相”②。张仪因为说服魏国献地于秦有功，得到了秦惠王任用他为秦相的酬谢。

> 十六年，秦欲伐齐，而楚与齐纵亲，秦王患之，乃宣言张仪免相，使张仪南见楚王，谓楚王曰：“敝邑之王所甚说者无先大王，虽仪之所甚愿为门阑之厮者亦无先大王。敝邑之王所甚憎者无先齐王，虽仪之所甚憎者亦无先齐王。而大王和之，是以敝邑之王不得事王，而令仪亦不得为门阑之厮也。王为仪闭关而绝齐，今使使者从仪西取故秦所分楚商於之地方六百里，如是则齐弱矣。是北弱齐，西德于秦，私商於以为富，此一计而三利俱至也。”怀王大悦，乃置相玺于张仪，日与置酒，宣言：“吾复得吾商於之地。”③

就这样张仪使用欺诈的手段，在骗取楚怀王信任的情况下，让楚国与齐国断交，实际上直接破坏了六国的合纵联盟。当楚国与齐国断交，派人到秦国去接受那六百里的商於之地时，“张仪至秦，详失绥堕车，不朝三月”④。等齐楚绝交，齐国转向与秦国结交后，“张仪乃朝，谓楚使者曰：‘臣有奉邑六里，愿以献大王左右。’”⑤ 张仪的欺诈不仅直接破坏了楚国与齐国联盟的外交路线，还使楚国在之后的秦楚交战中丧失了丹阳、汉中之地。张仪因为欺骗楚怀王有功，自然得到了秦王的奖赏和器重。在这场欺骗的游戏中最大的受益者和赢家是秦国。苏秦和张仪一样，通过欺诈的手段实现了他们升官发财的梦想。

---

① 诸祖耿撰：《战国策集注汇考·秦一·苏秦始将连横》，第120页。
② 《史记·张仪列传》，第2284页。
③ 《史记·楚世家》，第1723页。
④ 《史记·张仪列传》，第2288页。
⑤ 同上。

从“追逐名利”这个词来看，“名”体现于精神方面的追求，“利”则体现于物质方面的获取。食客对“名”与“利”的需求各不相同。有的食客求名不求利，有的食客重利不重名，有的食客则是通吃，名利皆要，苏秦与张仪就是代表。

与苏秦、张仪的追名逐利不同，有的食客追求的是立身扬名，这是他们的理想和梦想。如果说“利”能够让食客们在物质上得到满足的话，那么“名”能够让食客们在精神上得到愉悦和满足。对于向往出人头地、立身扬名的食客来说，“名”就是他们精神方面的“利”，立功扬名了，他们精神上也获得了极大的“利”。

聂政替严仲子刺杀了韩相侠累之后，其英雄壮举将扬名天下，但是，为了不被人认出自己而连累家人受到伤害，他自毁面容而后自杀，最后被韩国暴尸于市。聂政姐姐知道消息后大为震惊，她深知聂政是一个渴望立功扬名的勇士，现在做了这样的壮举却隐瞒自己的身份和姓名，目的就是为了保护她的安全，因为聂政是在母亲去世后才实施的刺杀行动。她说：“弟至贤，不可爱妾之躯，灭吾弟之名。”[①] 她不能因为顾及自己的性命而埋没弟弟的一世英名。为此她特意前去认尸，看到聂政面目全非的尸体时，不是害怕和恐惧，而是发自内心的赞叹：“勇哉！……今死而无名，……此为我故也！夫爱身不扬弟之名，吾不忍也！”[②] 她抱着聂政的尸体痛哭之后，自豪地告诉众人：“此吾弟轵深井里聂政也！”[③] 说完自杀于聂政尸体旁。后人赞叹曰：“聂政之所以名施于后世者，其姊不避菹醢之诛，以扬其名也。”[④] 聂政的姐姐为了使弟弟扬名而牺牲自己的性命，结果她与弟弟一起扬名。

---

① 诸祖耿：《战国策集注汇考·韩二·韩傀相韩》，第 1447 页。

② 同上。

③ 同上。

④ 同上。

第七章

食客的人生观

食客的人生与众不同，食客对待“生”与“死”的态度自然也不同。这一章主要探讨食客如何面对“生”与“死”的问题。第一节至第三节主要探讨食客如何看待“生”，第四节至第六节主要探讨食客如何面对“死”。

对于人生，食客有着积极的追求和态度，他们不甘平庸，积极进取，努力奋斗。他们会想方设法为自己寻找机遇，“毛遂自荐”就是对这类食客最典型的概括。他们懂得怎样抓住机遇来展现自己的才华，他们为主人排忧解难的同时，也实现了自己的目标，改变了自己的人生。一些食客经过多年的奋斗，不仅名利双收，还由食客一跃上升为权贵，完成了他们的人生蜕变。

在春秋战国的士林阶层中，以老庄为代表的道家，鄙视功名利禄，视名利如粪土。他们这种超然物外的人生观一直影响着后人；以孔孟为代表的儒家，求名不求利，他们把名节看得高于一切，为了保持名节和操守，甚至可以舍弃生命。而食客则不然，他们重名更重利，他们要名利双收，这是他们与一般士人的最大区别。为了实现他们的人生目标，无论遭遇多少困难，无论遭到多少磨难和坎坷，食客们都不会停止追求的脚步。他们这种不畏艰险、顽强不屈、百折不挠的奋斗精神，体现出他们积极进取的人生态度。

对于生，食客们是以积极进取的乐观态度来看待；对于死，食客们则是以无所畏惧的豁达心态来面对。为了报答自己的主人，他们可以赴汤蹈火，死不旋踵；他们虽然重利，但是为了义，他们同样会义无反顾地慷慨赴死，视死如归；但是，当死与他们的人生追求产生矛盾的时候，面对生死的两难抉择，为了成就梦寐以求的功名，为了雪大耻，食客们会弃小义，隐忍苟活。食客这种独特的生死观同样具有震撼人心的力量。

第一节 不甘平庸，积极进取

> 春秋以至战国，是中国古代社会发生急遽变革的时代。在政治上，是所谓“王纲解纽”；在文化上，是所谓“礼崩乐坏”；在学术上，是所谓“道术为天下裂”；而在社会制度上，则是氏族封建制的衰落与国家集权制的渐兴。在这个急遽变革的历史时期，作为一个特定的文化群体，士人一方面以自身的不断蜕变与分化适应着社会历史变革大潮的冲击，另一方面又极大地发挥他们自身的文化功能不断地为深化这个伟大的历史变革而推波助澜。顾炎武《日知录》以“邦无定交，士无定主”概说战国时代政治风俗的“衰变”，正说明士人群体的流动与衍变，是与时代的变革相伴而行的。①

食客是这个变革时代的特殊群体，他们来自社会的底层，地位低下，并且许多人是无家无业，一无所有，居无定所。表面上看他们与游民似乎并无差别，但是，实际上两者之间有着本质的不同。那就是在人生观上，游民不仅对社会以消极态度相待，并常常以反社会性的面貌出现于社会中。这里说的反社会性，是指反对当时占主流地位的社会秩序和王朝政权。对于这种破坏正常的社会秩序和生产、生活秩序的行为，我们不能把它视为革命行为。因为“游民毕竟不是革命者，革命者在社会冲突中要改变社会，改变旧有的社会秩序，建立新的社会秩序，甚至要确立一种实现新的社会秩序的规则。而游民在社会冲突中要求改变的只是自己的经济地位和社会地位，并不要求改变原有的社会秩序规则，更谈不到创立实现新的社会秩序的规则”②。食客虽然也有强烈的希望改变自己的经济地位和社会地位的诉求，但是他们与游民不同，他们不是以反社会性的面貌出现，他们对社会都是以积极的态度去面对，对改变自己的人生和命运始终是以积极进取的态度去努力争取。像冯谖初到孟尝君府上，常弹其剑，歌

---

① 程水金：《中国早期文化意识的嬗变：先秦散文发展线索探寻》，武汉大学出版社 2004 年版，第 61 页。

② 王学泰：《游民文化与中国社会》，学苑出版社 1999 年版，第 233 页。

曰："长铗，归来乎！食无鱼。……长铗，归来乎！出无车。……长铗，归来乎，无以为家。"① 在一般人看来，冯谖只是要求改变其生活待遇和生活处境。实际上他是在努力地表现自己，既是为了引起主人孟尝君的注意，也是在表现自己的与众不同。另一方面，他是在以委婉的方式表达他的不满，他的怀才不遇，以及他渴望被人理解，希望得到主人重用的愿望。之后他自告奋勇地要求去为孟尝君收债，在孟尝君被罢免丞相后，他又积极地奔走，为孟尝君挖凿"三窟"。我们仔细考察冯谖这一系列行为背后的动机，不难发现他内心深处隐藏着不甘平庸的本质内涵。并且他不断地以自己的行动和方式向主人证明自己的能力，向社会展示自己的才华和水平，他通过不断地努力，实现了自己出人头地的人生理想。

食客们虽然身处底层，但是他们中的许多人不甘平庸，不甘沉沦，不甘寂寞，时刻寻找能够展现自己才能的舞台和机会。毛遂自荐的事例就是食客积极进取的一个典范。毛遂到平原君府上三年，一直默默无闻，没有崭露头角的机会，更没有得到主人的重视。但是毛遂并没有气馁，他一直在寻找机会。终于机会来了，他听说平原君要带20个食客一起出使楚国去搬救兵，但是在选拔的19个人中没有他。他不肯放过这个难得的机会，主动到主人面前推荐自己，但是平原君并不看好毛遂，认为他到自己府上三年，从未有过特殊的表现，足以说明他的能力不行。毛遂据理力争，说明并不是自己无能，而是主人没有给自己机会，假如"使遂蚤得处囊中，乃颖脱而出，非末其特见而已"②。他的辩解打动了平原君，终于得到主人的首肯，与他一起出使楚国。在楚国，当平原君与楚王的谈判陷入僵局时，毛遂凭着他善辩的口才和大智大勇，终于迫使楚王与平原君签订了合纵联盟的协议。毛遂的不俗表现得到平原君的大力赞扬："毛先生一至楚，而使赵重于九鼎大吕。毛先生以三寸之舌，强于百万之师。"③ 毛遂自荐是无数食客积极进取、终获成功的典型案例之一。

从主观因素上去分析，不甘平庸，渴望出人头地，渴望被理解被任用，是春秋战国及秦汉众多食客的共同心愿，也是他们积极进取的原动力。从客观环境来看，当时社会处于急剧动荡的变革时期，人们观念意识

---

① 诸祖耿撰：《战国策集注汇考·齐四·齐人有冯谖者》，第591页。

② 《平原君虞卿列传》，第2366页。

③ 同上书，第2368页。

的改变，动摇并影响了各国用人制度的改变，加上各诸侯王出于争霸或巩固政权的需要，都求贤若渴，这在客观上为食客的奋斗进取创造了较好的社会条件。而许多食客由于来自社会底层，他们习惯了忍受屈辱，忍受冷漠与嘲讽。他们能够承受不公平的待遇，能够忍受各种苦难与伤痛，有时甚至要承受着付出生命代价的风险。但是，为了自己的梦想和人生追求，他们都坚持着、努力着，最后他们有的成功了。

榜样的力量是无穷的，前辈食客的成功案例对于后辈来说具有非常强的激励效果和诱惑力，在榜样的作用下，无数的食客追寻着前辈的足迹不断努力向前。正所谓“江山代有人才出”，像伍子胥、商鞅、苏秦、张仪、蔺相如、李斯、司马相如、晁错、袁盎等人都是积极进取，努力奋斗，最终获得成功的食客。在每一个成功食客的背后，都有一部精彩生动的奋斗史。

应该看到，在食客中，成功者毕竟只是少部分人，大多数食客都是在默默无闻中终其一生。有的食客最初的目标和要求并不高，许多人只求解决温饱，只求能过上“食有鱼，出有车”的富贵生活，对自己的未来和人生并没有明确的目标和规划，所以他们一旦实现了自己的既定目标，就失去了进取的动力和努力的方向。

第二节　义利并重

在人们的眼中，食客一贯是重“利”的；其实他们同样重“义”，还重“情”。用“一饭之德必偿，睚眦之怨必报”[①] 来概括食客的人生观，最恰当不过。

“义”与“利”是人性中精神追求和物质追求的两个层面，它反映了人在精神上和物质上的不同需求。荀子曰：“义与利者，人之所两有也。”[②] 荀子认识到“义”与“利”都是人性所共同追求的东西，两者并非矛盾对立的，它反映了人性中不同的两个方面。孔子曾说：“君子喻于义，小人喻于利。”他轻视“利”，否定“利”，认为人趋“利”就会损害“义”。在儒家的人生观中，“义”是首要的，为“义”可以牺牲

---

① 《史记·范雎蔡泽列传》，第 2415 页。

② 《诸子集成·荀子集解·大略》，第 330 页。

“利”，乃至生命，儒家崇尚的是“杀身成仁”、“舍生取义”。

对食客来说，他们更现实一些，他们逐“利”，但同样很重“义”，不仅重“义”，还重“情”。长期以来，食客的尚义重情常被其逐利的一面所掩盖，因此常被世人忽略。像苏秦、张仪可谓逐利的典型代表，但是他们在逐利的同时，并没有舍弃“情”和“义”，有的时候也很重“情”和“义”。特别是对于在他们遭遇挫折、陷入困境的时候给过他们帮助的主人、朋友或同道，他们都会铭记于心，并在随后的日子里寻找机会报答恩人。《史记·苏秦列传》记载，苏秦发迹后，“散千金以赐宗族朋友。初，苏秦之燕，贷人百钱为资，乃得富贵，以百金偿之。遍报诸所尝见德者”①。范雎做了秦国丞相后，不忘报答当年帮助他逃出魏国的郑安平，还有带他到秦国，帮他引见给秦王的王稽。经他推荐，王稽被秦王任命为河东守，郑安平被任命为将军。“范雎于是散尽财物，尽以报所尝困厄者。”② 对当年害他受尽魏齐鞭笞羞辱的须贾，范雎虽然认为他有三罪，但是念他“以绨袍恋恋，有故人之意，故释公”③。从苏秦、范雎发迹后对故人的感恩报答来看，食客们都是恩怨分明、重情重义之士。

食客们如果遇到义与利相冲突的时候，许多人不仅会舍利取义，甚至会舍生取义，即使是像张仪、苏秦那么看重名利的食客，在义与利相冲突时，他们也会舍生取义。在这方面，他们一点都不逊色于其他食客，只是因为他们的逐利和欺诈行为，掩盖了他们重义重情的一面，造成了后人对他们认识的偏差。

《战国策·秦策二》记载：秦国想攻打齐国，但是因为齐国与楚国是结盟国，所以秦国只有破坏齐楚联盟，才能确保攻齐的胜利。为此，秦惠王派张仪出使楚国，目的是让他挑拨齐楚关系，使两国断交。张仪到楚国后向楚王许诺，只要齐楚断交，秦国将割商於六百里地予楚国。楚王相信了张仪，为了得到商於六百里地，楚国宣布与齐国绝交。但是，当楚国使者到秦国要地时，张仪“详失绥堕车，不朝三月”。等楚国与齐国断交后，张仪才上朝，谓楚使者曰：“臣有奉邑六里，愿以献大王左右。”④ 当

① 《史记·苏秦列传》，第2262页。

② 《史记·范雎蔡泽列传》，第2415页。

③ 《诸子集成·荀子集解·大略》，第330页。

④ 《史记·张仪列传》，第2288页。

楚怀王得知被张仪所欺，一怒之下发兵攻秦。

> 秦齐共攻楚，斩首八万，杀屈匄，遂取丹阳、汉中之地。楚又复益发兵而袭秦，至蓝田，大战，楚大败，于是楚割两城以与秦平。
>
> 秦要楚，欲得黔中地，欲以武关外易之。楚王曰："不愿易地，愿得张仪而献黔中地。"秦王欲遣之，口弗忍言。张仪乃请行。惠王曰："彼楚王怒子之负以商於之地，是且甘心于子。"张仪曰："秦强楚弱，……且臣奉王之节使楚，楚何敢加诛。假令诛臣而为秦得黔中之地，臣之上愿。"遂使楚。①

楚国攻秦，不仅吃了败仗，丢了将领，还丧失了丹阳、汉中之地。当秦国提出要拿武关交换楚国的黔中之地时，楚怀王因为恨透了张仪，他要求秦国拿张仪来交换黔中之地。这对秦国无疑是极大的诱惑，但是秦惠王无论如何都对张仪开不了这个口，毕竟张仪为秦国的连横奔走四方，立下了汗马功劳。但是，张仪知道后却主动请行。他认为秦强楚弱，他为秦国出使，楚国不敢轻意加害于他。为了秦国的利益，为了能使秦王得到楚国的黔中地，哪怕付出生命的代价，也心甘情愿，死而无怨。表现出壮士一去不复还的慷慨豪情。

我们从楚国及其他几个诸侯国的立场来看张仪的行为，张仪无疑是个卑鄙的小人和骗子。但是如果我们用"一饭之德必偿，睚眦之怨必报"来解释张仪在秦国及楚国的做法，那么张仪的很多行为就会得到合理的解释。我们站在秦国的立场来看张仪，就会发现这是一个完全不一样的张仪。一是张仪始终对秦国忠心耿耿，即使他在魏国为相，也始终心向秦国。不像当时一些食客或士人，或随波逐流，或朝秦暮楚，没有自己鲜明的政治立场和是非观念，完全是一种有奶便是娘的价值取向。二是张仪为了帮助秦国实现连横的计划，不惧艰难困苦，甚至抛弃了个人的尊严和面子，奔走游说于各诸侯国之间。可以说为了实现自己的理想和抱负，为了秦国的利益，他可以舍弃自己的一切，所以张仪对秦国可以算得上是一个重情又重义的忠臣。

张仪之所以能够这样肝脑涂地地为秦国效忠，是因为秦国和秦王对他

---

① 《史记·张仪列传》，第2288页。

有知遇之恩。这还得从张仪早年的经历说起。张仪当年跟随鬼谷子学成归来，四处游说诸侯，却四处碰壁，在楚国还被人怀疑偷盗楚相的璧玉，被鞭笞数百。在他四处碰壁，受尽羞辱，知音难觅的时候，他来到秦国，见到秦惠王。在与秦惠王的交谈中，张仪向他分析了六国的形势和秦国当时面临的问题，并提出破坏六国合纵联盟的主张，他向秦王立下了生死状：

> 臣昧死愿望见大王，言所以一举破天下之纵，举赵亡韩，臣荆、魏，亲齐、燕，以成伯王之名，朝四邻诸侯之道。大王试听其说，一举而天下之纵不破，赵不举，韩不亡，荆、魏不臣，齐、燕不亲，伯王之名不成，四邻诸侯不朝，大王斩臣以殉于国为王谋不忠者。[①]

张仪鞭辟入里的分析，详密周到的计划以及他誓为秦国效忠的誓言终于打动了秦惠王，自此他得到秦惠王的信任和重用。秦惠王对张仪有知遇之恩，张仪也竭尽全力地为秦国的连横计划而奔走。正因为这样，当秦王需要张仪为秦国献身的时候，张仪是毫不犹豫地挺身而出，自动请行，并且做好了随时为秦国牺牲的准备。像这样以牺牲自己生命做代价来换取秦国利益的事情，张仪在秦武王时期又一次出现。当时秦惠王去世，武王继位，武王为太子时就不喜欢张仪，所以他一继位，朝中与张仪不合者纷纷向武王进谄言。齐国因为憎恨张仪，也责备秦国，向秦国施加压力。此时的张仪是四面受敌，内外交困。为了躲避仇人对自己的伤害，也为了取得新秦王的信任，张仪提出派自己出使梁，以自己为诱饵，齐国因憎恨自己必会向梁出兵，当齐梁用兵时，秦国可以从中渔利。秦武王采纳了张仪的建议，派张仪到梁，果然齐国出兵梁（魏）国，梁王害怕了。张仪又派自己的舍人冯喜到楚国，再以楚国使者的名义出使齐国，将张仪与秦王密谋的意图故意向齐王和盘托出，并告诉齐王："今仪入梁，王果伐之，是王内罢国而外伐与国，广邻敌以内自临，而信仪于秦王也。"[②] 冯喜向齐王指出，齐伐梁的结果是向秦王证明了张仪的话是真实可信的，这不仅巩固了张仪在秦国的地位，还使自己国家的人民因战争而疲惫不堪，在外树敌更多。齐王听后立即撤兵。张仪以自己的智慧和忠诚，挽救了自己的生

---

① 诸祖耿撰：《战国策集注汇考·秦一·张仪说秦王》，第 146 页。

② 《史记·张仪列传》，第 2299 页。

命，增强了秦武王对自己的重视和信任。

苏秦在对待燕国和燕王时也是始终如一的忠诚和竭尽全力的，可以说苏秦对燕国的情义是不惜以生命为代价的。尽管张仪对秦国，苏秦对燕国都是功勋卓著，但是一直以来，后人对他们的评价却很低。除了他们的手段和方法违背了当时社会的伦理道德之外，另一个深层原因是张仪服务和效忠的秦国，成为消灭六国的战胜国。张仪在秦国兼并六国、统一天下的战争中，起过不小的作用。对于丧失自己祖国的六国遗民来说，憎恨张仪当在情理之中。带着这样的仇恨情绪，诋毁他、贬低他也就在所难免。由于秦王朝存在的时间很短，使得这种评价和影响逐渐地随着六国的后世子孙代代相传，并在相传的过程中慢慢辐射、扩散，逐渐在学术界形成了较为普遍的思维定式。后世学者也有以比较客观公正的态度来评价、看待张仪和苏秦的。(这个问题可参看第四章第五节“间谍”)

战国时期的昆辨也是一个重情义的食客。据《战国策·齐一·靖郭君善齐昆辨》记载：靖郭君任齐国丞相时，对他门下的食客昆辨很好，但是此人在别人眼中“毛病”很多。其他食客都不喜欢他，靖郭君的朋友士尉及儿子孟尝君都劝靖郭君，希望他辞掉昆辨，但是靖郭君很坚决地说：“哪怕是破了我的家，只要有昆辨足矣。我绝不会辞退他。”并把他当作上等客对待。几年后，齐威王去世，宣王立，靖郭君因与宣王关系不好，辞职与昆辨一起回到封地薛。过不久昆辨就向靖郭君辞行，告之他要去见齐宣王。靖郭君劝他说：“宣王很不喜欢我，你去是送死。”昆辨说：“我本来也没打算活着，一定要去。”齐宣王听说昆辨要来见他，藏怒以待之。

> 昆辨见宣王，王曰：“子靖郭君之所听爱夫?”昆辨曰：“爱则有之，听则无有。王之方为太子之时，辨谓靖郭君曰：‘太子相不仁，过颐豕视，若是者倍反，不若废太子，更立卫姬婴婚郊师。’靖郭君泣而曰：‘不可！吾不忍也！’若听辨而为之，必无今日之患也！此为一。至于薛，昭阳请以数倍之地易薛，辨又曰：‘必听之！’靖郭君曰：‘受薛于先王，虽恶于后王，吾独谓先王何乎？且先王之庙在薛，吾岂可以先王之庙与楚乎？又不肯听辨。此为二。”①

① 诸祖耿撰：《战国策集注汇考·齐一·靖郭君善齐昆辨》，第480页。

齐宣王听了昆辨的一番话，长声叹息，为之动容，并说：“靖郭君对我真的是这样吗？我年少真不知道这些事情！你能为我请来靖郭君吗？”当靖郭君穿着当年上朝的礼服回来时，齐宣王亲自到郊外去迎接，两人相望而泣。宣王请靖郭君为相，靖郭君推辞不过，只能接受，后来他还是以病为由，辞掉了相位，宣王只得准许。吕不韦食客为此都称赞靖郭君“可谓能自知人矣”[①]。《吕氏春秋·知士》篇特地将此文全文收录，把靖郭君作为知士的典范加以赞扬。如果我们从食客的角度来看，昆辨无疑也是一个重情义的食客。他如冯谖一样，在主人陷入困境时，挺身而出为主人奔走斡旋。不同的是，他的奔走要冒一定的风险。

第三节　百折不挠，顽强奋斗

许多食客寄食权贵门下，没有太高的要求，只满足于解决温饱。有理想有追求的食客只是其中的一部分。他们为了实现自己的梦想和追求，不屈不挠，在遭遇挫折和失败的时候不气馁，不放弃，正如孟子所言：“天将降大任于斯人也，必先苦其心志，劳其筋骨，饿其体肤，空乏其身，行弗乱其所为，所以动心忍性，曾益其所不能。”[②] 孟子的话仿佛是对那些成功食客人生经历最精辟的总结概括。食客们一旦确立了自己的人生目标，就会坚定不移地朝着自己的目标奋斗，无论中间遇到什么艰难险阻，也动摇不了他们的决心和意志，所以他们最终获得了成功。可以说每一个成功的食客背后，都有一部艰辛奋斗的血泪史。

范雎早年在魏国大夫须贾门下做食客，因为跟随主人须贾出使齐国时，接受了齐王赠送的礼物，被误以为他私通齐国，遭到了魏相魏齐严厉的处罚。

> 魏齐大怒，使舍人笞击雎，折胁折齿。雎佯死，即卷以箦，置厕中。宾客饮者醉，更溺雎，故僇辱以惩后，令无妄言者。雎从箦中谓守者曰：“公能出我，我必厚谢公。”守者乃请出弃箦中死人。魏齐

① 许维遹撰：《吕氏春秋集释·知士》，第207页。

② 《诸子集成·孟子正义·告子下》，第510页。

醉，曰："可矣。"范雎得出。[①]

范雎在看守的帮助下终于逃出。他出来后改名叫张禄。他在郑安平的帮助下，见到了秦国的使者王稽，被王稽带到了秦国。几经周折他见到了秦昭王，终于能有机会当面向秦王陈述自己治国强国的政治主张。为了使秦昭王采纳自己的主张，范雎表示甘愿"今日言之于前而明日伏诛于后，然臣不敢避也"[②]。他在与秦昭王的几次倾心交谈之后，向秦昭王提出了内除穰侯之权，外用"远交近攻"之策略。为了实现自己的主张，范雎向秦王表示：

> 大王信行臣之言，死不足以为臣患，亡不足以为臣忧，漆身为厉，被发为狂不足以为臣耻。……死者，人之所必不免也。处必然之势，可以少有补于秦，此臣之所大愿也，臣又何患哉！[③]

他的话语自信中透出坚定的决心和顽强的意志。而后，范雎被秦昭王拜为秦相，他自强不息的努力终于获得成功，成为秦国权倾一时的人物。假如范雎在魏齐处受尽侮辱，被舍人打得死去活来时，选择放弃，失去活下去的信心和勇气，那么不可能有他日后的成功与辉煌。

苏秦是食客中不屈不挠，顽强奋斗的代表。他锥刺股发奋苦读的事迹成为后世寒门学子学习的榜样。苏秦开始是以连横的主张游说秦惠王的，虽然他的游说极富感染力和号召力，但是他"说秦王书十上而说不纳"[④]，他的主张遭到了秦王的拒绝。漫长的奔波游说，已经耗尽了苏秦的所有盘缠，此时他一贫如洗。游说的失败，经济的拮据，使他极为困窘，不得已只能回家。家向来是游子的避风港，但是出乎他的意料，家人对他的归来态度极其冷漠，妻子不理睬他，嫂子不给他做饭，父母不跟他说话，这使已经落魄不堪的苏秦更是雪上加霜。他遭受的不仅仅是心理上的打击，更多的还是精神上的刺激。这种刺激反而成为他奋斗进取的动力。他"乃

---

① 《史记·范雎蔡泽列传》，第2401页。

② 同上。

③ 同上书，第2407页。

④ 诸祖耿撰：《战国策集注汇考·秦一·苏秦始将连横》，第119页。

夜发书，陈箧数十，得太公阴秘之谋，伏而诵之，简练以为揣摩。读书欲睡，引锥自刺其股，血流至踵”①。

他激励自己“安有说人主不能出其金玉锦绣，取卿相之尊者乎?”②一年之后，他终于琢磨研究出了合纵之谋略。他认为“此真可以说当世之君矣!”③ 于是他带着合纵之谋先后游说了赵、燕、韩、魏、楚等国的国君。在他的游说鼓动下，“于是六国纵合而并力焉。苏秦为纵约长，并相六国”④。对于苏秦百折不挠，终获成功的奋斗经历，人们感叹不已：“且夫苏秦特穷巷掘门桑户棬枢之士耳！伏轼撙衔，横历天下，廷说诸侯之主，杜左右之口，天下莫之能伉!”⑤ 成功后苏秦衣锦还乡，家人给予了热烈的欢迎，“路过洛阳，父母闻之，清宫除道，张乐设饮，郊迎三十里。妻侧面而视，倾耳而听，嫂蛇行匍伏，四拜自跪而谢”⑥。

苏秦对于自己的成功也是感慨良多，他认为：“且使我有洛阳负郭田二顷，吾岂能佩六国相印乎!”⑦ “负郭田”是指近城郊的肥沃耕地。司马贞《史记索引》曰：“负者，背也，枕也。近城之地，沃润流泽，最为膏腴，故曰‘负郭’。”⑧ 二顷田在当时约为二百亩。杨宽在《战国史》中指出：“负郭田是比较好的，苏秦原是洛阳农民出身，他是说，如果他是有洛阳负郭田二顷的地主，就不会出来游说和谋求官职了。”⑨ 在苏秦看来，假如自己当初有一块面积不小的膏腴之田可以耕作，生活安稳，温饱无忧，也许他就没有了奋斗的动力，也就没有了今天的成功。

关于苏秦衣锦还乡的情节，《史记》与《战国策》有明显的不同，尤其是苏秦的一番感慨议论，《战国策》是“嗟乎！贫穷则父母不子，富贵则亲戚畏惧。人生世上，势位富贵，盖可忽乎哉!”⑩《战国策》强调的是苏秦对名利富贵的追求，突出他努力奋斗的原动力来源于他对贫困生活的

---

① 诸祖耿撰：《战国策集注汇考·秦一·苏秦始将连横》，第 119 页。
② 同上。
③ 同上。
④ 《史记·苏秦列传》，第 2261 页。
⑤ 诸祖耿撰：《战国策集注汇考·秦一·苏秦始将连横》，第 120 页。
⑥ 同上。
⑦ 《史记·苏秦列传》，第 2262 页。
⑧ 诸祖耿撰：《战国策集注汇考·秦一·苏秦始将连横》，第 120 页。
⑨ 杨宽：《战国史》，上海人民出版社 2003 年版，第 164 页。
⑩ 诸祖耿撰：《战国策集注汇考·秦一·苏秦始将连横》，第 120 页。

畏惧和名利富贵的渴望。而司马迁则将苏秦喟叹的内容改为“且使我有洛阳负郭田二顷，吾岂能佩六国相印乎！”同为身世感慨，吾师韩兆琦教授认为：“司马迁写入了个人的身世感慨，并突出了其‘困厄造英雄’的一贯宗旨。”① 这是司马迁在《史记》中强调的一贯宗旨，其中融入了他个人遭遇李陵之祸后，以写作《史记》成就功名的切身感受。

第四节 士为知己者死

孟子曾经说过：“生，亦我所欲也；义，亦我所欲也；二者不可得兼，舍生而取义者也。生亦我所欲，所欲有甚于生者，故不为苟得；死亦我所恶，所恶有甚于死者，故患有所不辟也。”② 孟子的话，代表了春秋战国的士人在面临生死抉择时所作的选择，那就是“舍生取义”。自此“舍生取义”不仅成为儒家所崇尚和宣扬的精神与气节，更成为儒家士人所奉行的生死观。食客作为那个时代的特殊群体，有着怎样的生死观呢？由于他们所处的社会地位和环境的特殊性，其人生经历都颇为曲折，命运多舛，所以食客面对死亡表现得尤为慷慨悲壮。

“士为知己者死”一语出自《战国策·赵策一》，这是智伯的食客豫让说的话。有关豫让的故事，《战国策》和《史记·刺客列传》均有记载，据《战国策》记载：

> （豫让）始事范中行氏，不说，去而就智伯，智伯宠之。及三晋分知氏，赵襄子最怨智伯，而漆其头以为饮器。豫让遁逃山中，曰：“嗟乎！士为知己者死，女为悦己者容！吾其报智伯矣！”……于是襄子面数豫让曰：“子不尝事范中行氏乎？智伯灭范中行氏，而子不为报仇，反委质事智伯。智伯亦已死，子独何为报仇之深也？”豫让曰：“臣事范中行氏，范中行氏以众人遇臣，臣故众人报之；智伯以国士遇臣，臣故国士报之。”③

---

① 韩兆琦：《史记笺证·苏秦列传》，第3997页。

② 《诸子集成·孟子正义·告子上》，第461页。

③ 诸祖耿撰：《战国策集注汇考·赵一·晋毕阳之孙豫让》，第886页。

豫让做食客是三易其主，他先后在范氏、中行氏门下做食客，范氏、中行氏被智伯灭掉后，他才投到智伯门下为食客的。当智伯被赵襄子灭掉后，豫让立誓要报答智伯，去刺杀赵襄子。豫让刺杀赵襄子为智伯报仇的事迹，《史记·刺客列传》与《战国策》的记载几乎相同，但是名字写法和前面部分略有差别，《刺客列传》前面部分是这样记载的：

> （豫让）尝事范氏及中行氏，而无所知名。去而事智伯，智伯甚尊宠之。及智伯伐赵襄子，赵襄子与韩、魏合谋灭智伯，灭智伯之后而三分其地。赵襄子最怨智伯，漆其头以为饮器。豫让遁逃山中，曰："嗟乎！士为知己者死，女为悦己者容。今智伯知我，我必为报仇而死；以报智伯，则吾魂魄不愧矣。"①

《史记》与《战国策》的不同处：第一，豫让在范氏、中行氏处，《战国策》是"不说"，《史记》则是"无所知名"。第二，《战国策》是"去而就智伯，智伯宠之"。《史记》是"去而事智伯，智伯甚尊宠之"。第三，豫让逃遁山中所立誓言，前两句相同，不同在后面：《战国策》是"吾其报智伯矣！"《史记》是"今智伯知我，我必为报仇而死；以报智伯，则吾魂魄不愧矣"。由此看，《史记》更突出强调豫让追求的是立身扬名；再有就是豫让对智伯的知己感恩之情。这些为表现"士为知己者死"的主题起到了很好的铺垫作用。

为了突出"士为知己者死"这一主题，司马迁在材料的取舍上是有选择的。《吕氏春秋·不侵》有一段豫让与朋友的对话，较详细地说明了豫让在范氏、中行氏门下及在智伯门下做食客时受到的不同待遇和真实感受：

> 范氏、中行氏，我寒而不我衣，我饥而不我食，而时使我与千人共其养，是众人畜我也。夫众人畜我者，我亦众人事之。至于智氏则不然，出则乘我以车，入则足我以养，众人广朝，而必加礼于吾所，是国士畜我也。夫国士畜我者，我亦国士事之。②

---

① 《史记·刺客列传》，第2519页。

② 许维遹撰：《吕氏春秋集释·不侵》，第271页。

这则材料司马迁为什么没有收进《史记》中呢？值得深思。《吕氏春秋》作为秦王朝的书籍，是完整保留了下来的，而司马迁作为史官是完全有条件看到这部书的。是否可以推测他没有把这则材料收入《史记》，是因为它有损豫让的“国士”形象，会削弱“士为知己者死”的主旨呢？我们从这则材料看，豫让在范氏、中行氏处的生活可以用饥寒交迫来概括。他受到的是范氏、中行氏“千人共其养”，“众人畜我”的待遇。而智伯不同，他不仅使豫让温饱得到解决，而且衣食无忧；还出有车，这是孟尝君上客的待遇。据此推测，豫让在范氏、中行氏门下是下客等级的待遇，到了智伯门下即变为上客等级的待遇了；而且智伯在众人之中“必加礼于吾所”。这使豫让备感温暖，认为智伯“是国士畜我”。其实，智伯对豫让只是把他作为上等客来对待，在生活上给他以优厚的待遇，在人格上给他以充分的尊重。但是对豫让而言已经是受宠若惊了，显然豫让追求和满足的不过是生活待遇的优厚而已，并没有成为商鞅、范雎那样为国君所倚重的谋臣国士。那么什么是“国士”呢？《辞源》对“国士”的定义：（1）勇力冠于全国的人。（2）国中才能出众的人。《辞海》的定义是“一国杰出的人物”。以此来衡量，豫让还是不够“国士”水准的，但是他得到了智伯“国士”的待遇，这是令豫让感动不已的原因。司马迁没有把《吕氏春秋》这则材料放入《史记》，估计考虑到放进去会使豫让形象受损，以及会削弱“士为知己者死”的主题思想。

石乞是春秋时期楚国宗亲贵族白公胜的食客，也是他厚养的死士。白公胜是春秋时期楚平王的孙子，太子建的儿子。楚平王杀了伍子胥的父亲伍奢之后，伍子胥带着太子建逃到了宋国、郑国。由于太子建参与了晋国谋乱郑国的阴谋，事情败露后，太子建被郑国杀掉。伍子胥又带着公子胜（即白公胜）逃到了吴国。楚惠王继位后，想把白公胜招回，遭到了叶公大夫的反对。但是，楚惠王不听，仍然召回了白公胜。白公胜回到楚国后，谋求报复郑国。

> 怨郑之杀其父，乃阴养死士求报郑。归楚五年，请伐郑，楚令尹子西许之。兵未发而晋伐郑，郑请救于楚。楚使子西往救，与盟还。白公胜怒曰：“非郑之仇，乃子西也。”……其后四岁，白公胜与石乞袭杀楚令尹子西、司马子綦于朝。……叶公闻白公为乱，率其国人

攻白公。白公之徒败，亡走山中，自杀。而虏石乞，而问白公尸处，不言将亨。石乞曰："事成为卿，不成而亨，固其职也。"终不肯告其尸处。遂亨石乞。[①]

据《史记·楚世家》载："八年，晋伐郑，郑告急楚，楚使子西救郑，受赂而去。"[②] 由此看，楚令尹子西对白公胜出尔反尔的原因，是因为他接受了郑国的贿赂，而未兑现与白公之约，为此白公胜恼羞成怒，立誓要杀掉子西。白公胜最终杀了子西。石乞作为白公胜所养的"死士"，不仅参与了白公胜的谋反行动，当白公胜谋反失败自杀身亡，自己被俘后，他所面临的生死抉择是告之白公胜的尸体藏匿处，则可活，否则将被烹。石乞非常坦然，他很清楚自己当初的选择，追随主人谋反"事成为卿，不成而亨，固其职也"。这是为主人尽忠，这本来是自己作为食客应尽的本分和职责，所以他丝毫不惧"将烹"的死亡威胁。客观地说，白公胜杀子西虽然事出有因，但是他这样做实乃恩将仇报，是应受到谴责和否定的。从另一个角度看，石乞的"士为知己者死"，白公胜的能得人，应该是司马迁在《伍子胥列传》的后面附白公胜传的真正用意吧？

第五节　以义死难，视死如归

"以义死难，视死如归"的原话出自《史记·范雎蔡泽列传》，司马迁是借蔡泽的口说出了食客们对待生死的一种看法和选择。其原话是这样的："君子以义死难，视死如归；生而辱不如死而荣。士固有杀身以成名，唯义之所在，虽死无所恨。"[③] 这里所说的"义"是一个比较宽泛的道德概念，它可以指：道义、大义、信义、仁义、侠义、恩义、情义、忠义、孝义等所有正义的事情或行为，也可以指精神层面的气节、名节、人格、尊严等。

"以义死难，视死如归"，这既是春秋战国及秦汉时期士林阶层所崇尚的生死观，也是食客们推崇的生死观。

---

① 《史记·伍子胥列传》，第 2182 页。

② 《史记·楚世家》，第 1718 页。

③ 司马迁：《史记·范雎蔡泽列传》，中华书局 1985 年版，第 2420 页。

荆轲刺杀秦王嬴政，是一个妇孺皆知、耳熟能详的悲壮故事。它取材于战国时期一个真实的历史事件。在这个故事中，不仅仅是荆轲，还有田光、樊於期、高渐离等食客，都以自己生命的光彩，为后人诠释了“君子以义死难，视死如归”的生命价值和意义。

关于“荆轲刺秦王”之事在《史记·刺客列传》和《战国策·燕三·燕太子丹质于秦亡归》中都有记载，只是《战国策》中少了开头荆轲与盖聂、鲁勾践论剑、下棋的情节，结尾少了高渐离为荆轲复仇，以筑朴杀秦始皇（秦已统一天下，嬴政已改称始皇）的情节，中间部分完全相同。两书究竟是谁参考谁的呢？多数学者都认为是《战国策》抄袭了《史记》，只是抄袭时掐头去尾罢了。也有少数学者认为是《史记》抄袭了《战国策》。但是杨宽在他的《战国史料编年辑证》中提出了另一种看法：

> 《汉书·艺文志》著录有《荆轲论》五篇，注云：“轲为燕刺秦王，不成而死，司马相如论。”可知荆轲刺秦王盛传于秦汉之际，汉初文学家司马相如尝为专论五篇。《燕策三》与《刺客列传》所载荆轲之事迹，当有所本。司马迁谓“公孙季功、董生与夏无且游，具知其事”，当指荆轲上殿上刺秦王时所经历亲见之惊险过程。司马迁据以描写，因而《刺客列传》所述极为生动而细致，并特意叙述夏无且掷药囊而得赏之事。《燕策三》第五章所载燕太子丹使荆轲刺秦王之事，当采自纵横家之原有记载，《刺客列传》则采自策文而略有增饰，如鞠武对答太子之言。惟有末段所叙殿上行刺经过，则依据公孙季功等所述夏无且所说。今本《战国策》所以与《刺客列传》全相同者，盖后人又据《史记》以增补《战国策》。①

应当说杨宽先生的分析是较为合理和符合实际的。荆轲刺秦的事情发生在战国末期，当时七国的形势随着战争格局的改变已经发生了变化：“秦已虏韩王，尽纳其地。又举兵南伐楚，北临赵。王翦将数十万之众距漳、邺，而李信出太原、云中。赵不能支秦必入臣，入臣则祸至燕。燕小

---

① 韩兆琦：《史记笺证·刺客列传》，杨宽：《战国史》，江西人民出版社 2005 年版，第 4627 页。

弱，数困于兵，今计举国不足以当秦。诸侯服秦，莫敢合纵。”①

秦国吞并六国即将成为事实，在秦国做人质的燕国太子丹，为燕国即将覆亡的命运焦虑万分。为了挽救燕国的危亡，他逃回国内。他认为要阻止秦国吞并六国的军事行动，唯一的办法就是除掉秦王嬴政，为此他找来太傅鞠武和侠客田光商议，准备对秦王采取暗杀行动。田光因为年纪大了，难以胜任这一重任，特意向太子丹推荐了自己的知己好友荆轲。为了激励荆轲，坚定他帮助太子丹刺秦的决心，田光不惜自杀。荆轲到秦国实施刺秦计划，需要面见秦王的见面礼。为此，太子丹的食客，被秦王追杀“购之金千斤，邑万家”的原秦将樊於期自杀身亡，自动献出自己的首级。太子丹自从得到荆轲之后，对他极其尊宠厚爱，倾其所有地任随荆轲享用，“以顺适其意”。太子丹对荆轲的知遇之恩，令他感动不已，这是他慨然允诺、“以义死难”的根本原因。

司马迁在《刺客列传》“荆轲传”的开头有一个情节是《战国策》未有的：

> 荆卿好读书击剑，要术说卫元君，卫元君不用。……
>
> 荆轲既至燕，爱燕之狗屠及善击筑者高渐离。荆轲嗜酒，日与狗屠及高渐离饮于燕市，酒酣以往，高渐离击筑，荆轲和而歌于市中，相乐也；已而相泣，旁若无人者。荆轲虽游于酒人乎，然其为人沉深好书；其所游诸侯，尽与其贤豪长者相结。②

司马迁试图通过这个情节告诉读者，荆轲最初是怀才不遇的，他内心深处是非常失落和寂寞的，他曾与盖聂论剑，与鲁勾践下棋，都因话不投机而落荒逃离。所以，他非常渴望被人理解、被人尊重和被人赏识。“刺客内心世界愈是寂寞，愈是渴望被人发现，其所蓄积的能量就愈大，其所外化的报恩方式也就愈惨烈。”③ 当荆轲一旦遇到了太子丹这样赏识他，爱慕他的知己，他必然会为报答主人的知遇之恩而抛头颅，洒热血，“以义死难，视死如归”。“刺客一般文化素养不高，很难在上层建筑领域内

① 《史记·刺客列传》，第2531页。

② 同上书，第2528页。

③ 陈桐生：《〈史记〉名篇述论稿》，汕头大学出版社1996年版，第218页。

有所建树，但他们同样希望实现辉煌的人生，希望建立不朽的功业，希望独得社会的普遍理解与尊重。”①

从豫让与智伯，聂政与严仲子，荆轲与太子丹的关系来看，主人对刺客除了赏识、器重、任用之外，不可否认，还有优厚的物质待遇和经济帮助。权贵对刺客的知遇之恩中实际上包含着一定的经济利益在里边，这也是刺客出于感恩要舍命相报的原因。正因为如此，后人对刺客的报恩行为也有了不同的看法。有的学者认为，刺客渴望立功扬名天下的理想抱负被权贵所利用，成为权贵豢养的复仇工具，如前面第五章第一节所举的徐朔方的观点。也有的学者认为：“燕太子丹卑辞厚礼善待荆轲，这也不能从物质收买上来理解，而应该看作是燕太子丹对荆轲的知遇。刺客们踌躇犹豫，是为了真正看清自己是否得到知遇，司马迁也一再引导读者注意恩主与刺客之间知与被知的关系，说明这些刺客……他们是为大义所激发，为情义所驱使。”② 正如《吕氏春秋·观世》说的“受人之养而不死其难则不义”③ 这一观点已经成为食客，尤其是刺客们的人生信条，或者说是食客们面临生死之时的必然选择。

高渐离与荆轲是一对知己好友。荆轲刺秦失败，秦国统一天下，“于是秦逐太子丹、荆轲之客，皆亡”④。高渐离隐姓埋名到大户人家去做长工，每当他听到主人家有客人击筑时，都会长久停留，不忍离去，并时而对演奏者做出评价。同伴将情况报告给主人，主人招他前来演奏，结果“一坐称善”⑤。高渐离开始出来演奏，每当他“击筑而歌，客无不流涕而去者”⑥。渐渐地他善击筑的声誉传到秦始皇耳中，秦始皇召他来，当得知他即为高渐离时，“秦始皇惜其善击筑，重赦之，乃矐其目，使击筑，未尝不称善。稍益近之，高渐离乃以铅置筑中，复进得近，举筑朴秦始皇，不中。于是遂诛高渐离，终身不复近诸侯之人”⑦。高渐离为了给荆轲复仇，为了能接近秦始皇寻找下手的机会，不惜自己弄瞎眼，虽然最终

---

① 陈桐生：《〈史记〉名篇述论稿》，汕头大学出版社 1996 年版，第 218 页。

② 同上书，第 221 页。

③ 许维遹撰：《吕氏春秋集释·观世》，第 404 页。

④ 《史记·刺客列传》，第 2536 页。

⑤ 同上书，第 2537 页。

⑥ 同上。

⑦ 《史记·刺客列传》，第 2537 页。

刺杀未获成功，但是，他以自己的行动向世人证明了自己的“以义死难，视死如归”的英雄壮举，也不负荆轲与他的生死情谊。

当年吕不韦迫于秦王嬴政的压力，不得已饮鸩而死。据司马贞《史记索隐》载：“不韦饮鸩死，其宾客数千人窃共葬于洛阳北芒山。”[①] 几千宾客基于恩义，不顾性命危险，冒死为主人下葬，这需要多么大的勇气和胆量，也从另一个侧面说明吕不韦与他食客之间情深意重，关系之融洽。为此其宾客遭到了非常严厉的处罚：“其舍人临者，晋人也逐出之；秦人六百石以上夺爵，迁。五百石以下不临，迁，勿夺爵。”[②] 从上述材料看，吕不韦食客中有不少人已经步入仕途，谋得了一官半职，并且有的职位还不低。但是他们为了不负主人，敢于违抗秦王之令，为主人“窃葬”，不惜抛弃自己艰苦奋斗到手的名与利，甚至性命。真可谓“以义死难”。

《史记·赵世家》记载的“赵氏孤儿”故事，里面两个主要人物程婴和公孙杵臼为救赵家孤儿赵武，“以义死难”，程婴牺牲了自己的孩子，公孙杵臼则牺牲了自己的生命。他们悲壮的事迹不断地为后人传颂。

晁错早年也是食客出身，他在汉景帝为太子时，曾经做过太子的舍人、门大夫、家令，故“以其辩得幸太子，太子家号曰‘智囊’。数上书孝文时，言削诸侯事，及法令可更定者”[③]。晁错早年就已经意识到诸侯王势力的强大对朝廷中央政权的危害，所以力主削藩，在汉文帝时就积极上书谏言。但是他的建议没有得到汉文帝的重视和采纳。汉景帝即位，晁错得到汉景帝重用，先被任为内史，后升任御史大夫。晁错又再次向景帝进谏：

> 请诸侯之过，削其地，收其枝郡。……错所更令三十章，诸侯皆喧哗疾晁错。错父闻之，从颍川来，谓错曰：“上初即位，公为政用事，侵削诸侯，别疏人骨肉，人口议多怨公者何也?”错曰：“固也。不如此，天子不尊，宗庙不安。”错父曰：“刘氏安矣，而晁氏危矣，吾去公归矣!”遂饮药死，曰：“吾不忍见祸及吾身。”死十余日，吴

---

① 《史记·秦始皇本纪》，第 231 页。

② 同上。

③ 《史记·袁盎晁错列传》，第 2746 页。

楚七国果反，以诛错为名。及窦婴、袁盎进说，上令晁错衣朝衣斩东市。[①]

晁错力主削弱诸侯王的势力，以巩固中央集权的主张，触犯了诸侯王的利益，所以遭到众诸侯王的群起反对，其父特意从家乡赶来劝说，但是晁错削藩的决心坚定不移，他已经看到诸侯王势力强大对中央朝廷的威胁，他说“不如此，天子不尊，宗庙不安”，虽然他知道坚持削藩会危及自身性命，但是，他更知道再不解决削藩问题，国家有分裂，天子有架空的危险。作为朝廷忠臣，他“苟利国家生死以，岂因祸福避趋之”[②]。他父亲说：“刘氏安矣，而晁氏危矣，吾去公归矣！”他不忍看到危难降临晁家，于是饮药自杀。晁父死后十天，吴楚七国叛乱暴发，他们打着“诛晁错，清君侧”的旗号。晁错的政敌窦婴、袁盎此时竟然落井下石，借叛敌之手，除掉异己，他们劝说汉景帝放弃晁错，昏庸糊涂的汉景帝竟然“令晁错衣朝衣斩东市”。一代忠臣竟然落得如此悲惨结局，确实令人感叹惋惜。晁错“以义死难，视死如归”的大义之举令人敬佩赞叹，唐人刘贲赞曰：“错为汉划削诸侯之策，非不知祸之将至矣，忠臣之心，壮夫之节，苟利社稷，死无悔焉。”[③]

荆轲、田光、樊於期、高渐离、公孙杵臼、晁错等人的生死经历表明，春秋战国及秦汉时期的食客与同时代的士人一样，崇尚气节、崇尚正义，面临生死，“以义死难”而不避之。这种“义”虽然是精神层面的东西，它很抽象，但是它却能牢牢地占据着每一个食客的心，它不仅成为食客心中的一把尺，而且他们时常用它衡量、约束着自己的一言一行。这种“义”常外化成为食客的精神、品格、气节和名节。一个人的气节、名节或精神品格如何，决定了这个人的社会声誉，也决定了社会对他的认同和道德评价。有的人因“有义”而流芳千古；有的人因“无义”而遗臭万年。所以食客们才把“义”看得重于生命，每当生死存亡的关键时刻，该选择“生”还是“死”，则由“义”或“不义”来决定，来取舍。而

---

① 《史记·袁盎晁错列传》，第 2747 页。

② 邱远猷译注：《林则徐邓廷桢黄爵滋诗文选译·赴戍登程口占示家人》，巴蜀书社 1997 年版，第 149 页。

③ 韩兆琦：《史记笺证·袁盎晁错列传》，第 5154 页。

前辈食客“舍生取义”的人生抉择，对后辈食客又有着榜样和激励的作用，进而逐渐成为食客们共同推崇的生死观。

第六节 弃小义，雪大耻，隐忍就功名

“弃小义，雪大耻”与上文提到的“君子以义死难，视死如归”的生死观刚好是对立的。“义”在很多食客的眼中重于泰山，为了坚守“义”的道德信条，很多食客付出生命也心甘情愿。但是，有一些食客，在他们眼中，有一些东西比“义”更为重要，那就是自己的理想抱负。与之相比，“义”在他们眼中显得虚幻一些，远没有他们的理想抱负或人生目标来得实在。应该说选择“以义死难”的食客，在他们心中国家利益、他人利益高于个人利益；而选择“弃小义，雪大耻”，“隐忍就功名”的食客，则是个体利益、个人理想抱负高于国家利益和他人利益。

春秋战国时期，许多士人与食客在自己的人格尊严受到损害之时，他们为了维护自己的气节与尊严，不惜付出生命的代价，舍生取义。但是也有的食客为了雪耻，会选择弃义。在他们看来，与“大耻”相比，义是“小义”。当“大耻”与“小义”面临两难抉择时，必须“弃小义”，隐忍苟活，才能实现“雪大耻”的目的。对于许多食客来说，要做到“舍生取义”并不难，但是要做到“弃小义”，“生而辱”地隐忍苟活，却非常非常之难。因为他们要背负沉重的精神负担，背负“无义”或“不义”的社会舆论谴责。对此有着切身体会的司马迁对这些人给予了高度的赞扬，并表现出无限的崇敬，他说“非烈丈夫孰能致此哉?”① 伍子胥、范雎、孙膑就是这些“烈丈夫”的杰出代表。

有关伍子胥的事迹在第五章第四节中已有简单介绍。伍子胥，名员，楚国人。其父亲伍奢为楚太子建太傅。由于楚平王受到奸臣费无忌的挑唆，将给太子建娶的秦女据为己有。费无忌害怕太子建继位为楚王后要向自己秋后算账，所以他要想法除掉太子，于是不断地在楚王面前进谄言，诽谤太子：

> “太子居城父，将兵，外交诸侯，且欲入为乱矣。”……“王今

---

① 《史记·伍子胥列传》，第2183页。

不制，其事成矣，王且见禽。”于是平王怒，囚伍奢，而使城父司马奋扬往杀太子。……无忌言于平王曰：“伍奢有二子，皆贤，不诛且为楚忧。可以其父质而召之，不然且为楚患。”王使使谓伍奢曰：“能致汝二子则生，不能则死。”……使人召二子曰：“来，吾生汝父；不来，今杀奢也。”伍尚欲往，员曰：“楚之召我兄弟，非欲以生我父也，恐有脱者后生患，故以父为质，诈召二子。二子到，则父子俱死，何益父之死？往而令仇不得报耳。不如奔他国，借力以雪父之耻。俱灭，无为也。”伍尚曰：“我知往终不能全父命，然恨父召我以求生而不往，后不能雪耻，终为天下笑耳。”谓员：“可以矣！汝能报杀父之仇，我将归死。”①

伍子胥与哥哥伍尚，在楚王以父亲为人质，要挟他们来交换父亲的性命时，两人做出了不同的选择。伍尚从父命，虽然“知往终不能全父命”，但是考虑到“父召我”而不去，会被世人误解为求生而不顾全父亲性命。假如求生又不能报仇雪耻，将“终为天下笑”。所以他选择以死为父尽孝。而伍子胥则选择了求生为父亲雪耻复仇。

为了复仇，伍子胥先后逃亡到宋国、郑国、吴国，历尽艰难困苦，备尝艰辛，终于在楚昭王十年，他借助吴王的力量，率吴军攻入楚郢都。“伍子胥求昭王。既不得，乃掘楚平王墓，出其尸，鞭之三百然后已。”②

“掘墓鞭尸”这一情节在《左传》中未见记载，应当是司马迁合理想象的虚构。据《史记·十二诸侯年表》记载，楚平王诛伍奢父子，是在楚平王七年（公元前522），吴军伐楚入郢都，楚昭王出亡，伍子胥掘墓鞭尸是在楚昭王十年（公元前506），前后十六年。可见他为了复仇雪耻，度过了多么漫长的岁月，经历了多少的苦难和艰辛，最终完成了复仇的宿愿。司马迁对于伍子胥的人生抉择给予了高度肯定和赞扬，他说：“向令伍子胥从奢俱死，何异蝼蚁？弃小义，雪大耻，名垂后世，悲夫！方子胥窘于江上，道乞食，志岂尝须臾忘郢邪？故隐忍就功名，非烈丈夫孰能致此哉？”③

---

① 《史记·伍子胥列传》，第2172页。

② 同上书，第2176页。

③ 《史记·伍子胥列传》，第2172页。

司马迁认为，假如伍子胥像哥哥伍尚一样，听从楚王之命，以己身换父命，虽然能够保持名节，尽孝道之义。但是他的死不过是成就了小义而已，毫无价值意义，与蝼蚁何异？而伍子胥选择活下来为父报仇，是“弃小义，雪大耻”，最终成就了功名，其意义则是“名垂后世”的。司马迁在一大一小，一取一舍的比较中，让后人真切地体会到两者的巨大差别和他们生命价值意义的不同。

同样的，当范雎受到魏齐的严刑拷打，百般折磨，濒临死亡时；当孙膑被庞涓用酷刑挖去其膝盖骨时，他们没有因为保持名节不损而选择死亡，而是顽强地生存下来。他们之所以“隐忍苟活，函粪土之中而不辞者，恨私心有所不尽”[①]。而他们未尽的“私心”就是要“雪大耻，名垂后世”，这才是他们的最终追求。为了这一终极目标，他们可以忍受所有的屈辱和痛苦，可以忍受社会和世人对他们的误解和谴责，可以承受所有的不幸和打击。司马迁在《太史公自序》中称赞范雎：“能忍诟于魏齐，而信威于强秦。”[②] 司马迁对伍子胥、范雎、孙膑等人“不羞小节而耻功名不显于天下”[③] 的人生选择是肯定的，并在他们的传记写作中，融入了自己深深的人生感悟和思考。

司马迁在武帝天汉二年（公元前99）遭遇了李陵之祸，犯了死罪。这时候司马迁的《史记》写作没有完成，若是他接受死刑，那么《史记》将无法完成，父亲的理想和遗愿就无法实现。若想不死，继续完成《史记》写作，还有两条路可走：一是拿钱赎罪，需要50万。司马迁这个太史令在朝廷中属于中低收入的官员，他拿不出这么多的钱。第二条路是接受宫刑。在当时，许多人宁愿一死，也不愿接受宫刑。因为宫刑不仅仅是对男性肉体的严重摧残，更是对男性精神和人格尊严的粗暴践踏。所以很多人为了保持名节不损，宁愿接受死刑。我们可以设想，当司马迁做出这样的生死抉择，接受宫刑的时候，内心一定是非常痛苦的，他在写给朋友任安的信中诉说了自己心中的悲哀与巨痛：

> 仆以口语遇遭此祸，重为乡党戮笑，污辱先人，亦何面目复上父

---

① 张大可注释：《史记新注·报任安书》，华文出版社2000年版，第2196页。

② 《史记·太史公自序》，第3314页。

③ 《史记·管晏列传》，第2132页。

母之丘墓乎？虽累百世，垢弥甚耳！是以肠一日九回，居则忽忽若有所亡，出则不知所如往。每念斯耻，汗未尝不发背沾衣。[①]

想到自己无颜面对祖先，会被乡人耻笑，他就痛苦得肠子在腹中千回百转，精神恍惚，汗流浃背。但是他所以做出这样的人生抉择，是因为他对生死有着与常人不同的看法，他认为：

假令仆伏法受诛，若九牛亡一毛，与蝼蚁何异？……人固有一死，死有重于泰山，或轻于鸿毛，用之所趋异也。……所以隐忍苟活，函粪土之中而不辞者，恨私心有所不尽，鄙没世而文采不表于后也。[②]

在司马迁看来，如果自己接受死刑，那么他的死与蝼蚁无异，毫无价值。生命对每个人而言都只有一次，但是需要你对自己的死做出选择的时候，怎么死，什么时候死，不同的人有不同的选择。不同的死法也就使各自的生命意义和价值大不相同。有的人死得比泰山还重，有的人死得比鸿毛还轻，那是因为他们选择了死的方法不同。司马迁用泰山之重与鸿毛之轻的比喻作对比，很容易让人们感性地体会到两种死法价值的巨大差别。

司马迁的生死观及他对生死的抉择与伍子胥、范雎、孙膑等人有着惊人的相似，这不仅说明司马迁的生死观受到他们的影响，并且司马迁通过自己的人生经历和感受，对伍子胥等人的生死选择有了切身的体会和认识，在此基础上对他们的生死观进行了认真的思考和理论的阐释，总结为“弃小义，雪大耻”，“隐忍就功名”。经过司马迁的理论阐释和总结，使食客这种独特的生死观在凝练中得到升华，从而赋予食客生死观以更深刻的人生意义和更丰富的人生思考。

① 张大可注释：《史记新注·报任安书》，华文出版社 2000 年版，第 2197 页。

② 同上书，第 2194—2196 页。

第八章

食客的文学描写

我们这里分析食客的文学描写，主要是以《史记》、《战国策》、《左传》、《国语》、《汉书》、《吕氏春秋》、《淮南子》等几部史传文学作品为蓝本，对其中食客的文学描写和文学表现进行分析和理论的阐释。在这些史传文学作品中出现的食客，既有历史的真实，也有文学家的手笔。有的食客形象由于塑造得成功，成为影响深远的文学典型。食客形象可以分为几种情况。第一种是史书记载详尽，人物形象鲜明突出，个性特征明显的，如冯谖、荆轲、豫让、蔺相如、毛遂等，这一类食客的文学描写非常成功，也是读者们熟悉和喜爱的文学形象；第二种是事迹简略，人物形象不清晰，甚至人名都没有，只是以食客之特征作为称呼的，如孟尝君的鸡鸣狗盗者；第三种是无人名、无事迹记载，只在其主人的史事中与其食客有关而被提及。我们这里对食客形象的文学描写进行分析阐释，主要以前两种食客为对象。

第一节　食客的文学形象

一　侠客型

我们这里谈的侠客与普通的侠客或者说是文学作品中的侠客有所不同。这里所谈的侠客，首先，他们的出身或者说身份是食客的身份；其次，他们身上具有行侠仗义、慷慨任侠的内涵特征。而普通的侠客，许多人是自由之身，并没有依附某个权贵，所以他们不是食客。食客侠客与普通侠客在外延上有所不同，但是内涵特征是相同的，都具有行侠仗义，慷慨任侠的基本特征。

侠客型食客（以下简称侠客）是史传文学中人物形象描写得最丰满、

最生动、最成功的一类。而且侠客的文学形象对后世中国文学，尤其是后世的武侠小说产生了深远的影响。侠客对后世文学家的影响也很大，后世的许多文学家都标榜或自诩为侠客，如李白、陆游、辛弃疾、秋瑾等。

侠客人物一般具有慷慨任侠，扶危济困，见义勇为的性格特征。在这里我们将侠客分为文侠和武侠两类。

文侠人物主要通过智谋为他人排忧解难，化解危机，如毛遂、蔺相如、田光等。史传文学突出表现了文侠临危不惧，机智勇敢，危机时刻挺身而出，敢于斗争，善于斗争的性格特征。毛遂在赵国邯郸被秦军包围，平原君要带20个食客一起出使楚国搬救兵时，主动自荐，请求跟随平原君出使。当平原君与楚王谈判陷入僵局时，他“按剑历阶而上”①，“按剑”当为一手紧握剑把，一手紧握剑鞘，随时准备拔剑出鞘应对危险的姿势。“历阶”应当是一步一蹬台阶。按当时上台阶的礼节，每上一个台阶要并一下脚，然后再上第二台阶，但是因为当时情况紧急，所以毛遂不顾礼节，历阶而上。司马迁通过“按剑历阶而上”，“按剑而前”两个细节描写，来表现毛遂大义凛然、临危不惧的英雄气概。所以姚苎田评价：“两‘按剑’字写得奕奕，与前文‘文不能取胜’意相应，此时本不恃武，然必以此折服之，所以扬其气也，不然便开口不得。”② 最后，楚王在毛遂有理有据的说服下，与平原君达成了共识，两人歃血为盟，楚王跟赵国签订了合纵盟约。司马迁在这里成功地刻画了毛遂机智勇敢的侠客形象。

蔺相如原为赵国宦者令缪贤的舍人，他的出场很特别，是在赵国面临一场危机的时刻，被从幕后推到台前的。秦国得知赵国有价值连城的和氏璧，提出愿以十五城交换和氏璧。当时秦强赵弱，不给，显然会给秦国出兵赵国以借口；给，很可能是玉和城两空，送了美玉而得不到城。为此赵国君臣上下左右为难，难有两全之策。关键时刻，缪贤举荐了自己的舍人蔺相如。司马迁采用先声夺人的方法，让缪贤以自己的亲身经历来说明蔺相如能够担当此重任。当年缪贤获罪想逃往燕国，蔺相如劝阻他，帮他分析燕王之所以暗中向他示好，是因为赵强燕弱，而缪贤得幸于赵王，所以燕王想讨好缪贤。但现在缪贤作为罪犯逃到燕国，燕畏赵，势必不敢收留

① 《史记·平原君虞卿列传》，第2367页。

② 韩兆琦：《史记笺证·平原君虞卿列传》，第4250页。

他，只会把他送回赵国。他建议缪贤“肉袒伏斧质请罪，则幸得脱矣”[①]。他听从蔺相如的劝说，向赵王请罪，最后得到赵王的赦免。他称赞蔺相如“其人勇士，有智谋，宜可使”[②]。于是赵王召见蔺相如，征询他的意见。果然蔺相如分析问题深远而透彻，他认为“秦强而赵弱，不可不许”，“宁许以负秦曲”。他又自告奋勇，“王必无人，臣愿意奉璧往使。城入赵而璧留秦，城不入，臣请完璧归赵”[③]。蔺相如在国家危难时刻，毫不犹豫地挺身而出，显示出他敢于担当、慷慨任侠的大丈夫气概。

蔺相如来到秦国，发现秦王不在王宫而是随便在一个离宫——章台接见赵国使者。此举表现出对赵国的轻视，也隐含着秦国以城换璧的承诺如同儿戏。蔺相如将和氏璧捧给秦王，秦王欣喜万分。他将美玉传给后宫美人及左右大臣，章台内外一片欢呼声。蔺相如“视秦王无意偿赵城”。一个“视”字，准确地写出相如洞察出秦王的心里没有以城换璧的诚意。于是，他假称璧玉有瑕疵，要指给秦王看，将璧索回。这一举动既自然又很巧妙，刻画出蔺相如的机智、沉着。

> 相如因持璧却立，倚柱，怒发上冲冠，谓秦王曰：“大王欲得璧，使人发书至赵王，赵王悉召群臣议，皆曰：‘秦贪，负其强，以空言求璧，偿城恐不可得。’议不欲予秦璧。臣以为布衣之交尚不相欺，况大国乎！且以一璧之故逆强秦之欢，不可。于是赵王乃斋戒五日，使臣奉璧，拜送书于庭。何者？严大国之威以修敬也。今臣至，大王见臣列观，礼节甚倨；得璧，传之美人，以戏弄臣。臣观大王无意偿赵王城邑，故臣复取璧。大王必欲急臣，臣头今与璧俱碎于柱矣！”相如持其璧睨柱，欲以击柱。[④]

蔺相如义正辞严地痛斥秦王言而无信、背信弃义的欺骗行径。撕破了秦国善于欺骗、伪装的假面具，弘扬了正义与公道，显示了赵国的声威与气势，充分展现了蔺相如的大智大勇。

---

① 《史记·廉颇蔺相如列传》，第2440页。

② 同上。

③ 同上。

④ 同上。

司马迁在描绘蔺相如形象时，运用了细节描写及夸张等表现手法。写蔺相如“持璧却立”，准确刻画了蔺相如一连串完成的几个动作。首先抱紧和氏璧，边直视秦王，边向后移步退到柱子旁，倚柱而立。这不仅是为了防备敌人从背面偷袭做预防措施，也是提前占据主动位置，为后面挟迫秦王“臣头今与璧俱碎于柱”创造必要条件。显然蔺相如早已观察好周围的环境，断然采取了防范应急的措施，体现出蔺相如胆大心细、反应敏捷。司马迁用“怒发上冲冠”来刻画蔺相如对秦王欺诈、食言的无赖态度义愤填膺的心理活动及愤怒之极的外部表情。“持其璧睨柱，欲以击柱”，表现出相如以死相搏的勇气。蔺相如大义凛然、威武不屈的精神和胆识震慑了秦国朝廷上下，秦王害怕璧玉被蔺相如破坏，也深知“终不可强夺”，于是答应按相如的要求做。“相如度秦王虽斋，决负约不偿城，乃使其从者衣褐，怀其璧，从径道亡，归璧于赵。”[①] 蔺相如以他的机智勇敢和沉着应对，不负赵王重托，完璧归赵，维护了赵国的利益和尊严。

在秦王与赵王的渑池相会上，蔺相如又一次表现出他的大智慧和大勇气。渑池相会的背景是秦国在头一年伐赵，攻取了赵的石城，第二年又伐赵，杀赵人二万。秦国是锋头正劲，赵国处于国运不顺，连连失利的困难时期。秦王向赵王提出在渑池相会，以结两国之好，其实是另有企图的。为此“赵王畏秦，欲毋行”。蔺相如深知，“王不行，示赵弱且怯也”[②]，赵王畏秦不敢去。而赵王不去，则有失赵国的尊严和面子。关键时刻，蔺相如又一次挺身而出，陪同赵王前往。秦王在渑池相会的酒宴上非常傲慢无礼，要求赵王为他奏瑟，试图在气势上压倒赵国，为其后面的无理要求造声势，作铺垫，气焰极其嚣张。赵王迫于无奈，只得鼓瑟。秦人立即让御史将赵王为秦王鼓瑟之事记入档案。蔺相如岂能坐视秦国欺侮赵国，他开始绝地反击，立即针锋相对地提出：“‘赵王窃闻秦王善为秦声，请奏盆缻秦王，以相娱乐。’秦王怒，不许。”[③] 秦王对其权威遭到如此挑衅，恼羞成怒，立刻拒绝。他作为大国之君怎么可能为一个战败国王击缻呢？怎么可以被你赵国臣相摆布呢？这时候充分显示出蔺相如的勇气和智慧，他决不能让秦国的如意算盘得逞。

---

① 《史记·廉颇蔺相如列传》，第 2441 页。

② 同上书，第 2442 页。

③ 同上。

（只见他）前进缻，因跪请秦王。秦王不肯击缻。相如曰："五步之内，相如请得以颈血溅大王矣！"左右欲刃相如，相如张目叱之，左右皆靡。于是秦王不怿，为一击缻。相如顾召赵御史曰："某年月日，秦王为赵王击缻。"秦之群臣曰："请以赵十五城为秦王寿。"蔺相如曰："请以秦之咸阳为赵王寿。"秦王竟酒，终不能加胜于赵。[①]

司马迁这一段文学描写，可圈可点：写蔺相如"前进缻，因跪请秦王"，表面看蔺相如是卑恭屈膝，恳请秦王，实际上暗含着逼迫、挟迫的性质，软中带硬，是对秦王挟大国之威对赵国无礼挑衅的变相反抗。而且这是一个很机智又很巧妙的举动，表面看是上前进缻，实际上借此拉近了他与秦王的距离，为后面"五步之内，以颈血溅大王"的奋激反抗作好了充足的准备。

蔺相如面对秦王的拒绝，毫不退让，明确表示将要与秦王同归于尽，用自己的生命誓死捍卫赵国的尊严。面对"左右欲刃"的威胁，相如毫不畏惧，"张目叱之"，使得秦国卫士不敢轻举妄动。司马迁在这里矛盾冲突表现得越激烈，蔺相如的形象刻画就越鲜明越生动。而赵王胆怯、软弱的表现，对蔺相如英勇无畏的形象起到了很好的烘托陪衬的作用。渑池秦赵两君的相会，不单是实力的较量，更是智力、胆识和勇气的较量，在这场较量中，蔺相如以自己的智慧和勇气为处于弱势的赵国赢得了尊严，挽回了面子。对司马迁的精彩描写，清人才女李晚芳称赞曰："观其写'持璧睨柱'处，须眉毕动；'进缻、叱左右'处，声色如生。奇事偏得奇文以传之，遂成一段奇话，琅琅于汗青隃麋间，千古凛凛。"[②]凌稚隆评价曰："相如渑池之会，如请秦王缻，如召赵御史，如请咸阳为寿，一一与之相比，无纤毫挫于秦。一时勇敢之气，真足以褫秦人之魄者，太史公每于此等处，更著精神。"[③]

司马迁对蔺相如的文学描写，通过"完璧归赵"和"渑池相会"两个情节得以充分表现。可以肯定地说，这两个情节的文学描写多于历史书写，甚至完全是文学想象加文学描写，而无历史的成分。因为有关蔺相如

① 《史记·廉颇蔺相如列传》，第2442页。

② 韩兆琦：《史记笺证·廉颇蔺相如列传》，第4453页。

③ 同上。

的事迹不仅未见于《战国策》，也未见于其他的史书，司马迁是根据何书材料来写蔺相如传呢？一些学者推测司马迁是根据传说。总之，蔺相如是司马迁文学描写最精彩、最成功的一个人物，这已经成为人们的共识。钱钟书曰：

> 此亦《史记》中迥出之篇，有声有色，或多本于马迁之增饰渲染，未必信实有征。写相如“持璧却立睨柱，怒发冲冠”，是何意态雄且杰！后世小说刻画精能处无以过之。……赵王与秦王会于渑池一节，历世流传以为美谈，至谱入传奇。使情节果若所写，则樽俎折冲真同儿戏，抑岂人事原如逢场串剧耶？[①]

吾师韩兆琦曰：

> 完璧归赵，渑池会二事，情节离奇，耸人耳目；而“令从者衣褐怀璧逃归”的举动，亦与蔺相如“宁许以负秦曲”的初谋相违背，似此等皆只可做小说读，不必当信史看。[②]

以往人们评价蔺相如，多以爱国者赞誉之。其实蔺相如不仅是一个爱国者，他还是一个侠客，像他的敢于担当，为人排忧解难，济困扶危，见义勇为的精神品格正是侠客精神和素质的最好体现。

武侠（客）的特征，首先，他们的身份是客，其次，他们大多武艺高强，勇武有力。他们与文侠的最大不同就是以武力的方式为他人打抱不平，解除危难。如荆轲、聂政、专诸等。他们既是刺客，又是武侠客。在史传文学中武侠形象最光彩照人，对后世影响最大的，莫过于荆轲。

司马迁对荆轲的文学描写获得了巨大的成功。他采用多种艺术手法来描写这个侠客英雄。

第一，运用铺垫渲染形势的危急，以表现荆轲刺秦势在必行，别无选择。由于早年燕太子丹曾在秦国做人质时，秦王之遇燕太子丹不善，故丹怨而亡归。

---

① 钱钟书：《管锥编》第一册，中华书局 1999 年版，第 319—320 页。

② 韩兆琦：《史记笺证·廉颇蔺相如列传》，第 4456 页。

> 归而求为报秦王者，国小，力不能。其后秦日出兵山东以伐齐、楚、三晋，稍蚕食诸侯，且至于燕。……秦地遍天下，威胁韩、魏、赵氏。北有甘泉、谷口之固，南有泾、渭之沃，擅巴、汉之饶；右陇、蜀之山，左关、崤之险；民众而士厉，兵革有余。意有所出，则长城之南，易水以北，未有所定也。
>
> ……
>
> 今秦有贪利之心，而欲不可足也。非尽天下之地，臣海内之王者，其意不厌。今秦已虏韩王，尽纳其地。又举兵南伐楚，北临赵。王翦数十万之众距漳、邺，而李信出太原、云中。赵不能支秦，必入臣，入臣则祸至燕。燕小，数困于兵，今计举国不足以当秦。诸侯服秦，莫敢合从。……
>
> 秦将王翦破赵，虏赵王，尽收入其地，进兵北略地至燕南界。①

在写荆轲刺秦计划实施之前，司马迁用了较多的篇幅来写当时秦、燕等国的形势，这与前面几位刺客的描写有明显的不同。通过对秦、燕及各诸侯国形势的介绍分析，说明刺秦既有太子丹与嬴政个人恩怨的内在因素，也有迫于当时危急形势的外因。由于秦军已陆续破了韩、赵等国，大军压境，“进兵北略地至燕南界”，燕国已是危在旦夕。通过多次强调燕国的危险形势，意在表明刺秦是消除燕国危机的唯一便捷途径，为荆轲刺秦计划的出台和实施起着铺垫的作用。

第二，运用陪衬的手法渲染荆轲刺秦的悲剧效果。田光是荆轲的好友，他向太子丹推荐荆轲去完成刺秦的重任。由于刺杀秦王嬴政是一个既危险又艰巨的工作，为了激励荆轲，让他义无反顾地替自己去完成这项使命，田光不惜自刭，以性命义激荆轲，促使他不负自己的重托，去完成刺秦的使命。樊於期原为秦国将领，其“父母宗族皆为戮没”②，可谓与秦有着不共戴天的血海深仇。秦国以千金购其头，荆轲去见樊於期，向他提出借其头，作为到秦国面见秦王的见面之礼。“樊於期偏袒扼腕而进曰：

---

① 《史记·刺客列传》，第2528—2532页。

② 同上书，第2532页。

‘此臣之日夜切齿腐心也，乃今得闻教！’遂自刭。”[①] 樊於期甘愿献出首级来促成荆轲的刺秦之行。田光与樊於期的死，是荆轲刺秦的一个序幕，他刺秦还未上路，他的两个朋友就已为此抛洒热血，献出了宝贵的生命。朋友的死，不仅成为荆轲刺秦、慷慨赴难的动力，也为他的英勇献身起着激励、陪衬的作用，为刺秦事件增添了一层悲壮惨烈的气氛。

第三，通过对比手法，表现荆轲与众不同的侠客风度。《战国策》记载“荆轲刺秦”的情节与《史记》基本相同，但是司马迁用心颇深地在“荆轲传”前面增加了这样的情节：荆轲曾与武士盖聂论剑，因言语不合，遭到“盖聂怒而目之”[②]，荆轲未与他有丝毫的争执即离去。事后盖聂对人说“我威严的目光震慑住了他”。接着写荆轲来到邯郸，他在与鲁勾践下棋时，因下棋路线的问题，两人发生分歧，鲁勾践“怒而叱之”[③]，荆轲更是一声不响地逃离。这两个细节描写，似乎给人一种误解，荆轲是一个怯懦之人。但是，荆轲在秦庭上的表现与前面表现简直判若两人。特别是在结尾，司马迁特意为开头的事情作了补叙，当荆轲刺秦的消息传扬出来，鲁勾践、盖聂等闻知羞愧万分。鲁勾践说：“甚矣，吾不知人也！曩者吾叱之，彼乃以我为非人也！”[④] 鲁勾践为自己当初的行为感到惭愧，他发现原来是自己不了解荆轲，才明白当初荆轲不与他们一争高低，是不把他们当同类人。司马迁通过这样的对比，表现荆轲那种英雄侠客的精神气质：即能屈能伸，小事不计较，大是大非的原则问题却是绝不妥协，毫不退让的大丈夫气魄。

司马迁不仅用正面对比来烘托荆轲，还运用反面对比来反衬他心目中的英雄。荆轲的助手秦舞阳，是一个十三岁就杀人的勇士，平日里“人不敢忤视”[⑤]。但是当他与荆轲一起进到咸阳宫时，身临壁垒森严，武士林立的秦宫廷，面对着威严的秦王，秦舞阳立刻“色变振恐”。平日这个杀人不眨眼的勇士，此时已吓得颜面全无，这无形中反衬出荆轲的沉着与神勇。只见荆轲镇定自若，“顾笑秦舞阳，前谢曰：‘北蕃蛮夷之鄙人，

① 《史记·刺客列传》，第2533页。

② 同上。

③ 同上书，第2527页。

④ 同上书，第2538页。

⑤ 同上书，第2533页。

未尝见天子，故震慑。'"[1] 一边面不改色心不跳地取秦舞阳所持地图给秦王献上。吴见思对此点评曰："借秦舞阳反衬荆轲神勇。"[2]

第四，努力挖掘荆轲心灵深处的精神世界和思想内涵。荆轲刚出场时，司马迁就写他："好读书击剑，以术说卫元君，卫元君不用。……荆轲虽游于酒人乎，然其为人沉深好书；其所游诸侯，尽与其贤豪长者相结。"[3]

从这些叙述中可以知道荆轲是一个有较高文化素养，有理想，有抱负，有头脑，善思考的武侠。显然他与一般的武侠不同。写荆轲到燕国，与高渐离交游，"日与狗屠及高渐离饮于燕市，酒酣以往，高渐离击筑，荆轲和而歌于市中，相乐也；已而相泣，旁若无人者"[4]。司马迁在这里写出了荆轲：

> 内心情感世界的真实流露，其中的意味既不脱离对酒高歌涕泪双流，但又超越于歌声与热泪之外。这是英雄寂寞的泪水，这是英雄渴望被人理解、被人赏识和尊重的深情呼唤，这是英雄从灵魂深处发出的要求，建立不朽名声的呐喊！是美酒与歌声把他们带入一个超越现实的精神境界，在这个境界中，荆轲等人仿佛伫立于空旷寂寞的原野之上，面对着无穷无尽的苍穹而惆怅，而感伤，而憧憬……荆轲是一位具有艺术气质的慷慨悲歌之士，因而《刺客列传》对荆轲内心情感世界的描写具有一定的代表性。[5]

作者在这里为我们揭示了荆轲内心的孤独与寂寞，他怀抱理想，却一直无人赏识，长久的怀才不遇，使他渴望通过建功立业使自身的价值得到社会认可，得到社会的理解与尊重。所以荆轲一旦得到太子丹的厚爱，便义无反顾地以身相许，报答他的知遇之恩。

第五，通过矛盾冲突的描写来表现荆轲的英雄形象。荆轲刺秦一节是最惊险刺激的一段，是全文矛盾冲突的高潮，也使荆轲英勇无畏的光辉形

---

① 《史记·刺客列传》，第 2534 页。

② 韩兆琦：《史记笺证·刺客列传》，第 4617 页。

③ 《史记·刺客列传》，第 2527 页。

④ 同上书，第 2528 页。

⑤ 陈桐生：《〈史记〉名篇述论稿》，汕头大学出版社 1996 年版，第 218 页。

象表现得淋漓尽致。

> 轲既取图奏之，秦王发图，图穷而匕首见。因左手把秦王之袖，而右手持匕首揕之。未至身，秦王惊，自引而起，袖绝。拔剑，剑长，操其室。时惶急，剑坚，故不可立拔。荆轲逐秦王，秦王环柱而走。群臣皆愕，卒起不意，尽失其度。而秦法，群臣侍殿上者不得持尺寸之兵；诸郎中执兵皆陈殿下，非有诏召不得上。方急时，不及召下兵，以故荆轲乃逐秦王。而卒惶急，无以击轲，而以手共搏之。是时侍医夏无且以其所奉药囊提荆轲也。秦王方环柱走，卒惶急，不知所为，左右乃曰："王负剑！"负剑，遂拔以击荆轲，断其左股。荆轲废，乃引其匕首以擿秦王，不中，中桐柱。秦王复击轲，轲被八创。轲自知事不就，倚柱而笑，箕踞以骂曰："事所以不成者，以欲生劫之，必得约契以报太子也。"①

荆轲刺秦这一节描写得惊心动魄，扣人心弦，给人眼花缭乱、目不暇接之感。这一情节写了三方的表现：一是行刺者荆轲，二是被刺者秦王，三是群臣及左右卫士。在这一段中，几次用了"时惶急"、"而卒惶急"、"卒惶急"，一般文学描写同一词语的重复使用，都有强调递进的作用，这里用来表现刺秦场面形势非常危急和矛盾的尖锐。这一段可分为几个环节：第一环节秦王发图，图穷匕首见，荆轲立即左手抓住秦王衣袖，右手持匕首欲刺之，秦王猝不及防，惊起拔剑反击。动作一环扣一环。第二环节荆轲逐秦王，秦王环柱而跑。第三环节是秦王拔剑以击荆轲，断其左股，荆轲瘫倒下去，心有不甘，仍然努力地用匕首掷秦王，不中。秦王复击荆轲，荆轲被连砍八剑，最后被卫士砍死。从这三个环节看，荆轲由主动进攻渐渐转为被动还击，而秦王则由猝不及防地被刺到躲避再变为主动反击，最终给了荆轲致命的一击，化险为夷，最后反败为胜。

刺秦的整个过程险象环生，惊险刺激。司马迁用"秦王惊"，"群臣惊愕，卒起不意，尽失其度"，"而卒惶急，无以击轲，而以手共搏之"，"卒惶急，不知所为"等秦王和群臣的一系列表情、动作的反应，来表现整个宫廷面对突如其来的行刺措手不及、慌张的反应和混乱不堪的场面，

---

① 《史记·刺客列传》，第2535页。

烘托出紧急、紧张、危险的环境气氛。荆轲被秦王砍倒之后，仍然“倚柱而笑，箕踞以骂”，他面对死亡如此的从容、镇定和无所畏惧，他的一笑一骂都令人悲慨惋惜，震颤着每一个读者的心灵，他虽败犹荣，他的英雄形象永远定格在读者的心中，定格在中国文学史中。

在《战国策·燕三·燕太子丹质于秦》里，作者用荆轲自己的话道出了刺秦失败的原因，因为想生劫秦王，迫使他“复地之契”，以报答太子丹。作者认为，由于荆轲的一念之差，导致他下手刺秦时出现了犹豫，最终功亏一篑。司马迁对此是有不同的看法，他的《刺客列传》“荆轲传”虽然全部照搬《战国策》，但是在结尾他借鲁勾践（实为盖聂，此为司马迁之笔误）之口道出荆轲失败的原因：“其不讲于刺剑之术也!”① 司马迁认为荆轲是败在他的剑术生疏上。尽管如此，荆轲仍然赢得了后人无数的赞誉和无限的敬意。陶渊明在《咏荆轲》一诗中称赞道：

> 燕丹善养士，志在报强嬴。招集百夫良，岁暮得荆卿。君子死知己，提剑出燕京。
>
> 素骥鸣广陌，慷慨送我行。雄发指危冠，猛气冲长缨。饮饯易水上，四坐列群英。
>
> 渐离击悲筑，宋意唱高声。萧萧哀风逝，淡淡寒波生，商音更流涕，羽奏壮士惊。
>
> 心知去不归，且有后世名。登车何时顾，飞盖入秦庭。凌厉越万里，逶迤过千城。
>
> 图穷事自至，豪主正征营。惜哉剑术疏，奇功遂不成。其人虽已没，千载有余情。②

二　智慧型

智慧型食客的特点是头脑反应快，思维敏捷，考虑问题周详细致、缜密。常常能在危机之时出奇制胜，化险为夷。像商鞅、范雎、李斯、苏秦、张仪、蔺相如、冯谖等都属于智慧型食客。

作为智慧型食客的冯谖，他最大的特点是为主人谋划能够未雨绸缪，

---

① 《史记·刺客列传》，第2538页。

② 宋嗣廉：《历代吟咏〈史记〉人物诗歌选读》，吉林人民出版社2008年版，第339页。

缜密细致，转祸为福，转危为安。像他到薛地收债，他看到一些债务人因为各种原因无力偿还债务，为此他收不上债。本来这是件坏事，因为他没法完成主人交办的任务，回去无法交差。但是如果他强行收缴，势必加重债务人的生活压力和精神负担，也会损害主人慷慨任侠、急人之难的良好形象。于是他干脆将这些人的债务契约全部烧毁，意味着他们所欠的债务一笔勾销。此举让他虽然收不到债，但能为孟尝君收买人心。当孟尝君遭到齐湣王怀疑被罢相位时，他以失相者的身份回到薛地，却受到薛人“扶老携幼”的夹道欢迎，冯谖未雨绸缪的计划收到了显著的效果。失意的孟尝君虽然有了安居之地，但是冯谖并不因此满足。他开始为主人的复位而奔走。他采取声东击西、欲擒故纵的方法，奔走游说于秦齐之间。他游说秦王曰：

> 使齐重于天下者，孟尝君也。今齐王以毁废之，其心怨，必背齐；背齐入秦，则齐国之情，人事之诚，尽委之秦，齐地可得也，岂直为雄也？君急使载币阴迎孟尝君，不可失时也。如有齐觉悟，复用孟尝君，则雌雄之所在未可知也。①

被齐王废黜的孟尝君，经过冯谖的一番赞美和价值挖掘之后，在秦王眼中立刻变成了宝物一个。秦王在冯谖的游说之下，派出使者，“遣车十乘黄金百镒以迎孟尝君”。冯谖又把这一消息先通报给齐王，并对齐王说：孟尝君“西入相秦则天下归之，秦为雄而齐为雌，雌则临淄、即墨危矣。王何不先秦使之未到，复孟尝君而益与之邑以谢之？孟尝君必喜而受之”②。冯谖一番话迫使齐王恢复了孟尝君的相位。接着冯谖又为孟尝君营造三窟，使孟尝君能够长享安居而高枕无忧。冯谖的一系列奔走游说，充分显示出他智慧型食客的远见卓识和对谋略的运作。

三 复仇型

在史传文学中，复仇型食客的文学描写最为感人，具有浓厚的悲剧色彩，给人强烈的震撼，对后世叙事文学的复仇人物形象塑造具有典范的意

---

① 《史记·孟尝君列传》，第2361页。

② 同上书，第2361—2362页。

义。作者在刻画豫让、伍子胥、孙膑、范雎这些复仇客时，特别突出他们的顽强、执著、坚持不懈的复仇精神。像伍子胥为了向楚平王复仇，他辗转逃亡于各诸侯国，先由楚国逃到宋国，由于宋有内乱，再由宋逃到郑国，后来又因太子建参与了晋国企图谋乱郑国的阴谋，太子建被郑国诛杀，伍子胥带着太子建之子公子胜被迫逃往吴国，在昭关伍子胥险被昭关吏逮捕，两人“独身步走，几不得脱”①，他们迅速逃亡来到江边，幸得一位渔父相救。在逃亡吴国的路上，伍子胥疲惫不堪，心力憔悴而病倒。贫病交加中他被迫沿途乞食，历尽千难万险，终于来到吴国。为了得到吴国的帮助，实现其复仇计划，伍子胥又向公子光推荐专诸为其刺杀吴王僚，他自己则退居山野隐居。等待是漫长的，但是，即使是漫长的等待，也未能改变伍子胥复仇的决心和意志。复仇客最突出的一点是执著、顽强和坚忍不拔。无论多么艰难困苦，无论环境和条件怎样变化，都不能动摇和改变复仇客复仇的决心和意志。终于伍子胥经过 16 年的努力和等待，在楚昭王十年，他率吴兵杀进楚郢都，此时楚平王已死多年，他“掘楚平王墓，出其尸，鞭之三百然后已”②。似乎不这样他就无法消解其心头之恨。当伍子胥的好友申包胥托人带话给伍子胥，劝他住手，谴责他“无天道之极”时，伍子胥则说：“吾日莫途远，吾故倒行逆施之。”③ 话语中毫不掩饰他不惜一切代价，不顾天理人情，必须复仇到底的决心和意志。

司马贞在《索隐》里点评：“子胥言志在复仇，常恐且死，不遂本心，今幸而报，岂论理乎？譬如人行，前途尚远，而日势已暮，其在颠倒疾行，逆理施事，何得责吾顺理乎？”④ 关于伍子胥复仇的事件，在《国语》中未有记载，司马迁主要是根据《左传》改写的，他增加了伍子胥逃往吴国途中的生病、乞食及他掘楚平王墓鞭尸的情节。这是司马迁的文学想象加上文学描写，而非历史真实。日本学者中井积德指出：伍子胥率吴兵攻进郢都时，“平王死经十有余年，纵令掘之，朽骨而已，非有可鞭之尸”⑤。《谷梁传》、《吕氏春秋·首时》、《淮南子·泰族训》皆曰“挞

---

① 《史记·伍子胥列传》，第 2173 页。

② 同上书，第 2176 页。

③ 同上。

④ 同上书，2177 页。

⑤ ［日］泷川资言：《史记会注考证·伍子胥列传》，北岳文艺出版社 1999 年版，第 3329 页。

平王之墓”，而《史记》、《楚世家》、《十二诸侯年表》、《季布栾布列传》则曰：“鞭平王之墓。”从逻辑推理分析，中井积德的看法比较符合实际情况，其观点是成立的。从其他文献记载及《史记》其他传记和年表看，伍子胥“鞭平王之墓”是比较符合历史真实的。而司马迁通过艺术加工，将其改为“掘墓鞭尸”，是希望以此方式让伍子胥宣泄郁积于心中多年的强烈怒火，挖掘伍子胥内心深处对仇人满腔愤怒的仇恨，这其中也寄托着司马迁个人复仇情感的表达，他借他人酒杯浇胸中块垒。

豫让的复仇与伍子胥不同，伍子胥是为父兄复仇，他属于血亲复仇。豫让是为报答恩人智伯而复仇，属于报恩复仇。如果说伍子胥的复仇是由于客观环境的限制，使他的复仇之路走得非常漫长而艰辛。那么豫让不同，为了使复仇计划得以顺利实施，他主动地自毁容颜，自残身体。他通过改变自己的形象来接近仇人，以便顺利实施复仇。豫让的复仇是极其悲壮的，虽然他壮志未酬身先死，但是他的复仇者形象具有强烈的感染性和悲剧审美效果。

复仇客的形象特征是：遭人陷害，命运多舛，苦大仇深，绝地反击，矢志不渝，顽强执著，终获成功。在几部史传文学作品中，复仇客形象刻画得最鲜明生动，最丰满突出的是《史记》，这与司马迁个人身上具有强烈的复仇情结有关。司马迁在刻画复仇客形象的时候，特别注意挖掘他们的思想根源和复仇动因。注意表现他们在复仇过程中所遭遇的种种挫折艰辛。注意表现他们如何克服千难万险，复仇的决心和信念却从未动摇。似乎他们的复仇之路越是艰难，遭遇的挫折苦难越多，过程越悲惨，其结局越悲壮，他们的复仇才越有价值和意义，才越能起到震撼人心的艺术效果。

四　忠诚型

忠诚型食客的文学描写：一是突出描写他们的“忠诚唯德”。二是“事君不二”。这里的“不二”包含有两层意思：一是忠于自己的主人，不事二主；二是事主人就决不怀二心。

食客把对主人的忠诚视为最高之德。一切以主人为重心，主人的利益就是自己的利益，主人的荣誉就是自己的荣誉，主人的生命就是自己的生命，为了主人的利益和荣誉，他们可以舍弃自己的一切，包括生命。为了主人的利益，他们可以赴汤蹈火，死不旋踵。像《史记》“赵氏孤儿”里赵朔的食客公孙杵臼，还有《伍子胥列传》中白公胜的食客石乞都是“忠诚唯德”的典范。

食客“忠诚唯德”居首位的非豫让莫属。豫让对主人智伯的忠诚可以用感天动地来形容。《战国策》和《史记》（两书关于豫让的记载大同小异）对豫让忠诚的描写主要体现于几个方面。第一，他做食客曾三易其主。他曾经在范氏、中行氏门下做食客，在范氏、中行氏被智伯灭掉后，他才转到智伯门下。因为几次易主，他在比较中真正感受到了智伯对他的礼遇与厚爱，把他当国士对待，“甚尊崇之”。这是他忠诚于智伯的基础，说明他对智伯不是一种愚忠。而且这是他立誓为智伯报仇的主要原因。

第二，豫让为智伯刺杀赵襄子，完全是他的个人意愿和个人行为，并未受智伯之托。这是豫让与其他几位刺客最大的不同。其他刺客都是在主人有目的的施恩之后，受主人之托，食客为报恩才去行刺的。从智伯一方来说，最初对豫让施恩并无目的性，完全是出于对豫让才能的欣赏和认可才尊崇他。因为无目的性，所以也无功利的因素，这种欣赏和认同才是最真实的，是发自内心的。智伯被赵襄子灭掉后，豫让为忠诚所驱使，自己主动去行刺赵襄子，他认为只有这样才能报答智伯的知遇之恩。

第三，为完成刺杀赵襄子的行动，他一次不成功，再来第二次，绝不肯放弃。为了找机会接近赵襄子，又不被人认出，引起注意，他不惜以自残的方式，自己毁容，“漆身为厉，吞炭为哑，使形状不可知”①，这是常人难以做到和难以接受的。

第四，他对主人的忠诚是一心一意，绝不怀有二心。智伯是豫让的第三个主人，他虽然三易其主，但是他事主人绝不怀二心。豫让最令人感动的就是他坚守这一原则。他一旦认定了主人，就会一心一意地为其效劳，绝不再三心二意。豫让的朋友对他以毁容方式来接近赵襄子的做法，感到不解，认为这样做要行刺成功很困难。朋友劝他“以子之才而善事襄子，襄子必近幸子，子之得近而行所欲，此甚欲而功必成”②。他拒绝了朋友让他潜伏到赵襄子府上做食客，取得赵襄子信任之后，趁其不备再找机会行刺的建议。因为在他看来，这有违一个食客的道德和良心。他希望以自

① 《史记·刺客列传》，第2520页。

② 诸祖耿撰：《战国策集注汇考·赵一·晋毕阳之孙豫让》，第887页。

己的行动树立一个榜样，让天下怀二心事其君者感到羞愧。朋友建议他采用的方法就是要离对庆忌行刺的方法，这样成功的把握很大。但是，豫让认为“且夫委质而事人，而求弑之，是怀二心以事君也”[①]。这种以欺骗的方式，“为先知报后知，为故君贼新君”[②]的做法是不忠不义之举，这样做会“大乱君臣之义”[③]。所以尽管这种方法容易获得成功，豫让还是拒绝了。他鄙视这种做法，在他看来这种做法违背了作为人臣最起码的忠诚道义，他决不能容忍和接受。

今天我们站在历史发展的高度来审视这种“怀二心以事君”的做法，即要离刺庆忌的方法，在当今各个国家的间谍战中是最常用的方法，也是最成功有效的方法。在今天看来，很少有人会质疑其做法有何不妥，或是否有违道德。毕竟各为其主，这是很自然的事。但是，在当时的豫让看来，这样做有违良心，有违道德，更有违忠诚。所以他宁愿“吾所为难，变亦将以愧天下后世人臣怀二心者”[④]。他希望以自己的行动，让“后世人臣怀二心者”感到羞愧，感到汗颜。豫让的忠诚、大义之举，让人们心生敬意！连他的仇人赵襄子都为之感动而赞叹：“彼义士也！……且智伯已死，无后，而其臣至为报仇，此天下之贤人也！”[⑤]

豫让的复仇虽然没有成功，但是他的忠诚事主、不怀二心的文学形象却给后人心灵带来强烈的震撼。他坚守着忠诚的道德操守，他对智伯的忠诚，他不肯怀二心事主的光辉形象，给后人的影响不仅仅是感动，更有一种强烈的美感效应。豫让形象的成功塑造，源于作者较好地把握了这个历史人物的心灵世界，张新科评价曰：“它能把握历史的深度，把握人性的真实与光辉，使历史化为现实的活动，使人物化为可感的形象，给读者产生美感效应。”[⑥]

对豫让“义不为二心”的忠诚行为，后世学者多有肯定和赞扬。司马贞评价曰：“言宁为厉而自刑，不可求事襄子而行杀，则恐伤人臣之义

---

① 诸祖耿撰：《战国策集注汇考·赵一·晋毕阳之孙豫让》，第887页。

② 同上。

③ 同上。

④ 同上。

⑤ 同上。

⑥ 张新科：《〈史记〉与中国文学》，商务印书馆2010年版，第161页。

而近贼，非忠也。”[①] 张守节曰：“吾为极难者，令天下后代为人臣怀二心者愧之，故漆身吞炭，所以不事赵襄子也。”[②] 钱钟书曰：“盖不肯诈降也，其严于名义，异于以屈节为从权后图者。”[③] 与豫让同为食客身份的后人，在《淮南子》中有这样的评价：“夫以一人之心而事两主，或背而去，或欲身殉之，岂其趋舍厚薄之势异哉？人之恩泽使之然也。”[④] 刘安食客一针见血地指出：主人对食客厚薄亲疏的不同，决定了食客对主人忠诚度的差异，在他们看来“人之恩泽使之然也”，此乃自然之理，无可厚非。从这些评价中可以看出人们对豫让选择的肯定，也折射出对要离欺诈行刺做法的否定。豫让虽然不是一个成功的刺客，但是他对主人的忠诚感动了司马迁，司马迁将《战国策》豫让的事迹全文收入他的《刺客列传》，并给予热烈的赞扬和高度的肯定。

司马迁在《田儋列传》里为我们记载了田横客忠诚不屈的感人事迹。刘邦灭掉项羽得天下后，为了劝降坚守在海岛的齐人田横500余人，给田横开出了优厚的归降条件：“田横来，大者王，小者乃侯耳；不来，且举兵加诛焉。”[⑤] 由于之前田横杀了刘邦的使者郦食其，田横担心郦食其之弟郦商会借机报复，因为此时郦商正受刘邦的重用。为此刘邦特意给郦商下诏：“齐王田横即至，人马从者敢动摇者致族夷！”[⑥] 消除了田横的顾虑，保证他的绝对安全。田横带他的两名食客行到距洛阳30里处即自杀，临死前他向其客表明了自己义不投降的决心。田横坚贞不屈，义不投降的气节感染了他的食客。两食客遵照田横的嘱咐，将其头送到洛阳给刘邦。当刘邦“以王者礼葬田横”[⑦]。两食客在田横安葬完毕后，他们完成了主人交办的事情，“二客穿其冢旁孔，皆自刭，下从之”[⑧]，即在田横坟旁自杀，为主人尽忠。田横客以自杀的极端方式，表明自己“忠臣不事二主”的忠诚。

① 《史记·刺客列传·史记索隐》，第2521页。
② ［日］泷川资言：《史记会注考证·刺客列传》，北岳文艺出版社1999年版，第3900页。
③ 钱钟书：《管锥编》第一册，中华书局1999年版，第326页。
④ 刘康德撰：《淮南子直解·主术训》，第408页。
⑤ 《史记·田儋列传》，第2647—2648页。
⑥ 同上书，第2647页。
⑦ 同上书，第2648页。
⑧ 同上。

> 高帝闻之，乃大惊，以田横之客皆贤。吾闻其余尚五百人在海中，使使召之。至则闻田横死，亦皆自杀。于是乃知田横兄弟能得士也。
>
> 太史公曰："……田横之高节，宾客慕义而从横死，岂非至贤！余因而列焉。不无善画者，莫能图，何哉？"[①]

田横在海岛上的五百徒属得知田横已死，也集体自杀，结局极为悲壮。田横客及田横的五百下属，以他们极端的方式来表现对主人的忠诚。司马迁为此感慨不已，他赞叹曰："田横之高节，宾客慕义而从横死，岂非至贤！"[②] 这赞叹既有对田横义不称臣气节的肯定与赞扬，也包含对其宾客及徒属"义不事二主"忠诚的敬佩，他为后世善画者"不知图画田横及其党慕义死节之事"[③] 感到遗憾。

田横宾客的忠诚，无不令后人感动和赞叹。明代凌稚隆《史记评林》引王守仁曰："一人不屈，而五百人相率以蹈之，横盖深有以感谢之也，事平横乎有取。"又引杨维桢曰："二客死以烈，而五百人又同一烈，横之所获也多矣。使横生战国，其得士岂不出四豪右哉？"[④] 韩兆琦教授评价："文章最后写了田横的宁死不屈，慷慨自尽，以及他的门客和五百壮士集体自杀的悲壮情景，表现了司马迁对他们这种精神气节的无限敬佩之情。"[⑤]

田横客义不事二主的忠贞气节，对后世知识分子产生了深远的影响，现代著名画家徐悲鸿先生在 1928 年，以此为题材，创作了巨幅油画《田横五百壮士》，并于 1930 年完成。徐悲鸿的女儿徐静雯回忆说："父亲作此画时，正是日寇入侵，蒋介石妥协不抵抗，媚敌求荣之时，父亲意在通过田横故事，歌颂宁死不屈的精神，歌颂中国人民自古以来尊崇的'富贵不能淫，威武不能屈'的品质，以激励广大人民抗击日寇。"[⑥]

---

① 《史记·田儋列传》，第 2649 页。

② 同上。

③ 《史记·田儋列传·史记索引》，第 2649 页。

④ 韩兆琦：《史记笺证·田儋列传》，第 4921 页。

⑤ 同上书，第 4926 页。

⑥ 叶春辉、王希：《中国现当代美术创作方法论研究》，广州高等教育出版社 2009 年版，第 62 页。

五 势利型

势利客的特点是自私贪婪，见利忘义，唯利是图，见风使舵。没有是非观念，一切以利益为准绳，有利可图就趋之若鹜，无利可图则各奔东西。虽然在史传文学中有多处对势利客的描写，但是我们将这些材料归纳后发现作者真正对势利客以直接描写的不多，对势利客的描写给人印象最深刻的是苏秦和李斯。

苏秦最初是以连横主张游说秦惠王的，但是在那里碰了钉子，当他落魄之极回到家中，受到家人的冷遇。受其刺激，苏秦经过一年多的研磨，终于又琢磨出一套与连横战略相克的合纵策略，并以合纵策略成功游说齐、楚、燕、韩、赵、魏六国。苏秦还因此执掌楚国之外的五国相印。从苏秦提出连横主张到以合纵主张成功游说六国君王，从想依附、投靠秦国到联合六国攻打秦国，是一个180度的大转弯。他这种翻手为云，覆手为雨的思想转变叫人难以接受，而变化的主要原因是利益驱使。由此看出苏秦是一个毫无政治立场和政治原则的人，也因此给人留下了极其势利的深刻印象。

在对苏秦唯利是图的形象描写时，作者主要采用了烘托陪衬的手法，对他的成长环境和家庭作了一些描写。《战国策》描写苏秦游说秦王失败落魄回家的场景：

> 黑貂之裘弊，黄金百镒尽。资用乏绝，去秦而归。羸縢履蹻，负书担橐，形容枯槁，面目黎黑，状有愧色。归至家，妻不下纴，嫂不为炊，父母不与言。……
>
> 将说楚王，路过洛阳，父母闻之，清宫除道，张乐设饮，郊迎三十里；妻侧目而视，倾耳而听，嫂蛇行匍伏，四拜自跪而谢。苏秦曰："嫂何前倨而后卑也?"嫂曰："以季子之位尊而多金。"苏秦曰："嗟乎！贫穷则父母不子，富贵则亲戚畏惧。人生世上，势位富贵，盖可忽乎哉!"①

司马迁《史记·苏秦列传》对苏秦衣锦还乡的情景也有类似的描写：

---

① 诸祖耿撰：《战国策集注汇考·秦一·苏秦始将连横》，第119页。

> 北报赵王，乃行过洛阳，车骑辎重，诸侯各发使送之甚众，疑于王者。周显王闻之恐惧，除道，使人郊劳。苏秦之昆弟妻嫂侧目不敢仰视，俯伏侍取食。苏秦笑谓其嫂曰："何前倨而后恭也?"嫂委蛇蒲服，以面掩地而谢曰："见季子位高金多也。"苏秦喟然叹曰："此一人之身，富贵则亲戚畏之，贫贱则轻易之，况众人乎！且使我有洛阳负郭田二顷，吾岂能佩六国相印乎!"①

两部史书都特意对苏秦发达前后的境况进行了较为详细的描写，特别是他衣锦还乡时周围亲戚朋友对他"前倨后恭"的态度，作者用意很深。旨在深刻地揭示当时社会和世人拜金逐利的普遍心态和社会风气。金钱至上，哪怕是亲情、友情在金钱面前也是那么脆弱，那么不堪一击。它向我们昭示了势利客产生的社会基础和根本原因。由于洛阳是王畿之地，所以周显王对苏秦荣归故里的态度，从高处说表现了周王朝的态度，从低处说也算是地方政府的态度（因为周王朝的衰落，王权只是一种象征，并无实质性的权威）。吾师韩兆琦点评曰：

> 本传（指《史记》）与《战国策》之不同处主要有三：一、还乡时间，《战国策》说他是在说服赵国后，将去南方说楚王而经过洛阳的时候；本传则是在说服楚国之后，将回赵国，中途经过洛阳的时候。二、关于郊迎，《战国策》说是"父母闻之，清宫除道，张乐设饮，郊迎三十里"；本传则说是"周显王闻之大惧，除道，使人郊劳"，规格大大提高了。三是苏秦喟叹的内容，《战国策》是"人生世上，势位富贵盖可忽乎哉!"本传则改为"使我有洛阳负郭田二顷，吾岂能佩六国相印乎?"司马迁写入了个人的身世感慨，并突出了其"困厄造英雄的一贯宗旨"②。

《史记》对势利客的描写，多把着眼点放在主人失势和落难之后，通过对食客冷漠、无情离去的描写，与主人的愤怒、凄凉的处境作对比，把

---

① 《史记·苏秦列传》，第 2262 页。

② 韩兆琦：《史记笺证·苏秦列传》，第 3997 页。

势利客的自私、贪婪和无情、无耻的本质特征表现得淋漓尽致。司马迁多次记载了这些势利客的丑陋表现。像孟尝君被齐王罢免丞相后，其府上食客纷纷离去，仅剩下冯谖一人。待他官复原职时，这些食客又纷纷返回。如果说孟尝君真的是食客三千，那么在他落难时仅有冯谖一人留守，应该说是孟尝君的悲哀，这说明他相人用人上都存在问题。这种势利客在廉颇、在汉初的魏其侯窦婴及主父偃等人的食客中都有不少。

司马迁在《孟尝君列传》、《廉颇蔺相如列传》、《魏其武安侯列传》、《汲郑列传》、《平津侯主父偃列传》中对势利客在主人落难时纷纷逃离的情景反复描述。“主父方贵幸时，宾客以千数，及其族死，无一人收者。”①“夫以汲、郑之贤，有势则宾客十倍，无势则否，……始翟公为廷尉，宾客阗门；及废，门外可设雀罗。翟公复为廷尉，宾客欲往，翟公乃大署其门曰：‘一死一生，乃知交情；一贫一富，乃知交态；一贵一贱，交情乃见。’”②“以千数”和“无一人”，司马迁通过两个简单的数字对比，把主父偃贵幸时的宾客云集，高朋满座的繁盛与被族之后的凄凉表现出来。而翟公官复原职后，面对纷纷欲往的宾客，他特意在府中门上贴出拒绝的告示，借此来嘲讽、鞭笞那些趋炎附势的势利客。

司马迁不厌其烦地再三描写这些势利客的恶劣行径，不仅因为这种现象在当时的食客中非常普遍，还因为司马迁曾亲身遭遇过被人抛弃的经历，有着切身的体会。司马迁在政治上曾遭遇过重大变故。他因为帮李陵说话，遭到下狱，受宫刑的变故。在他遭遇不幸之时，内心无比痛苦，他像一个溺水的求生者，渴望着朋友、亲戚的救助。现实却是“家贫，财赂不足以自赎，交友莫救，左右亲近，不为一言”③。世态炎凉，人情冷暖，使他对人情世故有了更多更深的认识和感悟，他痛恨那些势利者，他将这种痛恨和感悟融入到《史记》的写作中，翟公的告示，正是司马迁的肺腑之言，他是借他人酒杯，浇胸中块垒。他通过对势利客丑陋灵魂的暴露，揭示当时的社会风气和世人逐利的阴暗心理，这其中饱含了他对人生的思考和对人情世态的认识。

---

① 《史记·平津侯主父列传》，第2062页。

② 《史记·汲郑列传》，第3114页。

③ 张大可：《史记新注·报任安书》，华文出版社2000年版，第2193页。

六 奸诈型

奸诈型食客的性格特征是阴险狡猾，心狠手辣，诡计多端，不择手段，奸诈多变，玩弄手腕，善于利用他人达到自己的目的。更有甚者为了一己之利，不惜陷害他人，手段之残忍，用心之险恶非常人所能想象。

奸诈客最著名的是吴王夫差的宾客伯嚭，因为他后来任吴王的太宰，所以也称太宰嚭。伯嚭原是楚国名臣伯州犁之孙，其父郤宛原来也是楚国大夫，后来被楚国奸臣费无忌谗言，遭到楚令尹子常杀害。伯嚭侥倖逃脱。他逃到吴国，被吴王阖闾收留做了他的宾客。最初因为他与伍子胥有着相同的仇敌——楚国，所以为报仇，他在初期能与伍子胥同舟共济，帮助吴王出谋划策，训练吴师。伯嚭做副将，与伍子胥一起在吴王的带领下分别于吴王阖闾三年、四年率兵伐楚，都大败楚军。九年又与伍子胥一起率吴师与楚军五战五捷，最后攻破楚国都城郢都。

伯嚭最初表现还是比较好的，也说明他有相当的才干。一是因为他自己初到吴国，脚跟未站稳，需要有所表现；二是因为报仇心切，自己与伍子胥有着共同的敌人，所以两人目标一致，尚能同心协力。但是，到吴王夫差继位之后，他被任命为太宰，相当于宰相，受到夫差的宠幸。自此他的贪欲开始膨胀，他利用吴王对他的信任与厚爱，为了一己之私，出卖吴国的利益。吴国与越国的夫椒之战，打得越王勾践仅乘5000人，困守会稽山。勾践派大夫文种卑辞厚礼向吴国请和：

> 子胥言于吴王曰："天以越赐吴，勿许也。"种还，以报勾践。勾践欲杀妻子，燔宝器，触战以死。种止勾践曰："夫吴太宰嚭贪，可诱以利，请间行言之。"于是勾践以美女宝器令种间献吴太宰嚭，嚭受，乃见大夫种于吴王。……嚭因说吴王曰："越以服为臣，若将赦之，此国之利也。"吴王将许之，子胥进谏曰："今不灭越，后必悔之。勾践贤君，种、蠡良臣，若反国，将为乱。"吴王弗听，卒赦越，罢兵而归。①

通过越大臣文种对伯嚭的分析，"吴太宰嚭贪，可诱以利"，把伯嚭

① 《史记·越王勾践世家》，第1740—1741页。

贪财好色的性格弱点暴露出来，越国利用了他的性格缺陷，以美女宝器向他进攻，很快他就被越国收买，开始站在越国的立场为越国说话。他说服吴王接受越国讲和，不仅给了越国喘息之机，也为吴国留下了后患。在伐越问题上伍子胥坚决反对接受越国投降，给其留后路的做法，为此与伯嚭发生了矛盾冲突。伯嚭为了扫除障碍，利用他与吴王亲密的关系，不惜陷害伍子胥，向吴王进谗言："伍员貌忠而实忍人，其父兄不顾，安能顾王？王前欲伐齐，员强谏；已而有功，用是反怨王。王不备伍员，员必为乱。"① 为了与伍子胥争宠，为了清除对手，伯嚭不惜歪曲事实。他的谄言充分表现出他的阴险狡诈，对伍子胥极具攻击性和杀伤力。他把伍子胥说成一个生性残忍，不顾亲情，僭越王权，居功自傲的危险人物。在伯嚭的挑唆下，一个为吴国立下赫赫战功、忠心耿耿的老臣，竟然被吴王"使人赐子胥属镂剑以自杀"②。伯嚭除掉伍子胥之后，骗取了吴王的信任，"于是吴任嚭政"③，他掌握了吴国的大权。吴王将国政交与伯嚭，他一心伐齐。

吴王夫差为参加黄池之会，欲霸中国，率精锐之师出征，仅留下老弱看守，这就给勾践以可乘之机。勾践于公元前 478 年、476 年、475 年、473 年几次伐吴，最后灭掉了吴国，面对这样的结局，吴王夫差悔恨不已，他说："'吾悔不用子胥之言，自令陷此。'遂自刭死。"④ 作者通过吴王的忏悔与悔恨，来表现伍子胥的冤屈和伯嚭的十恶不赦的罪孽。伯嚭为了自己的私利，违背起码的良心与道德，他收受敌国贿赂，私通敌国，背叛主人，出卖国家，残害忠良，祸国殃民。使吴国由强盛走向衰败，直至灭亡。孔子弟子子贡曾评价："太宰嚭用事，顺君之过以安其私，是残国之治也。"⑤

关于伯嚭的结局，《史记・吴太伯世家》是这样记载的："越王灭吴，诛太宰嚭，以为不忠，而归。"⑥《越王勾践世家》也有载："越王乃葬吴

---

① 《史记・越王勾践世家》，第 1743 页。

② 同上。

③ 同上书，第 1744 页。

④ 《史记・吴太伯世家》，第 1475 页。

⑤ 《史记・仲尼弟子列传》，第 2199 页。

⑥ 《史记・吴太伯世家》，第 1475 页。

王而诛太宰嚭。"[①] 据此看伯嚭最后应当是被越王勾践所杀的。但是梁玉绳在《史记志疑》中指出：

> 《左传》哀二十二年越灭吴，二十四年有太宰嚭，则未尝诛也。故《通鉴外纪》云："嚭入越亦用事，安得吴亡即诛哉。"而《史记》世家、列传及《越绝书》、《吴越春秋》皆言诛嚭，《吕氏春秋·顺民篇》言"戮吴相"，似不足为信。[②]

我们看一下《左传·哀公二十四年》的记载："闰月，公如越，得大子适郢，公孙有山使告于季孙。季孙惧，使因太宰嚭而纳赂焉，乃止。"[③] 越王勾践灭吴是在哀公二十二年，而哀公二十四年尚记载有伯嚭在越活动的情况，据此看，伯嚭并未被勾践所杀。那么该如何解释《史记》所载的情况呢？吾师韩兆琦认为："史公痛疾卖主卖友之辈，故著伯嚭之诛于此，亦犹《季布栾布列传》之著刘邦诛丁公，《新五代史》载耶律德光之杀张彦泽。《越绝书》亦有勾践诛伯嚭语，盖随《史记》而推衍。"[④] 韩教授的分析比较合情理。伯嚭被诛只能说是作者司马迁的一种愿望。但是伯嚭给后人留下的奸诈狡猾、阴险狠毒的印象难以磨灭。

李园也是一个典型的奸诈客。他借春申君的种把妹妹送到楚考烈王身边做王后，最后实现他当国舅的梦想。前面已有介绍。李园奸诈狡猾在于，他阳奉阴违，很善于伪装自己，在他的对手精明干练的春申君面前，他总是表现出一副软弱、老实、无能的样子。他以示弱的方式来博取春申君的好感和同情，以放松春申君的警惕。由于春申君根本不把他放在眼里，使他有机会大胆地实施他的计划。李园还非常心狠手辣，当上国舅之后，为了防止漏密，万无一失，也为了扫除潜在的隐患和竞争对手（因为春申君毕竟是楚王的亲生父亲），他残忍地让刺客将春申君刺死。

---

① 《史记·越王勾践世家》，第 1746 页。

② 梁玉绳：《史记志疑》，中华书局 1981 年版，第 845 页。

③ （晋）杜预：《春秋左传集解·哀公二十四年》，第 1846 页。

④ 韩兆琦：《史记笺证·越王勾践世家》，第 2811 页。

第二节　食客形象的文学描写

史传文学塑造的毛遂、蔺相如、荆轲、冯谖等食客形象，给后世读者留下了鲜明深刻的印象，成为叙事文学的经典人物。其原因主要在于作者对食客形象刻画的成功。他们鲜活生动的人物形象，赢得了后人的喜爱，后人将他们的事迹凝练成简洁的成语典故，像毛遂自荐、完璧归赵、图穷匕现、狡兔三窟等。食客人物通过成语故事的流传得到广泛的传播，在传播中这些人物形象又被读者不断地丰富和发展。后人在传播过程中都融入了各自的审美理想和人生感悟，不断地增添各种文化的元素，赋予这些人物形象丰富的文化内涵和美学意义，又增加了故事的生动性和精彩性。

一　通过语言描写人物性格

人物语言仿佛就是一个人的性格标签，它能让我们很明显地区分出每一个人所独有的性格特征，也能让我们在众人当中一眼看出他的与众不同。司马迁在描写人物时，非常注意通过人物的语言来表现人物的性格。刘邦在目睹秦始皇出巡时不禁感叹曰："嗟呼，大丈夫当如此也！"[①] 话语中非常含蓄地表达了他内心深处对帝王权威的向往与羡慕。而项羽看到秦始皇出巡那种威武壮观的场面，却是脱口而出"彼可取而代也"[②]，直白的言语中充满着自信及强悍的勇气，大有舍我其谁的强势之气。刘邦与项羽为同时代之人，面对同一场景和事情，说出的话语有如此大的差别，体现出两人鲜明的性格特征。对此，凌稚隆评价曰："高祖观秦帝之言较之项羽，气象自是迥别。"王鸣盛曰："项之言悍而戾，刘之言则津津不胜其歆羡矣。"[③]

在史传文学作品中给读者留下深刻印象的食客，都是性格鲜明的。他们高度个性化的人物语言为其性格刻画起到了画龙点睛的作用。平原君的食客毛遂，其语言最能表现其性格特征。当平原君拒绝毛遂的主动自荐时，毛遂当仁不让地反驳："臣乃今日请处囊中耳。使遂蚤得处囊中，乃

---

① 《史记·高祖本纪》，第 344 页。

② 《史记·项羽本纪》，第 296 页。

③ 韩兆琦：《史记选注集评》，广西师范大学出版社 1996 年版，第 51 页。

颖脱而出，非特其末见而已。”[①] 他的话语中透出的是一股不甘示弱，当仁不让的霸气、勇气和自信。他认为往日里是平原君没有给自己机会，没有给自己施展才能的舞台，所以自己才一直默默无闻，没有独特的表现，如果早给自己机会，自己早就“颖脱而出”，岂止是锥尖露出，连整个锥环都会露出来。毛遂在遭到平原君拒绝后，没有一般食客对主人的那种谦卑、顺从、唯唯诺诺，或者忍气吞声，而是不服输、不服气地据理力争。他后来的表现也充分证明了这一点。当楚王与平原君在合纵抗秦问题上陷入僵局时，毛遂毫不犹豫地持剑历阶而上，对楚王以武力相威胁，以情理相说服，最后迫使楚王与赵国结成合纵联盟。在这场谈判中，毛遂本不是主角，但是他却通过自己的智慧和才能掌控整个局势的发展，用行动证明自己当初对平原君说的话并非夸大其词。自此，毛遂的故事浓缩成“毛遂自荐”、“脱颖而出”的成语典故，被广泛传播，毛遂勇于进取、敢作敢为、积极表现的文学形象更是深入人心。

蔺相如语言表现的又是另一种性格：从容应对，沉着冷静，机智勇敢，反应敏捷。

> (赵王) 问蔺相如曰：“秦王以十五城请易寡人之璧，可予不?”相如曰：“秦强而赵弱，不可不许。”王曰：“取吾璧，不予我城，奈何?”相如曰：“秦以城求璧而赵不许，曲在赵；赵予璧而秦不予赵城，曲在秦。均之二策，宁许以负秦曲。”王曰：“谁可使者?”相如曰：“王必无人，臣愿奉璧往使。城入赵而璧留秦；城不入，臣请完璧归赵。”
>
> ……
>
> 相如视秦王无意偿赵城，乃前曰：“璧有瑕，请指示王。”王授璧，相如因持璧却立，倚柱，怒发上冲冠，谓秦王曰：“大王欲得璧，使人发书至赵王，赵王悉召群臣议，皆曰：‘秦贪，负其强，以空言求璧，偿城恐不可得。’议不欲予秦璧。臣以为布衣之交尚不相欺，况大国乎！且以一璧之故逆强秦之欢，不可。于是赵王乃斋戒五日，使臣奉璧，拜送书于庭。何者？严大国之威以修敬也。今臣至，大王见臣列观，礼节甚倨；得璧，传之美人，以戏弄臣。臣观大王无

① 《史记·平原君虞卿列传》，第 2366 页。

意偿赵王城邑，故臣复取璧。大王必欲急臣，臣头今与璧俱碎于柱矣！”①

第一段话，是蔺相如出使秦国前对秦赵两国形势的分析，说明“秦强赵弱”，不予秦璧，会给秦以出兵的借口；“赵予璧而秦不予城，曲在秦。”为了赵国的安危，“臣愿奉璧往使，……城不入，臣请完璧归赵”。入情入理的分析，体现了他善于审时度势、纵览全局、沉着应对的性格。

第二段话是蔺相如到了秦国，奉璧给秦王之后，看出秦王并无给予赵城的诚意后，对秦王的一番痛斥。话语中充满着“威武不能屈”的正义之气，把他机智勇敢，灵机应变，临危不惧的性格充分展现出来。可见司马迁“在人物语言上，无论写到什么样的人在什么样情况下说的话，他都能做到口吻逼真，谁说的话像谁。他的一支笔，简直无所不能。因此我们可以有根据地说，在司马迁手里，创作出了性格化的人物语言”②。

越石父对于解救他，又收留他的主人晏婴提出了绝交请辞的要求，他说：“君子诎于不知己而信于知己者。方吾在缧绁中，彼不知我也。夫子既已感寤而赎我，是知己；知己而无礼，固不如在缧绁之中。”③ 话语中表现出越石父的不满，他不安于这样平庸的食客生活，对主人对自己的忽视和不尊重表现出强烈的不满。他渴望的是主人理解他，任用他。他的绝交请求透露出他敏感、自尊、自信与自傲的性格特点。

李斯在他发迹前，曾看到人们对待厕中鼠与仓中鼠决然不同的态度，他不禁大发感慨，“人之贤与不肖譬如鼠矣，在所自处耳！”④ 对于人生的处世哲学，他更是有自己的独到见解，他认为：“诟莫大于卑贱，而悲莫甚于穷困。”⑤ 这些话把李斯阴暗的心理，贪婪的欲望和卑微扭曲的性格生动逼真地刻画了出来。在他看来，一个人的命运，就如眼前的老鼠，在于他所处的环境。环境的好坏，决定了他地位的高低，也决定了他未来命运的穷达。他认为：卑贱和穷困才是人生最大的耻辱和悲哀。他从老鼠的命运受到启发，确定了自己人生道路的选择，要做“仓中鼠”，决不当

① 《史记·廉颇蔺相如列传》，第2440页。

② 可永雪：《史记文学成就论说》，内蒙古大学出版社2001年版，第377页。

③ 《史记·管晏列传》，第2135页。

④ 《史记·李斯列传》，第2539页。

⑤ 同上。

“厕中鼠”。司马迁不仅用李斯的语言刻画出其性格特征，并通过这些语言为读者揭示了李斯后来为一己之利，在关键时刻做出违背良心和违背道德的人生选择的思想根源。后世学者余有丁评价曰：“斯志在富贵，故卒以败，使其知足，当不为赵高所愚矣。”郭嵩焘曰：“李斯生平只此一副本领，其辞荀卿游说，务在趋时诡合，而己所以相始皇及为赵高所怵迫，其源皆出于此。”①

张仪早年游说诸侯，在楚国他曾与楚相饮酒，结果楚相府丢失了璧玉，楚相门客怀疑是张仪所为，为此“共执张仪，掠笞数百”②，妻子看到他伤痕累累，便心疼地劝他：“如果你不是四处游说，何苦受这样的罪”，希望他放弃这种游说，卖弄嘴皮的生活，但是张仪却问妻子：“‘视吾舌尚在不?’其妻笑曰：‘舌在也。’仪曰：‘足矣’。”③ 作为纵横家的张仪，是靠一张嘴吃饭生存的，所以在他看来，只要舌还在，一切“足矣”。两个字包含了丰富的内容：只要舌尚存，就能说话；能说话就能走遍天下，自然衣食无忧，甚至荣华富贵都不在话下。司马迁在简短的语言中将张仪的油嘴滑舌又风趣幽默的性格刻画得神形毕肖，甚至把一个纵横家视游说为其生命的内心世界给我们展现了出来。对司马迁这种超凡的语言表现力，日本学者斋藤正谦称赞有加：

> 子长同叙智者，子房有子房风姿，陈平有陈平风姿。同叙勇者，廉颇有廉颇面目，樊哙有樊哙面目。同叙刺客，豫让之与专诸，聂政之与荆轲，才出一语，乃觉口气各不同。《高祖本纪》，见宽仁之气于纸上；《项羽本纪》，觉喑噁叱咤来薄人。④

二 通过细节描写人物形象

细节描写能够为刻画人物性格、发展故事情节和揭示作品主题思想服务。它能够起到以小见大，窥一斑而知全豹的作用。史传文学中有许

---

① 韩兆琦：《史记笺证 · 李斯列传》，第 4632 页。

② 《史记 · 张仪列传》，第 2279 页。

③ 同上。

④ ［日］泷川资言：《史记会注考证 · 史记总论》，北岳文艺出版社 1999 年版，第 5346 页。

多生动精彩的细节描写，这些细节描写不仅把人物性格刻画得鲜明生动，也给后人留下了深刻的印象。《史记·孟尝君列传》记载孟尝君曾与食客一起吃晚饭，因为有一人遮蔽光线，“客怒，以饭不等，辍食辞去”[①]。当孟尝君把自己的饭拿给他看时，客羞愧不已，他为自己误解了主人感到不安和惭愧，他以自刭这种极端的方式来向主人谢罪。作者通过这一细节把自刭客自卑、自傲、敏感、多疑的性格刻画了出来。

《战国策·齐策四·齐人有冯谖者》载：冯谖初到孟尝君门下，因为“无能”、“无好”，所以被放在下客的等级，作者不厌其烦地描写冯谖一次次“弹其剑，歌曰：‘长铗！归来乎！食无鱼’”[②]，提出改善生活待遇的要求，意在通过这些细节描写，来表现冯谖虽然怀才不遇，内心却渴望有所作为，渴望立功扬名的理想和性格。当冯谖从下客被提升为上客时，他“乘其车，揭其剑，过其友，曰：‘孟尝君客我！’”[③]这一细节描写，把冯谖被升为上客之后那种激动和兴奋的心情表现了出来。他那种骄傲和自豪的心理溢于言表，他仿佛看到成功正在向自己招手，扬名天下似乎已指日可待。这里把一个虚荣、炫耀，又洋洋自得的食客形象刻画得淋漓尽致。

“左右”应当是孟尝君府上具体管事的几个食客。这几个看似不起眼的配角，作者也通过简单的几笔把他们的性格形象描写得生动有趣。他们对冯谖一次次提要求有着不同的反应，从“左右以君贱之，食以草具”；“左右以告”；“左右皆笑之，以告”；到“左右皆恶之，以为贪而不知足”[④]。“左右”最初的反应是新鲜好奇，接着是既好笑又冷眼旁观，再后来则是厌恶嘲笑了。把“左右”几个食客恃强凌弱，鼠目寸光，又圆滑势利的性格惟妙惟肖地描写出来。

范雎曾是魏大夫须贾的食客，因被怀疑私通齐国而遭到魏相魏齐的鞭笞，他历尽艰难，逃往秦国。范雎从魏国来到秦国后，通过上书秦昭王及秦使者王稽的推荐，终于见到了秦王。

---

① 《史记·孟尝君列传》，第2354页。

② 诸祖耿：《战国策集注汇考·齐策四·齐人有冯谖者》，第591页。

③ 同上。

④ 同上。

> 秦王屏左右，宫中虚无人。秦王跽而请曰："先生何以幸教寡人?"范睢曰："唯唯。"有间，秦王复跽而请曰："先生何以幸教寡人?"范睢曰："唯唯。"若是者三。秦王跽曰："先生卒不幸教寡人邪?"范睢曰："非敢贸然也。……"
>
> 然左右多窃听者，范睢恐，未敢言内，先言外事，以观秦王之俯仰。①

范睢是一个能言善辩之人，他对时局的把握和各国形势的发展变化了如指掌，成竹在胸。但是我们从上面几段的细节描写，看到范睢性格中不为人知的另一面：为人处事非常谨小慎微，多疑敏感，胆小怕事，做事喜欢瞻前顾后，思虑再三。这背后有鲜为人知的原因：一是由于当时穰侯为秦相国，他仗着自己是宣太后之弟，秦昭王舅舅的身份，极为专权，在各诸侯国中有着相当重要的影响力。二是因为他出使齐国处事不当，曾受到过魏丞相魏齐的严厉处罚，险些丧命。刚逃离虎口的范睢还心有余悸，胆战心惊。所以胆小怕事，小心翼翼自然在所难免。

我们再来看荆轲。后世小说、戏剧及影视作品在描写荆轲时，多侧重表现他刺杀秦王时那种大义凛然、英勇无畏、视死如归的慷慨豪情。司马迁却在《史记》中通过一些细节描写，为我们展现了荆轲精神世界及性格的另一面。

> 荆轲既至燕，爱燕之狗屠及善击筑者高渐离。荆轲嗜酒，日与狗屠及高渐离饮于燕市，酒酣以往，高渐离击筑，荆轲和而歌于市中，相乐也，已而相泣，旁若无人者。②

这里描写的是荆轲由卫游历到赵，再由赵游历到燕。一路走来，他四处碰壁。无人理解，无人赏识，他深感知音难觅，内心充满着孤独和寂寞。在这种情况下，他来到了燕国，与高渐离相遇。由于两人志趣相投，有着共同的理想与抱负，都渴望立身扬名，建功立业，又都怀才不遇，所以惺惺相惜，很快就结为知己好友。他们时而借酒浇愁，时而慷慨悲歌，

---

① 《史记·范睢蔡泽列传》，第2406—2409页。

② 《史记·刺客列传》，第2528页。

时而欷歔流涕，相泣相慰。这段细节描写是《战国策》里没有的，司马迁在《史记》“荆轲传”中特意加了这一段，是为了描写荆轲内心孤独寂寞的情怀，渴望寻觅知音和建功立业的抱负，也是为后面荆轲的人生转变作一个铺垫。荆轲后来经田光推荐，得到太子丹的赏识和重用，他感到人格尊严得到了起码的尊重，自己的人生价值得到了社会的认可，太子丹为他施展才华提供了舞台和机会，他理想抱负即将得以实现。为此，他视太子丹为知己。所以，虽然刺秦是危险的，但是与他能得到太子丹的理解和器重相比，与他能因此扬名天下相比，其危险太微不足道了。这段细节描写，为我们揭示了荆轲为太子丹刺秦的深层原因和真正动力。

三　通过戏剧性的场面表现人物

所谓戏剧性就是把人物的内心活动、外部动作、语言、表情等直观地表现出来。富有戏剧性的场面对于人物形象的刻画能起到非常好的效果。荆轲是司马迁在《刺客列传》中极力塑造的一个刺客形象。为了表现荆轲的英雄气概，在“荆轲传”里，作者特意铺写了几个富有戏剧性的场面，为荆轲形象的塑造起了很好的作用。先看荆轲赴秦的场面描写：

> 太子及宾客知其事者，皆白衣冠以送之。至易水之上，既祖，取道，高渐离击筑，荆轲和而歌，为变徵之声。士皆垂泪涕泣。又前而为歌曰：“风萧萧兮易水寒，壮士一去兮不复还！”复为羽声慷慨，士皆瞋目，发尽上指冠。于是荆轲就车而去，终已不顾。[①]

上文提到高渐离击的“筑”，是古代弦乐器，大体形似筝，颈细而肩圆，有十三弦，弦下有柱，演奏时，左手按弦一端，右手执竹尺击琴弦发音，故称为“击筑”。《汉书·高帝纪》注释对“筑”的形状有过描述：邓展曰：“筑音竹。”应劭曰：“状似琴而大，头安弦，以竹击之，故名曰筑。”师古曰：“今筑形似瑟而细颈也。”[②] 据说“筑”发源于楚地，其声悲怆激越，在先秦时广为流传，到宋代就已失传。1993 年考古学家在长沙河西汉王后渔阳墓中发掘出了“筑”的实物，当时被文物界称为新中

---

① 《史记·刺客列传》，第 2534 页。

② 《汉书·高帝纪》，第 75 页。

国建立40余年来乐器考古的首次重大发现。学术界也称这渔阳筑为“天下第一筑”。

“高渐离击筑，荆轲和而歌，为变徵之声。”这里的“变徵”是角、徵二音之间接近徵音的声音，相当于现在西洋乐的F调。变徵声调悲凉、凄婉，宜放悲声。而羽声相当于现在西洋乐中的A调，比变徵音高，声调高亢，声音慷慨激昂，宜表现激愤或高昂的情绪。

太子丹与高渐离易水河边为朋友荆轲送别的场面描写，自古以来感动了无数的文人墨客，人们每读到此处，无不潸然泪下。这段描写除个别字句外，与《战国策》完全相同。作品利用声响和画面来渲染送别场面慷慨悲壮的气氛。通过秋风、寒水、白衣、泪水、瞋目、发指等一个个富有特征的景象和意象描写，加上击筑、悲歌的乐声与歌声的配合，构成了富有戏剧性的场面。当乐声与歌声由凄婉、悲凉转为激越、慷慨时，凄寒的秋风伴着送别的泪水，把整个送别场面推到了高潮。这个慷慨、悲壮的场面为塑造荆轲义无反顾、视死如归的英雄形象起到很好的烘托陪衬的效果。它不仅使荆轲的形象熠熠生辉，同时抒发了战国士人慷慨激昂的壮志豪情，展现出一种悲壮之美。无论是荆轲的形象，还是这感人的场面，它使古往今来无数的读者为之抛洒感动热泪。明代学者董份点评曰：“荆轲歌易水之上，就车不顾。只此时，儒士生色。”孙月峰说：“只此两句，却无不慷慨激烈，写得壮士心出，气盖一世。”①

再看《战国策》和《刺客列传》中荆轲刺秦王那一段的场面描写，更加紧张、刺激、惊险而富有戏剧性。

> 秦王发图，图穷而匕首见。因左手把秦王之袖，而右手持匕首揕之。未至身，秦王惊，自引而起，袖绝。拔剑，剑长，操其室。时惶急，剑坚，故不可立拔。荆轲逐秦王，秦王环柱而走。群臣皆愕，卒起不意，尽失其度。……秦王方环柱走，卒惶急，不知所为，左右乃曰：“王负剑！”负剑，遂拔以击荆轲，断其左股。荆轲废，乃引其匕首以擿秦王；不中，中铜柱。秦王复击轲，轲被八创。②

① 韩兆琦：《史记通论》，广西师范大学出版社1996年版，第470页。

② 《史记·刺客列传》，第2534—2535页。

这个情节可谓司马迁的经典之作，所以在前面“侠客型文学形象”中已有分析，这里再次用来作戏剧性场面的分析的例子。荆轲刺秦场面的描写异彩纷呈，令人眼花缭乱。只见殿堂上，前面是秦王绕铜柱在奔跑，边跑边拔剑还击；后面是荆轲手执匕首穷追不舍。殿堂下群臣百官惊愕、紧张、慌乱、手足无措、目瞪口呆等各种表情和反应一一呈现。这段场面描写，为了表现紧张激烈的气氛，作者多用短句，作急语。通过短促的句子，来表现情况的危急和紧张的场面。

吴见思评价说：“此时正忙，作者笔不及转，观者眼不及眨之时也，乃偏写剑长操室，又写群臣、殿下诸郎及夏无且，然偏不觉累赘，而一时惶急神情如见。”[①] 顾炎武则曰：“荆轲所以为神勇者，全在临时一毫不动，此孟贲辈所不及也。”[②] 荆轲的英雄形象正是通过这些戏剧性的场面描写得以完成的。所以荆轲刺秦虽然失败了，但是由于作者生动的叙述和成功的文学形象塑造，荆轲在读者心目中永远是英雄。

范雎曾经是魏国大夫须贾的门客，因被魏相魏齐和须贾误会其通齐而受尽酷刑折磨，后来他在郑安平的帮助下逃到秦国，改名叫张禄，不久他得到秦王的重用，被任为秦相。

> 魏闻秦且东伐韩、魏，魏使须贾于秦。范雎闻之，为微行，敝衣间步之邸，见须贾。须贾见之而惊曰：“范叔固无恙乎！”范雎曰：“然。”须贾笑曰：“范叔有说于秦邪？”曰：“不也。雎前日得过于魏相，故亡逃至此，安敢说乎！”须贾曰：“今叔何事？”范雎曰：“臣为人庸赁。”须贾意哀之，留与坐饮食，曰：“范叔一寒如此哉！”乃取其一绨袍以赐之。须贾因问曰：“秦相张君，公知之乎？吾闻幸于王，天下之事皆决于相君。今吾事之去留在张君。孺子岂有客习于相君者哉？”范雎曰“主人翁习知之。唯雎亦得谒，雎请为见君于张君。”须贾曰：“吾马病，车轴折，非大车驷马，吾固不出。”范雎曰：“愿为君借大车驷马于主人翁。”
>
> 范雎归取大车驷马，为须贾御之，入秦相府。府中望见，有识者皆避匿。须贾怪之。至相舍门，谓须贾曰：“待我，我为君先入通于

① 韩兆琦：《史记笺证·刺客列传》，第4618页。

② 韩兆琦：《史记通论》，广西师范大学出版社1996年版，第470页。

相君。”须贾待门下，持车良久，问门下曰：“范叔不出，何也？”门下曰：“无范叔。”须贾曰：“向者与我载而入者。”门下曰：“乃吾相张君也。”须贾大惊，自知见卖，乃肉袒𦤘行，因门下人谢罪。于是范雎盛帷帐，侍者甚众，见之。须贾顿首言死罪，曰：“贾不意君能自致于青云之上，贾不敢复读天下之书，不敢复与天下之事。”……

须贾辞于范雎，范雎大供具，尽请诸侯使，与坐堂上，食饮甚设。而坐须贾于堂下，置莝豆其前，令两黥徒夹而马食之。数曰：“为我告魏王，急持魏齐头来！不然者，我且屠大梁。”①

这一段富有戏剧性的情节描写，让我们看到了范雎形象的另一面。在他风趣、幽默、嘲讽性格的背后，是极度的报复心理和狭隘的心胸。这一切来源于他内心深处强烈的复仇意识和早年被欺凌被羞辱的经历。“复仇”也是司马迁在整部《史记》中着重表现的思想主旨。范雎在戏弄、嘲讽须贾时，他那曾经被压抑、受打击的情感得到了释放；那颗被侮辱、被损害的心灵得到了抚慰；他曾经被丢失的面子得以挽回。当他以胜利者和施舍者的姿态出现在须贾面前时，他是那么骄傲和满足。当他看到须贾被愚弄而惊恐万状，惶恐不安时，当他看到须贾屈服于自己、有求于自己时，他是那么得意，那么开心，因为他的报复心和虚荣心都得到了极大的满足和平衡。司马迁在《太史公自序》中称赞范雎“能忍诟于魏齐，而申威于强秦”②。赞扬他“一饭之德必偿，睚眦之怨必报”，③ 恩怨分明的处事之道。

四　通过心理描写展现人物内心世界

心理描写是史传文学常用的刻画人物内心和人物性格的表现手法，并且留下了许多经典的心理描写片断，如苏秦的“贫穷则父母不子，富贵则亲戚畏惧。人生世上，势位富贵，盖可忽乎哉？”这段心理描写为我们展现了苏秦追求名利富贵的内心世界，为人物形象的塑造起到画龙点睛的作用。

司马迁在他的许多人物传记中，都普遍地采用心理描写，为我们揭示

---

① 《史记·范雎蔡泽列传》，第 2413—2414 页。

② 《史记·太史公自序》，第 3314 页。

③ 《史记·范雎蔡泽列传》，第 2415 页。

主人公内心深处的心理活动，揭示主人公盛衰得失的深层原因。而用得最多最成功的是《李斯列传》中对李斯的几段心理描写。他为我们展现了李斯不同阶段的心路历程，从中我们可以看到李斯的发展转变过程。

李斯者，楚上蔡人也。年少时，为郡小吏，见吏舍厕中鼠食不洁，近人犬，数惊恐之。斯入仓，观仓中鼠，食积粟，居大庑之下，不见人犬之忧。于是李斯乃叹曰："人之贤不肖譬如鼠矣，在所自处耳!"

斯长男由为三川守，诸男皆尚公主，女悉嫁秦公子。三川守李由告归咸阳，李斯置酒于家，百官长皆前为寿，门廷车骑以千数。李斯喟然而叹曰："嗟乎！吾闻之荀卿曰：'物禁太盛'。夫斯乃上蔡布衣，闾巷之黔首，上不知其驽下，遂得擢至此。当今人臣之位无居臣上者，可谓富贵极矣。物极则衰，吾未知所税驾也。"

高乃谓丞相斯曰："上崩，赐长子书，与丧会咸阳而立为嗣。书未行，今上崩，未有知者也。所赐长子书及符玺皆在胡亥所，定太子在君侯与高之口耳。事将何如?"斯曰："安得亡国之言！此非人臣所当议也!"……高曰："上下合同，可以长久，中外若一，事无表里。君听臣之计，即长有封侯，世世称孤，必有乔、松之寿，孔、墨之智。今释此而不从，祸及子孙，足以为寒心。善者因祸为福，君何处焉?"期乃仰天而叹，垂泪太息曰："嗟乎！独遭乱世，既以不能死，安托命哉!"于是斯乃听高。

赵高案治李斯。李斯拘执束缚，居囹圄中，仰天而叹曰："嗟乎，悲夫！不道之君，何可为计哉！……吾以忠死，宜矣。且二世之治，岂不乱哉！日者夷其兄弟而自立也，杀忠臣而贵贱人，作为阿房之宫，赋敛天下。吾非不谏也，而不吾听也。……今行逆于昆弟，不顾其咎；侵杀忠臣，不思其殃；大为宫室，厚赋天下，不爱其费；三者已行，天下不听。今反者已有天下之半矣，而心尚未寤也，而以赵高为佐，吾必见寇至咸阳，麋鹿游于朝也。"

二世二年七月，具斯五刑，论腰斩咸阳市。斯出狱，与其中子俱执，顾谓其中子曰："吾欲与若复牵黄犬，俱出上蔡东门逐狡兔，岂可得乎!"遂父子相哭，而夷三族。①

① 《史记·李斯列传》，第2539—2562页。

这是李斯的五次叹息独白，也是对他五次的心理描写，为读者揭示了李斯内心深处心理的变化：犹豫、矛盾、斗争、挣扎的情况。一是“观仓鼠”之后的叹息，是对李斯“老鼠哲学”心理的真实展现，它反映了李斯虽年幼，但是却不甘平庸，不愿过贫贱而碌碌无为的生活。他受“仓鼠”命运的启发，立志要改变自己位卑而贫贱的处境，于是投师荀子门下学习帝王之术，为自己今后的人生选定了奋斗的目标。

二是“物禁太盛”之叹，反映了李斯在志得意满，位居权利巅峰之时内心的不安和忧虑。因为他深谙物极必反乃大自然的规律，盛极将衰则是事物变化的自然法则。当他已经拥有了极高的地位，“无居臣上者”；极重的权势和极多的财富“富贵极矣”时，他内心获得了极大的满足，但是满足的同时是他心里极度的不安，因为他知道这种自然法则是无法抗拒的，这种矛盾的心理从他的叹息中表现了出来。

三叹是在秦始皇沙丘病故之后，李斯被赵高以利禄为诱饵，挟迫他一起篡改秦始皇遗诏，立少子胡亥为皇位继承人。对此，李斯内心是有抵触的。因为他一个“上蔡闾巷布衣也，上幸擢为丞相，封为通侯，子孙皆至尊位重禄者，故将以存亡安危属臣也。岂可负哉！”[①] 他内心是感恩秦始皇的提拔重用，想做一个忠臣，报答先皇的知遇之恩。再有，他从历史上晋献公、商纣王的易太子，到齐桓公兄弟残杀争夺王位的教训中感到，随意改变王位继承人，国家会遭殃。他深知篡改遗诏带来的后果是极其严重的，“遂危社稷”，“宗庙不血食”。但是他在赵高的威胁利诱下，不得不答应帮助赵高、胡亥实施改遗诏、篡位的阴谋。从他叹息中看出，他是有良知，有责任感和报恩之心的，何去何从，他内心非常的矛盾和纠结。但是内心极端膨胀的自私自利的心理，还是将他推向了万劫不复的深渊。他深陷赵高设下的圈套而不能自拔，他深感愧对先帝的恩德与信任，心里是痛苦和内疚不安的，所以李斯仰天长叹，垂泪太息的一番话，把自己悲伤、愧疚的心理表现了出来。

四叹是“赵高案治李斯”，他已被捕入狱，身陷囹圄之中。此时的李斯被赵高陷害，沦为阶下囚，他开始反思自己为了个人利益，助纣为虐，帮助赵高篡改遗诏，如今终于自食其果，尝到了“螳螂捕蝉，黄雀在后”的苦果，他不禁“仰天而叹曰：‘嗟乎，悲夫！……’”悲叹中流露出他

---

① 《史记·李斯列传》，第2550页。

悔恨、愧疚与自责的心理。

五叹是李斯与中子被腰斩咸阳时发出的。这样的结局应验了他的老师荀子“物禁太盛”的预言。当李斯即将离开这个世界时，他才知道万事皆空，他忽然羡慕、向往起普通百姓的居家生活，他想过那种与孩子一起去打猎，怡然自乐的平凡生活。他“顾谓其中子”说的那些话，“是临死时无奈何以不叹为叹也”。这当中有他对人生的留恋，有对即将逝去生命的无奈，而更多的是悔恨与自责。

史传文学所记载的许多人物，其经历都是极其复杂的，感情也是非常丰富的，如果仅通过人物的语言及行为描写，是很难将其丰富而复杂的人物性格和内心世界表现出来的，尤其是将人物性格发展变化的过程展现出来。而心理描写，能够将人物内心深处的所思所想，以及其发展变化的心路历程为读者展现出来，并且能为我们揭示这些人物所作所为的根本原因。像《李斯列传》，司马迁就通过李斯五叹的心理描写，为我们展现了李斯是如何从一个贫贱少年，通过自己的努力奋斗和投机钻营，做到了一人之下，万人之上的丞相，又如何为了保住自己的名利富贵，出卖良心与道德，与赵高合谋，篡改秦始皇遗诏，立少子胡亥为二世皇，最后又被赵高陷害，腰斩于咸阳市中。他整个人生变化的过程通过五次心理描写，被一一呈现了出来。让读者了解到李斯在每一次的决断选择时，其实他的内心都是非常纠结和矛盾的，他心里总是在不断地挣扎、痛苦和斗争着，就是在这样的纠结中，他走出了自己人生的每一步。他这样一步步地走上了自己人生的巅峰，又一步步滑落到人生的悬崖之下，直至生命的终结。

第九章

食客文学

食客文学，顾名思义，是指由食客创作的文学作品。正如作家文学、民间文学、少数民族文学的定义一样，前面的定语表明了作者的身份。所以食客文学的作者就应该限定在食客这一特殊群体中。食客文学这个概念虽然过去从未有人提出，但是其作品却是客观存在的，除了《吕氏春秋》和《淮南子》这两部人们熟悉的文学著作之外，还有许多食客创作的散文和辞赋。例如李斯的《谏逐客书》，邹阳的《狱中上梁王书》，东方朔的《答客难》，司马相如的《子虚赋》，枚乘的《七发》及其子枚皋创作的赋等文学作品，都可以视为真正意义上的食客文学。

第一节　食客文学集团

一般文学集团的形成，是因为其成员之间有着一些共同的东西：如人生经历、理想抱负、文学观念、审美追求等等，这些共同的东西成为把文人联系在一起的纽带。文人们常在一起切磋交流，互相唱和，一起创作，一起鉴赏、评点佳作，针砭时弊。加上有影响力和号召力的领袖人物的出现，进而很自然地将这些有共同特点的文人聚集在一起，形成文学集团。如秦汉时期的吕不韦文学集团、梁王文学集团、刘安文学集团，还有魏晋时期的建安文学集团、竹林七贤、兰亭唱和、竟陵八友等。

周晓琳对文学集团有如下的定义：

> 所谓“文学集团”，顾名思义，是由数位文人聚集而成的文学团体。这个团体必须同时满足以下四个条件：其一，它首先是一个文人聚合体，具有自己经常性的聚会活动。……那些即使生活在同一时

代、并且有着相近审美趣味的作家，如果缺少相互之间的文学联系和经常性活动，就应当排除在外。其次，文学创作应当成为联结诸位个体的主要纽带或重要因素，集团成员需有共同的文学活动（常常表现为多同题作品和相互赠答之作）、相近的创作倾向以及较为突出的文学成就，正是这一点将文学集团与一般文人的政治集团或思想集团区别开来。其三，集团的存在与活动具有时空限制性，集团成员之间的文学活动通常以特定的地域为共同的空间背景，并且他们应该生活在大致相同的时代（其主要文学活动应该发生在其主要成员均在世之时）。……其四，文学集团在其形成与存续过程中应有领袖人物发挥组织、感召、凝聚的作用，并对整个集团审美趣味、文学风格的形成产生举足轻重的影响。①

以周晓琳对“文学集团”的定义来衡量食客文学集团，他们基本上满足了上述几个条件，唯一不同的是这个集团的成员最初集结在一起的目的是为政治而非文学，他们文学创作的初衷也是因为政治的需要。

所谓“食客文学集团”，是指那些出身平民，有着较高文学修养、学识及学术造诣，集思想和文学家品格于一身的食客，在其主人的组织和指导下，进行文学创作，或是集体从事有目的、有计划、有步骤的学术书籍的编撰工作。食客文学集团与后世各种文学集团相比，是有一些不同。其差别在于：这些人的身份都是食客或宾客，他们受权贵供养，与权贵之间形成一种供养和依附关系，所以他们在政治上和经济上都有一定的从属性，这种从属的性质决定了他们身上缺少一些独立、自由、洒脱和豪放的性情。这是他们与一般文学集团的成员之间最大的区别。身份角色的不同自然会影响到他们的文学创作。

一　吕不韦文学集团

据《史记·吕不韦列传》载：

当是时，魏有信陵君，楚有春申君，赵有平原君，齐有孟尝君，皆下士喜宾客以相倾。吕不韦以秦之强，羞不如，亦招致士，厚遇

① 周晓琳：《中古文学集团考辨》，《西华师范大学学报》2009 年第 4 期。

之，至食客三千人。是时诸侯多辩士，如荀卿之徒，著书布天下。吕不韦乃使其客人人著所闻，集论以为八览、六论、十二纪，二十余万言。以为备天地万物古今之事，号曰《吕氏春秋》。①

从这段记载看，吕不韦招揽食客并组织他们写书的目的，是为了与其他诸侯国在政治影响和文化方面进行竞争。而《史记·秦始皇本纪》载：吕不韦“招致宾客游士，欲以并天下”②。这里却是直接点出吕不韦招揽食客有更高的目的，那就是为秦国的统一天下做准备。他令宾客撰写《吕氏春秋》的目的，就是为了在思想舆论上为统一天下造声势。所以吕不韦组织食客创作《吕氏春秋》是出于政治的需要而非文学的目的。吕不韦对于秦国未来的发展，秦统一天下后建立什么样的政权，有着自己的思考和设想。他不仅思想活跃，而且具有开放包容的胸襟，加上他秦国丞相的特殊身份，使得一些思想活跃、积极进取，有追求和抱负，又有较高学术造诣的文人知识分子纷纷聚集到他的门下，由此形成了一个食客文学集团。

吕不韦文学集团可谓中国文学史上第一个文学集团，这个集团的成员都是食客。这个文学集团所创作的《吕氏春秋》，严格意义上来说是一部集文、史、哲于一体的著作，既有吕不韦及其食客哲学思想的理论阐述，又有历史的叙事，还有文学的创作。它具有先秦文学文、史、哲不分的共性特点。简言之，《吕氏春秋》是一部浓缩了文、史、哲内容和特点的理论著作。

中国文学的自觉和文、笔之分，是到魏晋时期才开始出现的，所以吕不韦文学集团并不像魏晋时期的文学集团那样，文学创作及文学活动的特征那么鲜明突出。只能说这个集团的成员在有计划、有目的地进行《吕氏春秋》的编撰工作时，就已经是在以集体的形式进行文学的创作和文学的活动了。这也反映出早期文学集团的创作活动是与政治活动密切相关、密不可分的事实。

吕氏文学集团在盟主吕不韦的引领、指导下，吸收诸子百家的思想学说，编撰出对后世影响深远的理论著作《吕氏春秋》。从当时的社会环境

① 《史记·吕不韦列传》，第2510页。

② 《史记·秦始皇本纪》，第223页。

和秦国的具体情况来看，吕不韦主编此书是别有深意的。郭沫若曾指出：

> （《吕氏春秋》）成书于（秦王政）八年，草创或当在六七年时。在这时候，内则始皇已近成人，而嫪氏势力日益膨大，外则六国日见衰颓，天下将趋于一统。吕氏在这时候纂成这一部书，综合百家九流，畅论天地人物，决不会仅如司马迁所说，只是出于想同列国的四公子比赛比赛的那种虚荣心理的。[①]

从吕氏食客文学集团以及他们创作的《吕氏春秋》来看，食客们由对政治、外交的兴趣和影响，开始转移到对思想学术的兴趣。所以吕氏食客文学集团和《吕氏春秋》，对后世食客的发展转变起着导向性的重要作用。

迄今为止，我们无法知道参与《吕氏春秋》写作的食客姓名。班固《汉书·艺文志》说：《吕氏春秋》乃“秦相吕不韦辑，智略士作”[②]。这“智略士”并不是人名，应当指吕氏食客中那些智慧谋略之士。那么这些智慧谋略之士具体是什么人？现在无法查证。李斯曾在吕不韦门下做舍人，是否他参与了该书的写作呢？虽然史书上没有一点李斯曾参与该书写作的信息，但是我们从其他的一些情况以及时间上来分析，可以做出这样的推测。

首先，从时间上看，《吕氏春秋》成书于秦王政八年，秦王亲政是在九年四月。根据这个时间来推断，该书是在嬴政亲政前完成的，写作时间应该在秦王政八年以前的三年至五年的时间里。据《史记·李斯列传》记载：李斯“至秦，会庄襄王卒，李斯乃求为秦相文信侯吕不韦舍人”[③]。李斯到秦国的这一年，即投在吕不韦门下做舍人，刚好这一年秦庄襄王过世，嬴政即位，时年 13 岁，吕不韦继续任丞相。

其次，要弄清楚李斯写《谏逐客书》的时间。因为这时候李斯已在朝廷中任职。李斯写该文是因秦王逐客而起，所以这里有必要搞清秦王逐

---

① 转引自张富祥《王政全书：〈吕氏春秋〉与中国文化》，河南大学出版社 2001 年版，第 16 页。

② 《汉书·艺文志》，第 1741 页。

③ 《史记·李斯列传》，第 2540 页。

客的原因。据《史记·李斯列传》载：

> 韩人郑国来间秦，以作注溉渠，已而觉。秦宗室大臣皆言秦王曰："诸侯人来事秦者，大抵为其主游间于秦耳，请一切逐客。"李斯议亦在逐中，斯乃上书。①

司马迁在这里说逐客事件是因韩人郑国在秦国做间谍，以修建水渠为名，目的是要消耗秦国的人力和财力，以阻止秦统一天下、东进灭韩的步伐而引起的。关于逐客事件，据《史记·秦始皇本纪》记载，是另出有因：

> 九年……长信侯毐作乱而觉，矫王御玺及太后玺以发县卒及卫卒、官骑、戎翟君公、舍人，将欲攻蕲年宫为乱。王知之，令相国昌平君、昌文君发卒攻毐。战咸阳，斩首数百，……毐等败走。……尽得毐等。……车裂以殉，灭其宗。及其舍人，轻者为鬼薪。及夺爵迁蜀四千余家，……十年，相国吕不韦坐嫪毐免。……大索，逐客。李斯上书说，乃止逐客令。②

从这段记载看，秦王逐客是因嫪毐事件引起的。嫪毐事件发生于秦王政九年四月，秦王亲政之时，《吕氏春秋》已经完成。秦王从嫪毐谋反中看到了食客力量的强大，已经构成了对朝廷政权的威胁。加上吕不韦被免相国职务后，"岁余，诸侯宾客使者相望于道，请文信侯。秦王恐其为变"③，所以秦王才下了逐客令，李斯也在被逐之列，为此他特意写了《谏逐客书》，上书秦王，秦王看后收回逐客令。从《秦始皇本纪》有关嫪毐事件的记载，以及事件发生的时间看，嫪毐事件与秦王逐客之间构成一种因果关系。

再有，《史记·秦始皇本纪》在记录秦王逐客事件时，没有一点提到郑国修水渠的间谍事件。同样，李斯在给秦王的《谏逐客书》中也没有

---

① 《史记·李斯列传》，第2541页。

② 《史记·秦始皇本纪》，第227—230页。

③ 《史记·吕不韦列传》，第2513页。

提到郑国事件。这说明秦王逐客与郑国间谍案无关。另外，《史记·河渠书》载有郑国修渠的间谍事件，但却只字未提秦王逐客。在《史记·六国年表》中，记载郑国修渠的时间是在秦王政元年，而逐客是在王政十年，时间上也不对，两事间隔近十年。如果说逐客与郑国间谍案有关的话，那么秦王不会等十年之后再逐客，那样意义就不大了。

综合上述史料我们发现：除《李斯列传》之外，其他史料谈到郑国事件的都不论及逐客事件，谈到逐客事件的又都不论及郑国事件，显然两件事并无因果关系。对此有的学者已经发现，杨宽曰：

> 《资治通鉴》叙宗室大臣议曰："诸侯人来仕者"云云"十月文信侯（吕不韦）免相，出就国"之后，盖从《秦始皇本纪》以为秦大逐客即因嫪毐叛乱而作，甚是。《李斯列传》误以为因韩人郑国来秦作郑国渠而起，非是。《六国表》明载作郑国渠在秦始皇元年，非此年事。[①]

综合上述分析，可以认定秦王逐客不是因为郑国修渠的间谍案，而是因为嫪毐谋反。

逐客事件发生在秦王政十年十月，即嬴政亲政的第二年。估计李斯当时进入秦廷任职的时间不长，并且职位较低（否则他不会被逐），加上他是从相国吕不韦处被推荐来的，所以他被列入逐客名单是在情理之中的。但是逐客事件反而成就了李斯，据《史记集解》引《新序》曰："斯在逐中，道上上谏书，达始皇，始皇使人逐之骊邑，得还。"[②] 秦王看了李斯上谏的书后，被其说服，不仅解除逐客令，还派人将李斯追回，"复李斯官，卒用其计谋，官至廷尉"[③]。杨宽认为"据此可知李斯为客卿当在秦王政十年前"[④]。

根据上面的分析，我们确定了秦王逐客的原因，以及逐客的时间，就可以此推断出李斯在吕不韦门下为舍人的时间，应当是秦王政元年至八年

---

① 韩兆琦：《史记笺证·秦始皇本纪》，第 424 页。

② 《史记·李斯列传》，第 2546 页。

③ 同上。

④ 韩兆琦：《史记笺证·李斯列传》，第 4645 页。

这段时间，而这段时间刚好是吕不韦招集食客酝酿、计划并实施写作《吕氏春秋》的时间。所以李斯参加该书写作的可能性是极大的，因为他从时间上和才能上都具备了条件。

有学者指出，李斯为法家，他为秦始皇谋政推行的都是法家思想，这与《吕氏春秋》的杂家思想，特别是其中的儒道思想并无一致之处，所以他不可能参与《吕氏春秋》的编写。这种观点不无道理。但是，从李斯的一生来看，他是一个见风使舵，善于投机取巧，特别善于察言观色的人。他早年是荀子的弟子，荀子的儒家思想对他应该有不小的影响。他在吕不韦门下为舍人，为其编书，自然会顺从吕不韦的指导思想和宗旨。而他成为秦王嬴政的朝臣之后，自然要投其所好。秦始皇是一个崇尚、热衷于法家文化的人，在这种情况下，李斯绝对不会违背秦王意愿提出儒家的思想学说来谏言。李斯只能顺从秦王的意志来出谋划策。特别是韩非到秦国后，他看到秦王特别看重和推崇韩非法家的思想学说。与韩非同学的他心中自然不是滋味，他一方面在秦王面前诋毁韩非，为自己扫除政敌；另一方面为了争宠，他加强了向秦王宣传、推行法家的思想学说，来证明自己不比韩非差，以此获取秦王的认可和重视。李斯从荀子门下的儒家弟子，到秦王朝的丞相，经历了由儒家向法家的一个历史蜕变过程。

有的学者提出了另外一种推测："参加编书的人可能有一部分原来是齐国稷下学宫的学者。"[①] 众所周知，战国中叶的学术中心在齐国，稷下学宫曾经是诸子百家聚集的地方。在齐宣王时代，是稷下学宫的兴盛期，到了齐湣王时，稷下学宫走向衰落，有不少老师和弟子流入他国，流入最多的是秦、楚两国。"荀子西行游秦正可作为一证。郭沫若推断荀子游秦或者与吕不韦初入秦约略在同时，'而在这无儒的秦国，仅仅十年之后，吕不韦却把大量的儒者输入了'。李斯原为荀子的学生，其入秦在庄襄王死去的时候，也可作为齐学输入秦国的一例。由这一蛛丝马迹，推测吕不韦门下多有旧时的稷下学者，并非是空穴来风。"[②]

据《史记》记载：《吕氏春秋》完成之后，"布咸阳市门，悬千金其上，延诸侯游士宾客有能增损一字者予千金"[③]。结果无人能改动一字，

---

① 张富祥：《王政全书：〈吕氏春秋〉与中国文化》，河南大学出版社 2001 年版，第 13 页。

② 同上书，第 14 页。

③ 《史记·吕不韦列传》，第 2510 页。

“一字千金”的典故由此而来。这说明该书在结构框架的设计上经过了反复推敲，语言表达上也是反复提炼，所以经得起检验和推敲。

《吕氏春秋》可以说是我国历史上第一部有计划、有目的地由食客文学集团集体创作完成的一部理论著作和文学著作。它的问世，是食客文学集团集体创作的结晶，也是食客文学集团集体活动的历史见证，所以它在中国文学史上具有特殊的意义。

二　梁王文学集团

《汉书·邹阳传》记载：西汉时期，“汉兴，诸侯王皆自治民聘贤”[①]。延续战国的养客之风，王侯贵族招纳食客风气日盛，在当时成为一种时尚。像高祖刘邦的儿子吴王刘濞、楚王刘交、齐王刘肥、淮南王刘长；文帝的太子刘启、梁王刘武；景帝的儿子河间献王刘德、鲁恭王刘余，还有淮南王刘安等，都纷纷开馆延客。徐复观在《两汉思想史》中指出：

> 两汉承先秦余绪，游士之风尚盛。此即诸侯王及富贵者门下的宾客。宾客之品类不齐，多随主人之所好而类集。但有一共同特点，他们都是社会上比较富有活力的一群。诸侯王中若有好学自修之人，则其所集者多在学术上有某种成就之士；于是宾客之所集，常成为某种学术的活动中心，亦为名誉流布之集中点。[②]

因为权贵的“好学自修”，所以“其所集者多在学术上有某种成就之士”，这种现象在战国末期秦国的吕不韦身上已经出现。由于西汉社会统一，政治趋于稳定，使诸侯王不可能像战国时期那样致力于开疆拓土的政治、外交事业，他们将精力转向经济、文化、享乐方面发展。西汉诸侯王学术修养和文学水平普遍较高，尤其喜爱文学或学术的诸侯王则礼贤下士地延揽才华横溢的食客，他们有意识地招纳那些富有学术思想或文学才华的宾客。“由于藩国诸侯和汉初文人们的共同努力，大约在汉景帝时已经

① 《汉书·邹阳传》，第2338页。

② 徐复观：《两汉思想史》卷一，华东师范大学出版社2004年版，第107页。

形成了颇具规模的文人集团。”[①] 其中以梁孝王刘武和淮南王刘安的食客文学集团最具影响力。另外还有河间文学集团，主人为河间献王刘德。吴国文学集团，主人为吴王刘濞。河间文学集团以研究、讲授儒家经典为主，由于史料缺乏，我们无法了解到该集团的文学活动情况。吴国文学集团的几个主要成员枚乘、邹阳、严忌早期的文学创作活动是在这里开始的，但是后来因为吴王谋反，枚乘、邹阳等人劝谏无果，他们才离开吴王，投到梁王门下，成为梁王文学集团的主要成员。由于“汉初几位诸侯王以文才取士，聚集在他们周围的辞赋家则是以文会友。他们置酒高会，游赏唱和，汉初作家群体首先在几位诸侯王那里生成”[②]。

据《汉书·文三王传》载：

> 孝王筑东苑，方三百余里，广睢阳城七十里，大治宫室……招延四方豪杰，自山东游士莫不至：齐人羊胜、公孙诡、邹阳之属。[③]

正所谓“物以类聚，人以群分”，梁王刘武因为喜好文学，他招揽的宾客多以文学著称。唐代顾况曾言：

> 梁孝王时，四方游士邹生、枚叟、相如之，朝夕晏处，更唱迭和。天寒水冻，酒作诗滴，是有文雅之台。[④]

顾况所言情况：“说明了梁孝王艺术旨趣，为众多文人幕僚所倾心，诚如高适说‘梁王昔全盛，宾客复多才’，在此文雅之台，邹阳、枚乘、枚皋、司马相如、羊胜、公孙诡、路乔如、丁宽、韩安国等人充分展示了他们的文学天才。”[⑤] 梁孝王为其文学集团成员创造了良好的文化氛围，使文学集团成员感到自由、舒适和惬意，他为这些文学家提供了适合于展现自己文学才华的广阔天地，使他们在这个特殊、宽松的环境里人尽其

---

① 刘向斌：《试论汉初文人集团的地域成因》，《青海社会科学》2008 年第 1 期。

② 袁行霈：《中国文学史》第一卷，高等教育出版社 2000 年版，第 157 页。

③ 《汉书·文三王传》，第 2208 页。

④ 董诰、阮元、徐松等：《全唐文》卷 529《宋州刺史厅壁记》，中华书局 1983 年版，第 5371 页。

⑤ 跃进：《梁孝王集团的文学想象》，《深圳大学学报》2008 年第 1 期。

才，收获了丰硕的果实。

梁王文学集团的食客虽然没有像吕不韦和淮南王刘安的食客那样，留下了集体创作的佳作，但是，与这两个文学集团不同的是，他的文学集团中许多食客更具文学家的才性和个性，他们都成为当时著名的文学家，像邹阳、枚乘、枚皋、司马相如等，这是其他文学集团无法相比的。他们都创作了许多优秀的散文和汉赋。特别值得一提的是，枚乘的《七发》标志着汉大赋的正式形成，司马相如的《子虚赋》、《上林赋》则体现了汉大赋的最高成就，他们的作品在汉赋发展史上都具有里程碑的意义，而他们都是梁王文学集团的主要成员。可以说梁王文学集团代表了汉代文学的最高成就，其作品在中国文学史上具有很高的地位和影响。下面对梁王文学集团的主要成员稍作介绍：

邹阳，齐人，曾在吴王刘濞门下为客，“阳与吴严忌、枚乘等俱仕吴，皆以文辩著名”[①]。后来因为吴王想反叛朝廷，邹阳作《上吴王书》劝说吴王，但是未见成效。于是邹阳与枚乘、严忌等离开吴国去梁，来到梁王门下为客。“邹阳为人有智略，忼慨不苟合，介于羊胜、公孙诡之间。胜等疾阳，恶之孝王。”[②] 邹阳的才华遭到羊胜、公孙诡的嫉妒，他们向梁王进谗言，梁王怒而将其打入监狱，欲置之死地。邹阳在狱中写了《狱中上梁王书》，以自我表白，劝谏梁王只有真正任用贤才，天下士人才能真正为其所用。梁王看后大受感动，马上将其释放。这篇文章“博引史实，铺张排比，在哀婉悲叹之中包含着激愤感慨，颇有战国游士纵横善辩之风，影响极为久远”[③]。“及梁事败，胜、诡死，孝王恐诛，乃思阳言，深辞谢之，赍以千金，令求方略解罪于上者。”[④] 邹阳自此受到梁王重用，成为他的上客。

枚乘，字叔，淮阴人，初为吴王刘濞郎中。吴王因为太子在京城被杀，怒而想谋反，枚乘因此先后作了《上书谏吴王》、《上书重谏吴王》两文劝谏吴王。因吴王不纳其言，枚乘故而投梁王，其文才极受梁王赞赏。《汉书·艺文志》著有其赋九篇，以《七发》最负盛名，刘勰《文心

① 《汉书·贾邹枚路传》，第 2338 页。

② 同上书，第 2343 页。

③ 跃进：《梁孝王集团的文学想象》，《深圳大学学报》2008 年第 1 期。

④ 《汉书·贾邹枚路传》，第 2353 页。

雕龙·杂文》评价“枚乘离艳，首制《七发》，腴辞云构，夸丽风骇”[①]。枚乘的《梁王菟园赋》也曾经广为传诵。班固在他的《汉书》中对枚乘评价很高：“梁客皆善属辞赋，乘尤高。”[②]

枚皋，字少儒，是枚乘庶子。枚皋深受父亲影响，自幼喜爱文学，善作辞赋，十七岁时他上书梁共王，其文学才华深得梁共王赏识。时人评价他：“枚皋文章敏疾，长卿制作淹迟，皆尽一时之誉。而长卿首尾温丽，枚皋时有累句。”[③] 枚皋赋的特点是：“敏疾”，但“时有累句”。枚乘、枚皋父子同游梁王，后人赞赏有加，“枚乘二叶，俱得游梁；应贞两，并称文学”[④]。

司马相如，字长卿，原名司马长卿，因仰慕战国名相蔺相如，改名为司马相如，蜀郡成都人。他 20 岁时，以赀（钱财）为郎，做了武骑常侍。但是因为汉景帝不喜欢辞赋，所以他在景帝处有知音难觅的苦恼。当梁王刘武来朝时，他有机会结识了邹阳、枚乘、庄忌等辞赋家，感觉非常投缘，于是他借病退职，投奔梁王，与那些志趣相投的文学家共事。《汉书·司马相如传》云：司马相如“客游梁，得与诸侯游士居。数岁，乃著《子虚之赋》”[⑤]。他正是在梁王府上为客时，写下了著名的《子虚赋》。《子虚赋》结构宏伟，铺张扬厉，辞彩丰富，音调富于变化，代表了司马相如和汉赋的最高成就。

据《西京杂记》卷四“忘忧馆七赋”条记载：

> 梁孝王与诸文士枚乘、路乔如、公孙诡、羊胜、邹阳、公孙乘、韩安国等游于忘忧之馆，使各人为赋，枚乘为《柳赋》、路乔如为《鹤赋》，公孙诡为《文鹿赋》，邹阳为《酒赋》，公孙乘为《月赋》，羊胜为《屏风赋》，韩安国作《几赋》，不成，邹阳代作。[⑥]

对这段史事的记载，诸家文学史对这组汉赋作品多有怀疑，也有学者

① 周振甫：《文心雕龙今译·杂文》，中华书局 1988 年版，第 123 页。
② 《汉书·贾邹枚路传》，第 2365 页。
③ 程毅中点校：《西京杂记》卷三，中华书局 1985 年版，第 22 页。
④ （唐）李延寿撰：《北史·文苑·颜之推》，中华书局 1974 年版，第 2796 页。
⑤ 《汉书·司马相如传上》，第 2529 页。
⑥ 程毅中点校：《西京杂记》卷三，中华书局 1985 年版，第 26—28 页。

认为："《西京杂记》所述的梁孝王宾客作赋事，虽然不一定确有其事，但是其文化背景还是很有可能的。"[①] 这一看法是比较合乎实际的。虽然对这组赋的真实性可以打问号，但是梁孝王文学集团的文学活动应当是客观存在，真实可信的。

梁孝王文学集团的特点：一是名人多，佳作多，许多成员在当时已经是名满天下的文学家，如枚乘、司马相如、邹阳等；二是其文人有是非观念，有独立的政治见解，有强烈的社会责任感。他们忠于主人，更忠于朝廷。像邹阳、枚乘最初都在吴王刘濞门下为食客，但是当他们发觉吴王有谋反企图时，不是一味愚忠地去帮助主子策划，而是出于对朝廷的忠诚，也是出于对主子的负责，他们对主子是委婉、诚恳地劝阻，晓之以情，动之以理。当劝说无效时，他们都毅然选择离开，另择明主。

韩安国两次为主子梁王排忧解难，更体现出他鲜明的是非观念和强烈的责任意识。梁王因为"出入游戏，僭于天子。天子闻之，心弗善也。太后知帝不善，乃怒梁使者，弗见，案责主所为"[②]。韩安国作为梁使，去拜见梁王的姐姐长公主，陈述"梁王为人子之孝，为人臣之忠"[③]，在吴楚七国叛乱时，梁王毅然为朝廷解忧，令军队击却吴楚，使"吴楚以故不敢西向，而卒破亡"[④]。一再强调，朝廷击破吴楚，"梁王之力也"。在此基础上，说明梁王僭越行为，不过是夸耀于诸侯，"令天下尽知太后、帝爱之也"[⑤]，并无过多的非分之想，更无藐视朝廷之念。语词诚恳，娓娓道来，说服了长公主，通过长公主的帮助，解开了太后和景帝的心结，"其后梁王益亲欢"[⑥]。但是，一个难题刚解，新的难题又出现。

> 十一月，上废栗太子，窦太后心欲以孝王为后嗣。大臣及袁盎等有所关说于景帝，窦太后义格，亦遂不复言以梁王为嗣事由此。……其夏四月，上立胶东王（刘彻）为太子。梁王怨袁盎及议

① 跃进：《梁孝王集团的文学想象》，《深圳大学学报》2008 年第 1 期。

② 《史记·韩长孺列传》，第 2857、2860 页。

③ 同上书，第 2858 页。

④ 同上。

⑤ 同上。

⑥ 同上。

臣，乃与羊胜、公孙诡之属阴使人刺杀袁盎及他议臣十余人。[①]

由于袁盎曾反对让梁王做景帝的接班人，当梁王得知景帝已立刘彻为太子时，绝望愤怒之下，派人刺死袁盎及其他议臣十余人。事后梁王将挑唆、怂恿他的食客公孙诡和羊胜两人藏匿府内。朝廷先后派去十批人到梁地搜捕，一个多月仍然抓不到人。韩安国听说后，入见梁王，以太上皇与高皇帝及景帝与太子刘荣的事为例，说明“治天下终不以私乱公”[②]，说服梁王，指出他这样“犯上禁，桡明法”[③]，性质是非常严重的。终于“孝王泣数行下，谢安国曰：‘吾今出诡、胜。’诡、胜自杀。汉使还报，梁事皆得释，安国之力也”[④]。韩安国能够明辨是非，不是一味地愚忠，对主子梁王所犯的错误不包庇、不怂恿，而是诚恳耐心地劝说，终于使梁王认识到自己错误的严重性，交出刺杀事件的主使，向朝廷谢罪，使事件得以圆满解决。在朝廷与主子处于矛盾对立的情况下，韩安国能够做到对主子负责，对朝廷尽忠，将矛盾化解，体现出他明辨是非，善于化解矛盾的能力和水平，非常难得。

三　刘安文学集团

刘安是这个食客文学集团的主子和领袖。刘安是刘邦的孙子，其父刘长是刘邦的少子。刘长因犯罪被文帝流放蜀郡，途中绝食而死。当时刘安才五六岁。特殊的身世和家庭对刘安有一定的影响。《汉书·淮南衡山济北王传》载：

淮南王安为人好书，鼓琴，不喜弋猎狗马驰骋，亦欲以行阴德拊循百姓，流名誉。招致宾客方术之士数千人，作为《内书》二十一篇，《外书》甚众，又有《中篇》八卷，言神仙黄白之术，亦二十余万言。时武帝方好艺文，以安属为诸父，辩博善为文辞，甚尊重之，每为报书及赐，常召司马相如等视草乃遣。初，安入朝，献所作

① 《史记·梁孝王世家》，第2084—2085页。
② 《史记·韩长孺列传》，第2860页。
③ 同上。
④ 同上。

《内篇》，新出，上爱秘之。使为《离骚传》，旦受诏，日食时上。又献《颂德》及《长安都国颂》。每宴见，谈说得失及方技赋颂，昏莫然后罢。[①]

从这段史料来看，刘安有着学者、文人的气质，他不像其他诸侯王那样热衷于政治，或醉心于享受奢华生活。他虽然拥有一块封地，但是他并没有把精力和兴趣放在封地的经营上。他喜爱读书、鼓琴，热衷于学术研究，著作颇丰，有《内书》二十一篇（即《淮南子》），《外书》甚众，《中篇》八卷，20 余万字。据《汉书·艺文志》载：淮南王作有赋 82 篇，[②] 仅从这一点就可看出刘安的文学才华非同一般，他不仅博学多才，而且喜好招延天下宾客。由于他礼贤下士，学识渊博，所以能够“招致宾客方术之士数千人”[③]。他是汉武帝的堂叔，“时武帝方好艺文”[④]，所以非常赏识他的才华，称赞他的学识和文笔。但凡刘安上朝，武帝会见之后都高兴地宴请他，与他谈论古今政治的得失，谈论诗歌辞赋，以及天文地理方术技艺等，兴致之高，常谈论到天黑才作罢。刘安将新作《内篇》献给武帝，“上爱秘之”[⑤]。武帝因为刘安的文才出众，连发给淮南国的诏书，都怕行文有不妥让叔父看到笑话，所以要先给著名的汉大赋才子司马相如看过修改之后，才敢发出。一次，武帝下诏让刘安写一篇《离骚传》，早晨下诏，他不长时间就完成，可见他的才思敏捷。而刘安写的《离骚传》是颇含深意的。徐复观认为：

刘安的《离骚传》，是借屈原之冤，以明自己之志。其叙述中所流露的“信而见疑，忠而被谤”的烦冤悲愤之情，不仅是表白屈原，亦实际是表明他自己。这正是把他处境的困惑，及心理的危机感，向一位新即位的青年皇帝的投诉。[⑥]

---

① 《汉书·淮南衡山济北王传》，第 2145 页。
② 《汉书·艺文志》，第 1747 页。
③ 《汉书·淮南衡山济北王传》，第 2145 页。
④ 同上。
⑤ 同上。
⑥ 徐复观：《两汉思想史》卷二，华东师范大学出版社 2004 年版，第 112 页。

刘安是借他人酒杯，浇胸中块垒。他将身世之悲，心中之哀，处境之艰都倾泻于文中。

刘安博大精深的思想和礼贤下士的爱才之举，吸引了数千宾客聚集在他的府中，这其中有多少是才华出众的文学食客呢？据《汉书·伍被传》载："淮南王刘安好术学，折节下士，招致英隽以百数。"① 估计在他数千的食客中，以学术见长的文学英俊之士有数百人。但是作为刘安食客文学集团的主要成员，具体承担《淮南子》写作的应当只是这数百人中的部分人。根据高诱《淮南注叙》中说刘安"与苏飞、李尚、左吴、田由、雷被、毛被、伍被、晋昌等八人，及诸儒大山、小山之徒，共讲论道德，总统仁义，而著此书。其旨近老子，淡泊无为，蹈虚守静"②。刘安通过与他们长期的议论学术，评点时政，思想经常碰撞出智慧的火花。他们既谈论时局政治，也谈论文学。他们在切磋交流中不断提升各自的学识修养和学术品位，以及他们文学创作的水平。在时机和条件成熟之后，在刘安的主持召集下，这个食客文学集团集体创作了这部"其旨近老子，淡泊无为，蹈虚守静"的集思想学术与文学为一体的著作《淮南子》。据《汉书·艺文志》里记载："淮南王群臣赋四十四篇。"③ 估计这"群臣"当中应该大部分是刘安的门客，或许全部都是他的门客所作都有可能。还有这些作赋的群臣中，有可能有一部分同时也是《淮南子》的编撰者。

为什么汉代在景帝、武帝时期文学开始走向繁荣呢？这是因为出现了梁王文学集团及刘安文学集团。

> 一个时代、一个社会的文学繁荣，往往与这个时代、社会是否出现庞大的文学集团有关；一个文学集团的出现，往往需要一个能够为集团提供文学活动所需的物质与精神条件的人物出现；一个文学集团的存在、发展及其影响力的大小，往往与一个是否具有稳定的政治环境、良好的社会秩序和这个集团盟主的政治权力、经济实力、文学爱好、为人笃厚的程度有关；一个文学集团的理论主张、艺术作风、创作实践，又往往取决于这个集团领袖与核心人物的思想倾向、美学理

① 《汉书·蒯伍江息夫传》，第2167页。

② 《诸子集成·淮南子·叙》，第1页。

③ 《汉书·艺文志》，第1747页。

> 想，这个集团的功绩与过失，也往往需要集团盟主来承担。尤其是盟主的文学理论修养和创作实践的水平愈高，其对集团共性特征的影响力和决定性就愈大，同时，他对集团的功过、是非所负担的责任性也就更大。[①]

从吕氏文学集团到刘安文学集团这中间不过百年，就出现了三个在中国学术史和文学史上都产生深远影响的食客文学集团，这是值得后人认真研究和思考的问题。研究在这样一个社会历史和政治制度转变的时期，食客文学集团受到什么样的影响？对于这个阶段学术思想的形成和文学创作的走向又产生过什么样的影响？对后世的文学发展起到什么样的作用？这些都是值得我们认真思考和总结的。中国文学到了魏晋唐宋以后，产生了不少的文学集团和文学流派。这些文学集团与秦汉时期的食客文学集团相比，又有哪些不同？过去学术界对这几个食客文学集团的研究和关注主要在作品和他们个体上，对于作为整体的文学集团的关注和研究还是很不够的，因此留下了一些领域和空间需要我们去填补和挖掘。可以说这些文学集团是中国古代文学集团的发端和萌芽。食客文学集团对魏晋南北朝文学，乃至后世的中国文学都产生了重要影响。据有的学者统计，仅魏晋南北朝时期大大小小的文学集团就有十多个，如后人熟悉的以曹操为核心的建安文学集团，竹林七贤，以贾谧为核心的二十四友文学集团，及齐梁时期以竟陵王萧子良为核心的西邸文学集团，以梁武帝萧衍、太子萧统父子为核心的文学集团和以萧纲、萧绎为核心的文学集团。

第二节　食客文学集团代表作品

食客文学集团的代表作品，主要是集团成员集体创作的《吕氏春秋》和《淮南子》两部著作。从两书内容来看，两书与诸子散文相同，以阐发哲学思辨为主，属于哲理散文。但是书中有许多丰富生动的神话故事、寓言故事，使其具有浓郁的文学色彩。

> 从写书的意图而言，两书作者都想给先秦诸子百家作一次系统的

① 普慧：《齐梁三大集团的构成及其盟主的作用》，《社会科学战线》1998年第2期。

全面的总结，并以此为基础构成一个能贯通天、地、人的庞大理论体系，以便为统一的封建王朝提供较为完整的理论学说与治国方案。从内容来看，两书都兼有道、儒、法、阴阳、墨、察辩等各种观点，所论述的问题包括哲学、政治、历史、道德、经济、军事等各个方面。《要略》拟《序意》，《四则训》拟十二纪。特别值得重视的是，两书的思想倾向基本相同。两书都推崇老、庄哲学并以经过改造的老庄哲学为基础和主干，去融合、贯穿各家学说，从而形成一种综合性的理论。①

在此基础上，两书又博采儒、法、墨等各家思想，但是这些思想多属于政治、经济、文化等各个领域，没有哪一家的理论能成为全书的哲学基础。

一 《吕氏春秋》主要内容

（一）体现道家思想主张

在宇宙观和认识论上面，《吕氏》一书继承和发展了老、庄的思想。老子的“道”在《吕氏春秋》中得到进一步的阐释。例如老子曰：“有物混成，先天地生，……可以为天下母，吾不知其名，字之曰道，强为之名曰大。”②《吕氏春秋》则说“道也者，至精也，不可为形，不可为名，强为之名，谓之太一”③，可以看出两者较为相似。但《吕氏春秋》更唯物一些，他认为“道”是宇宙万物分化前的一种原始形态，它表现了事物运动的一般规律。所谓的“万物所出，造于太一，化于阴阳”④。《吕氏春秋》扬弃了老子“无为”中消极避世、清心寡欲、绝圣去知的成分，在此基础上提出了“法天地”，“因而不为”的观点。在君王的治国之道上主张“无为而治”，提出“故有道之主，因而不为”⑤，“大圣无事而千

① 牟钟鉴：《〈吕氏春秋〉与〈淮南子〉的比较分析：兼论秦汉之际的学术思潮》，《哲学研究》1984 年第 1 期。

② 《诸子集成·老子注》，第 14 页。

③ 许维遹：《吕氏春秋集释·大乐》，中华书局 2010 年版，第 111 页。

④ 许维遹：《吕氏春秋集释·知度》，第 109 页。

⑤ 许维遹：《吕氏春秋集释·君守》，第 456 页。

官尽能"[①]，主张君主不要陷于具体的事务中，只有君主“无智”、“无能”、“无为”[②]，才能让众人有智、有为、有能，只要善于用人即可。在《情欲》篇中对楚庄王盛赞有加，楚庄王正是因为无为治国，任用了孙叔敖，才称霸诸侯，青史留名的。这君无为臣有为的观点显然是继承发展了老子“无为而治”的思想，增加了一些积极进取的成分。《庄子》对《吕氏春秋》的影响也很多。如“使万物各安其性命之情”，“万物本性不可变”，“天道运行无所滞留”，“重生轻物”等都是对庄子观点的吸收。

（二）进步的政治主张

提出“天下为公”的进步观。《吕氏春秋·贵公》提出“天下者，非一人之天下，天下之天下也。阴阳之和，不长一类；甘露时雨，不私一物；万民之主，不阿一人”[③]。“昔先圣王之治天下也，必先公，公则天下平矣。”[④] 在《适威》里指出：“古之君民者，仁义以治之，爱利以安之，忠信以导之，务除其灾，思致其福。”[⑤] 在《爱类》里又说：“仁也者，仁乎其类者也。故仁人之于民也，可以便之，无不行也。”[⑥] 这些思想与孔子的“仁者爱人”，孟子的“保民而王”，墨子的“兼爱”思想是一脉相通的。

《吕氏春秋》还提出了德治的主张。“德也者，万民之宰也。”[⑦] “行德爱人，则民亲其上，民亲其上，则乐为其君死矣。”[⑧]

（三）尚“义”的道德主张

孟子“舍生取义”的人生观给吕不韦的食客以很深的影响，这种影响不仅体现于他们的行为，当吕不韦因不愿被秦王嬴政贬谪流放蜀地而饮鸩自杀时，几千食客冒死在洛阳北芒山为他下葬。更体现于他们的人生观和道德观中，他们将这种尚“义”的人生观和道德观贯穿于他们编辑的整部《吕氏春秋》中。据《吕氏春秋·高义》载：

---

① 许维遹：《吕氏春秋集释·分职》，第439页。
② 许维遹：《吕氏春秋集释·有度》，第666页。
③ 许维遹：《吕氏春秋集释·贵公》，第25页。
④ 同上书，第24页。
⑤ 许维遹：《吕氏春秋集释·适威》，第528页。
⑥ 许维遹：《吕氏春秋集释·爱类》，第593页。
⑦ 许维遹：《吕氏春秋集释·精通》，第212页。
⑧ 许维遹：《吕氏春秋集释·爱士》，第191页。

荆昭王之时，有士焉曰石渚，（注：《韩诗外传》、《新序·节士篇》、《史记·循吏列传》皆作石奢）其为人也公直无私，王使为政。道有杀人者，石渚追之，则其父也。还车而返，立于廷曰："杀人者，仆之父也。以父行法，不忍。阿有罪，废国法，不可。失法伏罪，人臣之义也。"于是乎伏斧锧，请死于王。王曰："追而不及，岂必伏罪哉？子复事矣。"石渚曰："不私其亲，不可谓孝子。事君枉法，不可谓忠臣。君令赦之，上之惠也。不敢废法，臣之行也。"不去斧锧，殁头乎王廷。正法枉必死，父犯法而不忍，王赦之而不肯，石渚之为人臣也，可谓忠且孝矣。①

石渚是楚国的一个贤能大夫，他"为人也公直无私"，深得楚王信任。当他面对忠与孝的两难选择时，内心产生了剧烈的矛盾冲突："以父行法，不忍；阿有罪，废国法，不可。"在忠与孝发生碰撞时，石渚主动表示要"失法伏罪"，尽"人臣之义"。楚王认为他已经尽心尽责了，赦免其罪。但是石渚却不能宽恕自己的错误，他说："不私其亲，不可谓孝子。事君枉法，不可谓忠臣。君令赦之，上之惠也。不敢废法，臣之行也。"石渚感到自己不孝，无法面对父亲；不忠，无法面对君王。不忠不孝就是不义，而不义者无以立足社会，最终他还是"殁头乎王廷"。吕不韦食客对石渚的大义之举给予无限敬佩，称赞他"可谓忠且孝矣。"

《吕氏春秋·序意》载：

赵襄子游于囿中，至于梁，马却不肯进。青荓为参乘，襄子曰："进视梁下，类有人。"青荓进视梁下。豫让却寝，佯为死人，叱青荓曰："去！长者吾且有事。"青荓曰："少而与子友，子且为大事，而我言之，是失相与友之道。子将贼吾君，而我不言之，是失为人臣之道。如我者，惟死为可。"乃退而自杀。青荓非乐死也，重失人臣之节，恶废交友之道也。荓、豫让，可谓之友也。②

豫让为恩人智伯复仇的故事，在《战国策》和《史记》中都有记载，

① 许维遹：《吕氏春秋集释·高义》，第516—517页。

② 许维遹：《吕氏春秋集释·序意》，第275页。

豫让对智伯的忠诚感人肺腑，而《吕氏春秋》所载豫让复仇中的这个小插曲同样感人至深。青荓作为豫让之友，赵襄子之臣，无意中获知了豫让的复仇计划，他陷于矛盾之中。“豫让将贼吾君”，言之，则失相友之道；不言之，“是失为人臣之道”。为不失相友之道，又不失人臣之节，他只能舍生取义，以自杀来明己志。

对于青荓的选择，吕氏食客是赞赏的，称赞曰：“荓、豫让，可谓之友也。”在他们看来，忠君理所当然，“相友”乃是交友之道。食客对青荓的赞赏，饱含着他们的人生体验和人生思考，体现了他们的处世之道和人生追求。

《吕氏春秋·过理》载：

> 晋灵公无道，从上弹人而观其避丸也；……赵盾骤谏而不听，公恶之，乃使沮麛。沮麛见之，不忍贼，曰：“不忘恭敬，民之主也。贼民之主，不忠。弃君之命，不信。一于此，不若死。”乃触廷槐而死。①

这个故事《左传·宣公二年》也有记载，除了前面的叙述文字上稍有差别外，后面的叙述基本相同。再就是刺客名有不同，《左传》为钼麑，《史记·晋世家》所载也为钼麑。《说苑·立节篇》作钼之弥，《汉书·古今人表》则作钼麛。由此看沮麛、钼麑、钼之弥、钼麛当为同一人。沮麛为其君晋灵公去刺杀赵盾，当他发现赵盾乃“民之主也”时，在杀与不杀的问题上内心产生了剧烈的矛盾冲突。在他看来“贼民之主，不忠。弃君之命，不信”。杀之，有负于百姓；不杀有违君主之命。他无论杀与不杀，都将陷自己于不义之中。为此，他选择自杀，触槐树而死。由此看，沮麛是一个有良知的刺客，他不是唯君命是从，他有自己的是非评判标准，同时他又是一个尚义轻生的刺客。吕氏食客将这一故事引用到《吕氏春秋·过理》篇，目的一方面是要谴责晋灵公的荒淫残暴；另一方面是要表达他们的一种道德主张，那就是“不义则无以为生”，不义而无以立足社会。

《吕氏春秋·忠廉》载要离的事迹尤为感人。要离为吴王刺杀庆忌

---

① 许维遹：《吕氏春秋集释·过理》，第632页。

之后：

> 要离得不死，归于吴。吴王大说，请与分国。要离曰：“不可。臣请必死。”吴王止之。要离曰：“夫杀妻子焚之而扬其灰，以便事也，臣以为不仁。夫为故主杀新主，臣以为不义。夫捽而浮乎江，三入三出，特王子庆忌为之赐而不杀耳，臣已为辱矣。夫不仁不义又且已辱，不可以生。”吴王不能止，果伏剑而死。要离可谓不为赏动矣。故临大利而不易其义，可谓廉矣。廉故不以贵富而忘其辱。①

要离面对吴王的赏赐毫不动心，在他看来再高的赏赐也比不上社会的道德评价重要。他为接近庆忌而让吴王杀妻、焚妻，此乃最大的不仁；为故主杀新主，违背道义，此乃不义；被庆忌“三入三出”而不杀，是对他极大的侮辱。他感到自己的做法违背道义、违背道德良心，于心有愧，也会受到社会舆论的谴责，他无颜活在世上，他必须死，所以他拒绝了吴王的赏赐。对于要离敢于担当，“临大利而不易其义”的行为，吕氏食客赞其：“可谓廉矣。廉故不以富贵而忘其辱。”

（四）科学的生态保护意识

《吕氏春秋》强调对自然资源适度、合理的利用，反对对自然资源过度地开采和砍伐，造成对自然的破坏。《吕氏春秋》把春夏秋冬四季分为孟仲季三个月，每个月气候的变化，对应动植物的生长变化，根据自然的变化应当做的农事，对环境应做的保护等，一一论述。

> 孟春之月：禁止伐木，无覆巢，无杀孩虫、胎夭、飞鸟，无麛无卵。②
>
> 仲春之月：无竭川泽，无漉陂池，无焚山林。③
>
> 季春之月：田猎罼弋，罝罘罗网，倿兽之药，无出九门。④
>
> 孟夏之月：无伐大树，……驱兽无害五谷，无大田猎。⑤

---

① 许维遹：《吕氏春秋集释·忠廉》，第248—249页。

② 许维遹：《吕氏春秋集释·孟春纪》，第11页。

③ 许维遹：《吕氏春秋集释·仲春纪》，第36页。

④ 许维遹：《吕氏春秋集释·季春纪》，第61页。

⑤ 许维遹：《吕氏春秋集释·孟夏纪》，第86—87页。

仲夏之月：令民无刈蓝以染，无烧炭。[①]

季夏之月：令渔师伐蛟取鼍，升龟取鼋。……树木方盛，乃命虞人入山行木，无或斩伐。[②]

孟秋之月：凉风至，白露降，寒蝉鸣，鹰乃祭鸟。始用行戮。[③]

季秋之月：草木黄落，乃伐薪为炭。[④]

仲冬之月：山林薮泽，有能取蔬食田猎禽兽者，野虞教导之。……日至短，则伐林木，取竹箭。[⑤]

从上述材料可以看出，吕氏食客早在两千多年前，对自然就已经有了非常科学的认识，有了生态保护的意识和科学合理利用自然的理念。让生态能够自然调节，保持平衡。使人与自然达到共生平衡，形成一个有序而规律的统一整体。只有保护好了生态环境，才会出现“水泉深则鱼鳖归之，树木盛则飞鸟归之，庶草茂则禽兽归之”[⑥] 这样良好的生态环境。

吕氏食客撰写《吕氏春秋》的宗旨，是为秦王朝建立统一强大的帝国提供以资借鉴的政治主张和治国经验。他们能够以开阔的视野，长远的角度来关注民生，本着以人为本的理念，在治国安邦的政策措施上提出了很多具体的做法。如“制四时之禁”：“山不敢伐材下木，泽人不敢灰僇，缳网罝罦不敢出于门，罛罟不敢入于渊，泽非舟虞不敢缘名，为害其时也。”[⑦]

在这里明确提出了只有在适当的季节和月份，才能伐木取材，烧灰割草，捕鱼狩猎，根据不同季节自然环境变化的不同，所禁之物和所获取的动植物也不相同，“以时禁发”，“不夭其生”，“不绝其长”。并且充分说明了其科学的道理，只有这样才能保护生态平衡，保障自然资源的可持续利用。今天各地的江河湖海都实行休渔期，休渔期间禁止捕鱼，就是为了使鱼儿更好地繁衍生息。各地山林也实行禁猎，耕地实行轮休。这些都是

---

① 许维遹：《吕氏春秋集释·仲夏纪》，第 106 页。

② 许维遹：《吕氏春秋集释·季夏纪》，第 130—131 页。

③ 许维遹：《吕氏春秋集释·孟秋纪》，第 155 页。

④ 许维遹：《吕氏春秋集释·季秋纪》，第 198 页。

⑤ 许维遹：《吕氏春秋集释·仲终纪》，第 241 页。

⑥ 许维遹：《吕氏春秋集释·功名》，第 54 页。

⑦ 许维遹：《吕氏春秋集释·上农》，第 688 页。

学习古人保护生态平衡的经验做法。食客们把保护生态，保护自然环境与百姓的安居、稳定、和谐的生活联系起来，与国家的长治久安和发展联系起来，目的就是要引起统治者的重视。

吕氏食客在书中还通过对各种反常现象的描述，表达了反对违背自然规律的做法，指出将人为的因素强加于自然之中，会破坏生态平衡，会引发各种自然灾害。会导致各种不良的恶果产生。

> 孟春行夏令，则风雨不时，草木早槁，国乃有恐。①
> 季春行冬令，则寒气时发，草木皆肃，国有大恐。②
> 仲夏行秋令，则草木零落，果实早成，民殃于疫。③
> 仲秋行春令，则秋雨不降，草木生荣，国乃有大恐。④

上述材料所记述的是各季节出现的反常现象，而“国有大恐”，表明国家将有灾难。因为违背了自然运行的规律，生态平衡遭到破坏，自然就会惩罚人类，灾害就会降临。由此看吕氏食客们对自然灾害已经有了科学的认识和防范的意识。

《吕氏春秋·贵信》曰：

> 春之德风，风不信，其华不盛，华不盛则果实不生。夏之德暑，暑不信，其土不肥，土不肥则长遂不精。秋之德雨，雨不信，其谷不坚，谷不坚则五种不成。冬之德寒，寒不信，其地不刚，地不刚则冻闭不开。天地之大，四时之化，而犹不能以不信成物，又况乎人事？⑤

这里阐明了四季物候反常，会使水土受到影响，水土的影响则会对植物生长造成不利的影响，以此说明不能违背自然规律。由自然界的情况推想到人事，说明遵循规律，顺应规律的道理。

---

① 许维遹：《吕氏春秋集释·孟春纪》，第12页。
② 许维遹：《吕氏春秋集释·季春纪》，第65页。
③ 许维遹：《吕氏春秋集释·仲夏纪》，第108页。
④ 同上书，第178页。
⑤ 许维遹：《吕氏春秋集释·贵信》，第536页。

（五）重视农业生产，倡导科学耕作

《吕氏春秋》中有几篇是专门论述农业生产的。《上农》篇有总论的性质，从农本思想出发，论述农业生产的重要性。《任地》篇，主要论述农业生产、田地耕作技术方法等。《辨土》篇，从栽培种植角度，主要讲栽培技术、措施及耕作原则以及土地利用等。《审时》篇是论证农时的重要。几篇论述相辅相成，既有高屋建瓴的宏观理论阐述，又有微观的耕作技术的指导、标准和要求。

中国历来有重视农业的传统，而秦国更是在商鞅时就提出了“重农抑商，奖励耕战”的变法主张，由此秦国形成了重视农业生产的传统。吕氏食客们受其影响，继承发展了秦王朝统治者重农的政治思想，并在《吕氏春秋》中将重农思想发扬光大。如《上农》篇载：

> 古先圣王之所以导其民者，先务于农。民农非徒为地利也，贵其志也。民农则朴，朴则易用，易用则边境安，主位尊。民农则重，重则少私义，少私义则公法立，力专一。民农则其产复，其产复则重徙，重徙则死其处，而无二虑。
>
> 天子亲率诸侯耕地籍田，大夫士皆有功来，是故当时，农不见于国，以教民尊地产也。后妃论九嫔蚕于郊，桑于是公田，是以春秋冬夏皆有麻枲丝茧之功，以力妇教也。是故丈夫不织而衣，妇人不耕而食，男女贸功以长生，此圣人之制也。①

这里指出了古代圣贤君王把引导百姓务农，发展农业生产作为治国安邦的头等大事。其目的不仅仅是为了发展经济，更重要的是它能培养百姓的持重守法，易听令易驱使的淳朴民风，也可以使民富乐业，安土重迁，使国家有稳定的财政收入和充足的兵役来源，最终达到国安君尊的目的。他们要求天子和后妃都身体力行，亲作表率，率诸侯下田耕作，率九嫔采桑纺织。做到男耕女织，分工合作。只有这样，男女交换劳动成果，才能够“丈夫不织而衣，妇人不耕而食”。指出这是先代君王定下的制度，后人必须遵守。严格规定农民要“敬时爱日”，要劳作不息，做到“非老不

---

① 许维遹：《吕氏春秋集释·上农》，第682—683页。

休，非疾不息，非死不舍”[①]。这样才能保证农业生产和农业经济的持续稳定发展。

在《上农》篇里对土地的利用和农业劳动的投入做出了明确的规定："上田，夫食九人，下田，夫食五人。可以益，不可以损。"[②] 即规定了耕上等田的农民，每人要供养九人，耕下等田的农民每人供养五人，供养的人数只能增多，不能减少。甚至在农忙季节，要保证劳动力都能全部投入到生产中，在督促农民努力生产的同时，要求“农不见于国”，即农民不能脱离生产出现于都邑里无所事事。

在《任地》和《辨土》篇里，专门论述了耕作和土壤改造的问题。《任地》指出：

> 凡耕之大方：力者欲柔，柔者欲力；息者欲劳，劳者欲息；棘者欲肥，肥者欲棘；急者欲缓，缓者欲急；湿者欲燥，燥者欲湿。上田弃亩，下田弃甽。五耕五耨，必审以尽。其深殖之度，阴土必得。大草不生，又无螟蜮。[③]

这是说土壤结构板结的，要使它疏松；过于疏松的土地，要使它变得坚硬一些；休息过的土地要耕种；耕种久的土地要休息以恢复地力；地力薄弱的要增加施肥；过于肥沃的土地要降低肥力；土地过于潮湿的要使它干燥，过分干燥的要使它潮湿。根据土地耕作当中出现的柔与力、息与劳、棘与肥、急与缓、湿与燥等五种矛盾现象，论述了如何通过耕作的环节来处理，加以调和，辩证地处理好用土、改土及养土的关系。强调因地制宜地改良土壤，使土壤结构和土壤水分达到最佳状态，达到适合各种农作物生长的要求。还论述了甽田制的利用原则和耕田种植的标准要求：高处的田，庄稼不要种在田垄上；低洼的田，庄稼不要种在垄沟里。播种前要耕五遍，下种后要耨五遍，强调的是精耕细作。耕种的深度以见到湿土为宜，这样田里就不长杂草，也不会有虫害。这些技术性的要求和指导非常具体、细致，易学习易操作。这些都是对中国传统农业生产在耕作、管

① 许维遹：《吕氏春秋集释·上农》，第684页。

② 同上。

③ 许维遹：《吕氏春秋集释·任地》，第688页。

理等方面的经验总结，对中国后世的农业生产有着重要的影响和作用。为我们了解、学习和借鉴古人在农业生产上的经验做法提供了宝贵的文献资料。

徐复观指出：《吕氏春秋》“把许多有历史根据的材料，按照‘同气’的原则，作一大的综合与统一。记录一年四季十二个月的节候、产物，以适应农业社会的需要”[①]。中国农业生产几千年的历史证明，这种根据节令气侯变化，相应地调整农作物的种植、收获的做法，体现了尊重自然，顺应自然规律的原则，极具科学性。只有这样，才能使各种农作物达到最佳生长的效果，才能保证农业的丰收。而农业是民生之本，国家之根。农业兴盛，人民才稳，国家才强，统一天下才有了基础和保障。

（六）崇尚“义兵”的军事主张

《吕氏春秋》的《孟秋纪》有《荡兵》、《振乱》、《禁塞》、《怀宠》四篇，《仲秋纪》有《论威》、《简选》、《决胜》、《爱士》四篇，共八篇都是论述用兵的。吕氏食客们在书中提出了“义兵”说。所谓“义兵”是指正义的军队，《吴子·图国》解释“禁暴救乱曰义”[②]。而“义兵”说是食客们在《吕氏春秋》中倡导的军事思想。《吕氏春秋》在许多方面吸收了儒家、墨家的思想和学说，但是在战争思想上却与儒家、墨家、道家有许多不同。孟子反对兼并战争，主张以王道思想实行统治，行“仁政”来统一天下；墨子提出“非攻”的主张，指出要“兼相爱，交相利”，反对不义战争。《老子》一书也是反对战争的，它认为“夫佳兵者不祥之器”，“师之所处荆棘生焉；大军之后，必有凶年”，认为战争会带来种种灾祸，应废止战争。面对诸子各家反战的主张，吕氏食客们可以说逆势而上，提出了“义兵”主张。《吕氏春秋·孟秋纪·荡兵》：

> 古圣王有义兵而无有偃兵。兵之所自来者上矣，与始有民俱。凡兵也者威也，威也者力也。民之有威力，性也。性者所受于天也，非人之所能为也，武者不能革，而工者不能移。兵所自来者久矣，……争斗之所自来者久矣，不可禁，不可止，故古贤王有义兵而无有

① 徐复观：《两汉思想史》第二卷，华东师范大学出版社2004年版，第8页。

② 《辞源》，商务印书馆1988年版，第1356页。

偃兵。[①]

吕氏食客们非常明确地提出了“有义兵而无有偃兵”的观点，“偃兵”就是废止战争。在作者看来，“兵之所自来者上矣，与始有民俱”。战争伴随着人类的产生而产生，是一种自然之性，是无法改变的，所以它不可禁，不能止。既然战争是一种自然之性，不可禁，不能止，那么“偃兵”显然是不行的，只能以“义兵”对付之。所以古代圣贤君王都是主张正义的战争，反对废止战争的。作者还以黄帝、炎帝、共工、蚩尤为例来说明天子、国君、首领的产生都是由于人类战争的结果。而统治者的利益之争是战争存在并且无法废止的根本原因。

> 家无怒笞则竖子婴儿之有过也立见，国无刑罚则百姓之悟相侵也立见，天下无诛伐则诸侯之相暴也立见，故怒笞不可偃于家，刑罚不可偃于国，诛伐不可偃于天下，有巧有拙而已矣。故古之圣王有义兵而无有偃兵。[②]

在这里作者采用类比推理的方法说明“义兵”作用，从家无严亲怒笞之威，则小子好争上下，过错立刻显见；到国无刑罚可畏，臣下就有相侵凌夺之罪；再到天下无诛伐可畏，就会出现诸侯相暴，大国兼并小国的现象。由此推导出家不能停止怒笞，国不能停止刑罚，天下也不能停止诛伐的战争。文中“百姓之悟相侵”的“悟”字，有的注家认为：“悟与忤、牾通用。”有的认为“悟”为衍字。[③]（从上下文的意思看，当为衍字处理更妥一些。）作者在肯定战争不可偃于天下的前提下，指出诛伐有巧拙之分，巧者以治，拙者以乱，而正义的战争是实现消除混乱，达到治理的目的。

> 夫攻伐之事，未有不攻无道而罚不义也。攻无道而伐不义，则福莫大焉，黔首利莫厚焉。禁之者，是息有道而伐有义也，是穷汤、武

---

① 许维遹：《吕氏春秋集释·荡兵》，第157页。

② 同上书，第159页。

③ 同上。

之事而遂桀、纣之过也。凡人之所以恶为无道不义者，为其罚也；所以蕲有道行有义者，为其赏也。今无道不义存，存者赏之也；而有道行义穷，穷者罚之也。①

对于战争，作者认为应当区别对待，不能对任何战争不辨其性质如何，一味地加以倡导和肯定。只有“攻无道而伐不义”的战争，是应当肯定的，因为这是对国家“福莫大焉”，对百姓“利莫厚焉”，是大好事。而对于“息有道而伐有义”的战争则是应当禁止的。指出如果“无道与不义者存，是长天下之害，而止天下之利”②，将给天下的百姓带来极大的灾难，对于人们普遍憎恶的无道的不义战争，是应当给予惩罚的。应当祈求和倡导行有道、赏有义的战争。

先王之法曰：“为善者赏，为不善者罚。古之道也，不可易。今不别其义与不义，而疾取救守，不义莫大焉，害天下之民者莫甚焉。故取攻伐者不可，攻伐不可，取救守不可，非救守不可，取惟义兵为可。兵苟义，攻伐亦可，救守亦可。兵不义，攻伐不可，救守不可。”③

对于春秋战国时期出现的各种战争，应当遵循古代先王之法，只要是为善的战争则赏之，“为不善者罚”之。对于当今一些人对其战争的性质“不别其义与不义”，一概“疾取救守”的做法，给予批判，认为是“害天下之民者莫甚焉”。如果战争的性质不是正义的，那么“攻伐不可，救守不可”。

这里的“救守”，防守也，指加强守备以自救。吕氏食客们之所以反对“救守”，犹如他们反对“非攻”一样，认为这对于春秋战国的形势而言，是一种不切实际的幻想。这种主张虽然反映了当时广大民众的善良愿望，但是它不能从根本上消除或禁止兼并战争，它只会引导人们走上维持各诸侯国割据一方的老路上去。而当时处于战国末期，全国统一的趋势已

① 许维遹：《吕氏春秋集释·振乱》，第164页。

② 许维遹：《吕氏春秋集释·禁塞》，第166页。

③ 同上书，第167—168页。

经日益明显，所以“救守”的主张显然已经不能适应当时社会发展的需要，在当时来说它显得保守和落后，它只能阻碍全国统一的进程。所以主张“义兵”，反对“偃兵”和“救守”，都是与时代发展同步的。

为了说明其“义兵”主张的得民心、顺民意，符合历史的潮流，它通过对比来说明之。

> 今有人于此，能生死一人，则天下必争事之矣。义兵之生一人亦多矣，人孰不说？故义兵至，则邻国之民归之若流水，诛国之民望之若父母，行地滋远，得民滋众，兵不接刃而民服若化。①

作者从“能生死一人，则天下必争事之”与“义兵之生一人亦多矣”作对比，说明义兵既然能给广大民众带来如此大的好处和利益，“人孰不说？”用一个反问句强调“义兵”一定会得到民众的欢迎。又通过夸张的手法和排比的句式：“则邻国之民归之若流水，诛国之民望之若父母”来表现民众对“义兵”的拥戴和支持，最后推导出“兵不接刃而民服若化”。双方还未开战，敌方就已被正义之师“若被其化了”。

对于吕氏食客的“义兵”说，学者张富祥指出：“春秋战国时代的诸侯争霸并无‘义’与‘不义’可言，战事的评判对于谁都是半斤八两。但其时总有少数军队的某些行动对社会局部有利或危害较轻，可以接近于‘仁义之师’的名目；此外，有利于促进大一统的战争，符合历史潮流，也不能都用‘不义’二字来形容（也不可都说成是正义的）。”② 客观地说，吕氏食客提出的“义兵”说，较之儒家的“仁政”主张和墨家的“非攻”思想，更符合和顺应了历史发展的需要，有它积极和进步的意义，它为秦王朝以武力统一天下，在思想理论和舆论上面起到了造势的作用，它极力地为秦王朝统一天下扫除障碍。

（七）音乐主张及理论

《吕氏春秋》共有八篇是专论音乐的，分别是《仲夏纪》的《大乐》、《侈乐》、《适音》、《古乐》四篇，及《季夏纪》的《音律》、《音

---

① 许维遹：《吕氏春秋集释·怀宠》，第174页。

② 张富祥：《王政全书：〈吕氏春秋〉与中国文化》，河南大学出版社2001年版，第154页。

初》、《制乐》、《明理》四篇。另外，十二纪每纪之首篇及《本生》、《重己》、《贵生》、《情欲》、《过理》中也有论及音乐。这些音乐理论，既有政治意义，又有文化史的意义。而其文化史的意义远远高于政治的意义。

《大乐》篇论述了音乐的起源。

> 音乐之所由来者远矣，生于度量，本于太一。太一出两仪，两仪出阴阳。阴阳变化，合而成章。混混沌沌，离则复合，合则复离。是谓天常。天地车轮，终则复始，极则复反，莫不咸当。日月星辰，或疾或徐。日月不同，以尽其行。四时代兴，或暑或寒，或短或长，或柔或刚。万物所出，造于太一，化于阴阳。萌芽始震，凝寒以形。形体有处，莫不有声。声出于和，和出于适。和适，先王定乐，由此而生。①

对于音乐起源，他们认为音乐“生于度量，本于太一”。在自然界中，天地阴阳能化生万物，万物在自然之中都有一定的形体、位置和存在状态，所谓的“形体有处，莫不有声”，由此产生出各种的声音。“声出于和，和出于适，和适，先王定乐，由此而生。”在他们看来，声音本来就具有自然的性质，由一定的形式构成，各相适宜，趋于谐和。音乐就是顺从这种谐和的状态和规律出现的。后世学者将其总结为：“音乐出于自然，感于人心。原始初民在劳动过程中，由于消除疲劳、愉悦精神及审美等需要，模仿自然界的各种声音，加以有机的组织，使之成为曲调，可用于表达和演奏，也就创造出了最初的音乐。至于‘先王定乐’，还是在反映人伦社会秩序的原始礼制有了相当发展之后才有的事情。”②

《侈乐》篇主要是反对奢侈和淫靡的音乐。认为“乱世之乐”“乐愈侈而民愈郁，国愈乱，主愈卑，则亦失乐之情矣”③。夏桀、殷纣通过作侈乐导致“其民必怨，其生必伤”，最终落得亡国亡身的下场。

《适音》篇主要讲音乐的谐和。

---

① 许维遹：《吕氏春秋集释·大乐》，第109页。

② 张富祥：《王政全书：〈吕氏春秋〉与中国文化》，河南大学出版社2001年版，第82页。

③ 许维遹：《吕氏春秋集释·侈乐》，第112页。

乐之务在于和心，和心在于行适。夫乐有适，心亦有适。音亦有适。

何谓适？衷，音之适也。……黄钟之宫，音之本也，清浊之衷也。衷也者适也，以适听适则和矣。乐无太，平和者是也。故治世之音安以乐，其政平也；乱世之音怨以怒，其政乖也；亡国之音悲以哀，其政险也。凡音乐通乎政而移风平俗者也，俗定而音乐化矣。故有道之世，观其音而知其俗矣，观其政而知其主矣。故先王必托于音乐以论其教。①

吕氏食客指出音乐的谐和在于“适”，强调了音乐的政治功能作用。“音乐通乎政而移风平俗者也，俗定而音乐化矣。”社会的谐和与否，世道太平与否，能够通过音乐反映出来。“故有道之世，观其音而知其俗，观其政而知其主。”以此类推，“观其俗而知其政矣”。

《古乐》篇记载保存了一些我国最早的音乐文献资料，具有很高的文化史和音乐史的价值。其中就有《中国文学史》中引用的“葛天氏之乐”等：

昔葛天氏之乐，三人操牛尾投足以歌八阙：一曰《载民》，二曰《玄鸟》，三曰《遂草木》，四曰《奋五谷》，五曰《敬天常》，六曰《建帝功》，七曰《依地德》，八曰《总禽兽之极》。

昔黄帝令伶伦作为律。……取竹于嶰谿之谷，以生空窍厚钧者，断两节间，其长三寸九分，而吹之以为黄钟之宫。……次制十二筒，以之阮隃之下，听凤皇之鸣，以别十二律。其雄鸣为六，雌鸣亦六，以比黄钟之宫适合。……黄帝又命伶伦与荣将铸十二钟，以和五音，以施《英韶》，……命之曰《咸池》。

帝颛顼好其音，乃令飞龙作效八风之音，命之曰《承云》，以祭上帝。乃令鳝先为乐倡，鳝乃偃寝以其尾鼓其腹，其音英英。

帝喾命咸黑作为声，歌《九招》、《六列》、《六英》。有倕作为鼙鼓、钟磬、吹苓、管埙、篪鞀、椎钟，帝喾乃令人抃，……因令凤鸟天翟舞之。帝喾大喜，乃以康帝德。

① 许维遹：《吕氏春秋集释·适音》，第114—117页。

帝尧立，乃命质为乐。质乃效山林谿谷之音以歌。……乃拊石击石，以象上帝玉磬之音，以致舞百兽。瞽叟乃拌五弦之瑟，作以为十五弦之瑟，命之曰《大章》，以祭上帝。

殷汤即位……乃命伊尹作为《大护》，歌《晨露》，修《九招》、《六列》，以见其善。

武王即位……乃命周公为作《大武》。[①]

这些远古的音乐资料，为我们研究古代的音乐起源、发展提供了宝贵的第一手资料。让我们从中了解了中国古代音乐发展的足迹。

《音律》主要论述乐律学的相关知识。在吕氏食客们看来，十二律的制定，与风有着密切的关系。十二律是以十二月的“风”为依据的。仲冬之风定黄钟，季冬之风定大吕，孟春之风定太簇，仲春之风定夹钟，季春之风定姑洗，孟夏之风定仲吕，仲夏之风定蕤宾，季夏之风定林钟，孟秋之风定夷则，仲秋之风定南吕，季秋之风定无射，孟冬之风定应钟。由一年十二月的风确定十二律，这就是说，十二律与十二月的风是彼此协调的。它表现了远古时代农耕文化的特性，先民对自然环境的依赖与关注，他们由风而知历，又由历而知律。

中国音乐史学会副会长修海林指出：

十二律相生以及“随月用律”的实践，正应大乐之“周行”之道；十二律相生对黄钟“周而复始”的追求，正体现“天地车轮，终则复始”中的“复归”法则。……从数理音律与天道自然的对应关系来体现“周行”“复归”法则的，一是体现在“十二律”每一纪（即每一月）之天道自然与律数的对应关系中。……二是体现在十二律循环相生、黄钟周而复始的数理推算中。……更为重要的是，对于中国音乐史上旋宫理论与律制探求的实践而言，其基本动力正是来之于解决“十二律循环相生，黄钟周而复始”的难题要求。三是体现在十二律的产生以及顺应自然的循环中。即《音律》中认为的律由“天地之风气”所生，“天地之风气正，则十二律定矣”。……

① 许维遹：《吕氏春秋集释·古乐》，第118—128页。

天地之风气每月循环，则十二月随之循环，此所谓“月终其风”[①]。

《音初》记载了各种音乐的最初创作情况，为我们保存了上古时期一些地方的音乐史料。如“《破斧》之歌，实始作为东音”。“候人兮猗，实始作为南音。”“殷整甲……犹思故处，实始作为西音。”“燕燕往飞，实始作为北音。”[②] 食客们旨在说明不同音调特点的形成，与东西南北不同的地域有着密切的关系，又因地域风俗的不同而造成了音乐风格的差异。他们在篇尾的总结中指出：“凡音者，产乎人心者也。感于心则荡乎音，音成于外而化乎内，是故闻其声而知其风，观其志而知其德。盛衰、贤不肖、君子小人皆形于乐，不可隐匿，故曰乐之为观也深矣。”[③] 他们认为音乐具有感化人心的功能作用，统治者政治的得失，国家的盛衰，地方风俗的淳朴与恶劣，人的品德高下都能通过音乐反映出来。

《制乐》篇，通过周文王和宋景公去祸消灾的故事，说明“欲观至乐，必于至治，治厚者乐厚，治薄者乐薄”[④] 的道理。

《明理》篇记载一些天象自然、物理人事的变异现象，以阐明“乱世之主乌闻至乐，不闻至乐，其乐不乐”[⑤] 的道理。

总体看八篇音乐论，以《大乐》和《古乐》价值最高，相对来说《制乐》和《明理》内容单薄些，价值要低一些。

二 《淮南子》主要内容

《淮南子》一书所论述的内容极为广泛，有关于“道”的思想、民本思想，还有军事、政治、天文、历法、地理、气象、矿物、生物、医药、音乐舞蹈、数学、史学、法学、哲学、经济、文学等多方面内容。

（一）继承发展老庄之“道”

《淮南子》中以老庄思想为主干的有五篇，《原道训》、《俶真训》、《精神训》、《本经训》、《道应训》。《原道训》主要内容是对《老子》思想的推演，又融合了《庄子》的养性论。《俶真训》和《精神训》的主

① 修海林：《先秦道家音乐学术思想的主要特征》，《中国音乐学》2011 年第 1 期。

② 许维遹：《吕氏春秋集释 · 音初》，第 139—143 页。

③ 许维遹：《吕氏春秋集释 · 制乐》，第 143 页。

④ 同上。

⑤ 许维遹：《吕氏春秋集释 · 明理》，第 153 页。

要内容是对《庄子》思想的推演，又附带有对《老子》学说的论述。《俶真训》的主旨是寻求“道”、“真”的本原状态。包含有自然生成论、道家圣人论、得道论、养性论等。《精神训》的主旨是追求精神自由，使心、神、形无累。《本经训》融老庄思想于一体，主旨是体道返本，无为而治，不失人的自然之性。《道应训》以事例和事理验证《老子》文意的深邃。

“道”是贯穿《淮南子》一书的主线和灵魂，书中对“道”的本质和特点作了充分的阐释。第一，指出“道”是自然万物发生的源起，是天地万物产生之前的原初状态。“道者，一立而万物生”①，“万物之总，皆阅一孔；百事之根，皆出一门”②。“道”能化生万物而没有目的和意识，是一种自然而然的过程。正所谓“生万物而不有，成化象而弗宰”③；“得以利者不能誉”，“莫之知德”；“用而败者不能非”，“莫之能怨”④。

第二，“道”无形无象而又实际存在。“大道无形”，它“视之不见其形，听之不闻其声，循之不得其身”⑤；“其动无形”，“其行无迹”⑥。“忽兮恍兮，不可为象兮”，“幽兮冥兮，应无形兮”⑦。“道”无边无际，没有具体的形状，眼见不到，耳听不到，手摸不着，但是它又是客观存在的。“道”神奇莫测，变幻无穷。它“约而能张，幽而能明，弱而能强，柔而能刚”⑧。“道”在创造万物之后，即消失在一切事物之中，永远与万物同存而又不能被感知。“道”在空间上可大可小，可伸可缩，可聚可散，可盈可虚，包容一切；在时间上无始无终，亦无穷尽。实际上，刘安食客们已经认识到了大自然有其内在的运动规律，大自然具有无穷无尽的造化之功。

第三，“道”是万物运动的最普遍的规律，它无所不在，无所不能，制约着万事万物的运动变化。“夫道者，覆天载地，廓四方，柝八极，高

---

① 刘康德：《淮南子直解·原道训》，复旦大学出版社2001年版，第26页。

② 同上书，第26页。

③ 同上书，第4页。

④ 同上书，第5页。

⑤ 同上书，第25—26页。

⑥ 同上书，第26页。

⑦ 同上书，第5页。

⑧ 同上书，第1页。

不可际，深不可测，包裹天地，禀授无形。”[①] “道至大者无度量”，“道至高无上，至深无下，平乎准，直乎绳，圆乎规，方乎矩，包裹宇宙而无表面，洞同覆载而无所碍”[②]。“其生物也，莫见其所养而物长，其杀物也，莫见其所丧而物亡。”[③]

刘安食客针对老子的“道”，在《原道训》中提出比较完整的宇宙化论。从理论上来看，它比《吕氏春秋》前进了一大步。老子把“无为”作为人的社会行为的最高准则，“《淮南子》正是顺着《吕氏春秋》的思路，进一步发展了‘无为’的概念，赋予它更多的尊重和利用客观规律的意义，并以此作为自己的认识论和政治论的基点”[④]。再有，老子的柔弱胜刚强、利害相生论等辩证思想及重生轻利、避祸全身的处世哲学，对《淮南子》有很深的影响。《淮南子》对《庄子》的吸收更加广泛。如豁达的生死观，顺性因民，人性各愉宁静，养生在于养神等。

从老庄的“道”到《淮南子》的“道”有哪些发展和变化呢？“最主要的变化是‘道’的玄想性质淡化而实体性质增强。”[⑤]

庄子在他的《逍遥游》里给我们描绘了他理想中的神人形象：

> 藐姑射之山，有神人居焉；肌肤若冰雪，绰约若处子，不食五谷，吸风饮露，乘云气，御飞龙，而游乎四海之外；其神凝，使物不疵疠而年谷熟。……之人也，之德也，将磅礴万物以为一世蕲乎乱，……物莫之伤，大浸稽天而不溺，大旱金石流，土山焦而不热。[⑥]

《淮南子》在《原道训》、《精神训》等很多篇中，也塑造了一个“真人”形象，与庄子的“神人”形象有许多相似之处：其“真人”是无形的，“居而无容，处而无所，其动无形，其静无体，存而若亡，生而

① 刘康德：《淮南子直解・缪称训》，第 469 页。

② 同上。

③ 刘康德：《淮南子直解・泰族训》，第 1041 页。

④ 牟钟鉴：《〈吕氏春秋〉与〈淮南子〉的比较分析：兼论秦汉之际的学术思潮》，《哲学研究》1984 年第 1 期。

⑤ 孙纪文：《淮南子研究》，学苑出版社 2005 年版，第 136 页。

⑥ 《诸子集成・庄子・逍遥游》，第 4 页。

若死"[①]。这个"真人"仿佛是一个非物质性的东西。他"治其内不识其外"[②],"茫然仿佯于尘垢之外,而消摇于无事之业"[③]。甚至到了"正肝胆,遗耳目","形若槁木,心若死灰,忘其五脏,损其形骸"[④]的程度,成为没有任何感觉和思想的东西。但是他和庄子的神人一样,具有特异功能,"入火不焦,入水不濡","大泽焚而不能热,河、汉涸而不能寒,大雷毁山而不能惊,大风晦日而不能伤"[⑤]。外部环境对他不会有任何的伤害。他又无所不能,神通广大。可以"上与神明为友,下与造化为人"[⑥],"出入无间,役使鬼神"[⑦],还能"不学而知,不视而见,不为而成,不治而辨"[⑧],"不谋而当,不言而信,不虑而得"[⑨]。他"性合于道"[⑩],全知全能,与道同体。刘安食客是将他们的主观精神人格化于这个"真人"身上,使其超脱于自然界的普通人。

刘安虽然是汉武帝的堂叔,但是由于吴楚七国的叛乱,使汉武帝对势力强大的诸侯王都有所顾忌,加上刘安招养了数千食客,更为汉武帝戒备和猜疑,所以刘安和庄子一样,在现实世界中"处于被压抑、被迫害的地位。他们在现实世界里活得不自在,不快活,于是把自己设想成为'至人'或'真人',以为可以超出尘世之外,在观念世界里去作逍遥游"[⑪]。

(二)对《吕氏春秋》的继承

《淮南子》继承和发展了《吕氏春秋》关于"因"的思想。所谓"因"的思想,是指行为处事要因循自然规律和社会法则,用通俗的话说就是要懂得变通。刘安食客把"因"的思想作为治国为政的依据和法则。并将"因"的思想贯穿到了自然、社会及人的生活当中。《淮南子》的

---

① 刘康德:《淮南子直解·精神训》,第 315 页。
② 同上书,第 314 页。
③ 同上。
④ 同上。
⑤ 同上。
⑥ 刘康德:《淮南子直解·齐俗训》,复旦大学出版社 2001 年版,第 539 页。
⑦ 刘康德:《淮南子直解·精神训》,第 314 页。
⑧ 同上。
⑨ 刘康德:《淮南子直解·原道训》,第 16 页。
⑩ 同上书,第 13 页。
⑪ 王德裕:《〈淮南子〉哲学思想述评》,《重庆师范学院学报》1994 年第 4 期。

“因”思想强调的是顺应自然，因物变化而治理，主要体现于几个方面。

第一，要因自然之性。《泰族训》曰：

> 圣人之治天下，非易民性也，拊循其所有而涤荡之。故因则大，化则细。禹凿龙门，辟伊阙，决江浚河，东注之海，因水之流也。后稷垦草发菑，粪土树谷，使五种各得其宜，因地之势也。汤、武革车三百乘，甲卒三千人，讨暴乱，制夏、商，因民之欲也。故能因，则无敌于天下矣。①

这段话里的“因水之流”、“因民之欲”和“能因，则无敌于天下”等观点及大禹、汤、武等事例，都与《吕氏春秋·贵因》篇有诸多相同。但是《淮南子》在继承《吕氏春秋》“因”思想的基础上，理论上有了发展。他们认为天地万物都有自然性势，不改变自然性势，与之协调，就是“因”。他们在《原道训》里又指出“修（循）道理之数，因天地之自然，则六合不足均也”②。他们把“因”与“无为”联系起来，认为“天下之事不可为也，因其自然而推之；万物之变不可究也，秉其要归之趣”③。强调世间之事不可以个人主观意志和欲望来办事，应该遵循自然规律、法则办事。“循道理之数，因天地之自然”对待自然万物，要因循自然规律。食客这种对自然以敬畏之心，遵循之意，顺从之性的自然观，对于今天我们建设生态社会有着启发和指导的意义。

第二，要因时。“禹决江河，因水也；后稷播种树谷，因地也；汤、武平暴乱，因时也。”④ 通过三代圣王因循自然成功的例子来说明因循自然方能夺取天下。“夫圣人者，不能生时，时至而弗失也。”⑤ “是故世异则事变，时移则俗易。故圣人论世而立法，随时而举事。”⑥

> 苟利于民，不必法古；苟周于世，不必循旧。夫夏商之衰也，不

---

① 刘康德：《淮南子直解·泰族训》，复旦大学出版社 2001 年版，第 1128—1129 页。

② 刘康德：《淮南子直解·原道训》，第 8 页。

③ 同上。

④ 刘康德：《淮南子直解·诠言训》，第 763 页。

⑤ 刘康德：《淮南子直解·览冥训》，第 297 页。

⑥ 刘康德：《淮南子直解·齐俗训》，第 538 页。

> 变法而亡；三代之起也，不相袭而王。故圣人法与时变，礼与俗化，衣服器械各便其用。法度制令各因其宜。故变故未可非，而循俗未足多也。①

在《汜论训》里，食客们强调了“无为”中因时而变的内涵，通过对比，说明夏、商之衰亡在于不能因时变法，死守陈规陋习；而汤、武能够平暴乱，夺天下，在于他们能“因时也”。由此推导出结论：“不变法而亡”；“不相袭而王”。“苟利于民，不必法古；苟周于世，不必循旧。”肯定历史的进步，法度的移易，主张因时因情制定法度和礼乐，不应拘泥于一偏。食客们“因时变法”的主张，体现了他们历史进化论的思想，从上述的话语来看，他们的主张和思想，来自于商鞅与韩非。

第三，要因法。他们在《主术训》中指出：

> 法者，天下之度量，而人主之准绳也。……法定之后，中程者赏，缺绳者诛，尊贵者不轻其罚，而卑贱者不重其刑，犯法者虽贤必诛，中度者虽不肖必无罪，是故公道通而私道塞矣。古之立有司也，所以禁民，使不得自恣也。其立君也，所以剬有司，使无专行也。法籍礼义者，所以禁君，使擅断也。人莫得自恣，则道胜，道胜而理达矣，故反于无为。②

他们强调君主治国使民要因法而行，通过立法来取代或约束君主及大夫以个人喜好和意志来代替法律的情况发生，使他们不能“自恣”、“擅断”、“专行”，最终达到无为而治的目的。

第四，要因众。“君人者不下庙堂之上，而知四海之外者，因物以识物，因人以知人也。故积力之所举，则无不胜也，众智之所为，则无不成也。”③ 如能因人知人，举众力“众智”之所为，君主则能“不下庙堂之上，而知四海之外”，“则无不成也”。

可以说“因”思想成为《淮南子》的核心思想。杨有礼认为：

---

① 刘康德：《淮南子直解·汜论训》，第667页。

② 刘康德：《淮南子直解·主术训》，第419页。

③ 同上书，第389页。

"因"是《淮南子》无为论的核心思想，只要因其所宜而用之都是"无为"。它最后从"因"是无为论的核心思想出发，把"因"作为无为论的应用原则推广到一切人事上，并认定凡是一切事功没有不用"因"而成功的。……《淮南子》的无为论注入了"以因循为用"的"因"思想后，便将老庄道家"出世"、"避世"的"无为"改造成为"入世"、"用世"的"无为"了。[①]

（三）民本主张

《淮南子》的民本思想主要从几个方面体现。

1. 把安民作为立国之本

《淮南子》指出："食者民之本也，民者国之本也，国者君之本也，是故人君者，上因天时，下尽地财，中用人力。"[②] 强调人民是国家的根本，而国家又是君主之本，作为统治者要使国家能够长治久安，则安民是其根本。"国主之有民也，犹城之有基，木之有根，根深而本固，基美则上宁。"[③] 通过辨清国与民之关系，犹如城墙与基石，树与根的关系，说明民之于国的重要性。所以对于为国之君，"为治之本，务在于安民；安民之本，在于足用；足用之本，在于勿夺时；勿夺时之本，在于省事；省事之本，在于节欲；节欲之本，在于反性；反性之本，在于去载。去载则虚，虚则平，平者道之素也，虚者道之舍也"[④]。统治者要安民必须省事和节欲，不因奢侈生活和各种繁文缛礼扰民，只有勿夺民时，百姓才能安心生产，生活才能和谐安宁。

2. 顺民以满足百姓所需

顺民就是顺应民心民意，满足百姓生活的正常需求。

民之有好色之性，故有大婚之礼；有饮食之性，故有大飨之谊；有喜乐之性，故有钟鼓筦弦之音；有悲哀之性，故有衰绖哭踊之节。故先王之制法也，因民之所好而为之节文者也。因其好色而制婚姻之

① 杨有礼：《新道鸿烈：〈淮南子〉与中国文化》，河南大学出版社 2001 年版，第 72—73 页。

② 刘康德：《淮南子直解·主术训》，第 436 页。

③ 刘康德：《淮南子直解·泰族训》，第 1179 页。

④ 刘康德：《淮南子直解·诠言训》，第 741 页。

礼，故男女有别；因其喜音而正《雅》《颂》之声，故风俗不流；因其宁家室，乐妻子，教以顺，故父子有亲；因其喜朋友而教之以悌，故长幼有序。然后修朝聘以明贵贱，飨饮习身射以明长幼，时搜振旅以习用兵也，入学庠序以修人伦。此皆人之所有于性，而圣人之所匠成也。①

刘安食客从人性的角度出发，意识到食、色、娱、悲乃人性之自然流露，百姓生活的正常需求，所以必须顺民之性满足其所需、所想、所欲。根据百姓的需求制定各种惠民的制度和礼仪，以达到构建和维护和谐有序社会的目的。“只有制度规范与老百姓的本性和需要相一致，老百姓才能自觉遵守，使它们真正起到维护社会秩序的作用。”② 在食客们看来，顺民能够有效地规范社会秩序，起到教化百姓、约束百姓，使百姓自觉遵守规定，自觉维护制度的作用。

3. 爱民以减轻百姓生活负担

刘安食客认为爱民就是要体谅百姓的疾苦，不能加重百姓的生活负担，所以要薄赋税，轻徭役，使百姓能安心生产与生活。对统治者提出：“人主租敛于民也，必先计岁收，量民积聚，知饥馑有余不足之数，然后取车舆衣食供养其欲。”③ 这里很明确地要求统治者要关心百姓疾苦，不要把自己的奢侈享受放在百姓之上。对于君主而言：

高台层榭，接屋连阁，非不丽也，然民有掘穴狭庐所以托身者，明主弗乐也。肥醲甘脆，非不美也，然民有糟糠菽菜不接于口者，则明主弗甘也。匡床蒻席，非不宁也，然民有处边城，犯危难，泽死暴骸者，明主弗安也。④

统治者在百姓生活困苦，“犯危难”时，感到“弗乐”、“弗甘”、“弗安”，有了爱民之心，才能想百姓所想，忧百姓所忧，急百姓所急，

① 刘康德：《淮南子直解·泰族训》，第1129页。

② 赵清文：《〈淮南子〉中的惠民思想及其现实意义》，《淮南师范学院学报》2009年第1期。

③ 刘康德：《淮南子直解·主术训》，第435页。

④ 同上书，第43页。

才会为百姓生计考虑，减轻其生活负担。《人间训》记载：魏国大臣解扁治理东封时，为了增加税收，他让百姓冬天伐木，到春天再从河道运出卖掉。魏文侯知道后批评曰："民春以力耕，暑以强耘，秋以收敛，冬间无事，又伐林而积之，负轭而浮之河，是用民不得休息也，民以敝矣。虽有三倍之入，将焉用之？此有功而可罪者也。"[①] 冬季本该是劳累辛苦了一年的农民休养生息的时候，解扁又额外地让百姓出徭役，增加其负担，使百姓疲惫不堪，不得休息。了解实情之后魏文侯非但没有奖励解扁，反而愤怒地谴责"此有功而可罪者也"。刘安食客通过这一事例说明，即使为国家增加税收，也必须以爱民为前提，否则应该遭到谴责。

4. 富国先富民

富民就是使百姓富足。这一观点实际上是继承发扬了管子、孔子等人的思想。早在春秋时期孔子就提出："政有使民富且寿"，"薄赋敛则民富"[②]。管子也提出了"仓廪实，则知礼节；衣食足，则知荣辱"[③]。管子把富民的意义提高到道德普及与建设上来。刘安食客在此基础上指出：

> 夫饥寒并至，能不犯法干诛者，古今之未闻也。……夫民有余即让，不足则争。让则礼义生，争则暴乱起。……故物丰则欲省，求澹则争止。……故世治则小人守政，而利不能诱也；世乱则君子为奸，而法弗能禁也。[④]

刘安食客发展了管子的观点，把富民与守法、知礼联系起来，认为彼此存在一种因果关系，以此来提醒统治者重视富民之举。

《人间训》里食客通过西门豹治邺的事例来说明富民强国的道理。

> 西门豹治邺，廪无积粟，府无储钱，库无甲兵，官无计会，人数言其过于文侯。文侯身行其县，果若人言。……西门豹曰："臣闻王主富民，霸主定武，亡国富库。今王欲为霸王者也，臣故稸积于民。

① 刘康德：《淮南子直解·人间训》，第1007页。

② 向宗鲁校证：《说苑校证·政理》，中华书局2000年版，第149—150页。

③ 《诸子集成·管子校正·牧民》，第1页。

④ 刘康德：《淮南子直解·齐俗训》，第566页。

君以为不然，臣请升城鼓之，甲兵粟米可立具也。”于是乃升城而鼓之。一鼓民被甲括矢操兵弩而出；再鼓，负辇粟而至。……遂举兵击燕，复地而后反。①

西门豹治邺，因仓里没有储粮，钱库没钱，军库没兵器，府中无账本，所以被人告发。当魏文侯去查询时，西门豹用事实告诉魏文侯，只有富民才能强国，只有强国才能成就霸王之业。而西门豹强国的做法就是蓄财物于民，使民富足。当民富之后，才可“一鼓民被甲括矢操兵弩而出”，招之即来，来之能战，战之能胜。刘安食客在提出富民主张的同时，又提出了富民的具体做法，发展生产，不误农时。

教民养六畜，以时种树，务修田畴滋植桑麻，肥硗高下，各因其宜。丘陵阪险不生五谷者，以树竹木。春伐枯槁，夏取果蓏，秋畜疏食，冬伐薪燕，以为民资。是故生无乏用，死无转尸。②

食客提出理想的富民的具体措施非常简单，其中心就是要遵循自然规律，保护生态的自然平衡，使大自然生生不息，成为养民、富民取之不尽、用之不竭的天然府库。

（四）生态保护的主张

在《淮南子》的因思想里，就已经表现出遵循自然，顺应自然规律的思想理念。这其中就蕴涵着生态保护的意识。在《淮南子》的许多篇章里，都表现出了对生态环境的重视和保护的思想主张。在《地形训》中指出：

东方川谷之所注，日月之所出。其人兑形小头，隆鼻大口，鸢肩企行，窍通于目，筋气属焉。苍色主肝，长大早知而不寿。其地宜麦，多虎豹。南方阳气之所积，暑湿居之。其人修形兑上，大口决眦，窍通于耳，血脉属焉。赤色主心。早壮而夭。其地宜稻，多兕象。西方高土，川谷出焉，日月入焉。其人面末偻，修颈卬行，窍通

① 刘康德：《淮南子直解·人间训》，第1007页。

② 刘康德：《淮南子直解·主术训》，第436页。

> 于鼻，皮革属焉。白色主肺。勇敢不仁。其地宜黍，多旄犀。北方幽晦不明，天之所闭也，寒冰之所积也，蛰虫之所伏也。其人翕形短颈，大肩下尻，窍通于阴，骨干属焉。黑色主肾。其人蠢愚禽兽而寿。其地宜菽，多犬马。中央四达，风气之所通，雨露之所会也。其人大面短颐，美须恶肥，窍通于口，肤肉属焉。黄色主胃。慧圣而好治。其地宜禾，多牛羊及六畜。①

这里将各地的地形、地貌特质与人的形体、相貌、体质联系起来，与各地适宜种植的粮食作物联系起来，旨在说明物竞天择，适者生存，乃自然发展的规律和法则。所以人与自然环境的关系，只有顺应自然、服从自然、遵循自然，才能与自然达到和谐、统一的最佳状态。

> 夫萍树根于水，木树根于土，鸟排虚而飞，兽蹠实而走，蛟龙水居，虎豹山处，天地之性也。两木相摩而然，金火相守而流，员者常转，窾者主浮，自然之势也。是故春风至则甘雨降，生育万物，羽者妪伏，毛者孕育，草木荣华，鸟兽卵胎，莫见其为者，而功既成矣。秋风下霜，倒生挫伤，鹰雕搏鸷，昆虫蛰藏，草木注根，鱼鳖凑渊，莫见其为者，灭而无形。木处榛巢，水居窟穴，禽兽有芄，人民有室，陆处宜牛马，舟行宜多水；匈奴出秽裘，于越生葛絺，各生所急以备燥湿，各因所处以御寒暑，并得其宜，物使其所。……今夫徙树者，失其阴阳之性，则莫不枯槁。故橘树之江北则化而为枳，鸲鹆不过济，貉渡汶而死，形性不可易，势居不可移也。②

通过描述各种动植物和人类的自然之性、宜居的生态环境来说明“万物固以自然”，应当“物使其所”。又以人为的干预和破坏，使其离土离乡，最后变种死亡的遭遇，说明生态环境对动植物的生长和人的生存都有着决定性的作用和影响，所以人的社会实践活动不能违背自然，只有顺从和遵循自然，才能达到共生共荣、和谐相处的最终目的。食客的这些见解，不仅具有一定的科学性，对我们今天的生态保护和生态建设都有很多

① 刘康德：《淮南子直解·地形训》，第 193 页。

② 刘康德：《淮南子直解·原道训》，第 13 页。

的启发和指导作用。

在遵循自然、顺应自然的基础上，食客们又提出了保护自然的主张。

> 故先王之法，畋不掩群，不取麛夭，不涸泽而渔，不焚林而猎。豺未祭兽，置罦不得布于野；獭未祭鱼，网罟不得入于水；鹰隼未挚，罗网不得张于溪谷；草木未落，斤斧不得入山林；昆虫未蛰，不得以火烧田。孕育不得杀，鷇卵不得探，鱼不长尺不得取，彘不期年不得食。是故草木之发若蒸气，禽兽之归若流泉，飞鸟之归若烟云，有所以致之也。[①]

要求学习继承先王之法，采取一定的手段和措施，爱护自然，保护生态环境。做到不随意砍伐树木，不随便狩猎捕鱼；做到“草木未落，斤斧不得入山林”，动物“孕育不得杀”，“鱼不长尺不得取，彘不期年不得食”。只有这样，才能使动植物得以生息繁衍，才能保证人类的生存环境不被破坏，人类的生活资源才不会枯竭，人民的生活才得以保障。要保护环境就必须做到：“欲致鱼者先通水，欲致鸟者先树木；水积而鱼聚，木茂而鸟集。”[②] 只有这样才会出现“禽兽之归若流泉，飞鸟之归若烟云”的人与动物和谐共处的美好景象。

《淮南子》中有不少对自然环境的关注，对保护生态的科学认识。《时则训》里也把四时分为十二个月来论述每月星象、气候、动植物的生长变化与消亡的情况，还有人类的农业生产及各种禁令。如记载：

> 孟春行夏令，则风雨不时，草木早落，国乃有恐；行秋令，则其民大疫，飘风暴雨总至，黎莠蓬蒿并兴；行冬令，则水潦草为败，雨霜大雹，首稼不入。……季春行冬令，则寒气时发，草木皆肃，国有大恐。……仲秋行春令，则秋雨不降。草木生荣，国有大恐。[③]

我们可以看到，《淮南子》里所记季候变化情况以及对人类带来的灾

---

① 刘康德：《淮南子直解·主术训》，第436页。
② 刘康德：《淮南子直解·说山训》，第901页。
③ 刘康德：《淮南子直解·时则训》，第218—242页。

害，与《吕氏春秋》极为相似，说明两书编撰者英雄所见略同，也说明了《淮南子》对《吕氏春秋》的吸收、继承与发展。

第三节　食客作家与作品

这一节主要介绍食客个体作家创作及作品的情况。他们的作品分为两种情况：一是作者为食客时创作的作品；二是作者步入仕途，身份转变后创作的作品。我们认为这两种作品都可视为食客作品。虽然不同时期、不同身份创作的作品，会体现出不同的思想风貌，但是作家早期的生活经历和思想，对他后期的创作会产生深刻的影响。这种情况已经在文学史上无数次地得到证实，像屈原、司马迁及曹植、李白、韩愈、柳宗元、欧阳修等，这些文学家都有这种情况。同样的道理，我们不应把李斯、司马相如等人早期为食客和以后做朝廷大臣时的作品割裂开来。相反，如果把这些人为食客前后的作品作为一个整体来研究，会从中发现这些人思想感情和心路历程的变化，以及其艺术风格如何在发展中走向成熟。

一　李斯

李斯是最早的食客作家。他现存文学作品主要是散文，有《谏逐客书》，七篇刻石文，还有《督责书》、《上书言赵高》、《狱中上书》等。《谏逐客书》是李斯的代表作。逐客原因在本章第一节已经有说明，可参看。当时因为宗室大臣向秦王提出了逐客的谏言，于是秦王政下了逐客令，李斯时任秦王客卿，也在被逐之列。眼看他经营多年的仕途生涯将毁于一旦，为此他上书秦王，写下此文。为了说服秦王，他颇费心思。他采用由人到物，再由物到人的铺陈类比的推理论证方法，从历史上的客为秦国的发展壮大做出的卓越贡献，到今天秦王不拒外来珍宝的现实，说明“物不产于秦，可宝者多；士不产于秦，而愿忠者众”[①]。他一针见血地指出：“今逐客以资敌国，损民以益仇，内自虚而外树怨于诸侯，求国无危，不可得也。”[②] 言辞恳切，以理劝人，以情动人。最后打动秦王，使他收回了逐客令。刘勰对此文评价很高：“李斯之止逐客，并顺情入机，

---

① 《史记·李斯列传·谏逐客书》，第2545页。

② 同上。

动言中务，虽批逆鳞，而功成计合，此上书之善说也。”[1] 这篇文章有战国纵横家的风格，对汉大赋有一定的影响。

李斯的七篇刻石文，是他在始皇二十八年到三十七年的时间里，随从秦始皇登泰山、会稽山等山所作的刻石文。其中六篇见于《史记·秦始皇本纪》，另一篇《峄山刻石文》见于清代李兆洛的《骈体文钞》卷一。关于此文，《史记·秦始皇本纪》曾有提到：“二十八年，始皇东行郡县，上邹峄山。立石，与鲁诸儒生议，刻石颂秦德。”[2]

李兆洛曰：“此文《史记》独不载，然其词固非后人所能伪也。”[3] 其言极是。这些刻石文内容基本上都是对秦始皇业绩、功德的颂扬。结构除琅琊刻石外，基本三句为一章，每句为四言，韵脚也是三句为基本单位，显然受《诗经》四言诗的影响。语言严谨、庄重、典雅。“李斯刻石文采用的基本都是平铺直叙的笔法，很少运用比喻，在极其有限的运用比喻的地方，都继承了先秦文学所奠定的原型，从中可以看出他与前代文学的渊源关系。”[4]

《督责书》、《狱中骂秦二世》、《狱中上书》几篇散文是李斯后期的作品，都作于秦二世之时。《督责书》作于秦二世元年，是一篇阿谀奉承的违心之作。在文中他对于秦二世贪图享乐，把声色犬马作为自己的人生追求的做法，不予劝阻，反而极尽鼓励。他提出的督责之术，就是天子把大权控制在手，对臣下进行督责，“则臣不敢不竭能以事主矣。此臣主之分定，上下之义明，则天下贤不肖莫敢不尽力竭任以殉其君矣”[5]。文章暴露了李斯卑鄙无耻和极其自私的阴暗心理，为了保住他的相位，对秦二世的种种昏庸奢侈的生活方式采取放纵鼓励的做法，丧失了一个忠臣起码的良心和应尽的职责，反映出食客特有的取媚、巴结、讨好、阿谀奉承的性格特征，给我们刻画了一个委曲求全、卑鄙无耻的御用文人和媚臣的形象。

与此相反的是他在《狱中骂秦二世》一文中，不再是奉迎取媚的态度，而是对秦二世昏庸糊涂、一味享乐的行为提出批评，在指出了二世皇

---

① 黄霖：《文心雕龙汇评》，上海古籍出版社 2005 年版，第 69 页。

② 《史记·秦始皇本纪》，第 242 页。

③ （清）李兆洛选辑：《骈体文钞》，上海书店 1988 年版，第 1 页。

④ 付志红：《李斯作品的文学观照》，《延边大学学报》2006 年第 1 期。

⑤ 《史记·李斯列传》，第 2554 页。

犯下的一系列错误之后，结尾语重心长地道出其严重后果："今反者已有天下之半矣，而心尚未寤也，而以赵高为佐，吾必见寇至咸阳，麋鹿游于朝也。"[①] 此文虽然显露出真情实感，可惜晚矣。

《自罪书》也是李斯在狱中写的。《狱中骂秦二世》文是写给二世皇的，这篇文章是写给赵高的。在这篇文章里，李斯采用正话反说的手法，列举了自己对秦国的七大罪状，其实是数说自己为秦国立下的七大功劳。表面说自己是秦国的罪人，其实想表明自己为秦国的发展壮大立下了汗马功劳，是名副其实的功臣。语言显得明晰简洁，条理清楚，怨中含怒，自责中有自负。由于身份角色的转换和处境的不同，李斯没有了顾虑和戒备之心，文章反而写得真情流露，写出了他内心的真切感受。

二　邹阳

邹阳现存作品有《上吴王书》、《狱中上梁王书》，另外，《西京杂记》录有他的《酒赋》、《几赋》，真伪目前尚未确定。《上吴王书》，是邹阳对吴王刘濞试图谋反进行的规劝。以他门客的身份，加上吴王谋反尚未明了，只能采取委婉曲折的方式进行劝说，所以文中常用隐语，意在言外。表现出他既有维护诸侯王利益的用心，又清醒地认识到中央集权、君主专制的不可逆转，维护国家统一，是他应尽的分内之责。

《汉书·贾邹枚路传》载：

> 阳为人有智略，忼慨不苟合，介于羊胜、公孙诡之间。胜等疾阳，恶之孝王。孝王怒，下阳吏，将杀之。阳客游以谗见禽，恐死而负絫，乃从狱中上书。[②]

邹阳在狱中写的《狱中上梁王书》是自我表白，为自己辩诬之文。当时他处境险恶。由于梁王听信谗言将自己投入监狱，作为食客，他既要表明自己无罪，又不能得罪主人，去批评梁王的昏聩无能、偏信谗言的错误。为此他"据事以类义，援古以证今"[③]，在表达技巧上下功夫。首先

① 《史记·李斯列传》，第2560—2561页。

② 《汉书·贾邹枚路传》，第2343页。

③ 周振甫：《文心雕龙今译·事类》，中华书局2012年版，第339页。

提出“忠无不报，信不见疑”，从“忠”、“信”切入，引用了历史上无数忠、信的事例来表达自己对梁王忠、信的赤诚之心。又从知人与不知人展开论述，说明要知人就不能偏听谗言，以古代君臣相知遇合的事例作证，劝谏梁王要信用贤才，唯此天下贤者才能为己所用。文章比物连类，词多偶俪，语言铺张扬厉，文采飞扬，情感真挚动人。梁王看后“使人出之，卒为上客”[①]。梁王不仅认可了他的申辩，更加认可他的才能，所以延为上客。

《狱中上梁王书》在用事用典上是超乎寻常的多，它引证史事近50多处，涉及人名近100个，所以用事“是这篇文章典范的表达方式之一，它对后世隶事用典手法的成型具有重要的影响。而这种影响的意义并非仅仅只显现于表达形态方面。更重要的是，它为文学散文观念化的形成提供了新的思想方向”[②]。从李斯的《谏逐客书》到邹阳的《上吴王书》、《狱中上梁王书》，其共同特点是用事用典繁多，作者希望通过隐语委婉曲折地表达其思想，显然这与他们食客的特殊身份有着密切的关系。

有学者认为：“自李斯《谏逐客书》始点缀华词，自邹阳《狱中上梁王书》始垒陈故事，是骈体之渐萌也。”[③] 吴汝纶也说：“此体乃邹生所创，其源出于风骚，隶事至多而以俊气举之，后人无继之者，由是分为骈体矣。”[④] 由此可见，骈体文与食客和食客文学还有着渊源关系。

三　枚乘

枚乘是西汉著名的文学家和辞赋家。据《汉书·艺文志》著录他有赋九篇，今存《七发》、《柳赋》、《菟园赋》，但是后两篇的真伪尚存争议。《七发》不仅是枚乘赋的代表作，在汉赋的发展史上也具有里程碑的意义。《七发》的内容是写楚太子有病，吴客前往探视，通过客与主问答的形式铺写展开的。吴客指出楚太子的病是由于他过分奢侈享乐生活造成的，非药石针刺炙疗可治，需以要言妙道方可医治。接着吴客分别以音乐、饮食、车马、游观、田猎、观涛及听“方术之士有资略者”的“要

---

① 《史记·鲁仲连邹阳列传》，第2478页。

② 刘国斌：《邹阳〈狱中上梁王书〉的用事与文学散文的产生》，《黄石理工学院学报》2011年第5期。

③ （清）永瑢：《四库全书总目提要·四六法海》，第1719页。

④ （清）姚鼐：《古文辞类纂》，中国书店1986年版，第541页。

言妙道”来启发太子，前六件事太子听了没有反应，当讲到最后一件时，太子“据几而起”，出了一身透汗，霍然病除。作品意在劝诫贵族放弃奢华享乐生活，以精神修养取代物质欲望，从物质享受超越到精神享受。

《七发》的写作时间一直存在争议，主要观点有两种，一是在《六臣注〈文选〉》李善注：“乘事梁孝王，恐孝王反，故作《七发》以谏之。”[①] 后世许多人都沿用此说。二是有的学者认为：“宋代以来的学者多以为《七发》为在吴王处所作。这样的理解，也同《七发》中所谓的‘吴客’之称相符合，如果是在吴楚之乱以后所作，当时曾经从吴王濞游者唯恐洗刷不尽同叛逆者的关系，尽管枚乘以进谏吴王二书受到朝廷的嘉奖，恐亦不至于以作为吴王门客往问楚太子疾的事为题材而著为文章。所以《七发》作于枚乘在吴王濞处的时候，可以肯定。”[②] 中国科学院的刘跃进认为《七发》“很可能作于江南，其时正从吴王游”[③]。从《七发》内容和当时社会情况综合分析，我们以为第二种说法更合适些。因为从枚乘早年曾在吴王门下为客的情况来看，赋中的吴客不一定是作者虚构的人物，很可能是作者本人。在他做吴王食客时，曾代表吴王探视生病的楚太子。出于使命所需和食客的特殊身份，他探病之时也借机委婉劝谏楚太子，使命完成，《七发》也孕育而生。

《七发》标志着汉大赋的正式形成，它的体制结构成为赋体文学的专门形式，被称为“七”体。那么《七发》这种成熟的文学形式是怎么形成的？对其形成产生影响的因素又有哪些？这些都成为学者们2000年来一直在研究和追问的问题。对于《七发》文学形式的来源，学者们各有不同的说法？有源于东方朔《七谏》说，有源于孟子说，有源于鬼谷子说，有苏秦、张仪说，有楚辞来源说，还有《战国策》散文说，等等。[④] 应该说后四种说法还是有一定的合理性。其实每一个人的知识来源和文化影响都不是单一的，而是多元的，所以枚乘的情况也不例外，由此看来，《七发》文学形式的来源也应该是多元的。

在《七发》里，枚乘对山川景物的描写可谓铺陈之致，“实际表明了

---

① （南北朝·梁）萧统编：《六臣注〈文选〉》，（唐）李善注，中华书局1987年版，第634页。

② 赵逵夫：《〈七发〉与枚乘新探》，《西北师范大学学报》1999年第1期。

③ 跃进：《梁孝王文学集团的文学想象》，《深圳大学学报》2008年第1期。

④ 赵逵夫：《〈七发〉体的滥觞与汉赋的渊源》，《西北民族学院学报》1992年第2期。

对赋描写山川景物所应达到的语言形式要求，认为赋描写山川草木时，要极力铺陈、重视譬喻与华美丰富文辞的运用”[①]。音乐是一种抽象艺术，它丰富的内涵很难用文字来描写，虽然《七发》只有200字描述音乐，但是它体现出很高的表现力和感染力。后世许多表现、描写音乐的作品都受它的影响。所以刘勰评价曰：“自《七发》以下，作者继踵，观枚氏首唱，信独拔而伟丽矣。”[②]《七发》对梁王文学集团的另一位成员司马相如产生了很大影响，他的《子虚赋》、《上林赋》在主题、结构和修辞方面都可以看出受《七发》的影响。[③]

枚乘的散文《谏吴王书》写于吴王刘濞将反未反时，他以隐语微讽的方式劝诫吴王谋逆之举不可为若为之的恶果。指陈利害，旁敲侧击，虽然言辞恳切，但是态度鲜明。他的劝诫没有得到吴王的采纳。当吴王刘濞造反暴发之后，他又《上书重谏吴王》。这一次他直截了当地向吴王指出，吴国与汉朝廷力量悬殊，“举吴兵以訾于汉，譬犹蝇蚋之附群牛，腐肉之齿利剑，锋接必无事矣”[④]。反叛朝廷，无疑是以卵击石。吴王唯一的选择是赶紧悬崖勒马，停止叛乱。言语中体现了他对时局冷静的分析判断，为维护国家统一那种强烈的忧患意识，对汉朝廷的耿耿忠心。枚乘文章“以文辩著名”可谓名副其实。

四 司马相如

司马相如是汉大赋的代表作家，《汉书·艺文志》著录他作赋29篇，《史记·司马相如列传》载录4篇，即《子虚赋》、《上林赋》（注《史记·司马相如列传》、《汉书·司马相如传》所载均合二为一，即《天子游猎赋》，到《文选》又被一分为二）、《大人赋》、《哀秦二世赋》。《昭明文选》有《长门赋》，《初学记》、《古文苑》中有《美人赋》，两赋都有序文，皆言司马相如作。但是两赋的真伪尚存争议。张大可认为：“这两篇赋应该是作赋高手的自抒幽怨或游戏之作，假托司马相如之名以耸人听闻。”[⑤] 其余的赋都已失传。

---

① 龙文玲：《汉武帝与西汉文学》，社会科学文献出版社2007年版，第36页。

② 周振甫：《文心雕龙今译·杂文》，中华书局2012年版，第127页。

③ 何沛雄：《〈子虚〉、〈上林〉与〈七发〉的关系》，《文史哲》1988年第1期。

④ 《汉书·贾邹枚路传》，第2636页。

⑤ 张大可：《论司马相如》，《信阳师范学院学报》2012年第3期。

《子虚赋》、《上林赋》内容是以楚子虚与齐乌有及亡是公三人的对话，描写诸侯王及天子田猎之盛。《子虚》是司马相如在梁孝王门下为客时写的，故以梁园做其创作的参照物。《上林赋》是被汉武帝招后所写，故以上林苑作为创作的参照物。两赋通过盛赞诸侯王与天子苑囿的广大，物产的丰饶，田猎场面的壮观，来体现诸侯国的实力与强大，而天子之强与盛又在诸侯之上。两赋显示出相互攀比炫耀、争强好胜的心理。这种心理极其符合食客的心理特征。司马相如的食客身份和经历使他在表现这种心理时如鱼得水，恰到好处。《上林赋》还借描写天子上林苑之巨丽和游猎之盛乐，来说明“齐楚之事，又乌足道乎?”通过天子对田猎与仁政关系的认识，说明天子在治国问题上要高于齐楚等诸侯。赋的最后讽谏不是指向天子，而是针对诸侯不知诸侯之礼。两赋的主旨是为了歌颂、炫耀诸侯王和天子的声威、气势和宏大伟业。

从主题表现来看，《子虚赋》、《上林赋》突破了过去中国文学传统的怨怒讽谏的主题表现。而这种主题表现与作者司马相如的食客身份有着密切关系。因为食客的从属性和服务性，使他在汉赋创作时把这种服务意识体现于作品中，变成为一种“润色鸿业”，取悦君王的歌功颂德的主题表现了。由于他先为梁王之客，所以写于此时的《子虚赋》是对诸侯王的颂扬、夸耀。当他成为天子宾客之后，《上林赋》自然变成了对天子的赞美与夸耀了。

有学者指出：“司马相如《子虚赋》、《上林赋》可以说从文学创作的角度、以颂扬天子上林苑的‘巨丽’方式，一方面表现无可僭越的皇权势力，另一方面也规谏诸侯应遵诸侯之礼。”① 由于汉武帝对

> “润色鸿业”的作品特别欣赏，同时对讽喻作品持包容态度，……汉武帝在喜爱颂德作品的同时，也能包容那些有讽喻意义、甚至激切进谏的作品。……但作为一位好大喜功的封建帝王，他更喜欢润色鸿业的作品。这在其对赋的欣赏活动中体现得尤为突出。……《上林赋》重在贬诸侯而扬天子，……对这篇“宣上德”之作，汉武帝读后“大悦”，……面对赋的颂美与讽喻，汉武帝更关注的是前

---

① 王德华:《繁类成艳，曲终奏雅：司马相如〈子虚〉〈上林〉赋解读》，《古典文学知识》2009 年第 4 期。

者，这也是古代帝王的普遍心理。[1]

吾师韩兆琦教授对司马相如赋的艺术特色作了较为恰当的概括：

> 其一，它的结构宏伟，富丽堂皇。讲究场面的开阔，讲究层次的分明；由外及里，由下及上，由近及远；有空间的转移，有时间的流动；有多种生活、多种场面、多种气氛构成的一种极其广阔复杂而又极其统一和谐的艺术画面。
>
> 其二，讲究绘声绘色，有声有色。而且声音、色彩的种类极多，变化极大，穷形尽相，动魄惊心。而就其总的气氛来说，又是极其富丽、极其热烈而又庄严的，这点和东汉以后的辞赋大不相同。
>
> 其三，它极大程度地利用了中国方块字在字形构造上的突出特点，在文章的字形排列上给阅读者以强烈的视觉刺激。一排列几十个山字头，几十个水字头，几十个鱼字头，几十个草字头，鸟字边，马字旁，如此等等，首先给人一种迎面扑来的气势感。这种做法在《七发》中已经开始了，到司马相如，更把它推到顶峰。[2]

对于司马相如在汉大赋创作上的杰出成就，班固在《汉书・叙传》中盛赞司马相如："文艳用寡，子虚乌有，寓言淫丽，托风终始，多识博物，有可观采，蔚为辞宗，赋颂之首。"[3]

司马相如在散文创作上虽然作品不多，但是他的两篇政论文《喻巴蜀檄》、《难蜀父老》，具有赋体风格，在汉代散文史上也是较有影响、可圈可点的佳作。两文都是司马相如奉汉武帝之命，出使巴蜀之时，针对当时巴蜀民众的一些问题而写的。《喻巴蜀檄》作于武帝元光二年（公元前129年）。汉武帝建元六年（公元前135年），"唐蒙使略通夜郎、僰中，发巴蜀吏卒千人，郡又多为发转漕万余人，用军兴法诛其渠率。巴蜀民大惊恐。上闻之，乃遣相如责唐蒙等，因谕告巴蜀民以非上意"[4]。

---

① 龙文玲：《汉武帝与西汉文学》，社会科学文献出版社2007年版，第41—44页。

② 韩兆琦、李道英：《简明中国文学史》，中央广播电视大学出版社2006年版，第99—100页。

③ 《汉书・叙传》，中华书局1996年版，第4255页。

④ 《汉书・司马相如传下》，第2577页。

从文献记载的情况看，当时百姓有千余人被征兵往西南夷，万余人被征徭役修道路。由于工程持续时间长，加上水土不服，工作艰苦，引起巴蜀民众的强烈不满。为此，汉武帝派司马相如出使巴蜀，调查事件原委，安抚民众，司马相如写下了《喻巴蜀檄》，通告巴蜀父老民众，国家修筑道路，是为了便于推广教化远方民众，作为臣民，巴蜀民众应当为国家尽义务，“急国家之难，而乐尽臣之道”[①]，于个人而言，也可为自己谋一个“剖符之封”[②]，有着大好的前程。对于不服兵役而逃亡，甚至自残自杀者，是不顾国家大局，不识大体，这些人将“死而无名”，“耻及父母，为天下笑”[③]。唐蒙下属用战时军兴法强征劳役，又不避农时，伤害了巴蜀民众，这是有违皇帝的初衷，应当立即纠正。檄文本着实事求是的态度，既体谅民众的诉求，又维护国家的基本利益和大政方针，晓之以理，动之以情。另一方面马上停止了军兴法的强征，督促唐蒙修路用工要不违农时，平息了将要动乱的事态，使修路工程继续有序进行，体现了司马相如的应变能力和处置复杂问题的水平。

《难蜀父老》作于元光六年。元光五年（公元前130年），汉武帝再次大规模征发巴蜀民众修治南夷道路，引发巴蜀民众不满。公孙弘奉命巡视，出使归来，“还奏事，盛毁西南夷无所用，上不听”[④]。由于当时汉匈战争已经持续了几年，若汉朝廷四面出击，国力难以支撑，所以公孙弘主张暂停开发西南夷，但是他的意见与汉武帝相左。司马相如也改变初衷，想劝说武帝调整政策，但是汉武帝不仅拒不接受公孙弘意见，还让司马相如驳斥公孙弘，在此情形下，司马相如写下了《难蜀父老》。文章体现出食客文学托辞讽谏、左右逢源的特点。他假托巴蜀长老为民请命，以使者语气驳“通西南夷不为用”的论调，指出通西南夷对维护国家统一，促进民族间的文化交流有重要意义，表面驳斥公孙弘“无用论”，骨子里却赞同他的建议，停止修建通往西南夷道路，以全力对付匈奴。结果他是两头不讨好，不仅汉武帝看出了他的用心，连公孙弘也不买账。不久他即被人告发四年前出使西夷时有受贿行为，为此他被罢官。有学者认为他的受

① 《史记·司马相如列传》，第3045页。

② 同上。

③ 同上。

④ 《史记·平津侯主父列传》，第2950页。

贿之罪完全是莫须有，不过是汉武帝给司马相如的教训罢了，因为一年后他又官复原职。《难蜀父老》“清晰展示了司马相如不是政治家却政治情怀笃定，是文学家，却不是御用文人、文学弄臣的人格本质。他作为一个普通朝臣、文士，有着非同一般朝臣、文士的政治诉求、政治眼光、政治勇气、政治智慧和政治情怀；概而言之，维护‘大一统’，存兴而戒亡，是其政治诉求的核心；……表现出高屋建瓴的政治眼光”①。司马相如的绝笔之文是他的《封禅文》。《汉书·司马相如传下》载：“相如既病免，家居茂陵。天子曰：‘司马相如病甚，可往从悉取其书，若后之矣。’使所忠往，而相如已死，家无遗书。问其妻，对曰：‘长卿未尝有书也。时时著书，人又取去。’长卿未死时，为一卷书，曰‘有使来求书，奏之。’其遗札书言封禅事。”② 这篇《封禅文》直接促进了汉武帝封禅典礼的进行，是古代唯一一篇阐述封禅意义的文献，有极高的历史价值。

第四节　食客文学的艺术魅力

从《吕氏春秋》、《淮南子》及其他食客散文、汉赋的情况看，无论表现手法还是艺术风格，都有继承发展先秦诸子散文的明显特征，说理论事纵横驰骋，形象生动，蕴涵哲理，大量运用寓言及神话故事进行说理论证，浪漫中有质朴，奇幻中有实证，体现出奇异瑰丽的艺术魅力。

一　奇妙的神话故事

神话是原始时代的人民，对他们所接触的各种自然现象、社会现象，幻想出来的具有艺术意味的解释的集体口头创作。马克思指出：“任何神话都是用想象和借助想象以征服自然力，把自然力加以形象化，是已经通过人民的幻想用一种不自觉的艺术方式加工过的自然和社会形式本身。”③ 由于神话极具浪漫主义色彩，所以被视为我国浪漫主义文学的开端。神话是远古历史的回音，现今我们对远古时代的认识和了解，很多来自于神

---

① 刘南平、王翼鹏：《不是军书，胜似军书：二论司马相如〈难蜀父老〉之艺术魅力》，《河北北方学院学报》2010年第5期。

② 《汉书·司马相如下》，第2600页。

③ 马克思、恩格斯：《马克思恩格斯选集第二卷·政治经济学批判导言》，人民出版社1995年版，第29页。

话。神话不仅为我们保存了大量珍贵丰富的历史文献资料，同时也记录了中华民族幼年时期瑰丽奇妙的幻想，蕴涵着丰富的文学艺术的元素，所以神话具有很高的文学艺术价值和史料价值。

先秦的诸子散文就已经出现了不少美丽、奇妙、诡异、梦幻的神话故事，以《庄子》的散文最为突出。《吕氏春秋》和《淮南子》继承了先秦诸子散文运用神话进行说理论事的传统，借鉴了他们“意出尘外，怪生笔端”[①] 的艺术手法，在其文章中大量地引用神话故事，使文章变得生动活泼，趣味横生，给人一种奇幻怪异、神秘灵动的感觉。

> 有侁氏女子采桑，得婴儿于空山之中，献之其君。其君令烰人养之，察其所以然，曰：“其母居伊水之上，孕，梦有神告之曰：‘白出水而东走，毋顾。’明日视白出水，告其邻，东走十里，而顾，其邑尽为水，身因化为空桑。”故命之曰伊尹。[②]
>
> 昔者汤克夏而正天下，天大旱，五年不收，汤乃以身祷于桑林，曰：“余一人有罪，无及万夫，万夫有罪，在余一人。无以一人之不敏，使上帝鬼神伤民之命”。于是翦其发，磿其手，以身为牺牲，用祈福于上帝。民乃甚说，雨乃大至。则汤达乎鬼神之化，人事之传也。[③]
>
> 有娀氏有二佚女，为之九成之台，饮食必以鼓。帝令燕往观视之，鸣若謚謚。女爱而争搏之，覆以玉筐，少选，发而视之，燕遗二卵，北飞，遂不反，二女作歌一终，曰：“燕燕往飞。”实始作为北音。[④]

第一则神话故事是关于伊尹降生的，类似伊尹降生的事迹在其他文献中也有记载。《水经注》载：“有莘氏女采桑于伊川，得婴儿于空桑。”[⑤] 皇甫谧的《帝王世纪》载：“伊尹，力牧之后，生于空桑。”[⑥] 《孟子》

---

① （清）刘熙载撰：《艺概·文概》，上海古籍出版社 1978 年版，第 8 页。

② 许维遹：《吕氏春秋集释·本生》，第 310 页。

③ 许维遹：《吕氏春秋集释·顺民》，第 200—201 页。

④ 许维遹：《吕氏春秋集释·音初》，第 141—142 页。

⑤ 史念林等注：《水经注》，华夏出版社 2006 年版，第 320 页。

⑥ 司马贞：《史记索引》，《史记·殷本纪》，第 94 页。

曰："伊尹耕于有莘之野。"[①]《古郡制》载："伊尹生于空桑，以伊水为姓。"从这些文献记载看，《吕氏春秋》关于伊尹降生的描述最完整，也最神奇、诡异，给人一种似真似幻的感觉，为伊尹的身世披上了几许朦胧面纱，使伊尹形象在后人心目中增添了几分神秘莫测之感。

第二则是商汤祈祷桑林求雨的神话故事，在其他的文献《荀子》、《尸子》、《淮南子》、《说苑》、《帝王世纪》中也有类似记载，而《吕氏春秋》中塑造的商汤的英雄形象最为感人。由于当时连续五年大旱，粮食无收，为此，商汤给百姓求雨祈福，他祈求上天"无以一人之不敏，使上帝鬼神伤民之命"。表明自己甘愿"万夫有罪，在余一人"，替万民受罚，并且不惜"翦其发，磨其手，以身为牺牲"，以惩罚自己，牺牲自己的性命来为民祓除灾害。他崇高伟大的牺牲精神感天动地，于是"民乃甚说，雨乃大至"。自此商汤在人们心目中成了"达乎鬼神之化"的英雄。

第三则神话故事出自《吕氏春秋·音初》篇，记载了中国古代音乐北音的产生由来，源于有娀氏二佚女因思恋燕子而作。关于有娀氏之佚女的神话故事，在其他的文献中有的是关于商始祖契诞生记载，如《诗经·商颂·玄鸟》"天命玄鸟，降而生商"[②]。《诗经·商颂·长发》载："有娀方将，帝立子生商。"[③]传说春分时节，燕子飞来，汤的先祖有娀氏女简狄，祈于郊禖生了契。而《楚辞·离骚》曰："望瑶台之偃蹇兮，见有娀之佚女。吾令鸩为媒兮，鸩告余以不好。"[④]屈原在诗中借向有娀之佚女简狄求婚不获，抒写自己求贤主不获，怀才不遇的遭遇。到《史记·殷本纪》整个故事情节变得比较完整了。"殷契，母曰简狄，有娀氏之女，为帝喾次妃。三人行浴，见玄鸟堕其卵，简狄取吞之，因孕生契。"[⑤]从这几则有娀氏佚女的文献资料看，从《诗经》到《史记》，契由简单的降生，到其母简狄的由来、身份，受孕经过，到契的诞生，逐渐发展成为一个完整的故事，显然《吕氏春秋·音初》篇给司马迁的影响最大。只是《史记》作为史书，剔除了《吕氏春秋》中一些文学形象的

---

① 《诸子集成·孟子正义·万章上》，第386页。

② （清）阮元：《十三经注疏·毛诗正义·商颂·玄鸟》，第622页。

③ （清）阮元：《十三经注疏·毛诗正义·商颂·长发》，第626页。

④ （清）王夫之：《楚辞通释·离骚》，中华书局1959年版，第16页。

⑤ 《史记·殷本纪》，第91页。

描写和抒情的成分。所以相对来说，《吕氏春秋》关于有娀氏佚女的故事是所有文献中最浪漫奇幻，最抒情生动的。

上面三则神话故事的一个共同点：是将历史人物神话化、神奇化、神秘化。这不仅仅是因为这些历史人物距离今天遥远，缺乏可靠文献记载的缘故，更重要的是将历史上杰出的君王或人物神秘化、神话化是统治者强化其权力，树立其威信的需要，是他们愚昧人民的需要，是部族社会英雄崇拜的需要，也是部族社会团结人民，凝聚人心的需要。

在《淮南子》中记载的神话更多，而且许多为我们所熟悉。如《览冥训》中“女娲补天”的故事。

> 往古之时，四极废，九州裂，天不兼覆，地不周载，火爁炎而不灭，水浩洋而不息。猛兽食颛民，鸷鸟攫老弱。于是女娲炼五色石以补苍天，断鳌足以立四极，杀黑龙以济冀州，积芦灰以止淫水。苍天补，四极正，淫水涸，冀州平。狡虫死，颛民生。[①]

关于女娲的故事在《楚辞·天问》、《山海经》等许多文献里都有记载，而《风俗通》里还记载了女娲造人的故事。

> 俗说天地开辟，未有人民，女娲抟黄土作人。剧务，力不暇供，乃引绳絙于泥中，举以为人。故富贵者，黄土人也；贫贱者，絙人也。[②]

再有《竹书纪年》也有女娲斩鳌足立四极的记载。“女娲补天”的神话故事歌颂的是一个拯救人类于灾难之中的女英雄。根据此我们可以推测其故事原型最初应该产生于母系时代。从神话描绘的情形看，大概当时发生了地震，并引发了一系列的火灾和水灾，由此导致食物匮乏，动物食物链的断裂，于是“猛兽食颛民，鸷鸟攫老弱”，为害人民。为了拯救人民，女娲上补苍天，下治洪水，铲除凶禽猛兽。《淮南子》在神话传说的基础上，对其故事作了进一步的加工创作，使其故事更曲折生动，更详细

---

① 刘康德：《淮南子直解·览冥训》，第 289 页。

② （宋）李昉：《太平御览·风俗通》，第 1658 页。

和完整。这个神话反映了当时人类对自然灾害的认识水平和渴望消除自然灾害、战胜自然灾害的强烈愿望。

有一种说法认为女娲补天的神话大概与华夏先民烧瓦盖房防漏有一定的联系。最初的传说只是女娲烧瓦覆盖屋顶，在流传过程中，故事被不断地添枝加叶，渐渐变形，“烧瓦”变为“炼五色石”，覆盖屋顶演变为“补天”。除了补天事迹之外，又增加了补天的原因，以及补天之后的断鳌足、杀黑龙、积芦灰等一系列事迹，从而完成了女娲治理天地，拯救人类的英雄形象的塑造。所以我们看到的《淮南子》中女娲的形象更具有文学的色彩，人们把其他英雄所具有的降灾除恶的本领都集中赋予英雄女娲的身上，表达了人们对女娲的敬仰与爱戴之情。

在上古神话中女娲还是创世女神。传说她与伏羲是兄妹，与伏羲结婚而产生人类。后来女娲禁止兄妹通婚，这反映了中国原始时代由血缘婚发展到族外婚的情况。《风俗通义》则记载了女娲为人类建立了婚姻制度，使青年男女互相婚配，繁衍后代，因此女娲又成为婚姻女神。女娲还是造人的始祖，她照着自己的样子用黄土捏人，创造了人类社会。如今在苗族、侗族中还把女娲作为本民族的始祖加以崇拜。可以说，《淮南子》为女娲神话的不断丰富和发展传承起了重要的传递作用。

《淮南子·本经训》中有“后羿射日”的神话故事。

> 逮至尧之时，十日并出，焦禾稼，烧草木，而民无所食。猰㺄、凿齿、九婴、大风、封豨、修蛇，皆为民害。尧乃使羿诛凿齿于畴华之野，杀九婴于凶水之上，缴大风于青石之泽，上射十日而下杀猰㺄，断修蛇于洞庭，擒封豨于桑林。万民皆喜，置尧以为天子。[①]

“后羿射日”的神话故事歌颂了为民除害的英雄后羿的事迹。大概当时天下大旱，庄稼颗粒无收，猛兽肆虐，残害无辜百姓。首先是尧慧眼识英才，选用了善射的弓箭手——后羿。其次是后羿的英勇无畏，敢于与一切毒蛇猛兽作斗争。他发扬不怕牺牲的精神，终于将各种毒蛇猛兽一一消灭。由于后羿每一次与凶残猛兽的搏斗和较量，都是在尧的正确领导和指挥下进行并最终完成的，所以后羿的胜利，也是尧的英明领导和正确指挥

① 刘康德：《淮南子直解·本经训》，第353页。

的结果。当弱小无助的人民脱离苦海后，为了感恩尧帮助他们摆脱了困境，一致推举尧为天子，表达了人民对尧的热爱与敬仰之情。

《吕氏春秋》和《淮南子》中的神话故事，虽然在书中都是作为事实论据来出现的，从其最初的作用来看，它主要是为了论证文中的某一个论点，其作用与先秦诸子散文中的神话相同，但是食客文学（这里主要指《吕氏春秋》和《淮南子》）中的神话与诸子散文的神话相比，还是有一些差别：

第一，其故事多取材于历史人物或现实社会，而诸子散文尤其是《庄子》的神话故事多取材于自然界的动物、植物。

第二，它有相对完整的故事情节，许多都已经能够独立出来成为故事。

第三，它有比较完整、鲜明、生动的人物形象。虽然这些人物形象还不够丰满，人物性格也不够鲜明，但是比起诸子散文的神话已经进了一大步。

第四，故事情节比较生动有趣，有的一波三折。可以说食客文学中的神话故事对后世的叙事文学，尤其是小说的发展有着重要的影响。这一问题在后面将作专门介绍。

二　深邃的寓言故事

寓言：指有所隐含的语言，它常带有讽刺或劝诫的性质，用假托的故事或拟人手法来说明某个道理或教训。寓言故事：是以比喻性的故事寄寓意味深长的道理。

食客文学受先秦诸子散文的影响，在其书中大量地运用寓言故事进行说理论证。像“《庄子》常以寓言代替哲学观点的阐述，用比喻、象征的手法代替逻辑推理的论述，较少直接发表自己的观点，表明自己的态度，而是让读者从奇特荒诞、生动形象的寓言故事中，去体味、领悟其中的哲理”[①]。所以“寓直于诞，寓实于玄”[②]，成为庄子散文的主要创作手法，他不仅使抽象的理论形象化、具体化，也给文章主题的表达起到了深入浅出、寓意深刻的作用。

---

① 袁行霈：《中国文学史》第一卷，第116页。

② 袁津琥注：《艺概注稿·文概》，中华书局2006年版，第40页。

食客文学的寓言运用与诸子散文有所不同，他们将几个寓言故事构成一组寓言群来论证一个主题，这样不仅使其观点得到充分的阐发，使文章的论证更充分有力，也增加了文章的生动性和吸引力。据陈蒲清《中国古代寓言史》一书统计，《吕氏春秋》一书共有寓言故事300多个，据赵红宇的统计，《淮南子》共有寓言故事约140多个，主要集中在《道应训》和《人间训》中。

如《吕氏春秋·察今》引了三则寓言故事：

> 荆人欲袭宋，使人先表澭水。澭水暴益，荆人弗知，循表而夜涉，溺死者千有余人，军惊而坏都舍。
>
> 楚人有涉江者，其剑自舟中坠于水，遽契其舟曰："是吾剑之所从坠。"舟止，从其所契者入水求之。舟已行矣而剑不行，求剑若此，不亦惑乎！
>
> 有过于江上者，见人方引婴儿欲投之江中，婴儿啼，人问其故，曰："此其父善游。"其父虽善游，其子岂遽善游哉？[①]

《察今》一文的主旨是论述因时变法的重要性。在文中用了三则寓言故事来进行论证。"循表夜涉"的寓言旨在说明"时不与法俱至"，治世当需"因时制宜"。随着时代的发展变化，先王之法已经过时，因此必须采用不同之法，切不可盲目地"法先王之法"。"刻舟求剑"的寓言是说明治世应当"因地制宜"，绝不能墨守陈规。"引婴投江"的寓言则说明治世变法要"因人制宜"。三个寓言从不同的角度论证了因时变法的重要性和必要性。这几个寓言故事使文章阐述的理论通俗易懂，起到了言简意赅的作用。像《吕氏春秋·贵公》的寓言"荆人遗弓"意在说明"天下为公，无所私为"之理。"掩耳盗钟"的寓言嘲讽了盗钟者自欺欺人的愚蠢行为。这个寓言后来逐渐被演变为"掩耳盗铃"的成语典故。"燕雀相乐"，是告诫人们要居安思危，切不可贪图眼前的安逸。"高阳应为室"鞭笞了一些人脱离实际瞎指挥的做法。

《淮南子·人间训》中也记载了多个寓言故事。

---

① 许维遹：《吕氏春秋集释·察今》，第392—394页。

昔者楚庄王既胜晋于河雍之间，归而封孙叔敖，辞而不受。病疽将死，谓其子曰："吾则死矣，王必封女。女必让肥饶之地，而受沙石之间有寝邱者，其地确石而名丑。荆人鬼，越人禨，人莫之利也。"孙叔敖死，王果封其子以肥饶之地，其子辞而不受，请有寝之邱。楚国之俗，功臣二世而爵禄，惟孙叔敖独存。

昔晋厉公南伐楚，东伐齐，西伐秦，北伐燕，兵横行天下而无所绻，威服四方而无所诎，遂合诸侯于嘉陵，气充志骄，淫侈无度，暴虐万民。内无辅拂之臣，外无诸侯之助。戮杀大臣，亲近导谀。明年，出游匠骊氏，栾书、中行偃劫幽之，诸侯莫之救，百姓莫之哀，三月而死。夫战胜攻取，地广而名尊，此天下之所愿也，然而终于身死国亡。

阳虎为乱于鲁，鲁君令人闭城门而捕之，得者有重赏，失者有重罪。围三匝，而阳虎将举剑而伯颐。门者止之曰："天下探之不穷，我将出子。"阳虎因赴围而逐，扬剑提戈而走，门者出之。顾反，取其出之者，以戈推之，攘袪薄腋。出之者怨之曰："我非故与子友也，为之蒙死罪，而乃反伤我。宜矣其有此难也！"鲁君闻阳虎失，大怒，问所出之门，使有司拘之，以为伤者受大赏，而不伤者被重罪。

楚恭王与晋人战于鄢陵，战酣，恭王伤而休。司马子反渴而求饮，竖阳谷奉酒而进之。子反之为人也嗜酒，而甘之不能绝于口，遂醉而卧。恭王欲复战，使人召司马子反，辞以心痛。王驾而往视之，入幄而闻酒臭。恭王大怒，曰："今日之战不谷亲伤，所恃者司马也，而司马又若此，是亡楚国之社稷而不率吾众也。不谷无与复战。"于是罢师而去之，斩司马子反为僇。故竖阳谷之进酒也，非欲祸子反也，诚爱而欲快之也，而适足以杀之。

近塞上之人，善术者，马无故亡而入胡。人皆吊之。其父曰："此何遽不为福乎？"居数月，其马将胡骏马而归。人皆贺之。其父曰：此何遽不能为祸乎？"家富良马，其子好骑，堕而折其髀。人皆吊之。其父曰："此何遽不为福乎？"居一年，胡人大入塞，丁壮者引弦而战。近塞之人，死者十九，此独以跛之故，父子相保。①

① 刘康德：《淮南子直解·人间训》，第978—993页。

第一则寓言故事，通过孙叔敖让其子主动请求封沙石之地，这块地因条件差引不起别人的兴趣，反而得以保存传世。相反那些肥饶之地，因被人觊觎、垂涎，所以早已易主。文章借此寓言说明“损之而益”之理。第二则寓言以晋厉公贪欲过度，大肆扩张，结果引起民愤，“内无辅拂之臣，外无诸侯之助”，当他被其大臣“劫幽”之时，“诸侯莫之救，百姓莫之哀”，最终落得身死国亡的下场。晋厉公的遭遇说明了“益之而损”的道理。第一、二则寓言是一组，刘安食客通过对比的方式，从正反两面说明“物或损之而益，或益之而损”的道理。它告诫人们任何事物都具有相对性。

第三和第四则寓言故事是一组。“阳虎伤门人”寓言，写阳虎将放他出城的守门人刺伤，结果鲁君追查放走阳虎的失职者，“以为伤者受大赏，而不伤者被重罪”。守门人因受伤不但没有被查办，反而受赏。“此所谓害之而反利之。”“竖阳谷奉酒”寓言，写楚大将司马子反在战斗间隙口渴难耐，其仆人阳谷好心“奉酒而进之”，结果子反痛饮大醉，无法继续战斗，楚恭王怒而将其斩首。阳谷的好意进酒，却断送了其主人的性命，“此所谓欲利之而反害之”。这一组寓言旨在以正反对比的方法说明“欲以利之，适足以害之；或欲害之，乃反以利之。利害之反，祸福之门”，其实世间许多事物都充满着辩证法，所以世人应当客观地以平常心来看待。

第五则“塞翁失马”的寓言，在今天人们都耳熟能详。这个寓言用具体的故事阐释了老子“祸兮福之所倚，福兮祸之所伏”的思想，它强调了祸福总是在反复不停地变化着，所以它“化不可极”；而祸福的变化又是不可知的，所以它“深不可测”。人们无法掌握它变化的规律或条件，所以也不必付出主观的努力，一切顺应自然最好，超脱于祸福之外，不以物喜，不以己悲。

王启才根据《吕氏春秋》寓言故事的取材情况，将《吕氏春秋》的寓言分为三类：第一类为取材于动物型；第二类为取材于日常生活型；第三类为取材于历史事件型。[①]我们从《淮南子》的各种寓言来看，它的分类情况也与《吕氏春秋》大致相同。从诸子散文的寓言到《吕氏春秋》，再到《淮南子》，我们可以清晰地发现寓言故事的发展轨迹，取材于自然

① 王启才：《略论〈吕氏春秋〉的文采》，《阜阳师范学院学报》1997 年第 4 期。

界的动植物的寓言故事在逐渐减少，取材于现实生活和历史人物或历史事件的寓言故事则在逐渐增多；寓言故事中浪漫的色彩在逐渐减少，写实的成分在逐渐增加。

三　丰富多彩的譬喻运用

《吕氏春秋》和《淮南子》受先秦诸子散文的影响，在文中大量地运用譬喻来阐发其事理，使文章浅近易懂，生动活泼，又贴近自然。这些譬喻很多取材于现实生活，食客们将这些生活经验加以提炼、概括和加工，再将一些抽象的思想、观点或理论赋予这些生活经验当中，使譬喻具有形象生动，寓意深刻的意义。他们运用譬喻的最大特点，也是其共同点是“连类喻义”，即人们所说的博喻，也就是排比用喻。用几个喻体反复设喻去说明一个本体。

王启才对《吕氏春秋》所用的譬喻作了归纳和分类，他将它们分为比喻形状的，比喻势能的，比喻性行的，比喻后果的等。我们从这些分类中可以看出其比喻的丰富，种类的繁多，体现出食客们丰富的想象力和驾驭语言的高超能力。

吕书宝从联想的角度对《淮南子》的比喻进行了分析研究，将其归纳为六种比喻。①

第一，相似联想产生的比喻。第二，关系联想产生的比喻。第三，对比联想产生的比喻。第四，类比联想产生的比喻。第五，推测联想产生的比喻。第六，格言警句产生的比喻。两位学者对两书譬喻分类的情况说明，食客文学对譬喻的运用可以说是丰富多彩，层出不穷。并且在诸子散文的基础上有了新的发展和创造，日趋成熟，已经达到了炉火纯青的程度。

《吕氏春秋·重己》曰：

> 倕至巧也，人不爱倕之指，而爱己之指，有之利故也。人不爱昆山之玉、江汉之珠，而爱己之一苍璧小玑，有之利故也。②

---

① 吕书宝：《论〈淮南子〉的文学价值》，《东北师范大学学报》2007年第2期。

② 许维遹：《吕氏春秋集释·重己》，第19页。

倕是尧时的能工巧匠。文章以人不爱倕之指而爱己之指，不爱昆山之玉、江汉之珠而爱己之玑作喻，说明自己生命的可贵和重要，以此教导人们要珍爱生命。

《吕氏春秋·察今》：

> 审堂下之阴，而知日月之行、阴阳之变；见瓶水之冰，而知天下之寒、鱼鳖之藏也；尝一脟之肉，而知一镬之味、一鼎之调。①

文章为了说明“察己则可以知人，察今则可以知古”，以人们日常积累的生活经验设喻，运用类比推理和排比用喻的方法，从堂前日、月影子的变化，推知阴阳四季之变；从瓶水结冰推知天气变寒、鱼鳖冬藏；从尝一块肉而推知一锅之味。在一系列比喻的基础上推导出结论“察己知人，察今知古”。

《吕氏春秋·荡兵》用“家无怒笞，则竖子婴儿之有过也立见，国无刑罚，则百姓之悟相侵也立见”② 来比喻“天下无诛伐则诸侯之相暴也立见”。由此说明“义兵”存在的重要性和必要性。文章针对有人提出“偃兵”之说给予驳斥。运用类比推理的方法，用“夫有以噎死者，欲禁天下之食。……有以乘舟死者，欲禁天下之船”，来比喻“有以用兵丧其国者，欲偃天下之兵，悖”③ 的做法是非常错误和糊涂的。再有，用“若孝子之见慈亲也，若饥者之见美食也”④ 来比喻百姓对义兵的欢迎和拥护。

《淮南子》的譬喻同样繁富多彩，刘熙载在《艺概》中评价曰：“《淮南子》连类喻义、本诸《易》与《庄子》，而奇伟宏富，又能自用其才，虽使与先秦诸子同时，亦足成一家之作。”⑤ 刘熙载的评价极为中肯恰当，既总结了《淮南子》“连类喻义”，“奇伟宏富”的特点，对《易》、《庄子》的继承关系，又承认其“能自用其才”，“亦足成一家”的成就和地位。

---

① 许维遹：《吕氏春秋集释·察今》，第 391 页。

② 许维遹：《吕氏春秋集释·荡兵》，第 159 页。

③ 同上书，第 160 页。

④ 袁津琥：《艺概注稿·文概》，第 162 页。

⑤ 同上书，第 70 页。

是故不得于心，而有经天下之气，是犹无耳而欲调钟鼓，无目而欲喜文章也，亦必不胜其任矣。①

亡羊而得牛，则莫不利失也；断指而免头，则莫不利为也。故人之情，于利之中则争取大焉，于害之中则争取小焉。②

为儒而踞里闾，为墨而朝吹竽，欲灭迹而走雪中，拯溺者而欲无濡，是非所行而行所非。③

止言以言，止事以事，譬犹扬堁而弭尘，抱薪而救火。流言雪污，譬犹以涅拭素也。④

第一则譬喻，文章用无耳却想调节钟鼓，无眼却喜欢文采来比喻一个人空“有经天下之气”，却无治国之心与治国之能，其结果“必不胜其任矣”。

第二则譬喻，文章用丢羊而得牛，断指而免于砍头等现实生活中一些常见的事情来比喻人的本性总是利益争取最大的，灾祸争取最小的。

第三则譬喻极有针对性。儒家是崇尚礼义的，但是却有信奉儒学者不合礼仪地蹲踞于里闾；墨家是崇尚节俭，主张“非乐”的，但崇奉墨学者却在朝歌吹竽。对于这些表里不一的做法，文章将其比喻为“欲灭迹而行走雪中，拯溺者而欲无濡”。谴责他们“是非所行而行所非”，理论上一套，行动上又是另一套的虚伪之举。这些比喻是人们日常生活中常常遇到的，所以给人形象生动、真实贴切之感。

第四则譬喻，通过设喻来说明有的人想消除坏的影响，但是使用的方法不当，“止言以言，止事以事”，就好比扬起灰尘去消除灰尘，抱着柴火去救火一样；又好比散布话语去洗刷污辱，用黑土去擦拭白绢一样，其结果是适得其反。像这种大量使用“连类喻义”进行反复阐释说理的情况，在《淮南子》里俯拾即是。

《吕氏春秋》和《淮南子》在譬喻的运用上继承了诸子散文“连类喻义”的特点，并将这一特点发展到了一个更高的层次。钱钟书对苏轼诗

① 刘康德：《淮南子直解·原道训》，第33页。

② 刘康德：《淮南子直解·说山训》，第872页。

③ 同上。

④ 同上书，第882页。

歌的比喻运用有过这样的评价：“他在风格上的大特色是比喻的丰富，新鲜和贴切，而且在他的诗里还看得到宋代讲究散文的人所谓‘博喻’或者西洋人所称道的莎士比亚式的比喻，一连串把五花八门的形象来表达一件事物的一个方面或一种状态。这种描写和衬托的方法仿佛是采用了旧小说里讲的‘车轮战法’，连一接二地搞得那件事物应接不暇，本相毕现，降伏在诗人的笔下。”① 把这个评价运用到食客文学的比喻特色上也是非常合适和恰当的。

四　铺张排比、风格迥异的语言

徐复观在《两汉思想史》中对《淮南子》的语言特点有过这样的评价：

> 《淮南》宾客从事著作之时，也是汉赋尚未遭到朝廷政治干扰而滋衍鼎盛之时，自刘安起，及其他许多宾客，也都沉浸在此一风潮之中，有了不少的作品。《汉书·艺文志·诗赋略》在以《屈原赋》为首的这一类中，有《淮南王赋》八十二篇，《淮南王群臣赋》四十四篇。《汉书补注》引王应麟曰：“淮南王安招致宾客，客有八公之徒，分造词赋，以类相从，或称大山，或称小山，如《诗》之有《大、小雅》。”由此可见淮南宾客作赋风气之盛。“赋之为言铺也”，即是以尽量铺陈的文体，发抒作者的感情，或表现作者的才智。《淮南子》中，不仅许多地方用了韵；并且全书的表现方式，也有似于刘彦和说汉赋是“极声貌以穷文”，而刘彦和“遂使繁华损枝，膏腴害骨”的对赋的流弊的批评，也未尝不可用在《淮南子》身上。甚至他们所用的奇字异文，也只有《子虚赋》这类的大赋中才可与其比拟。②

食客散文语言上铺张排比手法的运用，体现出学习继承荀子散文的风格特点，这方面《淮南子》比《吕氏春秋》表现得更加突出。

---

① 钱钟书：《钱钟书集·宋诗选注》，三联书店2002年版，第99页。

② 徐复观：《两汉思想史》卷二，华东师范大学出版社2004年版，第116页。

大泽焚而不能热，河汉涸而不能寒也，大雷毁山而不能惊民，大风晦日而不能伤也。是故视珍宝珠玉犹如石砾也，视至尊穷宠犹行客也，视毛嫱西施犹俱丑也。①

刘安食客在这里采用铺排的句式、夸张的手法描绘了他们心目中的“真人”具有超乎常人的特异功能：大泽燃烧不能使他感到热，黄河汉水结冰不能使他感到冷，大雷毁山不能使他受惊吓，狂风蔽日不能使他受伤。接着又赞美了“真人”超凡脱俗的品质，他视珍宝珠玉如碎石，视帝王宠臣为过客，视美女毛嫱西施如土偶。这个“真人”与庄子笔下的藐姑射山的“神人”一样，自然界的一切外物不能伤害到他，他视名利富贵如粪土。刘安食客笔下的“真人”形象与庄子描绘的“神人”形象有诸多相似之处，但是他们描述“真人”时句式整齐，以铺叙的手法，排比的句式来对“真人”进行描写，体现出他们高超的语言驾驭能力和艺术表现力。

再来看《淮南子·主术训》的一段关于“治国”与“乱国”的对比描述：

治国则不然。言事者必究于法，而为行者必治于官。上操其名以责其实，臣守其业以效其功；言不得过其实，行不得逾其法；群臣辐凑，莫敢专君。……群臣公正，莫敢为邪；百官述职，务致其公迹也。主精明于上，官劝力于下，奸邪灭迹，庶功日进，是以勇者尽于军。

乱国则不然。有众咸誉者无功而赏，守职者无罪而诛；主上暗而不明，群臣党而不忠；说谈者游于辩，修行者竞于往；主上出令则非之以与，法令所禁则犯之以邪；为智者务于巧诈，为勇者务于斗争；大臣专权，下吏持势，朋党周比，以弄其上。……今治乱之机，辙迹可见也，而世主莫之能察，此治道之所以塞。②

文章这里以铺排的形式，采用正反对比的方法，对大治之国与混乱之

---

① 刘康德：《淮南子直解·精神训》，第314页。

② 刘康德：《淮南子直解·主术训》，第404—405页。

国作对比，列举并阐述了两种不同国情的君主与大臣各自不同的态度和做法，大治之国是“言事者必究于法，而为行者必治于官”；混乱之国是“法令所禁则犯之以邪；为智者务于巧诈，为勇者务于斗争；大臣专权，下吏持势，朋党周比，以弄其上”。一连串的罗列陈述，列举混乱之国的种种违反法律、违反道德的行为做法，深层次地挖掘了国乱之根源，希望以此警示后人，起到一种罚戒后人的作用。

《吕氏春秋》在铺排上虽然不及《淮南子》那么大篇幅，但是其铺排描写和比喻也是处处可见：

> 其云状有若犬，若马、若白鹄、若众车；有其状若人，苍衣赤首，不动，其名曰天衡；有其状若悬旌而赤，其名曰云旌；有其状若众马以斗，其名曰滑马；有其状若众植华以长，黄上白下，其名蚩之旗。①
>
> 山云草莽，水云鱼鳞，旱云烟火，雨云水波。②
>
> 智则知时化，知时化则知虚实盛衰之变，知先后远近纵舍之数。勇则能决断，能决断则能若雷电飘风暴雨，能若崩山破溃，别辨賈坠，若鸷鸟之击也，搏攫则殪，中木则碎，此以智得也。③
>
> 昔先圣王之为苑囿园池也，足以观望劳形而已矣。其为宫室台榭也，足以辟燥湿而已矣。其为舆马衣裘也，足以逸身煖骸而已矣。其为饮食酏醴也，足以適味充虚而已矣。其为声色音乐也，足以安性自娱而已矣。五者，圣王之所以养性也，非好俭而恶费也，节乎性也。④

第一则排比句虽然只是对云气的形状、特点进行描述。但是作者仍然采用了铺排和比喻等多种手法，从不同的角度细致地描绘云气的姿态、形状、色彩，把云的异彩纷呈又变化多端的特点生动地再现出来，给人一种姿态万千、色彩斑斓、目不暇接的感觉。

① 许维遹：《吕氏春秋集释·明理》，第149页。

② 许维遹：《吕氏春秋集释·应同》，第285页。

③ 许维遹：《吕氏春秋集释·决胜》，第187页。

④ 许维遹：《吕氏春秋集释·重己》，第24页。

第二则排比句，以譬喻的方式把云在山间、在水上、在旱时、在雨中的不同时段、不同气候、不同地域下所呈现出的不同形状形象地描绘了出来。句式整齐，把云彩的变化多端和气象万千的特征描绘了出来。

第三则排比句以铺排、递进和譬喻等多种手法来赞美、展现义兵所具备的智慧、勇敢的素质与能力。在食客看来，义兵的“智”就是能知晓时局变化，能知晓对手及社会盛衰虚实的变化，能把握远近先后的手段。而义兵的勇在于他们能决断，义兵的果敢决断如雷电，如暴雨，如旋风，如山崩，如溃堤，如星坠，如鸷鸟奋击，搏击禽兽，势如破竹不可阻挡，其气势与力量足以震慑敌人。

第四则通过整齐流畅的排比句式，从先王对日常生活的衣食住行到观赏五个方面，表现他以实用和适度为原则的生活态度，在赞美先王的节俭、平和的生活态度时，对时下贵族追求奢靡放纵的生活予以批评和否定。

我们再看《吕氏春秋》的几个排比例句：

> 故凡兵势险阻欲其便也，兵甲器械欲其利也，选练角材欲其精也，统率士民欲其教也。此四者，义兵之助也，时变之应也，不可不为而不足专恃，此胜之一策也。①

吕氏食客在这里通过排比的句式来说明义兵在战斗中需要借助或是倚靠的四种条件，险阻的地势，锋利的兵器，精良的武器，训练有素的士兵，这四项条件虽然能助义兵取胜，“不可不为”，但是“时变之应”，则“不足专恃”，所以要客观正确地对待之。

> 世之人主多以珠玉戈剑为宝，愈多而民愈怨，国人愈危，身愈危累，则失宝之情矣。乱世之乐与此同，为木革之声则若雷，为金石之声则若霆，为丝竹歌舞之声则若噪。以此骇心气，动耳目，摇荡生则可矣，以此为乐则不乐。故乐愈侈而民愈郁，国愈乱，主愈卑，则亦失乐之情矣。②

① 许维遹：《吕氏春秋集释·简选》，第186页。

② 许维遹：《吕氏春秋集释·侈乐》，第112页。

吕氏食客是反对“侈乐”的，在他们看来：“乐愈侈而民愈郁，国愈乱，主愈卑。”“侈乐”对于乱世之国的民众和君主而言，会扰乱民心君心，使他们心“愈郁”，“愈卑”，于国家于人民都会带来很多不利的影响。音乐是一种抽象的艺术，人们不一定能够具体感受其好与坏，为了说明“侈乐”的坏处，他们前面以君主拥有珠玉戈剑这些宝物越多，民众越是怨声载道，“国人愈危，身愈危累”来设喻铺垫，通过具体形象的物质来比喻抽象的音乐，起到深入浅出，形象生动的效果。

从《淮南子》和《吕氏春秋》两部食客文学著作，我们可以看到，不仅文章的语言词汇丰富多彩，在排比、夸张、譬喻等多种修辞手法运用上，体现出他们对语言运用的娴熟、自如和高超的驾驭能力。在故事情节的叙述上简洁生动，趣味横生，人物的形象描摹也是神形毕肖，生动传神。

汉赋与《淮南子》处于同一时期，其在铺张、排比的语言运用上更是达到了极致。像《子虚赋》描写云梦泽四周的景致：

> 其东则有蕙圃，蘅兰芷若，芎䓖菖蒲，江蓠蘪芜，诸柘巴苴。其南则有平原广泽，登降陁靡，案衍壇曼，缘以大江，限以巫山；其高燥则生葴菥苞荔，薜莎青薠；其埤湿则生藏莨蒹葭，东蘠雕胡，莲藕觚庐，菴闾轩于；众物居之，不可胜图。其西则有涌泉清池；激水推移，外发芙蓉菱华，内陷钜石白沙；其中则有神龟蛟鼍，瑇瑁鳖鼋。其北则有阴林；其树楩柟豫章，桂椒木兰，檗离朱杨，栌梨梬栗，橘柚芬芳；其上则有鹓雏孔鸾，腾远射干；其下则有白虎玄豹，蟃蜒貙犴。兕象野犀，穷奇獌狿。①

赋中借楚使子虚之口，对楚云梦泽之壮观浩大的景象作了铺张描绘，他从东到西，从南到北，从上到下，从植物到动物，从花草到林木，从山川到清泉，无不被一一收罗其中。既有条不紊，又让人眼花缭乱，目不暇接。由此可以看出，《子虚赋》无论在其风格还是语言表现上都与《吕氏春秋》和《淮南子》有着诸多的相似和痕迹，说明食客

① 《史记·司马相如列传》，第3004页。

文学对司马相如的汉赋创作有着重要的影响。可以说司马相如把食客文学的想象丰富、语言铺排夸张、譬喻运用繁富等艺术表现手法运用到汉赋的创作当中，使这些艺术手法在汉赋创作上达到了极致。

第十章

食客的转变、分化与衰落

汉代是食客转变、分化和衰落的历史转折时期。西汉前期，延续着战国养客之风，许多诸侯王和朝廷大臣都以养客为时尚，因此其门下都聚集了不少的食客。从数量来看，西汉食客人数并不比战国少，但是从食客对当时社会、政治、外交的影响力来看，已经大不如从前了，食客的作为和影响已经由政治转向了思想学术领域。可以说汉代是食客分化的转变时期，在这个时期食客经历了转变、分化、衰落的历史过程。

第一节 社会转型，制度改变，导致食客转变

在秦、汉时期，君与臣在对待食客的问题上出现了绝然相反的态度。对于朝廷君王来说，食客成为威胁朝廷安全的危险分子；对于权贵而言，食客成为他们对付朝廷的中坚分子，抗衡中央的军事力量。当权贵与朝廷一旦发生矛盾冲突，充当马前卒的一定是权贵门下的食客，所谓的养兵千日，用兵一时。最突出的例子就是战国末期发生在秦国的嫪毐事件。嫪毐是秦王嬴政母亲的情人，男宠。他与太后先后生了两个儿子。因为得到太后的宠幸，“赏赐甚厚，事皆决于嫪毐。嫪毐家童数千人，诸客求宦为嫪毐舍人千余人”①。在王政九年，嬴政成年将亲政，恰好嫪毐被人告发，

长信侯毐作乱而觉，矫王御玺及太后玺以发县卒及卫卒、官骑、

① 《史记·吕不韦列传》，第2511页。

> 戎翟君公、舍人，将欲攻蕲年宫为乱。王知之，令相国昌平君、昌文君发卒攻毐。战咸阳，斩首数百……毐等败走。即令国中：有生得毐，赐钱百万；杀之，五十万。尽得毐等。……车裂以殉，灭其宗。及其舍人，轻者为鬼薪。及夺爵迁蜀四千余家。[①]

嫪毐的谋反虽被镇压，但是他凭借数千宾客的强大势力胆敢与君王抗衡的事实给秦王嬴政敲响了警钟。秦王政是一个非常崇尚并身体力行君主专制的君王，他不能容忍王权旁落或遭到威胁的情况存在，所以打击铲除食客势力成为他当务之急的大事。于是在嫪毐事件的第二年，即王政十年，他“大索，逐客”[②]，在国中下了逐客令，后来因为“李斯上书说，乃止逐客令”[③]。根据《史记·秦始皇本纪》的记载来看，秦王政的逐客与嫪毐事件有着直接的因果关系，并不像《史记·李斯列传》里说的是因为郑国的间谍事件引发。关于这个问题请参看第九章第二节《吕氏春秋》。

刘邦于公元前206年建立了汉王朝，结束了楚汉相争的动乱局面，国家重新统一，天下归于太平。如果说春秋时期的战争是诸侯争霸，战国时期的战争则是大国、强国对小国和弱国的兼并。这是社会处于动乱纷扰的原因，也是食客产生的基础和条件。随着西汉王朝的建立，社会由动乱趋于稳定，由四分五裂变为统一。社会发生了转型，政治制度也发生了改变。由春秋战国的分封制、宗法制为主要内容的政治制度，向秦汉的封建君主专制的中央集权制转变。这些转变使食客原有的生存环境也随之改变，生存环境的改变又直接影响到食客未来发展方向的改变。

战国时期，诸侯纷争，社会动乱，旧的宗法世袭的用人制度，制约了人才的成长和选拔任用，造成了人才的极度匮乏，为了适应社会对人才的迫切需求，食客群体孕育而生。许多食客在这诸侯争霸，强国兼并的浪潮中如鱼得水，尽情地施展着他们的聪明才智，表现着他们能言善辩的口才，实现着他们的理想抱负和人生价值。从苏秦、张仪到范雎、蔺相如，无一不是在这动乱的时代里成长起来的杰出人士。随着汉王朝政权的建

---

① 《史记·秦始皇本纪》，第227页。

② 同上。

③ 同上书，第230页。

立，社会趋于稳定。社会对人才的需求，由过去在政治、军事、外交方面转向经济、管理方面。社会需求的改变，直接影响到食客的转变。原来怀抱政治理想，渴望在政治上有所作为，出人头地的食客，其政治热情大为受挫。另一方面是社会环境的改变。社会的安宁和谐以及规范有序的社会秩序，改变了人们对英雄、偶像崇拜的标准和要求。人们不再欣赏和崇拜那些乱世中脱颖而出的英雄，不再推崇和敬仰那些纵横捭阖、朝秦暮楚的游说宾客。曾经备受赞扬的食客也不再受到世人的追捧和舆论的赞扬。到汉代，食客的地位和社会声誉较之战国时期已经呈现出衰落的趋势。

在西汉，食客虽然能够在权贵门下找到立足之地，谋得一职，但是他们对社会和朝廷的影响力及重要性已经大不如前，他们受到了世人的冷遇。社会环境的改变和理想的破灭，在食客心中产生了巨大的落差，同时也促使他们改变自己，以适应社会的需要。这个改变就是由对政治的参与和干预转向对历史及学术的思考、研究与总结上。这种由政治型向学术型转化的倾向，在战国末期秦国丞相吕不韦的食客中已经初露端倪。这种转变既有主人吕不韦的导向作用，也有秦王嬴政君主专制体制下表现出的对食客干预政治的排斥，秦王嬴政下令逐客，就已经是一个信号。

西汉王朝建立之后，在政治体制上是汉承秦制，仍然延续着秦王朝的君主专制的政治制度。战国时期那种民主、自由、开放、活跃的政治氛围已经被君主专制所取代。为了适应环境和制度的改变，为了迎合皇帝及诸侯王、权贵们对文学及学术经典的喜爱和重视，食客们自然投其所好，将自己的兴趣爱好、聪明才智和理想抱负由政治、外交转向了对学术经典的研究。

西汉的上层社会的一个显著特征是诸侯王及朝廷大臣都有较高的文化修养和学术造诣。从高祖刘邦到汉武帝，对楚文化和楚文学都极其热爱。朝廷在思想学术领域，从西汉初期对黄老之学的推崇，到武帝时期对儒学的积极倡导，都得到诸侯王及朝臣的积极响应。朝廷广开献书之路，设立太学，大力扶持和倡导对道家、儒学经典的讲习、研究与传播。朝廷在选拔任用人才时，注重招选任用在道家或儒学经典研究上造诣深厚者，或者招选那些贤良的文学之士。汉武帝时期，“上方向文学，招俊乂，以广儒墨”[①]，以学问高者优先录用。当时公孙弘前往应征，结果“太常令所征

① 《史记·平津侯主父列传》，第2963页。

儒士各对策，百余人，弘策居下。策奏，天子擢弘对为第一”[1]。本来公孙弘在应试者中位列末尾，但是到了汉武帝那儿，却被擢拔为第一，遂拜为博士，后又升为丞相。主父偃“学长短纵横之术，晚乃学《易》、《春秋》、百家言”[2]。他因上书武帝言《推恩令》等事宜，深得武帝赏识，拜为郎中，接着“一岁中四迁偃”[3]。可见汉武帝选拔人才有自己的考核标准和评价体系。再有梁王的食客文学集团及刘安食客文学集团，他们在文学创作和学术造诣上都体现出很高的水平，前面已有论述。

第二节　君主专制制度使食客难有作为

君主专制的问题前面已有涉及，那么，什么是“专制”？这是必须弄清楚的问题。《辞源》解释为：“独断独行。”[4]《辞海》解释为：“独断。”[5]《现代汉语词典》解释：“①（最高统治者）独自掌握政权；②凭自己的意志独断独行，操纵一切。”[6]《淮南子·汜论训》曰：“周公事文王也，行无专制，事无由己。”[7] 高诱注：“专，独；制，断。”专制：即独断也。[8] 徐复观对“专制”的诠释就更加具体详尽。

> 所谓专制，指的是就朝廷的政权运用上，最后的决定权，乃操在皇帝一个人的手上；皇帝的权力，没有任何立法的根据及具体的制度可加以限制的。人臣可以个别或集体的方式向皇帝提出意见；但接受不接受，依然是决定皇帝的意志，无任何力量可对皇帝的意志加以强制。[9]

徐复观不仅解释了“专制”的含义，还指出了古代由专制带来的弊

---

① 《史记·平津侯主父列传》，第 2949 页。
② 同上书，第 2953 页。
③ 同上书，第 2960 页。
④ 《辞源·专制》，商务印书馆 1988 年版，第 473 页。
⑤ 同上书，第 29 页。
⑥ 《现代汉语辞典·专制》，商务印书馆 2012 年版，第 1709 页。
⑦ 刘康德：《淮南子直解·汜论训》，第 669 页。
⑧ 《辞源·专制》，商务印书馆 1988 年版，第 473 页。
⑨ 徐复观：《两汉思想史》第一卷，华中师范大学出版社 2004 年版，第 80 页。

端：君主的权力可以不受任何立法及制度的制约和限制，君主的权力和意志可以超越一切，他的决策具有独断性和随意性，他能影响国家的政治决策，影响国家的立法、行政和司法。任何力量都不能强制、改变他。造成了国家是一人的国家，政治是一人的政治。

中国封建社会专制制度的产生和君主专制权力的强化，有一个人起了非常重要的影响和作用，他就是韩非。早在战国时期，韩非就提出了"夫马所以能任重引车致远道者，以筋力也。万乘之主，千乘之君，所以制天下而征诸侯者，以其威势也，威势者，人主之筋力也"[①]。韩非认为作为君主就要有权有势，这样才能治理天下。国家大权，必须集中在君主一人手上。韩非在君主专制上提出了完整的理论依据，并且对其理论作了深入的阐述。他君主专制的理论，给秦始皇以很深的影响，秦始皇将其理论应用于实践，并在实践中对他的理论进行检验和完善。

在韩非君主专制政治理论的影响下，"秦政的性格，已客观化而为专制政治制度，于是秦政个人的性格，也即是专制政治制度自身的性格。在此制度之下，纵使皇帝不似秦政一样的刚愎自用，但由此制度必然产生的外戚、宦官、权臣，也必刚愎自用"[②]。专制政治，是一切都由君主的意志来决定，不能允许其他人有自由的意志和自由的言论，战国时期"百家争鸣"的自由论辩的学术空气，对君主专制制度既是一种挑衅，也是一种抗争。所以秦始皇采取了"废先王之道，焚百家之言，以愚黔首。堕名城，杀豪俊，收天下之兵，聚之咸阳，销锋铸镰，以为金人十二，以弱黔首之民"[③] 等各种扼杀文化、压制人民思想言论的强制措施。

早在西汉初期的贾谊，在他的《过秦论》里就尖锐地指出秦始皇的专制政治，目的就是要愚弱百姓。而"焚百家之言"则是专制政治的需要。徐复观指出：

> 法家自商鞅起，一直是反诗书，反儒生的。专制政治是法家的产物；所以焚书坑儒，不应当看作历史上的突出事件，而毋宁应当视作在专制政治下的必然事件。……李斯主张的实现，乃自商鞅以来，法

---

① 《诸子集成·韩非子集解·人主》，第361页。

② 同上书，第84页。

③ 王洲明、徐超校注：《贾谊集校注·过秦论上》，人民文学出版社1996年版，第5页。

家理想的实现。法令乃皇帝自由意志的客观化，同时又是完成皇帝意志的唯一手段。去掉了诗书百家之学，则人民只知有法令，亦即只知有皇帝的意志；这是专制政治在精神上必然的措施。①

所以秦始皇焚书坑儒事件，看似偶然，实则必然。焚书事件是由“师古”与“师今”的朝廷论争而引发，由李斯提出。李斯与韩非不仅是同学，而且同为法家的代表人物，他们都是君主专制政治的热衷倡导者和维护者。在这样的政治氛围之下，秦始皇的焚书与坑儒，只是一个时机问题了。

刘邦在建立汉王朝不久，就以“谋反”的罪名铲除了一些异姓王，并且与功臣立下了白马盟誓：“非刘氏而王，天下共击之。”② 刘邦这样做的目的是要使君主专制，家天下做法变得合法化、制度化，以此来维护和捍卫刘家的天下和刘氏政权。

汉承秦制，受秦王朝的影响，汉代皇帝也是一人专制，可谓“尊无与上，富无与敌”。汉代皇帝为了保证一人专制，在诸侯的官制上有了进一步的防范。《史记·五宗世家》载：

太史公曰，高祖时，诸侯毕赋，得自除内史以下。汉独为置丞相，黄金印。诸侯自除御史、廷尉、宗正、博士“拟于天子”。自吴楚反后，五宗王室，汉为置二千石，去丞相曰相，银印。诸侯独得食租税，夺之权。其后诸侯贫者或乘牛车也。③

《汉书·百官公卿表》载：

诸侯王，高帝初置，金玺盭绶。掌治其国。有太傅辅王，内史治国民，中尉掌武职，丞相统众官。群卿大夫都官如汉朝。景帝中五年，令诸侯王不得复治国，天子为置吏。改丞相曰相，省御史大夫、廷尉、少府、宗正、博士官。大夫、谒者、郎、诸官长丞，皆损其

---

① 徐复观：《两汉思想史》第一卷，华中师范大学出版社 2004 年版，第 84 页。

② 《史记·吕太后本纪》，第 400 页。

③ 《史记·五宗世家》，第 2104 页。

员。武帝改汉内史为京兆尹，中尉为执金吾，郎中令为光禄勋，诸王国如故。损其郎中令秩千石，改太仆曰仆，秩亦千石。成帝绥和元年省内史，更令相治民，如郡太守。中尉如郡都尉。①

从上面汉朝廷对官吏职务和权力的调整上可以看出，汉朝廷几次在官制上削减诸侯王及其王国内各级官吏职务、权力和俸禄。至汉元帝时期，发展到“令诸侯相位在郡守下”② 的程度。这样做的目的就是要在官制上约束防范诸侯王。

在这种君主专制政治制度下培养和成长起来的朝廷大臣，由被迫接受这一事实到自觉遵守，再发展到主动维护。许多大臣把维护君主专制视为对朝廷的忠诚。晁错为维护君主专制的中央集权，两次向朝廷提出削弱藩王的建议。第一次是在汉文帝时，晁错“数上书孝文时，言削诸侯事，及法令可更定者。书数十上，孝文不听”③。第二次是在汉景帝时，他“迁为御史大夫，请诸侯之罪过，削其地，收其枝郡。奏上”④。晁错为维护君主专制，不惜得罪诸侯王，甚至为此付出生命的代价。

汉代君主专制的另一个表现是汉武帝在思想领域推行的“罢黜百家，独尊儒术”。汉初一直推崇道家的黄老之学，但是对其余的百家思想并没有“罢黜”之举，更没有“独尊”道家之说。汉武帝即位之初，在太尉田蚡（武帝舅舅）、丞相窦婴及以儒生身份被任为郎中令的王臧、御史大夫赵绾的鼓动下，汉武帝实行了政治改革，推行儒学，贬斥道家。“及建元二年，御史大夫赵绾请无奏事东宫。”⑤ 赵绾甚至向武帝建议有事不必向窦太后奏请。他们的目的是要树立君主的权威，维护君主专制。但是这种做法，无疑是在向窦太后的权威发起挑衅，自然触怒了窦太后。为此，身为外戚的窦婴和田蚡被免职，赵绾、王臧获罪下狱而死。这个事件是朝廷大臣自觉维护君主专制的又一次行动。建元六年窦太后去世，儒家势力再度崛起，汉武帝将黄老及百家之学排除于官学之外，又提拔了布衣出身的儒生公孙弘为相，优礼延揽了儒生数百人，批准为博士官置弟子50人。

---

① 《汉书·百官公卿表上》，第741页。

② 《汉书·元帝纪》，第283页。

③ 《史记·袁盎晁错列传》，第2746页。

④ 同上书，第2747页。

⑤ 《史记·魏其武安侯列传》，第2843页。

自从武帝实行独尊儒术之后，官吏主要出自儒生。

汉王朝推行独尊儒术的结果，一方面是君主的独断专行，更加强化了君主专制制度；另一方面是约束禁锢了思想文化及学术领域的繁荣和发展。在这样的社会氛围下，诸侯王及大臣鲜有发言议政的机会，即使有，也是符合儒学思想主旨的相关谏言。渐渐地诸侯大臣的权限范围和对朝廷的影响力也在日益萎缩。可以说汉代的整个社会与朝廷，都缺乏战国时期那种较为宽松、自由、民主、活跃的学术空气。社会上或是朝廷间都缺乏互相论辩，思想交流撞击的火花。在这样的情况下，诸侯及朝臣向朝廷举荐食客的机会相对战国时期要减少很多。汉代虽然有察举制，但是察举制有许多细化的规定，对朝臣举荐人才有诸多限定。

汉武帝刚即位时才 16 岁，就敢于对他的舅舅，时任丞相的田蚡举荐的人士予以拒绝。“君除吏已尽未？吾亦欲除吏。”[①]《史记会注考证》颜师古曰：“凡言除者，除去故吏就新官。”[②] 汉武帝以自己也要任命新官为由拒绝了田蚡向他举荐官员过多的请求。像主父偃未贵时，卫青多次向汉武帝举荐，但是均无结果。卫青身为外戚，汉武帝的小舅子，又因军功得到武帝的恩宠，他的举荐尚被驳回，何况其他朝臣呢？可见朝臣向皇帝举荐官员不被采纳是常有的事。

再有朝臣向朝廷谏言不予接纳也是平常之事。即使像公孙弘这样受武帝器重的官员也不例外。公孙弘第一次被朝廷“征以贤良为博士。使匈奴，还报，不合上意，上怒，以为不能，弘乃病免归”[③]。第二次是公孙弘被武帝派往西南夷，当时“巴蜀民苦之，诏使弘视之。还奏事，盛毁西南夷无所用，上不听”[④]。公孙弘奉武帝命视察西南夷归来，建议武帝停止西南夷的开发，认为“无所用”，但是“上不听”，意见没有得到武帝的接受。像号称“智囊”的晁错在汉文帝时期曾经上书文帝，建议削蕃，其目的也是为了维护中央集权，结果“书数十上，孝文不听”[⑤]。晁错的建议直到景帝继位，才受到重视。朝臣的谏言遭到如此的冷遇，外戚

---

① 《史记·魏其武安侯列传》，第 2844 页。

② ［日］泷川资言：《史记会注考证·魏其武安侯列传》，北岳文艺出版社 1999 年版，第 4438 页。

③ 《史记·平津侯主父列传》，第 2949 页。

④ 同上书，第 2950 页。

⑤ 《史记·袁盎晁错列传》，第 2746 页。

为家事、私事提出要求，也常会碰钉子。田蚡“尝请考工地益宅，上怒曰：‘君何不遂取武库!’”[①] 汉武帝对于舅舅田蚡要求把兵工厂的地盘划为自己宅基地的要求不仅严厉拒绝，话语中还表示了极大的震怒。汉武帝当时年仅16岁，刚即位为皇帝，就显示出如此的果敢坚定，独断专行，成熟历练之后他又是怎样的专制，我们可想而知。由此看，汉时处于上层地位的诸侯王、外戚和朝臣的种种谏言和要求，在专制的皇帝面前常常会碰壁。处于边缘和最下层的食客在这样的形势和背景下，对朝政和时局就更难有发表自己意见或谏言的机会了。即使发表了，被朝廷接纳的可能性也很小。这些都传达出一个信号，食客在汉代对政治、外交的影响力在减小。显然，在君主专制的政治制度下，食客难有作为。

战国时期食客通过主子影响君王的情况不在少数，到汉代由于皇帝的专制，食客对朝廷政治的影响和作用越来越小，能够得到皇帝赏识的几率也很小。由食客跃升为朝廷大臣，比较著名的有晁错、袁盎、主父偃和司马相如等人。袁盎“尝为吕禄舍人，及孝文帝即位，盎兄哙任盎为中郎”[②]。晁错原是太子（汉景帝）的舍人，“以其辩得幸太子，太子家号曰：‘智囊’”[③]。当时许多朝臣门下都养着为数不少的食客，像魏其侯窦婴、武安侯田蚡、丞相公孙弘等。由此看食客在汉代虽然人数并不少，但是因为受当时君主专制制度的影响，以及朝廷在官制上的防范，食客被朝廷任用，能够在政治上有所作为的极少。

汉朝廷除了在官制上进一步防制外，在人事上也有防制。

> 汉初诸侯王的丞相可入朝廷为丞相，如曹参由齐的丞相而入继萧何为相国。但以后做了诸侯王的官，等于犯了某种罪恶。……武帝晚期之王，已侪于列侯。而哀帝时之王，已侪于富室，做到使他们有名无实。在官制上所应有的官，尚以罪人视之，当然更不许他们交通宾客。……这些出乎情理之外的措施，无非要把诸侯王彻底孤立起来，不使其有任何社会关系，而成为“监狱中的豪富”……这种防制，出于心理的因素，远大于事实的要求。由这种心理因素，造成当时对

① 《史记·魏其武安侯列传》，第2844页。

② 同上书，第2737页。

③ 同上书，第2746页。

诸侯王最大的精神虐待。[1]

一般在正常情况下，如果郡守、县令的政治清明，社会安定，就常常会成为流民（亡命）们归属的最好选择。而流民来得越多，就越能显示郡守、县令的民心所向和突出的政绩，也表明了他们为朝廷排忧解难的忠诚与责任。但是在君主一人专制的时代，流民的投奔、归属，反而成为诸侯王图谋不轨的证据。因为朝廷害怕他们的人口增加，抗衡中央朝廷的实力随之增强，如果地方军队强大，就会对中央朝廷构成直接的威胁。

现在有的学者提出，吴楚七国本来并无反叛之心，只是因为君主专制的一再被强化，汉景帝削吴、楚两郡的命令下达之后，诸侯王恐朝廷“削地无已”，才被迫起兵反叛。

徐复观分析认为：“假定不以权力集中于皇帝一人为推行政治的先行条件，而只以在统一下允许合理的地方分权，则汉初百年间扰攘不安的政治问题，可不致发生。”[2] 应该说徐复观的见解有一定的道理，因为诸侯王的利益没有受到损害，他们没有必要与朝廷兵戎相见。

第三节　多元化的用人制度

人们常说乱世出英雄，如果说这是一个社会规律，那么乱世也是造就食客成材的最佳时机，是食客出人头地，步入仕途，实现其理想抱负的绝好机会。生逢乱世是常人的不幸，但却是食客的大幸。因为乱世打乱了正常的社会秩序和旧有的社会制度，也打破了统治者旧有的思想观念和思维模式，在选人用人上没有了过去的条条框框。所以，动乱的社会成为食客施展才华的最好舞台，成为食客生存和发展的最适宜的土壤和最佳的环境。楚汉相争时期，许多人都投身刘邦门下为食客或舍人，后来因为军功而封侯，步入仕途。这一情况在《史记·高祖功臣年表》中有详细记载，下面我们将刘邦食客封侯的情况以表格形式列出（表10—1）：

① 徐复观：《两汉思想史》第一卷，华中师范大学出版社2004年版，第105—106页。
② 同上书，第105页。

表 10—1　《史记》高祖功臣年表

序号	爵位	姓名	身份	加入地	序号	爵位	姓名	身份	加入地
1	阳陵侯	傅宽	舍人	横阳	2	广平侯	薛欧	舍人	豊
3	博阳侯	陈濞	舍人	砀	4	周吕侯	吕泽	客	
5	建成侯	吕释之	客		6	酂侯	萧何	客	
7	舞阳侯	樊哙	舍人	沛	8	成侯	董渫	舍人	
9	费侯	陈贺	舍人	砀	10	都昌侯	朱轸	舍人	沛
11	武强侯	庄不识	舍人		12	魏其侯	周定	舍人	沛
13	平侯	沛嘉	舍人		14	鲁侯	奚涓	舍人	沛
15	昌武侯	单宁	舍人		16	高苑侯	丙信	舍人	
17	东茅侯	刘剑	舍人		18	斥丘侯	唐厉	舍人	豊
19	台侯	戴野	舍人	砀	20	安国侯	王陵	客	豊
21	辟阳侯	审食其	舍人		22	蒯成侯	周緤	舍人	沛
23	北平侯	张仓	客	阳武	24	朝阳侯	华寄	舍人	薛
25	平棘侯	执	客	亢父	26	猗侯	陈遫	舍人	豊
27	强侯	戴侯章	客		28	宁侯	魏选	舍人	砀
29	慎阳侯	栾说	舍人	淮阴	30	祝阿侯	高邑	客	齧桑
31	广阿侯	任敖	客	沛	32	宁陵侯	吕臣	舍人	陈留
33	下相侯	冷耳	客	沛	34	桃侯	刘襄	客	
35	高梁侯	郦疥	客		36	平阳侯	曹参	中涓	沛
37	信武侯	靳歙	中涓	宛	38	清阳侯	王吸	中涓	豊
39	广严侯	召欧	中涓	沛	40	绛侯	周勃	中涓	沛
41	颖阴侯	灌婴	中涓	砀	42	乐成侯	丁礼	中涓	砀
43	平安侯	谔千秋	谒者		44	阳阿侯	安国	谒者	
45	堂阳侯	孙赤	中涓	沛	46	须昌侯	赵衍	谒者	
47	纪侯	陈仓	中涓	豊	48	张侯	毛泽	中涓	豊
49	菌侯	张平	中涓	单父					

从表格反映的信息来看，楚汉相争时期，社会养客、用客之风依然很盛。高祖时期共封侯 143 人，以客或舍人身份为侯者 35 人，占侯者总数的 25.17%；以中涓人、谒者身份为侯者 14 人，占侯者总数的 9.79%。

中涓人、谒者性质与食客、舍人相似。颜师古注："中涓，亲近之臣，若谒者舍人之类。涓，洁也，言其在内主知洁清洒扫之事，盖亲近左右也。"① 两者相加，被封侯的人数为 49 人，超过高祖时封侯总数的 1/3。这些食客、舍人因为得到刘邦的重用而步入仕途，立功封侯，完成了他们的角色转换。

刘邦统一天下，政权逐渐稳固，朝廷用人选人的制度不断地完善和成熟。汉代的用人制度已经由西周的宗法世袭制，向多元化方向转变。汉代任用官员的方式大致有如下几种：察举制；征辟制；上书言事（自荐），任用优秀人才；博士弟子录用；任子制；赀选制等。

察举，就是由皇帝下诏征求人才，中央及各地区主管官员将其所辖地的人才，向上一级政府推荐，经过一定的考查后择优录用，授予相应的官职。一般食客多通过此渠道被朝廷任用。

征辟制分为"征"和"辟"两种，两者都是征召任用名人，其区别在于"征"是由朝廷下令，征召任用有名望者为中央官员；"辟"是中央和地方征聘任用名人为地方官署僚属。

汉代朝廷选拔任用官员的另一种方式，是在一些向朝廷"上书言事"的人士中，发现优秀人才，直接任用为官员。由于朝廷是通过"上书言事"来了解上书者的才华和品行的，上书者实际上是一种变相的"以文自荐"。汉武帝时期的主父偃，精通"长短纵横之术"，但是怀才不遇，曾经穷困潦倒，四处流浪。后来他上书朝廷，早上入奏，傍晚即被召入见。因为他给汉武帝的书中，所言之事，如实行"推恩法"等正中武帝下怀，所以武帝立即拜他为郎中。随后一年之内四次被提拔，成为朝廷位高权重的官员。

博士弟子录用，是指在汉代太学（国家高等学府）的学官（教师），他们又称为博士，其学生则称为博士弟子。博士弟子在校成绩优异者，经测试合格即授予官职。他们成绩的高低直接决定其职位的高低。像西汉的倪宽就是因为在太学里学习优异，作为博士弟子经过答辩考试（射策）被任官为"掌故"，这是负责掌管礼乐制度的，倪宽后官至御史大夫。

任子制是汉朝廷选择任官的又一种形式。所谓任子，就是任用高官的子弟为郎做官，这其实是西周世袭制的残余在汉代的变相表现。汉朝廷有

① 《辞海·中涓》，上海辞书出版社 1982 年版，第 1408 页。

规定："吏二千石以上视事满三年，得任同产若子，一人为郎，不以德选。"① 这是说凡是俸禄在二千石以上的官吏，任职满三年，其子弟一人可直接任官，不需考察德行。这实际上也是一种变相的世袭制。在汉代二千石以上的官吏当为地方太守以上的高官，这些高官都有任子的特权。据《汉书·李广苏建传》记载：苏武"少以父任，兄弟并为郎"②。苏武的父亲苏建曾任代郡太守，所以苏武和兄苏嘉、弟苏贤一起得任为郎。"郎"为汉代官名，皇帝近侍。由此看汉二千石以上高官，其子弟被任为官的不止一人，现实中常突破此规定。

赀选制，其实就是卖官制。汉代的赀选分为"纳赀"和"捐纳"。纳赀是指富人向国家交纳一定钱财，即可取得一官半职。捐纳是富人向国家捐献一定资金，来换取某种官职。赀选制是汉景帝采纳晁错务农贵粟的建议而设立的。即朝廷下诏缴粟，国家给予官职奖赏；另一方面，有罪者缴粟免于处罚。据《汉书·司马相如传》载："以赀为郎，事孝景帝，为武骑常侍。"③ 另外，张释之、卜式等人也是通过纳赀入仕的。

汉代多元化的官员选拔任用制度，打破了战国时期贫寒人士需要靠权贵举荐方能为官的单一格局，使寒士步入仕途的方法和途径有了多种选择。他们或通过向朝廷上书谏言，展现自己的才华，进而被朝廷任用；或进入太学，成为博士弟子，经过学习具备良好的素质和能力，再被朝廷任用；家境好些的或捐钱买官。多元选拔人才的方式对于渴望立功扬名的寒门人士是极大的鼓舞和激励，而察举制举荐人才受到一些条件限制，使得以仕途为目的而投身权贵的食客人数在不断地减少，在学术研究或文学创作上求发展的食客人数在不断增加。

察举制虽然给诸侯王及大臣向朝廷举荐人才提供了条件和制度保障，但是同时也设定了一定的条件限制。一是有名额、时间限定：人口 20 万人以上的郡国每年举一人，不足 20 万人的郡国两年举一人，不足 10 万人的三年举一人。二是被举荐者要经过一些科目的考查，然后择优录用。考查的科目繁多，每次下诏科目的要求有不同，经常考查的科目有孝廉、明经、明法、孝悌力田、贤良方正、直言极谏、秀才（东汉避光武帝讳改

① 《汉书·哀帝纪》，第 336—337 页。

② 《汉书·李广苏建传》，第 2459 页。

③ 《汉书·司马相如传》，第 2529 页。

为茂才)、贤良文学等。三是举荐的官员有级别限制：汉武帝采纳了董仲舒的建议，“使诸列侯、郡守、二千石各择其吏民之贤者，岁贡各二人以给宿卫，且以观大臣之能”①。朝廷规定了只有在二千石以上的官员才有资格向朝廷举荐人才。四是“所贡贤者有赏；所贡不肖者有罚”②。朝廷规定举荐人不得徇私情，要对被举荐者的行为能力负责，如果被举荐的人出了问题，举荐者要连坐。

举荐连带责任制其实早在战国时期的秦国就已经实行。秦国丞相范雎向秦昭王举荐了于他有恩的郑安平和王稽。秦昭王拜王稽为河东守，任命郑安平为将军。结果郑安平在与赵国作战时，“为赵所围，急，以兵二万人降赵。应侯（范雎）席稾请罪。秦之法，任人而所任不善者，各以其罪罪之。于是应侯罪当收三族。……后二岁，王稽为河东守，与诸侯通，坐法诛”③。郑安平降赵，举荐者范雎应负举荐不当的责任，“罪当收三族”，由于当时范雎在秦国正炙手可热，秦昭王赦免其罪，并禁止朝臣在朝廷中议论此事。但是两年后王稽私通诸侯，“坐法诛”，又一次牵连到范雎。这一回范雎难辞其咎，最后他在蔡泽的劝说下，自动请辞。

由于举荐者要承担一定的风险，所以一般权贵对其门下食客的举荐也会慎重考虑。因为种种条件的限制，使得食客通过主子举荐步入仕途的几率大大减少。这种减少使食客们认识到权贵举荐并不是他们步入仕途的唯一选择，通过其他途径也能够实现他们升官发财的梦想。权贵举荐食客的减少，还随之带来了一系列的连锁反应。一是食客对当时社会政治的影响力在逐渐减弱；二是以步入仕途为目的而寄食权贵的食客将个人发展的方向作了调整，从政治、外交上转向学术研究、文学创作等方面；三是追随权贵的食客想法也多元化：有的希望改变生活现状，解决温饱；有的仰慕权贵人品、才华，追随其下，成为其挚友；有的希望在文学创作或学术研究上有所建树；有的不改初衷，还是希望在仕途上谋求发展。

第四节　威胁君主专制，成为打击对象

食客在汉代成为朝廷重点打击的对象。如果要了解食客如何从战国时

① 《汉书·董仲舒传》，第2513页。

② 同上。

③ 《史记·范雎蔡泽列传》，第2417页。

期受人追捧的英雄，到汉代变成遭受朝廷打击对象的深层原因，首先必须理顺食客与诸侯王及朝廷的关系，这样才能帮助我们找到答案。

一 食客、诸侯王与朝廷关系分析

（一）战国时期是唇齿相依，休戚与共的关系

战国时期，权贵、食客与诸侯王的关系是一种休戚与共、唇齿相依的关系。食客、权贵面对大国兼并的残酷现实，他们将个人的生死，家族的兴衰与国家的存亡紧密地联系在一起，这时候他们与诸侯王、与国家成为同一条绳上的蚂蚱，构成了一损俱损、一荣俱荣的密切关系。所以为了国家存亡，也为了自身利益，权贵们都是全力以赴地为君王奔走效力，其食客自然是以主人利益至上。这时候食客、主人（权贵）及诸侯王三者的目标是一致的，食客为主人效力，为国家奔走，为君王尽忠都是为了一个共同的目标，虽然彼此之间都会有小的利益冲突和矛盾，但是大敌当前，彼此都遵守着以国家利益为上的基本原则。

（二）西汉时期是貌合神离，明争暗斗的关系

西汉王朝建立后，国家统一，社会安定，百姓安居乐业。诸侯王与朝廷的关系发生了微妙的变化。从同一阵线，共同利益的联合体，向对立的方向转化。诸侯王与天子因为有着天然的血缘关系，其亲密程度超过一般的朝廷大臣，按理说这种由血缘关系结成的联盟应该是牢不可破的。但是由于西汉刘邦时期朝廷曾发生过易太子的风波，接着又发生了灭诸吕、废少帝等一系列的朝廷政变事件。最后诸大臣废少帝，“奉天子玺上代王，共尊立为天子”①，代王刘恒以高祖中子身份被立为皇帝。朝廷几次在皇帝接班人问题上出现波折，这种非正常情况，难免使一些势力强大的诸侯王产生了不切实际的幻想，开始觊觎天子之位，如梁孝王等。另一种情况是由于朝廷对诸侯王“削地无已”，诸侯王在自身利益不断受到朝廷蚕食的情况下，他们对朝廷由不满逐渐发展到抗争，有的最后走向反叛的道路。

刘邦在建立汉王朝之初，就一直对所封的异姓诸侯王心存猜忌和防范之心，为此他逐一消灭了异姓王。不仅如此，而是还将这种对诸侯王防范猜疑的毛病传给了他的子孙。从文帝、景帝到武帝都是在官制和人事上不

① 《史记·吕太后本纪》，第411页。

断地防制着诸侯王。另一方面各诸侯王经过几十年的苦心经营，经济实力大增，进而形成了干弱枝强的反常现象。诸侯王的这种强大对中央朝廷构成了一定意义上的威胁，对君主心理造成很大的压力。

> 专制主的心理状态，是决不能容许社会上存在有使他感到压力的任何力量；哪怕这种压力，绝对多数只是专制主的心理上的存在，而不是事实上的存在，也必加以残酷地摧毁。对于与他们血肉相连，并由他们自身的需要所建立起来的“诸侯王”及“诸王”，也毫不例外。①

在这样的心理驱使下，君主专制一再被其强化，对诸侯王有了“削地无已”的行动。这一系列的举动，使朝廷与诸侯王的关系不再是唇齿相依、休戚与共的亲密关系，转而变成明争暗斗、貌合神离的关系，甚至有的诸侯王与朝廷发展到水火不容的程度。诸侯王与朝廷关系的改变，使其食客与朝廷的关系也随之改变。

（三）食客成为诸侯王对抗朝廷的中坚力量

当诸侯王与朝廷关系发生改变时，最敏感和首先受到影响的是食客，食客与朝廷的关系和态度随其主人与朝廷关系的转变而转变。由原来休戚与共的联盟共同体，变为貌合神离，明争暗斗。从道义上来说，食客作为汉王朝的臣民，有责任和义务忠于朝廷，效力国家。但是从情理上来说，食客被主人豢养，拿人钱财，自然就要替人消灾。所以当主人与朝廷发生矛盾冲突时，当主人利益受到朝廷侵犯时，许多食客会选择背弃朝廷而效忠于主人。有的食客会积极主动地为主人出谋划策，有的则是操戈上阵，以武力效忠主人。像刘邦时期赵王张敖的食客贯高、赵午、孟舒、田叔等人，因为刘邦对赵王无礼而要暗杀他。还有吴王刘濞、淮南王刘安的食客在其主人谋反时都为主人出谋划策。总之，这时候食客成为诸侯王对抗朝廷的中坚力量和最有力的支持者。这样一来食客和游侠一样成为社会不安定的一个重要因素，所以他们成为朝廷重点打击和防范的对象就在所难免。

---

① 徐复观：《两汉思想史》第一卷，华东师范大学出版社2004年版，第118页。

二　社会环境影响分析

汉代延续先秦的社会风习，诸侯王养客风靡一时。汉初士人承战国余习，遨游于诸侯王间，下者博衣食，上者显才能。因此诸侯王门下食客众多，他们不仅人多势众，而且人才济济，像“孝景崩，即日太子立，称制，所镇抚多有田蚡宾客计策”[①]。汉武帝初即位时只是一个年仅16岁的天子，所以朝廷内外很多事情的处理都依靠着舅舅田蚡及其宾客的帮助。从田蚡宾客的情况可以折射出汉代诸侯王门下宾客的实力和状况。这样一群才华出众的人士聚集在诸侯王门下，自然成为诸侯王与中央朝廷相抗衡的中坚力量。这必然引起“朝廷所深恶。随着对诸侯王的疑忌压迫倾覆，势必影响摧残到这一批游士的自身。尤以淮南宾客之盛，更成为朝廷欲得而甘心的大目标”[②]。

食客势力和影响力的发展壮大，给朝廷带来了极度的不安和恐惧，因为他们触犯了专制者的大忌。如果说在景帝时期，朝廷防犯的重点在诸侯王的领土和职权上，那么到武帝时期，诸侯的领土与职权都已不是问题，于是朝廷猜防的重点就转到了诸侯王的宾客上，特别是转向那些有学术思想的宾客。因为这些人有思想，有谋略，当诸侯王与朝廷发生矛盾分歧时，他们常会站在主人的立场，为主人出些奇谋异策来对付朝廷，其结果不仅不能化解诸侯王与朝廷的矛盾纷争，反而加剧了双方的矛盾冲突，所以食客对中央朝廷构成了极大的威胁。

汉朝廷在加强君主专制的同时，加强了对诸侯王诸多利益和权利的削弱，这不仅使诸侯王在经济利益上遭受许多损失，也使他们丧失了一些原有的权力。这自然引起了他们的不满。作为食客，为了维护主人的利益，站在主人的立场，为他们出谋划策，就成为食客分内之事。诸侯王因为血缘的关系而有窥伺神器的可能，加上诸侯王为炫耀其名望而张扬的生活方式，及与其生活方式有关联的食客，都成为专制者的大忌。所以打击食客，铲除食客，能够达到打击诸侯王，制约诸侯王的目的，也是维护君主专制中央集权的需要。《史记·平准书》记载：“淮南、衡山、江都王，

① 《史记·魏其武安侯列传》，第2842页。

② 徐复观：《两汉思想史》第二卷，华东师范大学出版社2004年版，第112页。

谋反迹见，而公卿寻端治之，竟其党与，而坐死者数万人。”[①]

我们从“寻端治之，竟其党与”几个字，可以推知当时朝廷官吏，为了顺从专制者的阴刻之私，竟然将此案牵涉至数万人，而在“坐死者数万人”中，绝大部分是淮南、衡山诸侯王的食客。诸多食客的被杀，“其根源则来自淮南宾客的学术活动。几万人的大屠杀，不仅摧毁了此一学术中心，并且也阻吓消灭了知识分子在思想上，在生活上一切带有一点选择自由的可能性”[②]。

诸侯王招养众多的食客，对朝廷构成威胁的苗头，在高祖刘邦时期就已经初露端倪，并且引起了朝臣和刘邦的警觉。据《史记·韩信卢绾传》载：

> 陈豨常告归过赵，赵相周昌见豨宾客随之者千余乘，邯郸官舍皆满。豨所以待宾客布衣交，皆出客下。豨还之代，周昌乃求入见。见上，具言豨宾客盛甚，擅兵于外数岁，恐有变。上乃令人覆案豨客居代者财物诸不法事，多连引豨。[③]

陈豨豢养食客众多，并对其客礼贤下士，恭敬谦逊的态度引起了赵丞相周昌的怀疑，在他看来陈豨这样做是别有用心的。出于对朝廷的忠心，他上言高祖“豨宾客盛甚，擅兵于外数岁，恐有变”。刘邦于是对陈豨采取了行动，查办了陈豨。从后来陈豨的一系列举动来看，周昌的担心不无道理。类似的情形到了景帝、武帝时期的诸侯王就更加严重。

《汉书·游侠传》载：“吴王濞、淮南皆招宾客以千数，外戚、大臣魏其、武安之属竞逐于京师”[④]，诸侯王、大臣、外戚竞相攀比，养客之风日盛。一些诸侯王在食客的帮助下，敢于与中央朝廷叫板，而且这种情况已不是个别，在景帝、武帝时代屡屡发生。像梁孝王就曾派其刺客到京城刺杀反对立他为接班人的袁盎及十位议臣。淮南王刘安在其食客伍被等人的挑唆下，曾暗中积极谋划，准备反叛朝廷。田蚡曾在汉武帝面前举报

---

① 《史记·平准书》，第1424页。

② 徐复观：《两汉思想史》第一卷，华东师范大学出版社2004年版，第109页。

③ 《史记·韩信卢绾传》，第2640页。

④ 《汉书·游侠传》，第3698页。

窦婴："魏其、灌夫日夜招聚天下豪杰壮士与论议，腹诽而心谤，不仰视天而俯画地，辟倪两宫间，幸天下有变，而欲有大功。"[①] 田蚡指出窦婴、灌夫日夜招聚宾客，相与议论国事，似有借天下大乱，图谋不轨的企图。田蚡最清楚武帝担心什么，所以他故意将窦婴、灌夫养客与谋反联系起来。他的话刺激了汉武帝最敏感的神经，于是给窦婴、灌夫下达了处死令。田蚡借武帝之手，将政敌窦婴、灌夫除掉。表面看武帝在田蚡与窦婴的争斗中有意偏袒自己的舅舅田蚡，实际上窦婴、灌夫被杀的原因不在于他们与田蚡的矛盾纠纷，根本原因是他们豢养了众多的食客，犯了汉武帝的大忌，所以深谙武帝心思的田蚡，故意将他与窦婴、灌夫的矛盾转移到养客问题上，以此逼迫武帝开杀戒。窦婴、灌夫被杀一事，在朝廷中引起很大的震动。汉武帝此举似乎有杀鸡给猴看的用意，对其他养客的诸侯王及大臣起着敲山震虎的作用。大将军卫青曾与苏建议论过此事，他说："自魏其、武安之厚宾客，天子常切齿。彼亲附士大夫，招贤绌不肖者，人主之柄也。人臣奉法遵职而已，何与招士！"[②] 卫青深谙汉武帝痛恨大臣养客的心理，他知道养客虽然能够提高自己的声望，但也因此"招贤绌不肖者，人主之柄也"，为自己招惹是非和麻烦，所以他认为"人臣奉法遵职"是本分，"何与招士"？

汉武帝时期的诸侯王、外戚和朝臣可分为两类，一类如卫青，低调处事，不养或不以食客来提高声誉，招惹是非，最后得以善终。二类如淮南王刘安、魏其侯窦婴者，养客甚众，又高调处事，最终引起朝廷的猜忌，使自己成为朝廷严厉打击的对象，断送了自己的性命。

在西汉皇帝中，汉武帝是打击食客、游侠势力最为强硬的一个。食客自汉武帝之后，因为遭受几次打击，开始走向衰落。这种衰落，不只是人数的减少，而是社会影响力和政治地位的衰落。

西汉末期，食客这一社会的特别阶层，已经遍及于全社会，到王莽之乱，地方豪杰大多借助食客以起事。到东汉养食客已经成为东汉初期的社会风气，那些在生活上富裕奢靡的诸王，已经与现实政治全不相干，则在人情上追随时代风气而养些食客，以破除生活上的寂寞，也为了提高自己的声望。据《后汉书·光武十王列传》载：东汉"时禁网尚疏，诸王皆

① 《史记·魏其武安侯列传》，第 2851 页。

② 《史记·卫将军骠骑列传》，第 2946 页。

在京师，竞修名誉，争礼四方宾客”①。在此情形下，汉光武帝刘秀为防范功臣、宗室诸王及外戚的专权和势力的膨胀，他不断地强化君主专制的权力，并且重申了西汉时期的阿附藩王法，严禁诸王交结宾客，结党营私。公元52年，他借故搜捕王侯宾客，“坐死者数千人”，汉明帝即位后，更是屡兴大狱，受株连者极广。东汉社会后期，随着宦官外戚交替擅权的恶性循环，双方矛盾纷争的不断激化，双方无数宾客皆卷入其中，成为他们矛盾斗争的牺牲品。在东汉末年的军阀混战中，食客顺理成章地成为他们军中的马前卒。

魏晋时期由于官员的选拔任用实行九品中正制，推荐官员的权力落到了大中正的手中，而各地的大中正许多都是出身世族豪门，所以他们向朝廷举荐人才重门第，重出身，由此造成了官场“上品无寒门，下品无世族”的现状，也堵塞了寒门之士步入仕途的路径，食客想通过举荐进入官场的终南捷径已是此路不通了，渐渐地食客淡出政坛，也淡出了人们的视野。至隋唐宋元明清之后，食客逐渐地改换身份为军师、师爷、幕僚、幕友、僚友、西宾等，而一般军师、师爷在官吏的府上人数也就数人而已，人数规模都很小，但是其待遇和与官吏的关系比过去普通食客要亲密很多，到此食客基本退出了社会的历史舞台。

第五节　食客自身道德缺失

食客的衰落与他们自身的道德缺失有着重要的关系。食客身上虽然有许多优秀的品质，但是由于食客成分复杂，来源广泛，文化素养、道德品质、人生观、价值观等方面都存在着较大的差别。有的食客品质低劣，有的自身存在一些道德缺失，如欺诈、狭隘、妒忌、背叛、报复、见风使舵、投机钻营等等，这样的道德品质本应受到世人的鄙视和谴责。但是另一方面，具有这些道德缺失的人却能获得高位，尊享荣华富贵，如李园、李斯、苏秦、张仪等，他们以投机欺诈的手段获得成功，他们的成功，直接摧毁了一些人心中存留的正直善良的道德观，给后世以极坏的影响，许多人纷纷效仿学习之。在一些人看来，只要能达到目的，可以不问路径、不问手段和方法。久而久之造成了社会风气的败坏，这自然引起世人的不

① （宋）范晔：《后汉书·光武十王列传》，第1427页。

满，也受到有识之士的谴责和批评。在社会舆论的影响下，人们对食客的态度也开始发生改变，由崇尚、赞扬到批评、鄙视，甚至反感，过去笼罩在食客头上的光环也逐渐地暗淡消失。

汉王朝建立之后，刘邦接受了儒生们的意见，开始思考“秦所以失天下，吾所以得之者何？及古成败之国”①。同时开始着手治理国家，由“萧何次律令，韩信申军法，张苍为章程，叔孙通定礼仪”②。从法规章程和礼仪规范等方面进行治理。刘邦原本是很讨厌儒生的，但是儒生叔孙通告诉他“儒者难与进取，可与守成。……礼者，因时世人情为之节文者也”③。叔孙通意在说明儒生虽不能为你打天下，但是却可以为你守江山。要守天下势必要遵循社会发展与人们思想认识的变化，制定一套礼节来规范、约束人们的行为。恰好刘邦正为部下“群臣饮酒争功，醉或妄呼，拔剑击柱”④ 的混乱秩序和不可收拾的场面而大伤脑筋，所以就让叔孙通为他制定礼仪。当叔孙通参考古代礼仪，又根据时势变化制定了一套简易可行的礼仪，并对朝臣及相关人士进行了一个多月的培训之后正式使用。只见“皇帝辇出房，百官执职传警，引诸侯王以下至吏六百石以次奉贺。自诸侯王以下莫不振恐肃敬。至礼毕，……高帝曰：‘吾今日知为皇帝之贵也。’”⑤ 叔孙通制定的礼仪让刘邦切实感受到了帝王的尊严，为此叔孙通得到奖励，被拜为太常。自此儒生开始受到朝廷的重视。

儒家倡导的仁、义、礼、智、信、忠、勇等道德观念开始重新在社会上盛行。儒家的思想观念和规范有序的道德秩序在社会上的影响越来越大。到武帝推行儒学之后，儒家思想成为封建正统的道德观念和朝廷的统治思想。儒家思想开始受到社会的推崇和肯定。另一方面，食客崇尚和倡导的追名逐利、投机钻营的价值观和道德观受到人们的批判和否定，这些思想与儒家倡导的忠诚守信、仁义道德的思想观念产生了矛盾冲突。加上社会上许多食客对主人的忠诚度越来越差，食客告发主人、背叛主人的事情时有发生。使得食客在社会上的信誉度和社会评价日益降低。

食客在这样的社会形势下，不懂得改变自己来适应西汉社会，反而错

---

① 《史记·郦生陆贾列传》，第 2699 页。

② 《史记·太史公自序》，第 3319 页。

③ 《史记·刘敬叔孙通列传》，第 2722 页。

④ 同上。

⑤ 同上书，第 2723 页。

误地估计形势，为博一己之利，一些诸侯王的食客竟然挑唆主人与朝庭抗衡，从高祖时期赵王张敖的食客贯高等人要为主人刺杀高祖，到景帝时期的吴楚七国叛乱，武帝时期的淮南王刘安的试图谋反，食客都是积极的参与者、策划者和马前卒。食家逐渐成为导致社会不安定的危险分子，成为诸侯王与中央矛盾的制造者，自然也就成为中央朝庭严厉打击和铲除的对象。形成鲜明对比的是儒者的大行其道，儒家思想被朝廷积极倡导和大力宣传，成为引领潮流的主导思想，在这样的博弈中食客始终处在下风，难以形成气候。

食客的种种表现使他们的社会声誉越来越差，加上食客自身道德的缺失，使他们逐渐遭到社会的唾弃和谴责。在这种情况下，一些食客不知道及时地调整自己的思路和追求的目标，不知道在社会变革中改变自己来适应新的社会，造成了食客在价值观和道德观念上与社会产生了不能相融的矛盾冲突，因此遭到社会的抵触和排斥。这种情况与战国时期食客受人推崇和赞扬的情况已经不能同日而语。食客已成昨日黄花，日渐凋零。由于食客被社会否定和受冷落的情况日益严重，它直接影响到食客的被举荐和任用，为官的几率大大降低。加上食客被朝庭打击、铲除，使食客不仅面临政治危机，甚至陷入性命不保的处境中，这样的社会现实，必然导致食客走向衰落。

第十一章

食客的历史作用及社会意义

食客作为一个特殊的群体，曾经活跃于春秋战国直至秦汉时期，他们对当时的政治、军事、外交、思想、文化、文学都产生过重要的影响，他们杰出的思想及优秀的文学才华，对中国的思想学术及文学艺术的发展做出了积极的贡献。

第一节　食客的历史作用

春秋战国是动乱的时代，也是一个变革的时代。当时的周王朝由统一走向分裂，由和平安宁走向动乱纷争。社会制度由奴隶制变为封建制，这个改变不仅仅是社会体制和社会形态的改变，与之相伴相随的是人们的思想意识、思维形态、文化观念、婚姻观念、文学现象等一系列的改变。而在这变革的浪潮中，食客这一特殊群体孕育而生，并且成长壮大。食客在变革的浪潮中产生，也成为勇敢的弄潮儿，他们以自己的思想和行动影响着社会，改变着社会。

一　改变政治、外交格局

春秋战国由于食客大量活跃于当时的政治、外交舞台，他们不仅影响了当时一些国家的政治、外交政策，甚至由于他们频繁地穿梭于各诸侯国，巧舌如簧地游说、斡旋，所以他们常在瞬息之间改变这些国家的命运和结局，或者转危为安，或者陷入危机四伏的绝境之中，正所谓“一怒而诸侯惧，安居而天下熄”。像毛遂与平原君出使楚国，在平原君与楚王谈判未果之时，毛遂“按剑历阶而上”，迫使楚王签署合纵联盟。蔺相如出使秦国，最后“完璧归赵”，之后陪同赵王与秦王渑池相会，使秦国不再敢小觑赵国，提高了赵国在各诸侯国的影响和地位。由于他们的作用，使得当时的政治格局被重新划分。像苏秦代表燕王出使韩、魏、赵等五国，做了各诸侯国的合纵长，不仅阻止了秦国东进的步伐，也使燕国在当时的位置变得重要起来，紧随其后的是各国的重新洗牌。可以说食客已经成为改变或影响当时政治格局和国家命运的一股强大力量。

二 改变用人机制

食客群体来自社会底层，出身贫寒，但是他们不甘平庸，不愿“英俊沉下潦”，他们经过努力奋斗，其中一些杰出人士步入了仕途，成为新的权贵，如毛遂、范雎、商鞅、苏秦、张仪，等等。有的甚至成为豢养众多食客的高层权贵。如伍子胥、蔺相如、嫪毐、李斯等。一大批食客步入仕途，突破了夏、商、周以来传统的官员选拔任用的世袭制。

世袭制最大的特点是王权与族权的统一，它通过家族血缘关系来确定各级官员职位，按血缘亲疏来确定等级尊卑和官爵的高下。由于食客不断地被任用为各国和各级官员，他们以新的思想、新的观念，影响、改变了传统、腐朽、落后的世卿世禄的官员选用机制。食客进入士大夫行列，犹如病入膏肓的躯体被注入了新鲜血液，激活了各诸侯国的用人机制，它使整个用人体制焕发出新的生机和活力。它不仅彻底否定了以血缘为基础的世卿世禄的人才选用方式，还改变了春秋战国时期官员的选拔任用机制，而且这种机制直接影响和促成了秦代的举荐制和汉代的察举制的产生。这种选拔用人机制的改变，直接影响并改变了大批贫寒之士的命运，使他们能够在这个社会动荡变革的时代脱颖而出，让自己的人生闪现出耀眼的光芒。

三 促进各国人才流动

西周实行的是封国建藩制，各诸侯国基本上都是在以诸侯王为中心的部族或部落联盟的基础上建立起来的，所以直至春秋时期人们的观念意识中仍然有很深的国家意识和家族意识。爱国恋家在士大夫心中既是一种责任义务，也是一种传统习惯，并且成为普遍的社会现象。这也造成了当时各国之间人才流动极少，除了获罪，或者是被仇家追杀，一般贵族士大夫是不外流到其他国家的，普通平民外流的也很有限。食客出现之后打破了这种封闭的现象。许多食客为了个人前途发展的需要，在选择主人时，首先考虑的是权贵的名声、品行和修养，具体来说就是看重其是否能够礼贤下士；还有就是权贵与诸侯王关系的亲密程度。这些对他们的前途发展和事业都至关重要。至于权贵是否为本国人，则不重要。所以很多食客都投到其他诸侯国的权贵门下，如伍子胥、太宰嚭均为楚人，他们先后投到吴王父子阖庐和夫差手下为宾客。苏秦为东周洛阳人，先后在燕文侯、燕易王府上做食客。李园为赵人，投到楚相春申君门下为舍人。荆轲卫人，投到燕太子丹门下。李斯楚国人，他却投到秦国丞相吕不韦门下做舍人。甚至有的食客先后投到几个国家的权贵门下，像苏秦、张仪、商鞅、范雎、豫让等都是先后在几个权贵府上为宾客。如此看来，食客为战国时期的人才流动起了推动和促进作用。所以用“朝秦暮楚”、“楚材晋用”这两个战国时期最流行的成语来形容食客，是最恰当不过的了。

四 丰富、充实了诸子百家思想

食客敢为天下先的进取精神，追求民主、平等、自由的先进思想，以及他们对自然、人类、社会的理解和解释，对于春秋战国以来的诸子百家思想的形成及完善有一定的启发和影响。而儒、墨、道、法、阴阳、兵家等思想在影响食客思想的同时，都不同程度地吸收融合了食客的思想。像食客集体编撰的著作《吕氏春秋》和《淮南子》，在学术界之所以被一些学者归为“杂家”，就是因为食客们在其中吸收了诸子各家的思想。另一方面是诸子思想在形成、发展的过程中，常常受到当时活跃于政治、思想、学术舞台的食客思想的影响。食客进步、民主的思想对诸子百家的影响有的是直接的，有的是以“润物细无声”的方式逐渐渗透的。苏秦、张仪、公孙衍本身就是纵横家的代表，他们在诸子百家中占有一席之地。食客思想最突出和最集中的是纵横捭阖、争霸天下的思想。换句话说，纵横家的思想是食客思想的集中体现。食客思想对于丰富诸子的思想是起过一定作用的。

许多食客都有过曲折坎坷的人生，他们经过艰难拼搏，终获成功的人生经历，为诸子思想的理论阐发提供了典范的实证案例，这些实证案例又反过来充实丰富了诸子思想，赋予诸子思想深入浅出、鲜明生动的特点，有很强的说服力，容易被常人接受。

一些食客经过自身的努力奋斗，终于完成了他们的华丽转身，成为著名的思想家，如商鞅、范雎、苏秦、张仪、李斯、晁错等。他们早年的食客经历对他们思想的形成起着潜移默化的影响。虽然他们各自思想不同，食客经历对他们的影响也各不相同，但是他们思想中仍有一些共同之处，或者说具有共同规律性的东西，如辩证、客观地看待不同的人和不同的事，正视事物发展转化的客观规律，不走极端化。这些对他们思想的影响是显而易见的。

第二节　食客的社会意义

一　对秦汉官员选用制度的制定具有指导借鉴意义

食客以贫寒出身，平民身份，在春秋战国时期能够突破周王朝的世袭制，步入仕途，跻身于士大夫的行列，成为影响当时社会政治、军事、外交的举足轻重的政治家、军事家或外交家，打破了公族一统天下的格局，对于改变春秋战国时期官员的选拔任用制度具有积极的意义，对于秦汉时期官员选用制度的制定和实施具有指导和借鉴的意义，对于出身贫寒又梦想步入仕途的平民子弟更是具有榜样和激励的作用。

二　推动、促进了“百家争鸣”局面的形成

春秋战国时期在思想学术领域涌现出的诸子百家，其中最有代表性的是儒、墨、道、法、阴阳、名、纵横等十家。他们代表着各个阶级、各个阶层、各个政治集团和派别，这些学者、政治家和思想家，都希望按照本集团或者本阶级的利益和要求，对自然和社会等万事万物做出解释，或提出主张。他们有的著书立说，有的游说诸侯，有的广收门徒。他们高谈阔论，或者互相辩难，因而在思想学术领域形成了“百家争鸣”的局面。

“百家争鸣”的现象，是当时诸侯纷争在思想学术上的反映。一些学者和士人在宣传自己思想主张的同时，也在为与他们志趣相投的诸侯王大造舆论声势，试图通过诸侯王对其理论的接纳与实践，来证明自己理论的正确与否。而“百家争鸣”的论争自然也会波及到食客。

> 由于士的活动能量相当可观，各国有权势的大臣都私家养士，培植学派，为自己制造舆论。当时的名人，诸如齐国的孟尝君田文、赵国的平原君赵胜、魏国的信陵君魏无忌、楚国的春申君黄歇、秦国的吕不韦，门下食客（即私家养士）几千人。这些作为食客的士，各

> 为其主，出谋划策，奔走游说，著书立说，势必引起各学派之间的互相诘难、辩论，成为百家争鸣的另一个侧面。①

可以说食客在“百家争鸣”的辩难中起着积极的推动和促进作用。

三 对文人结社、文学集团的形成及创作有积极影响

食客文学集团是中国文学史上最早的以集体的形式进行文学交流、文学创作、文学鉴赏和文学批评的组织形式。这种以文学集团或者结社的形式进行文学创作的活动，对于当时文学的发展与繁荣起了积极的促进作用，像西汉初期的政论散文和汉赋的发展繁荣，无论是作品思想倾向，作品内容，还是作品的形式或体裁，作品的艺术风格、表现手法等方面，都不同程度地受到吕不韦、梁孝王、刘安等几个食客文人集团的影响。这些影响有的是直接地体现于作品的表现形式或是表现内容，更多地则体现在观念意识、文学理念上的潜移默化的影响。食客文学集团文学创作的影响不仅仅反映在当时的文坛，对后世文学的发展与繁荣也有积极的促进作用。

食客文学集团是后世文学集团、结社的发端或萌芽。如在东汉中后期的政坛和文坛，出现了以李膺、郭泰为首的一批儒者、名士，他们以群体的形式聚集在一起，对时政与人物进行清谈品评，从东汉末年的清议，以品评人物和议论时政为主，发展到魏晋时期的清谈，谈玄理，评文章，评山水，促进了文学批评的繁荣和山水诗的产生。到建安文学集团，更是以关注现实，反映现实的文学创作风格，成为后世现实主义文学创作的典范和旗帜。魏晋正始年间竹林七贤的文学活动，还有石崇“金谷二十四友”的文人聚会，兰亭文人的“曲水流觞”的饮酒赋诗，南朝的竟陵八友等等，都是以群体、集团或结社的形式进行文学创作和文学批评的，这种现象成为常态化地一直发展延续了下来，尤其是在唐宋以后就更加繁荣兴盛，层出不穷。

四 食客兴衰见证社会的发展变迁

食客兴衰发展的历史，伴随着先秦两汉社会的发展变迁。食客在先秦

---

① 樊树志：《国史十六讲》，中华书局2008年版，第46页。

至两汉时期经历了产生、发展、兴盛、衰落的历史变迁。在食客发生变化的同时，社会也经历了由动乱纷争到统一强大的历史变迁。所不同的是，食客的发展变化与其所处的社会发展变化呈现一种逆向趋势，我们也可以把它称之为反比例关系。即食客产生、兴盛时期，正是社会处于动乱纷争、极度衰落的春秋战国及楚汉相争时期，而社会进入秦汉，走向统一强盛之时，食客则开始走向衰落。所以，食客兴衰不仅见证了社会的发展变迁，而且他们的兴衰充分地证明社会的动乱纷争是食客生长的温床和土壤，社会的统一强大，使食客丧失了适合生存的空间、土壤和气候，是食客走向衰亡的必然结局。

第十二章

食客对后世的影响

第一节　食客对后世文学的影响

一　为文学创作提供了题材

食客事迹见载于先秦两汉的各种历史文献，其中《左传》、《国语》、《战国策》、《吕氏春秋》、《史记》、《淮南子》、《汉书》、《吴越春秋》以及《公羊传》、《谷梁传》、《后汉书》都有记载，尤其以《战国策》、《史记》、《淮南子》、《汉书》所载的食客事迹最为详尽，人物形象最为鲜明、生动，像蔺相如、毛遂、冯谖、伍子胥、商鞅、范雎、乐毅、苏秦、张仪、李斯、豫让、聂政、荆轲，等等。这些性格迥异的人物形象，不仅给后人留下了鲜明、深刻的印象，也丰富了史传文学的人物画廊。这些人物身上所表现出来的见义勇为、慷慨任侠、舍生取义、忠诚报恩、忍辱负重、能言善辩、朝秦暮楚、见风使舵的性格特征以及他们的道德风范，成为后人学习效仿的榜样，也成为后人文学创作的题材。

食客出现于后世的文学作品中主要有两种情况：

第一种是食客作为文人吟咏的对象出现于文学作品中。这类作品以诗、词为主。在诗、词中主要出现于咏史诗、咏史词一类里。一般是文人读史读到某位食客事迹时有感而发；或者是文人途经某位食客的故里、事发地、庙宇、祠堂等这些特殊的遗址或物象，会引起文人的联想和感慨，诗兴大发，诗或词自然地从文人心中涌出。像宋代诗人胡仲弓《感古十首·豫让》[①] 曰：

---

① 宋嗣廉：《历代吟咏〈史记〉人物诗歌选读》，吉林人民出版社 2008 年版，第 145 页。

豫让口吞碳，智伯头已漆。报仇须及晨，安用诈行乞。饮器古已枯，癞哑特小术。壮士死于义，千古犹一日。弃主事仇人，万死奚足恤。

诗人对豫让为智伯复仇“壮士死于义”的侠义豪情给予高度赞扬，特别敬重他不肯怀二心“弃主事仇人”的忠贞。李白在他的《东海有勇妇》中也写道：“豫让空斩身，有心竟无成”[①]，对豫让复仇失败表达了无限的遗憾。清代诗人范士义咏伍子胥《谒伍大夫祠》曰：[②]

仗义潜来怨未休，父兄不共戴天仇。奔吴几失英雄路，伐楚竟成志士谋。

柳外月明深夜静，芦中风起大江流。至今遗像存胥浦，飒爽惊看壮士留。

唐代诗人汪遵咏孟尝君《函谷关》曰：[③]

脱祸东奔壮气摧，马如飞电毂如雷。当时若不听弹铗，那得关门半夜开。

唐代诗人胡曾咏孟尝君《函谷关》曰：[④]

寂寂函谷锁未开，田文车马出秦来。朱门不养三千客，谁为鸡鸣得放回。

孟尝君的身份虽然不是食客，但是他的事迹与食客密不可分，而这两首吟咏孟尝君的诗，都是赞扬他因为养客慧眼识才，才得以在危急关头靠食客帮助化险为夷，所以我们也把它作为咏客诗。

---

① 宋嗣廉：《历代吟咏〈史记〉人物诗歌选读》，吉林人民出版社2008年版，第145页。

② 同上。

③ 同上书，第221页。

④ 同上书，第267页。

唐代诗人汪遵咏蔺相如的《渑池》曰:[①]

西秦北赵各称高，池上张筵列我曹。何事君王亲击缶，相如有剑可吹毛。

唐代诗人吴融咏蔺相如的《过渑池》曰:[②]

渑池城郭半遗基，无限春愁挂落晕。柳渡风轻花浪绿，麦田烟暖锦鸡飞。

相如忠烈千秋断，二主英雄一梦归。莫道新亭人对泣，异乡殊代也沾衣。

唐代诗人白居易咏苏秦《咏史》曰:[③]

季子憔悴时，妇见不下机。买臣负薪日，妻亦弃如遗。一朝黄金多，佩印衣锦归。

去妻不敢视，妇嫂强依依。富贵家人重，贫贱妻子欺。奈何贫富间，可移亲爱志?

谁使心中人，汲汲求富贵。又令下人力，各竞追刀利。随分归舍来，一取妻孥意。

晋宋诗人陶渊明作有《咏荆轲》一诗，前面已经提到，他这首《咏荆轲》诗是较早的一首咏史诗，也是咏荆轲诗中影响很大的一首。他在诗中热烈赞扬了荆轲："君子死知己，提剑出燕京"那种"士为知己者死"的英雄豪气，描绘了他"雄发指危冠，猛气冲长缨"慷慨大义的英雄形象，对荆轲"惜哉剑术疏，奇功遂不成"的失败结局感到万分惋惜。他高度赞扬和肯定了荆轲英雄事迹的历史意义，"其人虽已没，千载有余

① 宋嗣廉:《历代吟咏〈史记〉人物诗歌选读》，吉林人民出版社2008年版，第267页。

② 同上书，第371页。

③ 同上。

情”。咏荆轲的还有元代诗人郭钰《荆轲词》。[①]

燕山飞雪青宫闭，氍毹夜暖沉沉醉。北斗黄金何足多，一著深恩美人臂。

寒风萧萧渡易水，匕首光芒泣鬼神。毕竟明年祖龙死，恨不报君为君死。

元代诗人白英《荆轲》曰：[②]

壮气干牛斗，孤怀凛雪霜。只知酬太子，不道负田光。
易水悲歌歇，秦庭侠骨香。千金求匕首，身后竟茫茫。

清代词人宋琬的词《满江红·燕台怀古》曰：[③]

易水东流，与西去，荆卿长别。祖帐处，三千宾客，衣冠如雪。

督亢图中雷电作，咸阳殿上襟裾绝。恨夫人，匕首意为何？同顽铁。

渐离筑，笙歌咽。博浪铁，车轮折。纵奇功未就，祖龙褫魄。

一死翻令燕国蹙，九原悔与田光诀。叹千年，寒水沿潇潇，虹霓灭。

类似吟咏食客的诗词还有很多，这里仅就宋嗣廉编著的《历代吟咏〈史记〉人物诗歌选读》统计来看，该书收录被吟咏的食客就有豫让、伍子胥、孙武、孙膑、吴起、郭隗、乐毅、荆轲、高渐离、聂政、蔺相如、毛遂、商鞅、苏秦、张仪、范雎、樊哙、刘敬、袁盎、晁错、邹阳、枚乘、主父偃、韩安国、公孙弘、司马相如等 26 个。这里所列的只是很少一部分。在这些吟咏食客的诗中，有的对食客事迹作简要叙述，在叙述中兼带议论和抒情，表现诗人对食客才能的肯定，对其侠义壮举的敬佩与赞

① 宋嗣廉：《历代吟咏〈史记〉人物诗歌选读》，吉林人民出版社 2008 年版，第 346 页。
② 同上。
③ 同上书，第 267 页。

美，或是对食客壮志未酬身先死的惋惜和遗憾。也有对食客道德人格缺失的批评与嘲讽，还有的不对食客事件作叙述，直接针对其人或其事发议论，在议论中感怀，寄寓作者自己的人生感慨。更有的是诗人在感慨食客命运结局的同时，发挥自己的想象，为食客设计了各种不同的选择和结果。在这些诗中，无论是抒情还是议论，诗人都融入了自己的人生体验和感悟，尽情地抒发着他们的爱憎情感。

第二种情况是食客或食客事迹只作为诗中的比兴材料出现于诗中。中国古典诗歌讲究含蓄蕴藉，讲究比兴寄托。由于食客事迹流传甚广，所以食客及其事迹作为比兴材料被运用于诗词等文学作品非常普遍。如李白《与诸公送陈郎将归衡阳》一诗，用“门前食客乱浮云，世人皆比孟尝君”① 比喻陈郎。李白在诗中赞美陈郎如战国的孟尝君一样豪爽侠义，人们敬仰他，如当年众多食客投奔孟尝君一般。从宋嗣廉编撰的《历代吟咏〈史记〉人物诗歌选读》一书来看，里面收录的仅孟尝君及其食客作为比兴材料的诗词曲就有 49 首，而苏秦作为比兴意象的诗词曲高达 57 首之多。这种情况不是个别，以宋嗣廉的《历代吟咏〈史记〉人物诗歌选读》一书收录的情况看，有姓名事迹被后人诗歌作为比兴材料经常出现的食客约有 30 多人。下面以荆轲、高渐离作为比兴的诗歌为例：②

吹萧入吴市，击筑游燕肆。（唐代虞世南《结客少年行》）

击筑向北燕，燕歌易水滨。（唐代李白《鲁郡尧祠送张十四游河北》）

嬴氏归山陵已掘，声声犹带发冲冠。（唐代贾岛《听乐山人弹易水》）

白雪梁山曲，寒风易水歌。（唐代骆宾王《夏日游德州赠高四》）

徒歌易水客，空老渭川人。（唐代骆宾王《咏怀古意上裴侍郎》）

不学燕丹客，空歌易水寒。（唐代骆宾王《送郑少府入辽共父赋侠客远从容》）

武安有震瓦，易水无寒歌。（唐代李白《发白马》）

击筑饮美酒，剑歌易水湄。（唐代李白《少年行二首》）

---

① 宋嗣廉：《历代吟咏〈史记〉人物诗歌选读》，吉林人民出版社 2008 年版，第 349 页。

② 同上书，第 268 页。

荆卿一去后，壮士多摧残。长号易水上，为我扬波澜。（唐代李白《赠友人三首》）

歌酣易水动，鼓震从台倾。（唐代李白《自广平乘醉走马六十里到邯郸登城楼揽古抒怀》）

心知报恩处，对酒歌易水。（唐代鲍溶《壮士行》）

如何易水上，未歌先垂泪。（唐代贾岛《壮士吟》）

荆卿吾所悲，适秦不复回。（唐代高适《酬裴员外以诗代书》）

从上面引诗来看，荆轲刺秦的悲壮事迹以及高渐离击筑送别的感人场面，通过《史记》广为流传，深入人心，在后世文人心中引起了强烈的震憾，也刻上了深深的烙印。他们在自己的诗中常常表达对这些侠客英雄的敬仰之情，而“击筑”、“易水”、“燕歌”等意象词语，已经成为具有慷慨、悲壮、侠义的审美意蕴的词汇和具有特殊意义的象征词，经常地被文人运用于各种文学作品中。

二　为戏剧创作提供丰富的题材

中国传统戏剧的题材主要来源于历史人物和历史故事，这其中有不少就是取材于食客人物的。这里我们以几个食客为例，从中了解以食客为题材创作的戏剧情况。

以伍子胥为题材创作的古代戏剧有元代佚名杂剧《伍子胥鞭伏柳盗跖》、《十八国临潼斗宝》、《伍子胥力伏十虎将》、《申包胥兴兵完楚》。宋元戏文有《浣纱女》。署名的有高文秀的《伍子胥弃子走樊城》，郑廷玉的《采石渡渔父辞剑》，吴昌龄的《浣纱女抱石投江》，李寿卿的《说专诸伍员吹箫》，郑廷玉的《楚昭王疏者下船》、《伍子胥一战入郢》。明代传奇有梁辰鱼的《浣纱记》，许自昌的《临潼会》，邱睿的《举鼎记》，孙柚的《昭关记》，孟称舜的《二胥记》，吴于东的《兴吴记》，王洙的《合襟记》，戏文有沈采的《临潼记》。清代传奇有薛旦的《芦中人》。现当代有京剧《伍子胥》，由《战樊城》、《文昭关》、《浣纱记》、《鱼肠剑》四出单本戏组成。还有《鼎盛春秋》又名《临潼会》，包括《战樊城》、《长亭会》、《文昭关》、《浣纱记》、《鱼肠剑》、《专诸别母》、《刺王僚》七出折子戏。《京剧剧目初探》一书收录的还有《出堂邑》、《武昭关》、《卧虎关》、《战郢城》。另外还有扬州评话《伍子胥》，安徽新戏《伍子胥》。

以司马相如为题材创作的古代戏剧有宋本杂剧《相如文君》，元明南戏无名氏的《鸳鸯会》、《汉相如四喜俱全记》、《汉相如题桥记》，无名氏的《汉相如献赋题桥》，关汉卿的《升仙桥相如题柱》，孙仲章的《卓文君白头吟》，无名氏的《卓文君驾车》，明代朱权的《卓文君私奔相如》，叶宪祖的《琴心雅调》，无名氏的《司马相如归西蜀》，范居中的《鹔鹴裘》，施惠的《鹔鹴裘》，黄天泽的《鹔鹴裘》，沈珙的《鹔鹴裘》，屈恭之的《升仙桥相如题柱》，明传奇有陆济之的《题桥记》，清代有杨柔胜的《绿绮记》，陈贞贻的《当炉记》，韩上桂的《凌云记》、《相如记》，孙柚的《琴心记》。无名氏的《汉相如献赋题桥》，无名氏的《司马相如题桥记》。清人传奇叶亦苞的《长门赋》，袁于令的《鹔鹴裘》，舒拉的《卓女当炉》，黄燮清的《茂陵弦》，澹慧居士的《凤求凰》，椿轩居士的《凤凰琴》等。现当代剧有郭沫若的话剧《卓文君》，范紫东的《琴箫飞声》，李干臣的《赤车驷马》，王绍猷的《文君当炉》，谢迈千的《绿绮记》。吴祖光的京剧《凤求凰》、秦腔《卓文君》，四川赵冰的《卓文君》，周澹秋的《琴音记》，陶开敏、陈泽远的《卓文君和司马相如》，昆曲有郭启宏的《司马相如》等。

以苏秦为题材的传统戏剧有宋代南戏《苏秦衣锦还乡》、《风月锦囊》。元杂剧佚名的《冻苏秦衣锦还乡》、《黄金印》，明代有朱权的《冻苏秦衣锦还乡》，苏复之的《金印记》，还有高一苇的《金印合纵记》，又名《黑貂裘》。现当代的有粤剧《苏秦拜相》，湘剧《金印记》等。

以蔺相如为题材的传统戏剧有：元人杂剧高文秀的《保成公径赴渑池会》、《相府门廉颇负荆》，明代无名氏的《蔺相如夺锦标名》。以范雎为题材的传统戏剧有宋元人杂剧，高文秀的《须贾谇范雎》，元代无名氏的《范雎绨袍记》，明代顾觉宇的《绨袍记》。

以荆轲为题材的戏剧有元人无名氏的《羊角哀鬼战荆轲》，明人杂剧叶宪祖的《壮荆卿易水离情》，明传奇的《金兰宜》，袁于令的《战荆轲》，徐沁的《易水歌》，程琦的《荆轲记》。

以冯谖为题材的有钟嗣成的《冯谖焚券》，清人传奇车任远的《弹铗记》。以豫让为题材的戏剧有元人杂剧，杨梓的《忠义士豫让吞炭》，无名氏的《乔风魔豫让吞炭》。以乐毅为题材的戏剧有：无名氏的《后七国乐毅图齐》，乔吉的《燕乐毅黄金台》。孟尝君题材的有庾天锡的《孟尝君鸡鸣度关》等。[①]

从上面几个食客题材的戏剧剧目可以说明，食客人物和事迹成为后世戏剧创作丰富的题材来源。食客事迹通过传统历史剧的形式得到广泛传播，在满足普通民众精神需求的同时，也使民众得到了消遣娱乐。中国古代以戏剧娱乐的形式进行道德说教，传播文化知识，其效果要远远胜于学堂和书本的教育。

首先是受众群体在数量上大大超过学校的学生人数。其次是寓教于乐的戏剧形式对普通民众具有很大的吸引力。因为戏剧不仅有曲折生动的故事情节，还有许多形态各异的人物形象，加上演员优美的唱腔，生动的表演，诙谐的语言，这些对各种文化层次的人都具有很强的吸引力。许多处于社会下层的平民百姓正是通过观看这些戏剧，了解了那些富有传奇色彩的历史故事和历史人物（当然包括食客）。很多普通百姓身上那种淳朴、善良、正直、侠义、忠诚和孝顺的道德品质的形成，有一部分就来自戏剧对他们潜移默化的教育感化作用。这些传统历史剧在使观众娱乐消遣的同时，弘扬了真、善、美的道德品格，鞭挞了假、恶、丑的人性弱点和丑陋灵魂。许多没有文化，不识字的普通民众，他们的世界观、人生观、价值观和道德观的建立，都是在传统历史剧的帮助影响下完成的。有不少普通民众的善恶美丑标准的建立，也是在传统戏剧的影响下来完成的。所以食客人物和故事在丰富传统戏剧创作题材的同时，在娱乐民众、教育感化民众上做出了一定的贡献。

三　食客文学形象的深远影响

食客之所以能够给后人以广泛而深远的影响，一个非常重要的原因是以《史记》、《战国策》为首的史传文学，塑造了许许多多丰富多彩、鲜明生动的食客形象，这些鲜活的食客文学形象在后世许多文人心中产生强烈的冲击和震撼。许多食客以其鲜明独特的文学形象跻身于中国文学的人物画廊：如豫让的“不以二心事主”的忠贞，伍子胥、主父偃的“日暮途穷”、“倒行逆施”，毛遂的“毛遂自荐”，蔺相如的“完璧归赵”，冯谖的“狡兔三窟”，苏秦的“锥刺股”发奋苦读（“头悬梁”当指《汉书》的孙敬），张仪的“吾舌尚在否”，荆轲的“图穷匕现”、“易水悲

① 以上戏剧资料见庄一拂《古典戏曲存目汇考》，上海古籍出版社 1982 年版。

歌”，李斯的“仓鼠人生”，韩安国的“死灰复燃”，等等。这些事迹在被人们广为传诵中逐渐地凝练成为成语典故，这些成语典故又常常被人们在日常生活中引用。再一个就是食客人物被文人经常地引用于他们创作的诗词、散文、小说、戏剧等文学作品中，这些食客在二度、三度的文学创作中，其文学形象被不断地丰富、丰满，逐渐地成为经久不衰的文学典型。

以养客闻名的战国四君子信陵君、孟尝君、平原君、春申君，则以另外一种形象时常地出现于各种文学作品中，如礼贤下士、爱才、识才、用才的文学形象，或是行侠仗义的典范受到后世知识分子的高度赞扬和肯定。战国四君子在被人们广为传诵中，又成为后世贤明君主或朝廷大臣学习效仿的榜样。

食客对文人的影响体现于各个方面，例如汉武帝时期的司马相如，他的原名叫司马长卿，小名犬子，后来他因为仰慕崇拜战国时期的蔺相如，才改名为司马相如。司马相如作为梁孝王的食客，因为创作了著名的《子虚赋》、《上林赋》而闻名当世。但是他为后人所津津乐道的，是他在临邛富豪卓王孙的家宴上琴挑卓文君，文君对他心生爱慕之情，两人连夜私奔回成都的浪漫的爱情故事。这个爱情故事后来又成为小说、戏剧的创作题材。通过这些文学样式，司马相如和卓文君成为家喻户晓的人物，也成为追求爱情自由和幸福婚姻的青年男女学习的榜样。宋嗣廉《历代吟咏〈史记〉人物诗歌选读》收录的吟咏和引用的有关司马相如的诗词曲有 218 首之多。这个数字超过了该书收录的有关项羽的诗词曲 98 首。

李白是一个热爱中国传统文化的诗人，他阅读了大量的中国古代文献典籍，受历史名人影响很深。在他的诗歌里经常吟咏历史名人，或引用历史人物的事迹作为他诗歌的比兴材料，这其中就有不少是食客人物。仅从宋嗣廉编撰的《历代吟咏〈史记〉人物诗歌选读》中李白诗歌吟咏或引用的食客人物的统计情况大致如下：

豫让 1 首：

“豫让空斩身，有心竟无成。”《东海有勇妇》

伍子胥 2 首：

“子胥既弃吴，屈原终投湘水滨。”《行路难三首》

“汉求季布鲁朱家，楚逐伍胥去章华。”《江上赠窦长史》

孟尝君 1 首：

“孟尝习狡兔，三窟赖冯谖。”《送薛九被谗去鲁》

春申君1首：

“春申一何愚，刎首为李园。”《送薛九被谗去鲁》

燕昭王、乐毅、郭隗2首：

“君不见，昔时燕家重郭隗，拥彗折节无嫌猜。剧辛乐毅感恩分。输肝剖胆效英才。昭王自古蒙蔓草，谁人更扫黄金台？”《行路难》

“乐毅倘生在，于今亦奔亡。”《经乱离后天恩流夜郎忆旧游书怀赠江夏韦太守良宰》

荆轲7首：

“羞道易水寒，从令日贯虹。燕丹事不立，虚没秦帝宫。”《结客少年行》

“击筑向北燕，燕歌易水滨。”《鲁郡尧祠送张十四游河北》

“武安有震瓦，易水无寒歌。”《发白马》

“击筑饮美酒，剑歌易水湄。”《少年行二首》

“长号易水上，为我扬波澜。”《赠友人三首》

“歌酣易水动，鼓震从台倾。”《自广平乘醉走马六十里到邯郸登城楼揽古抒怀》

“因击鲁勾践，争博勿相欺。”《少年行二首》

高渐离2首：

“燕南壮士吴门豪，筑中置铅鱼隐刀。感君恩重许君命，太山一掷轻鸿毛。”《结袜子》

“欲邀击筑悲歌饮，正值倾家无酒钱。”《醉后赠甥高镇》

聂荣1首：

“何惭聂政姊，万古共惊嗟。”《秦女休行》

平原君3首：

“三千堂上客，出入拥平原。”《赠宣城赵太守悦》

“客座三千人，于今知有谁。”《邯郸南亭观妓》

“平原三千客，谈笑尽豪英。”《自广平乘走醉马六十里至邯郸登城楼揽古抒怀》

蔺相如2首：

“慕蔺非曩古，攀嵇是当年。”《赠饶阳张司户燧》

“相如章华巅，猛气折秦嬴。”《自广平乘走醉马六十里至邯郸登城楼揽古抒怀》

毛遂1首：

“毛君能脱颖，二国且同盟。”《自广平乘走醉马六十里至邯郸登城楼揽古抒怀》

信陵君5首：

“闲过信陵饮，脱剑膝前横。将炙啖朱亥，持觞劝侯嬴。……救赵挥金锤，邯郸先震惊。千秋二壮士，烜赫大梁城。纵死侠骨香，不惭世上英。”《侠客行》

“若无三千客，谁道信陵君。……救赵复存魏，英威天下闻。”《博平郑太守自庐山千里相寻入江夏北市门见访却之武陵立马赠别》

“昔日豪贵信陵君，今日耕种信陵墓。”《梁园吟》

“应须救赵策，未肯弃侯嬴。”《赠升州王使君忠臣》

“若无魏公子，岂贵抱关人？”《送侯十一》

苏秦、张仪2首：

“张仪所以只掉三寸舌，苏秦所以不垦二亩田。”《笑歌行》

“洛阳苏季子，剑戟森词锋。六印虽未佩，轩车若飞龙。黄金数百亿，白璧有几双。”《魏郡别苏明因北游》

邹阳、枚乘1首：

“荆门倒屈宋，梁苑倾枚邹。”《赠王判官时余归隐庐山屏风叠》

韩安国1首：

“暖气变寒谷，炎烟生死灰。”《经乱离后天恩流夜郎》

季布3首：

“汉求季布鲁朱家，楚逐伍胥去章华。”《江上赠窦长史》

“鲁连善谈笑，季公折公卿。”《献从叔当涂宰阳冰》

“片辞贵白璧，一诺轻黄金。”《经乱离后天恩流夜郎忆旧游书怀赠江夏韦太守良宰》

司马相如4首：

“一朝将聘茂陵女，文君因赠白头吟。”《白头吟》

“汉家天子驰驷马，赤车蜀道迎相如。”《赠从弟南平太守之遥二首》

“圣主还听子虚赋，相如却与论文章。”《自汉阳病酒归寄王明府》

“十五观奇书，作赋凌相如。”《赠张相镐》

这里之所以详细地把李白诗歌中吟咏或引用食客的诗句列出来，一是想通过李白这些作品来说明食客对中国古代诗人产生了非常大的影响，这不仅体现于他们的文学作品中，还体现在他们的为人风貌和性格修养等方面；二是说明食客身上那种敢做敢为，任侠仗义、慷慨不羁的性格对李白产生了很深的影响。李白不仅在诗中表达了对他们的敬仰与崇拜，而且在日常生活中，他的行为作派都学习、模仿这些侠客们。例如他“十五好剑术，遍干诸侯”[1]，平常是剑不离身。据说李白曾亲手杀过人，他在诗中曾写道“托身白刃里，杀人红尘中”[2]。他将这些行为自诩为任侠行动。他还在一年之内散金30万，周济落魄公子。像李白身上表现出的那种桀骜不驯、豪放不羁、行侠仗义和“天生我材必有用”的自信性格，都有很多食客的影子。李白身上折射出后世许多文人受到食客潜移默化的影响，这种影响过去我们一般把它笼统地归结为传统文化的影响，没有将食客影响细划出来，也就忽略了食客的独特性对后世文人的影响作用。

第二节　食客文学对后世文学的影响

一　神话、寓言对叙事文学的影响

在《吕氏春秋》和《淮南子》里，收录了大量的神话和寓言故事，这些神话故事为后人了解远古时代的世界和生活，打开了一扇窗口，让后人了解窥视到那远古神秘的世界。神话故事情节的离奇、曲折、生动以及变化多端，开拓了后人的视野，启发了后人的想象力和表现力，给后世的叙事文学（不仅是小说和戏剧，包括影视剧），在故事情节的编排上，在人物形象的描写和塑造上以很大的启发和借鉴。最直接的影响就是以志怪神魔小说为题材的叙事文学。如魏晋时期的志怪小说《搜神记》、《列异传》，明清的《西游记》、《封神演义》、《聊斋志异》等。神话人物的超凡神力以及神秘莫测、出神入化的魔力，都给后人以极大的震撼和惊奇，这对于在儒家文化熏陶下成长起来的农业民族，是一种强大的冲击，它开

① （清）王琦注：《李太白全集·与韩荆州书》，中华书局1977年版，第1240页。

② 同上书，第462页。

启和培养后世文人的想象力，极大地扩展了后世文人文学想象的空间。

神话故事为后世文学创作提供了丰富的文学素材。像女娲补天、夸父逐日、精卫填海、后羿射日、盘古开天地、共工怒触不周山等神话故事，经常出现在后世的诗歌和散文、小说、戏剧等各类文学作品中，如李贺《李凭箜篌引》里就有“女娲炼石补天处，石破天惊逗秋雨”[①]。顾炎武《精卫》诗写道“我愿平东海，身沉心不改。大海无平期，我心无绝时。”[②] 表达了诗人永不停息，绝不放弃的斗争精神。梅尧臣《饮酒呈邻几原甫》有“夸父逐日死，共工触天倾”[③]。辛弃疾《归朝欢·题赵晋臣敷积翠岩》：“我笑共工缘底触，触断峨峨天一柱。补天又笑女娲忙，却将此石投闲处。”[④] 后人很多是通过这些文学作品了解了远古的时代和远古人类社会的生活状况的。而神话人物在面对各种自然灾害所表现出来的聪明智慧和顽强执著的斗争精神，给人们以极大的鼓舞和激励作用，他们不仅成为人们心目中的英雄，也成为后人学习效仿的榜样。

食客文学中的寓言故事继承了先秦诸子散文寓言故事的传统，寓道理于故事中，通过比喻性故事的叙述，将其讽刺或劝诫的思想寓于其中，达到深入浅出的效果。食客散文在诸子散文的基础上又有了进一步的发展，就是故事取材从以自然界的动植物为主，逐渐地发展到以取材历史故事和现实社会为主。借助生动的形象和比喻的手法，使富有教育意义的主题或深刻的道理在高度凝练的故事情节中揭示出来。这种借助寓言故事来阐明道理的方法，在食客散文中被发扬光大，并将其推向了高峰。到唐代柳宗元将原来附着于文章主题的寓言故事独立出来，成为单独的一种散文形式。而寓言故事生动有趣、凝练简洁、寓意深刻的特点，对后来的叙事文学在表现形式上提供了借鉴，其故事又成为叙事文学创作的生动素材。

二　表现手法对骈文的直接影响

食客散文和辞赋在铺排、对偶、藻饰、夸张等表现手法上对骈文的形

---

① （唐）李贺：《李贺诗歌集注》，上海人民出版社 1977 年版，第 31 页。

② （清）顾炎武撰：《顾林亭诗文集》，中华书局 1983 年版，第 279 页。

③ （宋）梅尧臣：《梅尧臣集编年校注》，上海古籍出版社 1980 年版，第 655 页。

④ 唐圭章：《全宋词》，中华书局 1965 年版，第 1896 页。

成和发展有很多影响。无论是食客的集体著作《吕氏春秋》、《淮南子》，还是个体的李斯《谏逐客书》，邹阳《狱中上梁王书》，或是枚乘的《七发》，司马相如的《子虚赋》、《上林赋》等，对骈文的发展形成都有许多影响。

这里我们先要明确骈文的概念。骈文是以对偶句为主，介于韵文和散文之间的一种文体。它不仅以对偶为主，而且对音韵有一定要求，讲究辞藻华丽和用典。虽然骈文兴盛于魏晋之后，但是它的萌芽和酝酿早在先秦和汉代就已经开始。先秦文学对骈文形成最直接影响的当数《楚辞》："无论是从对偶、词采上，还是从声韵、用典上，《楚辞》都可以说是后世骈文的先声。"① 到秦朝的李斯，其《谏逐客书》被谭献称为"骈体初祖"，是有一定道理的。《四库全书总目：四六法海》条下说："自李斯《谏逐客书》始点缀华词，自邹阳《狱中上梁王书》始点缀故事，是骈体文渐萌也。"② 李斯、邹阳都是食客作家，他们的散文对骈文产生了重要影响。特别值得一提的是，李斯在文章中开始自觉追求和表现对偶、音韵、用典和藻饰，体现出他对文章美的有意探索和表现。

汉代文学受楚文化和楚文学影响最深，不管是散文还是汉赋，都直接受到《楚辞》的影响，这一点已被诸多学者所证实。汉赋代表着汉代文学的最高成就，其中最能代表汉赋特点和成就的《七发》、《子虚赋》、《上林赋》都出自汉代食客枚乘和司马相如之手。经过诸多学者的研究考察，基本形成了共识：汉赋对骈体文的形成有一定的影响。刘麟生在《中国骈文史》，金钜香在《骈文概论》，姜书阁在《骈文史论》，台湾张仁青在《骈文学》中都有谈到这一问题。近人容肇祖在《中国文学史大纲》中指出：汉赋"这种铺叙排比的体制，侵入散文里，成为一种骈文，发生的影响更大，差不多可以说，足足影响了二千多年的文人"③。由于汉赋"特别注重辞藻的华丽和典故的频繁使用，因此辞赋文学不仅在对偶的这一关键性的因素上成就了骈文，而且在藻绘、用典等方面也对骈文有一定的影响"④。汉赋与骈文在铺叙、排比、藻饰、用典等表现形式上

① 于景洋：《骈文的形成与鼎盛》，《文学评论》1996年第6期。

② （清）永瑢：《四库全书总目·四六法海》，中华书局1965年版，第1719页。

③ 容肇祖：《中国文学史大纲》，开明书店1935年版，第92页。

④ 郭建勋：《楚辞与骈文》，《湖南大学学报》2001年第4期。

都是相同的，只是在句形、字数、音韵上两者还存在一定差别。再有主题表现内涵上骈文较之汉赋要丰富得多。所以从《楚辞》到汉赋，再到骈文，是诗的成分减少了，散文的成分增加了；抒情的成分减少了，咏物叙事的成分增加了。而在它们的发展过程中，汉赋是起到了承先启后、继往开来的中间桥梁的关键作用。

过去学术界认为汉赋的形成一是受到楚辞的影响，二是受到战国纵横家散文的影响。实际上纵横家有一部分人本身就是食客，前面已有介绍。如此看来，纵横家散文与食客散文之间本身就存在有交叉、重叠的关系。那么同为食客创作的汉赋受到纵横家散文，或者说食客散文的影响就在情理之中了。据此推测，他们相互之间的影响和关系应该是纵横家散文影响食客散文，食客散文又影响汉赋。甚至有可能是食客作家直接将散文的创作方法运用到汉赋的创造中，使汉赋具有了纵横家散文的风格特点。

从文学发展的角度来看，纵横家散文到食客散文，再到汉赋，食客的文学创作日趋成熟。我们看到从《吕氏春秋》到《淮南子》，再到邹阳、枚乘和司马相如的散文；从创作技巧的运用看，他们在铺排、夸张、比喻的手法运用上，呈现出递进上升的趋势。而枚乘、司马相如本身就是汉赋的代表作家，所以他们在学习、继承楚辞及战国散文时，不仅将这些表现形式运用于他们的散文创作，还自然地或者说习惯地将它用于汉赋的创作，使汉大赋在他们手中完成，并且形成了汉赋“铺采摛文，体物写志”[①] 的风格特点。汉赋代表着汉代文学的最高成就，食客出身的司马相如和枚乘又是汉赋成就最高的文人。可以说食客文学，对汉文学的发展繁荣做出了巨大贡献。

第三节　食客对中华民族性格的影响

一　民族性格的形成

所谓“民族性格”，不同的学者和辞书有着不同的解释，赵荣、张宏莉认为：“民族性格是一个民族长期发展过程中积累和沉淀下来的，是该民族所有成员所固有的各种品质的抽象概括，是民族传统文化中产生的最

① 周振甫：《文心雕龙今译·诠赋》，中华书局1986年版，第76页。

固定最具特色的个性。”①

民族性格是怎样形成的呢？何东亮认为：“一个民族各个成员对自然和社会上的各种事物和现象必然产生共同的认识，形成共同的价值观，进而必然塑造他们共同的性格特征。这种共同的性格特征就是一个民族在与特殊生存环境的相互作用中，在其自身创造的传统文化、精神的浸染中逐渐形成的。”② 民族性格的形成有一个循序渐进的过程，它不是一次定型完成的，它有一个逐步形成完善的过程。“民族作为人们共同体的一个单位，其性格的好与坏，很大程度上取决于该共同体内所有成员的共同表现。”③ 由于每个民族共同体成员的表现有好有坏，所以每个民族的性格自然也有好有坏，有优有劣了。每个民族的性格既有优点，也有缺点。一个民族只有敢于承认和正视其民族性格的缺点，才能积极地去改正它，注意去扬弃它，并努力地使其缺点朝着积极的方向去转变。

春秋战国是中国社会最为动荡的变革时期，传统的、旧的思想观念受到冲击，各家各派的思想极其活跃，在相互碰撞中闪耀着思想和智慧的火花。各种新的思想和文化也在不断地产生，这些对中华民族性格的形成和演变都有一定的影响。正如翁银陶所言：

> 某一时代的民族性格，以及因这种性格而形成的社会风尚总是与该时代的政治、经济紧相联系的，因而随着西周的灭亡，随着诸侯兼并、强国争霸的春秋时代的开始，……华夏民族性格也就不可避免地遭到强大的冲击，而一种新的，……崇尚强力与诈谋的民族性格则渐露端倪。④

食客性格正是在这样的时代背景下形成，并且打上了这个时代的烙印。

---

① 赵荣、张宏莉：《“民族性格”及其特点的辩证解析》，《黑龙江民族丛刊》2010年第2期。

② 何东亮：《浅析民族性格的成因》，《江苏教育学院学报》1995年第2期。

③ 赵荣、张宏莉：《“民族性格”及其特点的辩证解析》，《黑龙江民族丛刊》2010年第2期。

④ 翁银陶：《略论先秦华夏民族的性格演变》，《中州学刊》1996年第4期。

二　食客性格的基本特征

食客是一个特殊的群体，这个群体的人文化程度不高，成分复杂，来自于各个阶层和各个诸侯国。这种复杂的情况决定了他们性格的复杂性和多变性，甚至一些人身上出现了二律背反的性格倾向。食客性格的基本特征主要体现在下面几个方面：

第一，忍辱负重，立功扬名。春秋战国是一个个性张扬的时代，也是食客渴望立功扬名的时代。食客由于家境的贫寒，出身的卑微，使他们非常渴望出人头地，渴望立功扬名。为了达到这一终极目标，他们都磨炼出超强的承受力和忍耐力。食客需要忍受贫寒，忍受屈辱，忍受歧视，忍受虐待，忍受社会的不公。有时还要忍受来自内部的妒忌、猜疑和打击报复。像孙膑因为才华高于同学庞涓，就遭其羡慕嫉妒恨，故意陷害他，使其遭遇了酷刑，成为一个残疾人。范睢因为深得齐王赏识，赠送礼物，遭到魏相魏齐的猜疑，怀疑他私通齐国对他施以酷刑。苏秦忍受的是事业的失败，家人的冷遇和嘲笑。伍子胥忍受的是另外一种打击和痛苦。父兄被楚平王杀害，自己被楚兵追杀，肩负着复仇的重任，被迫逃亡，一路颠沛流离，辗转于楚国、宋国、郑国、吴国，但是他始终没有放弃复仇的信念。面对种种痛苦、挫折和不幸，食客们都默默地承受着各种不幸和打击。为了实现自己的理想和人生追求，他们不惜委曲求全地忍辱负重，最终“守得云开见月明”。经过自己的努力，他们终于等到了机会，实现了自己的理想：伍子胥、孙膑终于复仇成功。苏秦、范睢、主父偃获得了高官厚禄。在食客们忍辱负重的背后更多的是坚持、坚守，是执著的信念和永不放弃的积极、乐观的精神支撑。正因为他们敢于面对困难，面对挫折，不畏牺牲，不惧失败，最后才能够扬眉吐气，成就功名。

第二，忠心报恩，重义轻生。报恩作为中华民族传统的伦理道德观念，一直以集体无意识的形式渗透于人们的思想意识和道德观念中，影响人们的生活，规范人们的行为。这种集体无意识又常通过文学作品、民间歌谣和谚语、警句格言等形式向子孙后代传递着，不断地强化他们的思想和意识。“谁言寸草心，报得三春晖”，这是教育儿女要报答父母的养育之恩。“滴水之恩当涌泉相报”，这是要求受恩者哪怕得到别人一点点好处，都要铭记于心，有机会要十倍、百倍地回报恩人。“结草衔环”表达了古人受恩深重，至死也要报答的思想。人们常常把报恩与讲信义、重情义联系在一起。知恩图报是每一个人立足社会起码的处世之道。如果一个人知恩不报或者是不知感恩的话，常被人们视为“忘恩负义”，不仅会受到世人的唾弃和谴责，还会冠以“中山狼”之恶名。

忠于主人，知恩、感恩和报恩是食客的一种职业操守和必须遵守的基本原则。这种报恩不仅体现于他们平日为主人做事，服务主人上。受其恩养，为其做事乃天经地义，只能说他们在尽义务，这不算真正的报恩。食客的报恩，是指他们在主人遭遇不幸或是落难之时，不考虑个人利益或安危，重义轻生，义无反顾地为主人排忧解难，甚至为主人不惜献出生命。像《越氏孤儿》里舍身救孤的公孙杵臼，还有刺客专诸、豫让、聂政、荆轲，孟尝君的食客冯谖，白公胜的食客石乞，靖郭君的食客昆辨等，他们都是食客里忠心报恩的典范。正所谓疾风知劲草，患难见真情。

这些舍身报恩的食客，有的主客关系比较简单，就是施恩与报恩的关系。像专诸、聂政、荆轲等；有的主客关系更加密切，更加牢固。如孟尝君与冯谖，智伯与豫让，靖郭君与昆辨等。主与客因为长期相处，彼此建立起一种亲密和信任的关系。主人对食客的施恩是润物细无声地体现于日常生活的点点滴滴，如礼贤下士，平等尊重，赏识器重等等，虽然也有物质的优厚待遇，但是更多体现于精神层面。这是促使食客重义轻生，为忠诚驱使报恩主人的原动力。他们报答主人不重物质，不计条件。对主人的忠心可以超越一切，忠诚的因素超越了金钱等物质因素。食客把忠心耿耿的精神内涵，逐步外化成为侠义报恩的具体行动，进而逐渐地转化成为食客们共同遵守的行为准则和处事态度，再进一步发展成为食客的基本性格。

第三，追名逐利，投机钻营。这里的“追名逐利”与前面的“立功扬名”有些相似，又有本质的区别。相似在于两者都求名，以出名、扬名，出人头地为终极目标。区别在于“立功扬名”是一种精神境界的追求，所以它重精神而不重物质，带有褒义性。而“追名逐利”是求名也求利，重精神更重物质，带有贬义性。

对追名逐利的食客而言，投机钻营是手段，追名逐利才是目的。为了达到这一终极目的，许多食客不择手段，各显神通。像李园通过嫁妹借种来谋取相位。郡中小吏的李斯从“仓鼠哲学”中悟出了出人头地之道，改学帝王之术，位居秦国相位，实现了人生梦想。为了保住名利富贵，不惜出卖道德、良心，与赵高一起篡改秦始皇遗诏，成为千古罪人。值得注意的是，像毛遂、冯谖等食客，为了改变自己的现状，抓住机遇，表现自己，最终实现了自己的梦想和追求。如何区分“投机钻营”与“抓住机遇”两者的界线呢？“抓住机遇”是个褒义词，它表现了积极的人生态度。行为者的方式方法符合社会道德原则，既出人意料又在情理之中，所以得到人们的赞赏和认可。“投机钻营”是个贬义词，行为者的行为方法损人利己。他们为达到目的，不惜损害他人利益，违背了社会的伦理道德，受到社会的谴责和批判。尽管如此，很多食客通过投机钻营，实现了他们的人生追求。这对后来食客树立了很坏的榜样。而榜样的力量是无穷的，许多食客纷纷学习效仿，久而久之，“投机钻营”便由外在的行为方式，内化为食客的性格特征。

第四，心胸狭隘，自卑自傲。食客因为大多都出身贫寒，又寄人篱下，形成他们自卑自傲的心理性格。他们自傲是为了掩饰内心的自卑。因为内心害怕被别人歧视，所以外表常表现得比别人更自尊、自傲，更敏感多疑。他们比常人更在意别人对自己的态度和评价。攀比、炫耀是他们自傲的行为表现方式，以此来掩盖内心的自卑。一些食客来自小农生产者，小农生产者的心胸狭隘使得一些食客为人处世比较敏感多疑。像孟尝君一食客误以为主人待客“饭不等”，猜疑孟尝君待客有高低贵贱之别，感觉是对他的侮辱和歧视，先是愤而“辍食辞去”。当他发现自己错怪主人时，又以自杀这种过激的方式向孟尝君谢罪。食客的敏感多疑源于他们的心胸狭隘，这种狭隘发展到极致，有时会演变为报复，甚至仇杀。像范雎对魏齐和须贾的报复，韩信舍人举报他谋反的报复，都是由于他们心胸狭隘引发的。

三　食客影响中华民族性格的几个因素

（一）积极进取，自强不息的精神品格

中华民族长期以来都有积极进取，自强不息的奋斗精神。《周易》的“天行健，君子以自强不息。”[①] 孔子的“发愤忘食，乐以忘忧，不知老之将至”[②] 的进取精神与食客的积极进取、自强不息的奋斗精神是一脉相承的。这种精神品格对中华民族的影响是久远绵长的。每一个成功的食客，都有过积极进取、顽强奋斗的人生经历，像毛遂、冯谖、商鞅、范雎、苏秦、张仪、李斯等。他们都经历过坎坷，经历过挫折和失败，但是无论是

---

① （清）阮元校刻：《十三经注疏·周易·乾》，第 14 页。

② 《诸子集成·论语正义·述而》，上海书店 1986 年版，第 145 页。

什么困难和挫折，都没有使他们气馁，没有让他们放弃。经历过失败，但是他们都没有放弃，像“毛遂自荐”积极进取的精神，像苏秦“锥刺股”勤奋学习，刻苦钻研，永不放弃的毅力，给后世出身卑微，志向远大的寒门学子以极大的鼓舞。这些成功食客的身上，有一种坚韧执著和锲而不舍的精神，有一种积极进取、顽强奋斗的品格，这是激励他们坚持下去的勇气和力量。这种精神和品格在其传承发展中逐渐地融入到中华民族的性格中，成为中华民族的基本性格。

这种积极进取、自强不息的精神品格产生了广泛而深远的影响，被一代一代传承下来。像战国时期的屈原，以“路漫漫其修远兮，吾将上下而求索”的精神，积极地投身楚国的政治改革，为楚国的繁荣强盛而积极奔走。秦末农民起义领袖陈涉，在陷入绝境之时揭竿而起，高呼：“壮士不死即已，死即举大名耳，王侯将相宁有种乎！”[①] 首先发起了反抗秦王朝的起义。

西汉的张骞，两次出使西域，经历了被匈奴扣留，为他娶妻生子，各种拉拢利诱，都没能动摇他为汉朝通使月氏的决心和意志。他找机会逃跑，途中又经历了人烟稀少、物质匮乏、气候恶劣等各种艰难困苦，许多人因饥饿和疾病倒毙途中，他终于顽强地战胜了重重困难，完成使命，胜利归来。张骞出发时一百多人的队伍，等他回到长安，仅剩他跟堂邑父两人。由于张骞对西域的出使，沟通了汉朝与西域各国的交往与联系，开辟了沟通中国与西域各国联系的丝绸之路。东汉末年的曹操，在军阀混战，民不聊生的动乱时期，他以“老骥伏枥，志在千里。烈士暮年，壮心不已”[②] 的积极进取的人生态度，广纳人才，以顽强奋斗的精神，消灭了各派军阀势力，统一了北方，为儿子曹丕建立魏王朝奠定了坚实的基础。

（二）忍辱负重，顽强不屈的精神意志

每一个成功的食客，都有过屈辱、挫折和失败的人生经历，都有过艰辛的奋斗历程。他们在困厄之时经历的屈辱和痛苦，承受着精神和肉体的双重打击，司马迁是深有体会的。对食客在逆境中顽强拼搏的勇气和毅力，司马迁充满敬意。他特意在伍子胥、孙膑、范睢、苏秦等人的传记中，着重表现他们在困境中忍辱负重、顽强不屈的斗争精神和决不放弃的

---

① 《史记·陈涉世家》，第1952页。

② （宋）郭茂倩：《乐府诗集·曹操·步出夏门行其二》，中华书局1979年版，第545页。

坚强意志。“千淘万漉虽辛苦，吹尽狂沙始到金。”[①] 食客们历经磨难，不屈不挠，终获成功的经历，给后人以深深的震憾和榜样的力量，这种精神和意志逐渐地融入到中华民族性格的血脉里。

司马迁自己就继承了这种忍辱负重，顽强不屈的民族性格。他与忍辱负重的食客有着相似的遭遇，由于为李陵投降匈奴说了几句公道话，他被投进监狱，遭遇腐刑，承受着心理和身体的双重打击。他向朋友任安诉说心中的悲苦：“最下腐刑，极矣。”[②] 在司马迁看来，人生承受的各种屈辱，最重者乃腐刑。他用“极矣”来表现“腐刑”给人造成的肉体和精神的双重伤害程度。只有亲身经历腐刑折磨的人，才能有这样真切的体会。然而，为了完成父亲的遗愿，为了《史记》的写作，司马迁隐忍苟活。食客们忍辱负重，终获成功的事迹激励着司马迁，给他以鼓舞。司马迁在他们的精神感召下完成了《史记》的写作，实现了父亲的遗愿。

中华民族是以农业生产为主，自给自足的农耕民族。中国小农生产者有着“安土重迁，黎民之性，骨肉相附，人情所愿”[③] 的传统习性。他们重家庭亲情，重故土乡邻，勤劳善良，克己忍让，安分守己，与世无争，这是大多数中国人的传统性格。不遭遇重大变故或重大灾难，许多人会在安稳平和中度过一生。但是一旦国家、民族遭遇外敌入侵，或是家族亲人受到外人凌辱欺压的时候，中华民族身上所蓄积的反抗力量就会像火山岩浆一样爆发出来。

中华民族是一个忍耐力和承受力极强的民族，为了保卫自己的土地和家园，为了民族和家人的复仇雪耻，许多人会在忍辱负重中蓄积力量，不惜耗尽自己一生的精力及生命的代价，甚至付出他们的子孙后代及家人的性命都在所不惜。从南宋的抗金英雄岳飞、杨家将，到明末爱国英雄文天祥；从鸦片战争到抗日战争，中华民族在遭遇外敌入侵时，从没有屈服和妥协过。他们以忍辱负重，顽强不屈的精神意志，发愤图强，与敌人进行不屈不挠的斗争。著名京剧艺术大师梅兰芳在抗战时期，为了保持民族气节，拒绝给日本人唱戏，为此他蓄须明志，表现了一个艺术家对祖国的忠贞和崇高的民族气节。东北抗日英雄杨靖宇、赵尚志、赵一曼，国民党五

① 瞿蜕园：《刘禹锡集笺证·浪淘沙》，上海古籍出版社 1989 年版，第 864 页。

② 张大可注释：《史记新注·报任安书》，华文出版社 2000 年版，第 2194 页。

③ 《汉书·元帝纪》，第 292 页。

十九军军长，抗日英雄张自忠等无数英烈，无论敌人多么凶残，环境多么恶劣，他们坚贞不屈的民族气节矢志不渝。“苟利国家生死与，岂因祸福趋避之”①，是对他们崇高行为的最高礼赞。

（三）慷慨任侠，舍生取义的崇高品质

食客的文学形象和感人事迹给后人印象最深，影响最大的是荆轲、豫让、蔺相如、公孙杵臼等刺客及侠义之客。他们慷慨任侠、舍生取义的崇高品质，为后人敬仰、崇拜，成为后人学习的榜样。慷慨任侠体现了一种精神气质，舍生取义表现的是一种人生态度，两者结合逐渐内化成为中华民族的性格。

“舍生取义”是儒家传统的道德观念之一，后来逐渐发展成为中华民族的性格。在其演变过程中，蔺相如、荆轲等食客，以自己慷慨任侠的行动，具体诠释了“舍生取义”的深刻内涵，以他们的亲身实践，将这一抽象、概念化的理论形象化、具体化、人格化。借助文学形象的影响，由感化后人到激发后人学习、效仿，在逐渐演化成为中华民族风尚的同时，也逐步凝练成为中华民族的性格。

从道德品质和人格修养的角度来考量，“舍生取义”体现了一个人思想品质上的正义与无私；体现了人们在对待“公”与“私”，利益与名节、物质与精神上的取舍态度；体现了一个人在家与国，个人与集体的利益发生冲突时，应该舍小家，保国家；应该舍个人，保集体。它决定了人们面临“生”与“义”两难抉择时的取舍。“慷慨任侠”是对这种人生取舍态度的精神礼赞，它体现了一个人思想的崇高和灵魂的高尚。慢慢地人们在这样的社会舆论氛围的影响下，逐渐形成了极其鲜明的善恶、美丑的评判标准和价值取向。这种道德的评判标准和价值取向通过集体无意识的形式，一代代影响着中华民族的后人，像李白、陆游、辛弃疾、秋瑾等文人，他们不仅有好侠、任侠的性格，在作品里也表达了对慷慨任侠、舍生取义行为的崇尚与向往。据辛文房《唐才子传》说李白“喜纵横，击剑为任侠，轻财好施”②。魏灏《李翰林集序》写李白“少任侠，手刃数

① 邱远猷译注：《林则徐邓廷桢黄爵滋诗文选译·赴戍登程口占示家人》，巴蜀书社 1997 年版，第 149 页。

② 傅璇琮主编：《唐才子传校笺》，中华书局 1987 年版，第 384 页。

人”[①]。他的《侠客行》曰：

> 赵客缦胡缨，吴钩霜雪明。银鞍照白马，飒沓如流星。十步杀一人，千里不留行。事了拂衣去，深藏身与名。闲过信陵饮，脱剑膝前横。将炙啖朱亥，持觞与侯嬴。三杯吐然若，五岳倒为轻。眼花耳热后，意气素霓生。救赵挥金锤，邯郸先震惊。千秋二壮士，烜赫大梁城。纵死侠骨香，不惭世上英。谁能书阁下，白首太玄经。[②]

秋瑾自称鉴湖女侠，取笔名汉侠女儿。她的《对酒》诗曰：“不惜千金买宝刀，貂裘换酒也堪豪。一腔热血勤珍重，洒去犹能化碧涛。”[③] 许多学者文人及普通民众，在学习食客慷慨任侠、舍生取义的行为之时，又以集体无意识的形式代代相传，犹如滚雪球一样，逐渐成为中华民族的性格。

东汉末年，宦官势力猖獗，一批忠诚正直，富有正义感的知识分子不禁拍案而起。他们品议人物，批评朝政，与阉宦势力作坚决的斗争。他们诛杀、抨击那些欺民枉法、为非作歹的宦官及其党羽，因此引发了中国历史上最早的两次惨烈的党锢之祸。当时被捕杀、禁废、迁徙的党人及家属达六七百之多。“党人”张俭被朝廷追捕，他“亡命，困迫遁走，望门投止”[④]。当时的社会民众极其敬佩“党人”的忠贞正直，百姓们“莫不重其名行，破家相容”[⑤]。张俭一人得存时，已“祸及万家”。后人对张俭为保一己之命，“祸及万家”颇有微词。但是，从另一个侧面反映出慷慨任侠、舍生取义的社会风尚在当时已经蔚然成风。

（四）投机钻营，追名逐利的劣根性

食客对中华民族性格的影响既有正面的，也有负面的；既有积极的，也有消极的。“如果有一天某个民族被确定了某些特征，如欺骗、胆小或不礼貌，那么，这个民族的所有成员无一例外地都要承受这种罪过”[⑥]，

---

① （唐）李白：《李翰林集·序》，江苏广陵古籍刻印社1980年版，第19页。

② （清）王琦注：《李太白全集》，中华书局1977年版，第216页。

③ 中华书局上海编辑所编辑：《秋瑾集》，中华书局1960年版，第68页。

④ 范晔：《后汉书·党锢列传》，中华书局1965年版，第2210页。

⑤ 傅璇琮主编：《唐才子传校笺》，中华书局1987年版，第2210页。

⑥ 赵荣、张宏莉：《“民族性格”及其特点的辩证解析》，《黑龙江民族丛刊》2010年第2期。

接受这个现实。这些特征将无一例外地赋予该民族的所有成员，无论他们是否具有这些特征。像“投机钻营，追名逐利”对中华民族影响久远，它逐渐积淀成为中华民族的劣根性。过去人们常喜欢用这两个词形容商人，毕竟追求利益最大化是商人的目标，也是他们的一种本能。却不知这两个词最初与食客有着密切关系。食客之间的等级差别造成了他们相互的攀比和竞争，适者生存的法则逐渐催化和培育出他们投机钻营，追名逐利的性格。这种性格之后又逐渐地融入到中华民族的性格当中。

苏秦、张仪、李园、李斯、嫪毐等食客靠投机钻营脱颖而出，步入政治舞台。他们的成功给后人以启示和榜样的作用。从汉代的察举征辟制，到魏晋的九品中正制，官员的任用仍然是以举荐为主。对官员的选拔和考查都没有规范的量化指标作为依据，缺乏科学、公平、公正的评价和选拔机制。无论古代还是现代，在人才任用选拔机制上总是存在缺陷，制度上的缺陷自然就给投机钻营者有了可乘之机，给人为操纵留下很大的空间，也给投机者以钻营的机会。他们利用人性的弱点投其所好，利用制度的缺陷钻空子，自己不断地步步高升，得到高官厚禄，获得了丰厚的回报。前人的成功经验对后辈又有一种示范的效应，于是代代相传，长江后浪推前浪，久而久之积淀成为中华民族的劣根之性格。

中华民族是一个农耕民族，重利、逐利是小生产经营者的本性。食客中有的人出身农民，像苏秦、冯谖等。小农生产者天性的自私、狭隘和对名利富贵的渴望，使他们把生产上的逐利之道用于仕途上。他们对苏秦这些成功食客由羡慕到学习效仿。像三国时期的孟他、孟达父子就是投机钻营的典型，父亲孟他为了获取官位，不惜倾尽家财贿赂当时的权贵张让，最终谋到了一个凉州刺史的高位。儿子孟达为了谋取更大的利益，先投靠刘璋，后投靠刘备，再背叛刘备去投靠魏王曹丕，身在曹营又向蜀国、吴国暗送秋波。因为孟达的自私自利，在关羽兵败麦城时他坐视不救，还阻止刘封发兵，最后导致荆州陷落，关羽被害。在中国无论是古代还是当代，像孟他父子那样投机钻营者比比皆是，而且越是体制不完善，投机钻营者就越是大行其道，几乎达到无孔不入的程度。甚至出现了人人痛恨投机钻营者，却又人人学习效仿的怪现象。

附录1

《史记》食客活动一览表

序号	食客	人主	时代	主要事迹	出处
1	周君之秦客	周君	周赧王四十五年	劝周冣说服周君把应邑割给秦昭王母作汤沐邑，与秦善交	周本纪，167页
2	周相之客	周相国	周赧王五十八年	劝说相国去见秦昭王，使秦信周，发兵攻打三晋	周本纪，168页
3	陈恢	南阳守	秦末战乱	说服沛公，挽救人主性命，挽救宛城命运	高祖本纪，359—360页
4	公孙杵臼	赵朔	春秋晋景公时期	与程婴共同保全赵氏孤儿，用自己婴儿换赵武，被杀害	赵世家，1783—1784页
5	徐子	魏太子申	春秋魏惠王三十年	献计魏太子申，自我推荐以失败告终	魏世家，1845—1846页
6	魏勃	齐相曹参	西汉初期	自荐为曹参舍人，不断攀升为齐国宰相，曾为齐悼惠王解兵围，对平息诸吕叛乱有功	齐悼惠王世家，2001—2004页
7	召平	萧何	西汉初期	劝谏萧相国把家族子弟送到前线刘邦身边，消除其疑虑	萧相国世家，2017页
8	萧何客	萧何	西汉初期	劝萧何自毁名声，取得高祖信任	萧相国世家，2018页
9	郦食其	汉王	楚汉争霸时期	为汉王计谋桡楚权，被张良否定	留侯世家，2040页
10	商鞅	景监	战国末期	因景监见孝公，为孝公重用，通过变法使秦国富强，为秦相十年，遭贵族怨恨，最后被车裂	商君列传，2228—2237页

续表

序号	食客	人主	时代	主要事迹	出处
11	冯喜	张仪	战国末期	替张仪出使齐，说服齐王撤兵梁国，与张仪演绎一幕自救喜剧	张仪列传，2299 页
12	宋公	仇液	战国时期	谏说人主，使其不得罪于人，保护人主	穰侯列传，2324 页
13	梁惠王客	梁惠王	战国时期	向人主推荐淳于髡	孟子荀卿列传，2347 页
14	蔽火光食者	孟尝君	战国时期	以为孟尝君待客饭食不等，最后羞愧自刭	孟尝君列传，2354 页
15	鸡鸣狗盗者	孟尝君	战国时期	以鸡鸣狗盗方法助孟尝君逃离秦国	孟尝君列传，2355 页
16	孟尝君群客	孟尝君	战国时期	击杀赵地数百人以泄人主之愤	孟尝君列传，2355 页
17	魏子	孟尝君	战国时期	放宽薛地百姓税收，为孟尝君争取民心。又自刎向齐王谏孟尝君不反	孟尝君列传，2356—2357 页
18	冯谖	孟尝君	战国时期	三次弹剑而歌得到上客待遇；为孟尝君营造“三窟”，终于助其再为齐相	孟尝君列传，2360—2362 页
19	毛遂	平原君	战国时期	自荐帮助平原君于赵楚合纵会盟取得成功，名声显赫，成为上客	平原君列传，2366—2368 页
20	李同	平原君	战国时期	说服平原君拿出家财兵力与秦军最后一搏，击退秦军三十里，为援兵到来争取宝贵时间	平原君列传，2368—2369 页
21	信陵君一客	魏公子	战国魏安厘王时期	魏公子解邯郸之围后有骄色，其客劝说，使其愈恭	魏公子列传，2382 页
22	朱英	春申君	战国楚考烈王时期	两次谏说春申君，第一次使人主于渐微时受封位尊；第二次要人主注意李园阴谋，被拒后离去	春申君列传，2395—2397 页

续表

序号	食客	人主	时代	主要事迹	出处
23	李园	春申君	战国楚考烈王时期	借种春申君，通过其手将有孕妹妹进献楚王，当上楚王国舅后谋杀春申君	春申君列传，2396—2398页
24	范雎	须贾	战国秦昭王时期	随须贾出使齐国，被误会私通齐国，受鞭笞几死，后逃到秦国，游说秦王成功，荣升秦相，位高权重	范雎蔡泽列传，2401—2418页
25	蔺相如	缪贤	战国赵惠文王、赵孝成王时期	助人主缪贤逃过一劫，得缪贤推荐，出使秦国，完璧归赵。渑池会上与秦针锋相对，为赵王挽回面子	廉颇蔺相如列传，2439—2442页
26	邹阳	梁孝王	战国梁孝王时期	因才遭忌被下狱，上书梁孝王陈忠心，遇赦尊为上客	鲁仲连邹阳列传，2469—2478页
27	嫪毐	吕不韦	战国末秦始皇时期	被吕不韦招为舍人，以男色勾引太后，得太后幸宠，得势招宾客千余人	吕不韦列传，2511页
28	豫让	智伯	春秋末期	为人主报仇，事主不怀二心，刺杀赵襄子失败，最后自刎	刺客列传，2519—2521页
29	专诸	公子光	战国时期	为公子光刺杀吴王僚成功，自己被刀砍死	刺客列传，2519—2521页
30	聂政	严仲子	战国时期	为严仲子刺杀韩相侠累，成功后自毁容貌而死	刺客列传，2523—2525页
31	荆轲	太子丹	战国时期	被田光推荐给太子丹，感太子丹礼遇，为其杀秦王未遂，被砍死	刺客列传，2525—2537页
32	高渐离	宋子	战末秦初之际	为荆轲报仇，更名改姓为人庸保，弄瞎眼到秦宫击筑，击杀秦始皇未遂被诛	刺客列传，2536—2537页
33	张耳	信陵君	战国末期	年少时曾为信陵君客，无为	张耳陈余列传，2571页

续表

序号	食客	人主	时代	主要事迹	出处
34	客	张耳岳父	战国末期	主人富家女举荐张耳，为其作媒	张耳陈余列传，2571 页
35	李斯	吕不韦	秦始皇时期	初为吕不韦舍人，得赏识被举荐做秦始皇客卿。上书反对逐客，与赵高联手篡改先帝遗诏	李斯列传，2539—2546 页
36	卢绾	刘邦	秦末	高祖起兵时以客身份从	韩信卢绾列传，2637 页
37	樊哙	刘邦	秦末	高祖起兵时以舍人身份从	樊郦滕灌列传，2651 页
38	张苍	刘邦	秦末	刘邦带兵经过阳武时，以客身份从，攻打南阳	张丞相列传，2675 页
39	周緤	刘邦	秦末	刘邦起沛时以舍人身份从，常给刘邦做参乘	傅靳蒯成列传，2711 页
40	审食其	刘邦	秦末汉初	以舍人身份从沛公，后又以舍人身份侍奉吕后	淮南衡山列传，3085 页
41	周苛	刘邦	秦末汉初	曾为泗水卒吏，击破泗水受监后，以客从高祖	张丞相列传，2676 页
42	任敖	刘邦	秦末汉初	曾为狱吏，高祖起兵时以客从，后封广阿侯	张丞相列传，2680 页
43	袁盎	吕禄	汉初	高后时为吕禄舍人，后为朝庭大臣	袁盎晁错列传，2737 页
44	贯高	张耳	汉初	曾为张耳门客，曾为赵王张耳、张敖父子两代宰相	张耳陈余列传，2583 页
45	赵午	张耳	汉初	曾为张耳门客，后为赵王张耳宰相	张耳陈余列传，2583 页
46	孟舒	张耳	汉初	为赵王张耳门客，参与贯高、赵午谋杀高祖计划，自髡钳为奴随赵王入关领罪	张耳陈余列传，2585 页

续表

序号	食客	人主	时代	主要事迹	出处
47	薛公	滕公	汉初	原楚令尹，后投滕公为客，得人主推荐汉高祖，商讨应对黥布造反，得封千户	黥布列传，2604页
48	郦食其	刘邦	汉初	说服刘邦缓攻陈留，劝说陈留令无望时斩其首，为汉拿下陈留。劝说齐王降汉，下齐七十余城	郦生陆贾列传，2692—2696页
49	陆贾	刘邦	汉初	两次出使南越，说服南越王臣服汉王朝	郦生陆贾列传，2697—2698页
50	朱建	辟阳侯审食其	孝惠至孝文帝时期	从孝惠帝手中救出人主。为祸不殃及诸人自刭身亡	郦生陆贾列传，2702—2703页
51	田仁	卫青	汉景帝时期	因家贫得不到人主赏识与推荐	田叔列传，2778—2781页
52	任安	卫青	汉景帝时期	与田仁同心相爱，为卫将军舍人，因家贫得不到赏识与推荐	田叔列传，2780—2781页
53	舍人奴	齐丞相	春秋战国时期	扁鹊望舍人奴气色知其患病，并诊断其活不久	扁鹊仓公列传，2806—2807页
54	高遂	窦婴	孝景帝时期	说服人主继续上朝如故	魏其武安侯列传，2840页
55	田蚡客	田蚡	汉武帝时期	孝景崩，太子立，所镇抚多有田蚡宾客计策	魏其武安侯列传，2842页
56	籍福	田蚡	汉武帝时期	劝说田蚡让窦婴为丞相，自己做太尉，博取让贤之名	魏其武安侯列传，2842页
57	张孟	颍阴侯婴	孝文帝至景帝时期	受宠于人主，赐二千石并赐姓灌氏。为灌婴舍人，有子灌夫，成为西汉将军	魏其武安侯列传，2845页
58	伍被	淮南王刘安	孝景帝时期	为淮南王门客八公之一，反对人主谋反，对其劝说，人主默然，后被武帝诛杀	淮南衡山列传，3085页

续表

序号	食客	人主	时代	主要事迹	出处
59	左吴	淮南王刘安	孝景帝时期	为淮南王门客八公之一，参与人主谋反	淮南衡山列传，3085 页

注：司马迁《史记》为中华书局三家注本，1985 年出版。

附录2

《战国策》食客活动一览表

序号	食客	人主	时代	主要事迹	出处
1	苏代	东周君	周赧王八年	为东周计使西周下水	东周策·五 18页
	苏代	周君	周赧王八年	为周君令韩不征甲与粟于周	西周策·四 74页
	苏代	甘茂	周赧王九年	为甘茂谋贵于齐	秦策二·十二 246—247页
	苏代	齐王	战国齐襄王时期	为齐献书穰侯	秦策二·十五 253—254页
	苏代	韩王、赵王	周赧王五十六年	为韩赵说秦相	秦策三·十五 322—323页
	苏代	齐闵王	周赧王二十七年	说齐闵王兵主于后起，藉权不为人主怨	齐策五·一 634—640页
	苏代	齐闵王	战国齐闵王时期	苏代向齐王叙述他劝说赵国奉阳君坚守五国联盟的情况	赵策四·四 1085页
	苏代	田需	战国魏惠王时期	为田需游说魏王，使田需得到重用	魏策二·三 1203页
	苏代	昭鱼	战国时期	苏代为楚国昭鱼游说魏王，使魏太子为魏相	魏策二·十三 1223页
	苏代	信安君	战国时期	秦召魏信安君，信安君不想去，苏代为信安君游说秦王	魏策二·十四 1227页
	苏代 （有人）	公仲	战国时期	公仲派苏代为自己游说向寿，使他亲韩	韩策一·十九 1394页

续表

序号	食客	人主	时代	主要事迹	出处
1	苏代	公仲	战国时期	劝说楚王同意韩相公仲将国事委托于楚	韩策一·二五 1410 页
	苏代（有人）	公叔	战国韩襄王时期	游说秦新城君，献计使公叔、伯婴以国事新城君	韩策二·十五 1437 页
	苏代	燕王哙	战国燕王哙时期	为燕王哙献报复齐国策略	燕策一·八 1531 页
	苏代 苏厉	燕王哙	战国燕王哙时期	苏代与苏厉因燕国让位之乱而留齐	燕策一·十 1550 页
	苏代	燕昭王	战国燕昭王时期	苏代过魏，魏为燕逮捕苏代，齐人游说魏王放走苏代	燕策一·十一 1551 页
	苏代	燕昭王	战国燕昭王时期	苏代写信游说燕王，献伐齐计，燕王召他，并优待他	燕策一·十三 1558 页
	苏代	燕昭王	战国燕昭王时期	苏代向燕王献攻齐之计，燕王派他到齐游说	燕策一·十四 1566 页
	苏代	燕昭王	战国燕昭王时期	游说秦王，使秦王相信想成功需要依靠会欺骗人的人	燕策一·十五 1571 页
	苏代	燕昭王	战国燕昭王时期	秦召燕王，苏代劝止	燕策二·一 1573 页
	苏代	燕昭王	战国燕昭王时期	使齐、赵绝交，燕、赵联合攻齐	燕策二·二 1589 页
	苏代	燕昭王	战国燕昭王时期	为燕到齐，游说淳于髡将自己引荐给齐王	燕策二·三 1597 页
	苏代	燕昭王	战国燕昭王时期	燕齐交战，苏代两次派人游说齐王让自己领军出战，两次败给燕	燕策二·四 1599 页
	苏代	燕昭王	战国燕昭王时期	从齐国写信给燕王，让燕王相信自己	燕策二·五 1602 页
	客（苏代）	燕昭王	战国燕昭王时期	请燕王允许他出使齐国，到齐后游说齐王灭宋	燕策二·十一 1629 页
	苏代	燕昭王	战国燕昭王时期	赵要伐燕，苏代为燕游说赵惠文王停止出兵	燕策二·十二 1631 页

续表

序号	食客	人主	时代	主要事迹	出处
	苏代	燕昭王	战国燕昭王时期	齐、魏都想联合燕国，苏代劝燕相答应言辞傲慢、礼品微薄的魏国，最终燕与魏、赵为盟友	燕策二·十三 1634页
2	苏厉	周相国	周赧王十五年	为相国说周君止其与昭献会	东周策·六 19页
	苏厉	周最	周赧王二十九年	为周最谓苏秦	东周策·十八 41页
	苏厉	周君	周赧王三十四年	为周说白起勿伐梁	西周策·六 79页
	苏厉	昭鼠	周赧王九年	为昭鼠谋全其兵	楚策二·三 781页
3	苏秦	周君	周显王三十三年	为周君勿虑楚请道二周之间以伐韩魏	西周策·八 85页
	苏秦	秦王	周显王三十六年	至秦而不得用后去秦变连横为约纵	秦策一·二 118—120页
	苏秦	赵王	赵素侯十七年	为赵合纵说齐宣王	齐策一·十六 520—521页
	苏秦	薛公	周赧王十六年	巧辞反复为自己重于楚及薛公	齐策三·一 556—558页
	苏秦	孟尝君	周赧王十六年	劝止孟尝君入秦	齐策三·三 564—565页
	苏秦	齐闵王	齐闵王三十六年	谏齐王致帝号	齐策四·十 628页
	苏秦	齐闵王	战国齐闵王时期	谏齐王释帝而贰秦以伐宋	齐策四·十一 630页
	苏秦	赵王	楚威王七年	劝楚威王纵亲以孤秦	楚策一·十七 743—745页
	苏秦	楚王	周显王三十六年	与楚王言不留楚王身边之故	楚策三·二 799—800页

续表

序号	食客	人主	时代	主要事迹	出处
3	苏秦	燕昭王	战国赵慧文王时期	为齐王上书赵王，劝赵王不要与秦攻齐	赵策一·九 900 页
	苏秦	燕昭王	战国赵慧文王时期	苏秦为赵出使秦，归来三天未得赵王接见	赵策一·十二 924 页
	苏秦	燕昭王	战国赵肃侯时期	苏秦游说赵王合纵	赵策二·一 939 页
	苏子（苏秦）	燕昭王	战国赵孝成王时期	游说秦王不要攻赵	赵策二·二 953 页
	苏秦	燕昭王	战国魏襄王时期	苏秦为赵游说魏王合纵	魏策一·十 1154 页
	苏秦、苏厉	燕昭王	战国时期	苏秦拘于魏，齐派苏厉劝魏王放苏秦回齐国	魏策一·十三 1174 页
	苏秦	燕昭王	战国韩宣王时期	为楚游说韩王合纵	韩策一·五 1354 页
	苏秦	燕昭王	战国时期	韩人攻宋，秦王怒，苏秦为韩游说秦王，让秦王与韩合	韩策三·三 1463 页
	苏秦	燕昭王	战国燕昭王时期	游说燕王合纵	燕策一·一 1502 页
	苏秦	燕昭王	战国燕昭王时期	齐趁燕国丧夺燕十城，苏秦游说齐王使其归还	燕策一·四 1514 页
	苏秦	燕昭王	战国燕昭王时期	苏秦使秦期间，有人在燕王面前毁谤苏秦，苏秦为自己辩解	燕策一·五 1518 页
	苏秦	燕昭王	战国时期	齐攻宋，苏秦为宋劝齐王与宋讲和	宋卫策·六 1687 页
4	卫鞅	秦孝公	周显王三十一年	卫鞅变法治秦，后被惠王车裂	秦策一·一 114 页
	卫鞅	公孙座	战国魏惠王时期	魏王问国事可托者，公叔痤举荐卫鞅，魏王不听，卫鞅逃至秦	魏策一·九 1152 页

续表

序号	食客	人主	时代	主要事迹	出处
5	张仪	秦惠王	秦始皇十四年	说秦王破天下之纵	秦策一·五 143—147 页
	张仪	魏王	周显王四十年	欲假秦兵以救魏	秦策一·六 180 页
	张仪	秦惠王	慎靓王五年	与司马错争论于秦惠王前	秦策一·七 181—183 页
	张仪	秦惠王	周赧王三年	残樗里疾使之出走	秦策一·八 191 页
	张仪	秦惠王	周赧王四年	欲以汉中与楚	秦策一·九 192 页
	张仪	秦王	周显王四十年	说秦王劲魏以取其西河之外	秦策一·十 193 页
	张仪	秦王	周显王四十一年	恶陈轸于秦王	秦策一·十二 201 页
	张仪	秦王	周显王四十一年	说秦王逐陈轸不果	秦策一·十三 203—204 页
	张仪	秦惠王	周赧王二年	张仪诳楚	秦策二·一 207—209 页
	张仪	秦惠王	周赧王四年	公孙衍穷张仪	秦策二·三 223 页
	张仪	秦惠王	周赧王四年	为秦连横说齐王	齐策一·十七 529—530 页
	张仪	秦惠王	周赧王元年	以秦魏伐韩	齐策二·一 537 页
	张仪	秦王	秦王后元十四年	劝楚王弃纵以合秦	楚策一·十八 752—755 页
	张仪	秦惠王	周赧王四年	为秦谋去楚之谋臣	楚策一·十九 765—766 页
	张仪	楚怀王	周赧王二年	张仪求用于楚	楚策三·四 801—802 页

续表

序号	食客	人主	时代	主要事迹	出处
5	张仪	楚怀王	周赧王五年	逐惠施于魏	楚策三·六 806 页
	张仪	秦惠王	战国时期	游说赵王与秦连横	赵策二·三 961 页
	张仪	秦惠王	战国魏哀王时期	张仪为秦游说魏王连横	魏策一·十一 1167 页
	张仪	秦惠王	战国魏惠王时期	张仪在魏王面前说陈轸一心为楚的坏话	魏策一·十五 1179 页
	张仪	秦惠王	战国魏惠王时期	张仪想邀陈轸来魏然后囚禁他	魏策一·十六 1180 页
	张仪	秦惠王	战国时期	张仪想破坏楚、魏联合进攻齐国的计划，但未成功	魏策一·二十二 1188 页
	张仪	秦惠王	战国时期	张仪在魏王身边安排人监视来拜见魏王的人	魏策四·二十 1325 页
	张仪	秦惠王	战国韩襄王时期	为秦游说韩王连横	韩策一·六 1364 页
	张仪	秦惠王	战国燕昭王时期	为秦破合纵，游说燕王使燕与秦联合	燕策一·六 1525 页
6	陈轸	秦王	周显王四十一年	陈轸辩张仪恶己之言于秦王	秦策一·十二 201 页
	陈轸	楚怀王	周赧王二年	说秦王救齐	秦策二·二 218—219 页
	陈轸	齐王	周赧王十六年	劝齐王合三晋	齐策一·十五 515—516 页
	陈轸	齐王	周显王四十六年	为齐王谏昭阳罢兵	齐策二·四 545—546 页
	陈轸	楚王	周赧王十六年	说楚王不要事先封杜赫五大夫	楚策一·十五 736—737 页
	陈轸	楚怀王	楚怀王七年	说楚王弗逐张仪	楚策三·三 800—801 页

续表

序号	食客	人主	时代	主要事迹	出处
6	陈轸	楚怀王	楚怀王二十一年	谏楚王勿据韩侈	楚策三·九 810—811 页
	陈轸	秦王	周显王四十一年	去楚之秦被张仪恶，陈轸说服秦王善待自己	秦策一·十三 203—204 页
	陈轸	秦王	战国魏惠王时期	陈轸过魏为犀首献计，使他恢复魏国相位	魏策一·十四 1176 页
	陈轸	秦王	战国韩桓惠王时期	陈轸劝阻秦王攻打韩国的陉城	韩策一·五 1373 页
	陈轸	楚王	战国韩宣惠王时期	陈轸为楚王谋，假意要发兵助韩，使秦韩断交	韩策一·十七 1384 页
7	公孙衍	秦王	周赧王四年	秦惠王死，公孙衍欲穷张仪	秦策二·三 223 页
	公孙衍	义渠君	慎靓王三年	为义渠君谋袭秦	秦策二·四 224 页
	公孙衍	魏王	周赧王五年	败张仪之齐合横亲	齐策二·三 543 页
8	左尚	司马悍	周赧王元年	为司马悍谋进周最于周	西周策·十五 106 页
9	造	穰侯	周赧王三十七年	说穰侯专志攻齐	秦策三·二 264—265 页
10	范雎	秦王	周赧王四十四年	因王稽入秦献书于昭王	秦策三·八 280—281 页
	范雎	秦王	周赧王四十九年	为秦王谋霸业	秦策三·九 285—289 页
	范雎	秦王	周赧王四十九年	被秦王拜为父，似齐王得管仲为“仲父	秦策三·十 305—306 页
	范雎	秦昭王	周赧王五十一年	说秦王勿独攻韩地亦攻其人	秦策三·十二 317 页
	范雎	秦昭王	秦昭王五十二年	免坐王稽之祸	秦策三·十七 329—330 页

续表

序号	食客	人主	时代	主要事迹	出处
11	蔡泽	秦应侯	秦昭王五十二年	因秦应侯客于秦	秦策三・十八 332—337 页
12	顿弱	秦王	秦始皇九年	言于秦王使“王入朝，国毕从”	秦策四・八 373 页
13	昆辨	靖郭君	战国时期	为靖郭君说齐宣王，宣王郊迎靖郭君	齐策一・五 479—480 页
14	冯喜	张仪	周赧王五年	为齐王计止攻魏	齐策二・二 539—540 页
15	夏侯章	孟尝君	周赧王十六年	被孟尝君以四马百人待之	齐策三・五 572 页
16	公孙戍	孟尝君	周赧王十六年	劝孟尝君勿受楚之象齿	齐策三・九 579—580 页
17	冯谖	孟尝君	周赧王二十一年	客孟尝君，为孟尝君“凿三窟”	齐策四・一 591—593 页
18	王孙贾	齐闵王	周赧王三十一年	为齐闵王诛淖齿	齐策六・二 666 页
19	汗明	春申君	周赧王五十三年	赞春申君知己似伯乐识骏马	楚策四・十一 848 页
20	朱英	春申君	秦始皇九年	愿为春申君刺李园	楚策四・十二 851—853 页
21	李园	春申君	秦始皇九年	向春申君进女弟并杀春申君	楚策四・十二 851—853 页
22	孟尝君舍人 1	孟尝君	周赧王十六年	为孟尝君劝卫勿以伐齐为中心	齐策三・七 575 页
23	孟尝君舍人 2	孟尝君	周赧王十六年	鲁达劝孟尝君弗逐此客	齐策三・八 577 页
24	孟尝君舍人 3	孟尝君	战国赵慧文王时期	孟尝君挑选门客担任武城守吏	赵策一・十六 932 页
25	貂勃	田单	周赧王三十六年	讽齐王听谗不尊田单	齐策六・五 683—684 页

续表

序号	食客	人主	时代	主要事迹	出处
26	客（佚名）	郢人	周显王十六年	为郢人窥昭奚恤之意	楚策一·十二 729 页
27	苏子（三苏之一）	楚王	周赧王十四年	言于楚王人臣进贤之难	楚策三·一 797 页
28	张仪舍人	张仪	周赧王二年	因张仪贫而欲归	楚策三·四 801—802 页
29	李仇	公孙衍	周赧王四年	为公孙衍谋计穷张仪	秦策二·三 223 页
30	鲁仲连	孟尝君	秦孝文王元年	鲁仲连约之矢于燕将	齐策六·三 667—669 页
	鲁仲连	孟尝君	周赧王三十六年	为田单谋攻下狄	齐策六·六 690 页
	鲁仲连	孟尝君	周赧王十六年	言孟尝君未必好士	齐策四·三 603—604 页
31	唐且	春申君	周赧王五十三年	自荐于春申君	楚策三·十 811 页
	唐且	魏王	战国魏安厘王时期	齐楚攻魏，唐且说秦王出兵救魏	魏策四·二十二 1328 页
	唐且	信陵君	战国魏安厘王时期	唐且劝信陵君做了有德于人之事应忘记	魏策四·二十三 1331 页
	唐且	安陵君	始皇二十二年	唐且不辱使命，保住安陵领土	魏策四·二十七 1344 页
32	魏加	春申君	战国时期	说春申君不可以临武君为拒秦之将	楚策四·十 845 页
33	杜赫	景翠	周显王三十六年	欲重景翠于周	东周策·二十三 49 页
	杜赫	楚王	周赧王十六年	说楚王以取赵	楚策一·十五 736—737 页
	杜赫	楚王	慎靓王三年	为昭阳计和	楚策三·七 808 页

续表

序号	食客	人主	时代	主要事迹	出处
34	郑朝	周君	周赧王二十九年	为周取回赵夺走之地	东周策·二十二 49 页
35	惠施	魏惠王	战国魏惠王时期	魏惠王死，下丧时遇大雨雪，惠施劝太子暂缓丧期	魏策二·六 1206 页
	惠施	魏惠王	战国魏惠王时期	魏派惠施到楚，犀首到齐，以观两国态度，惠施派人通报楚，楚王郊迎惠施	魏策二·九 1218 页
	惠施	魏惠王	战国魏惠王时期	惠施献计魏王向齐王朝贡，使赵楚攻齐	魏策二·十一 1220 页
36	豫让	智伯	春秋末期	豫让为智伯复仇，三刺赵襄子未遂，伏剑自刎	赵策一·四 887 页
37	李兑舍人	李兑	战国赵慧文王时期	苏秦到赵国游说李兑，李兑舍人给李兑献计	赵策一·八 897 页
38	客	奉阳君（李兑）	战国赵慧文王时期	客劝奉阳君攻宋	赵策一·十 915 页
39	冯忌	赵王	战国赵慧文王时期	平原君想北伐上党，出兵攻燕，冯忌劝止	赵策三·八 1018 页
	冯忌	赵王	战国赵孝成王时期	劝说赵王不要驱逐庐陵君	赵策四·十一 1106 页
	冯忌	赵王	战国赵孝成王时期	冯忌以尧与舜、商汤与伊尹的事为例，希望与赵王深谈	赵策四·十二 1107 页
40	宋突	机郝	战国赵武灵王时期	赵派机郝出使秦，请求秦王任命魏冉为相国，宋突为机郝献策	赵策三·二 1006 页
	宋突	机郝	战国赵慧文王时期	为齐相仇郝献计，使齐放弃鼓邑	赵策四·八 1103 页
41	司马浅	富丁	战国赵慧文王时期	赵人司马浅为富丁劝说赵主父合纵	赵策三·五 1013 页
42	子欬	周最	战国赵慧文王时期	劝赵相李兑拿土地帮助周最出任魏相，使魏、秦无法联合	赵策三·六 1016 页

续表

序号	食客	人主	时代	主要事迹	出处
43	公孙龙	平原君	战国赵孝成王时期	邯郸之围解除，赵王以东武城封平原君，公孙龙劝其不受封	赵策三·十一 1032页
44	客	赵王	战国赵悼襄王时期	以“柔痈”的说法劝诫赵王若宠信建信君必会招致祸患	赵策四·十三 1109页
45	吴起	魏武侯	战国魏武侯时期	告诫魏武侯成就霸业在于治理好国家	魏策一·七 1142页
46	史厌	赵献	战国魏襄王时期	史厌劝赵献借楚之力帮助张仪，后兼任楚、韩相国	魏策一·二十 1186页
47	客	公子理之师	战国魏惠王时期	魏太子申攻齐，客为公子理之师献计，欲使公子理取代太子	魏策二·十 1219页
48	客	司马食其	始皇六年	客游说司马食其暗通秦国	魏策四·五 1304页
49	聂政	严遂	战国韩哀侯时期	聂政为严遂刺杀韩傀	韩策二·二十一 1445页
50	客	韩王	秦昭王五十三年	游说韩王：“善于用计的人，不会让人知道内情。”	韩策三·七 1475页
51	客卿	公仲	韩襄王二年	韩客卿为韩游说秦王，让韩公仲得重用	韩策三·十二 1481页
52	田光 荆轲	太子丹	始皇二十年	田光为太子丹推荐荆轲，后自杀，荆轲刺秦，未遂	燕策三·五 1648页

注：诸祖耿：《战国策集注汇考》，江苏古籍出版社1985年版。

参考文献

一　著作

1. （清）永瑢、纪昀主编：《四库全书总目提要》，中华书局1965年版。

2. （清）阮元校刻：《十三经注疏》（附校勘记）（上下），中华书局1996年版。

3. 《诸子集成》（1—8册），上海书店1986年版。

4. （晋）杜预：《春秋左传集解》（1—5册），上海人民出版社1977年版。

5. ［日］竹添光鸿：《左氏会笺》（1—5册），巴蜀书社2008年版。

6. 杨伯峻：《春秋左传注》（1—4册），中华书局1981年版。

7. 童书业：《春秋左传研究》，上海人民出版社1983年版。

8. 王维堤、唐书文撰：《春秋公羊传译注》，上海古籍出版社1997年版。

9. 白本松：《春秋谷梁传全译》，贵州人民出版社1997年版。

10. 曹建国、张玖青注：《国语》，河南大学出版社2008年版。

11. 诸祖耿撰：《战国策集注汇考》（上中下），江苏古籍出版社1985年版。

12. 张清常、王延栋：《战国策笺注》，南开大学出版社1993年版。

13. 《战国纵横家书》，文物出版社1976年版。

14. 司马迁：《史记》（1—10册），中华书局1985年版。

15. ［日］泷川资言：《史记会注考证》（1—10册），北岳文艺出版社1999年版。

16. ［日］滕田胜久：《〈史记〉战国史料研究》，上海古籍出版社

2008 年版。

17. （清）梁玉绳：《史记志疑》（1—4 册），中华书局 1981 年版。

18. 韩兆琦：《史记笺证》（1—9 册），江西人民出版社 2005 年版。

19. 张大可：《史记新注》（1—4 册），华文出版社 2000 年版。

20. （清）吴见思、李景星：《史记论文　史记评议》，陆永品点校，机械工业出版社 1985 年版。

21. 韩兆琦：《史记选注集评》，广西师范大学出版社 1995 年版。

22. 徐朔方：《史汉论稿》，江苏古籍出版社 1984 年版。

23. 杨燕起：《历代名家评史记》，北京师范大学出版社 1985 年版。

24. 宋嗣廉：《历代吟咏〈史记〉人物诗歌选读》，吉林人民出版社 2008 年版。

25. 班固：《汉书》，中华书局 1996 年版。

26. 范晔：《后汉书》，中华书局 1985 年版。

27. （清）王夫之：《楚辞通释》，中华书局 1959 年版。

28. 许维遹：《吕氏春秋集释》，中华书局 2010 年版。

29. 陈奇猷：《吕氏春秋新校释》，上海古籍出版社。

30. 刘康德撰：《淮南子直解》，复旦大学出版社 2001 年版。

31. 赵宗乙：《淮南子译注》（上下），黑龙江人民出版社 2003 年版。

32. 王洲明、徐超校注：《贾谊集校注》，人民文学出版社 1996 年版。

33. 张觉校注：《吴越春秋校注》，岳麓书社 2006 年版。

34. 向宗鲁校证：《说苑校证》，中华书局 2000 年版。

35. 程毅中点校：《西京杂记》，中华书局 1985 年版。

36. 周振甫：《文心雕龙今译》，中华书局 1988 年版。

37. 黄霖：《文心雕龙汇评》，上海古籍出版社 2005 年版。

38. 萧统编：《文选》，（唐）六臣注，中华书局 1987 年版。

39. 李延寿撰：《北史》，中华书局 1974 年版。

40. 郦道元：《水经注》，史念林等注，华夏出版社 2006 年版。

41. 董诰、阮元、徐松等：《全唐文》，中华书局 1983 年版。

42. （清）王琦注：《李太白全集》，中华书局 1977 年版。

43. （唐）李白：《李翰林集》，江苏广陵古籍刻印社 1980 年版。

44. （唐）李贺：《李贺诗歌集注》，上海人民出版社 1977 年版。

45. 瞿蜕园：《刘禹锡集笺证》，上海古籍出版社 1989 年版。

46. 傅璇琮：《唐才子传校笺》，中华书局 1987 年版。

47. （宋）李昉：《太平御览》，中华书局 1960 年版。

48. （宋）郭茂倩：《乐府诗集》，中华书局 2003 年版。

49. 唐圭章：《全宋词》，中华书局 1965 年版。

50. （宋）《梅尧臣集编年校注》，上海古籍出版社 1980 年版。

51. （清）姚鼐：《古文辞类纂》，中国书店 1986 年版。

52. 刘熙载撰：《艺概》，上海古籍出版社 1978 年版。

53. 袁津琥：《艺概注稿》，中华书局 2006 年版。

54. （清）李兆洛选辑：《骈体文钞》，上海书店 1988 年版。

55. （清）梁章钜：《退庵随笔》，江苏广陵古籍刻印社 1997 年版。

56. （清）顾炎武撰：《顾林亭诗文集》，中华书局 1983 年版。

57. 邱远猷译注：《林则徐邓廷桢黄爵滋诗文选译》，巴蜀书社 1997 年版。

58. 中华书局上海编辑所编辑：《秋瑾集》，中华书局 1960 年版。

59. 徐中舒：《说文解字段注》，成都古籍书店 1981 年版。

60. 《中国大百科全书》，中国大百科全书出版社 2009 年版。

61. 马克思、恩格斯：《马克思恩格斯选集》第二卷，人民出版社 1972 年版。

62. 杨宽：《战国史》，上海人民出版社 2003 年版。

63. 林剑鸣：《秦汉史》，上海人民出版社 2003 年版。

64. 晁福林：《春秋战国的社会变迁》（上下册），商务印书馆 2011 年版。

65. 徐复观：《两汉思想史》（1—3 卷），华东师范大学出版社 2004 年版。

66. 何兹全：《何兹全文集第三卷·中国古代社会》，中华书局 2001 年版。

67. 钱钟书：《管锥编》（1—5 卷），中华书局 1999 年版。

68. 李珺平：《春秋战国门客文化与秦汉致用文艺观》，中国社会科学出版社 2001 年版。

69. 沈刚：《秦汉时期的客阶层研究》，吉林文史出版社 2003 年版。

70. 程水金：《中国早期文化意识的嬗变：先秦散文发展线索探寻》

第二卷，武汉大学出版社 2004 年版。

71. 许倬云：《中国古代社会史论：春秋战国时期的社会流动》，广西师范大学出版社 2006 年版。

72. 吕文郁：《春秋战国文化史》，东方出版中心 2007 年版。

73. 秦彦士：《墨子考论》，巴蜀书社 2002 年版。

74. 郭丹：《左传国策研究》，人民文学出版社 2004 年版。

75. 余英时：《士与中国文化》，上海人民出版社 1987 年版。

76. 王学泰：《游民文化与中国社会》，学苑出版社 1999 年版。

77. 韩兆琦：《史记通论》，广西师范大学出版社 1996 年版。

78. 张新科：《〈史记〉与中国文学》，商务印书馆 2010 年版。

79. 池万兴：《〈史记〉与民族精神》，齐鲁书社 2009 年版。

80. 可永雪：《史记文学成就论说》，内蒙古大学出版社 2001 年版。

81. 陈桐生：《史记名篇述论稿》，汕头大学出版社 1996 年版。

82. 杨宁宁：《史记人物的性格与命运》，群言出版社 2005 年版。

83. 中国史记研究会：《史记教程》，商务印书馆 2011 年版。

84. 张富祥：《王政全书：〈吕氏春秋〉与中国文化》，河南大学出版社 2001 年版。

85. 刘元彦：《〈吕氏春秋〉：兼容并蓄的杂家》，三联书店 2008 年版。

86. 洪家义：《吕不韦评传》，南京大学出版社 2006 年版。

87. 孙纪文：《淮南子研究》，学苑出版社 2005 年版。

88. 杨有礼：《新道鸿烈：〈淮南子〉与中国文化》，河南大学出版社 2001 年版。

89. 王云度：《刘安评传》，南京大学出版社 2011 年版。

90. 龙文玲：《汉武帝与西汉文学》，中国社会科学文献出版社 2007 年版。

91. 容肇祖：《中国文学史大纲》，开明书店 1935 年版。

92. 游国恩：《中国文学史》第一卷，人民文学出版社 1966 年版。

93. 袁行霈：《中国文学史》第一卷，高等教育出版社 2000 年版。

94. 樊树志：《国史十六讲》，中华书局 2008 年版。

95. 章培恒、骆玉明：《中国文学史》第一卷，复旦大学出版社 1996 年版。

96. 韩兆琦、李道英：《简明中国文学史》，中央广播电视大学出版社

2006 年版。

97. 方铭：《战国文学史》，武汉出版社 1996 年版。

98. 刘跃进：《秦汉文学编年史》，商务印书馆 2006 年版。

99. 戈春源：《刺客史》，上海文艺出版社 2010 年版。

100. 庄一拂：《古典戏曲存目汇考》，上海古籍出版社 1982 年版。

101. 傅惜华：《元代杂剧全目》，作家出版社 1957 年版。

102. 徐调孚：《现存元人杂剧书录》，古典文学出版社 1957 年版。

103. 周贻白：《明人杂剧选》，人民文学出版社 1958 年版。

104. 阿英：《传奇杂剧卷·晚清文学丛钞》（上下册），中华书局 1962 年版。

105. 沙莲香：《中国民族性》（一），中国人民大学出版社 1989 年版。

106. 沙莲香：《中国民族性（贰）：1980 年代中国人的“自我认知”》，中国人民大学出版社 2012 年版。

107. 叶春辉、王希：《中国现当代美术创作方法论研究》，广州高等教育出版社 2009 年版。

二　论文

1. 李玉洁：《春秋时代晋国尊贤尚功与世卿世禄制度探索析》，《郑州大学学报》2006 年第 1 期。

2. 杨丽华：《民本与民主》，《理论月刊》2003 年第 2 期。

3. 徐勇：《中国历代军事概述二·春秋至秦军事制度概述》，《历史教学》1989 年第 9 期。

4. 罗新慧：《试论春秋战国之际的士与儒士》，《北京师范大学学报》1998 年第 4 期。

5. 张彦修：《战国舍人》，《古籍整理研究学刊》2011 年第 3 期。

6. 刘蓉：《春秋“私徒属”与战国“宾客”之比较》，《安徽师范大学学报》2004 年第 4 期。

7. 杨宁宁：《社会变迁下的春秋战国食客群体》，《思想战线》2006 年第 3 期。

8. 杨宁宁：《古代的“食客”定义与身份辨析》，《阅读与写作》2006 年第 6 期。

9. 赵生群：《〈战国纵横家书〉所载“苏秦事迹”不可信》，《浙江师范大学学报》2007 年第 1 期。

10. 唐兰：《司马迁所没有见过的珍贵史料》，《战国纵横家书》，文物出版社 1976 年版。

11. 杨宽：《马王堆帛书〈战国纵横家书〉的史料价值》，《战国纵横家书》，文物出版社 1976 年版。

12. 马雍：《帛书〈战国纵横家书〉各篇的年代和历史背景》，《战国纵横家书》，文物出版社 1976 年版。

13. 高云海：《关于〈史记〉所载苏秦史料的真伪》，《古籍整理研究学刊》1995 年第 4 期。

14. 储道立、熊建平：《苏秦间谍案述评》，《军事历史研究》2003 年第 4 期。

15. 熊宪光：《苏秦、张仪纵横说辞探研》，《西南师范大学学报》2006 年第 4 期。

16. 徐中舒：《论〈战国策〉的编写及有关苏秦诸问题》，《历史研究》1964 年第 1 期。

17. 车新亭：《〈战国纵横家书〉与苏秦史料辨证》，《北京师范大学学报》1990 年第 3 期。

18. 贾海建：《〈越绝书〉佚文与〈吴越春秋〉中要离故事的关系考察》，《中南大学学报》2010 年第 5 期。

19. 岳庆平：《荆轲并非“壮士”》，《河北学刊》1986 年第 3 期。

20. 杨宁宁：《论司马迁的复仇表现与超越》，《广西民族学院学报》2000 年第 6 期。

21. 董志安：《〈吕氏春秋〉之论诗引诗与战国末期的诗学发展》，《文史哲》1996 年第 2 期。

22. 王启才：《略论〈吕氏春秋〉的文采》，《阜阳师范学院学报》1997 年第 4 期。

23. 牟钟鉴：《〈吕氏春秋〉与〈淮南子〉的比较分析：兼论秦汉之际的学术思潮》，《哲学研究》1984 年第 1 期。

24. 王德裕：《〈淮南子〉哲学思想述评》，《重庆师范学院学报》1994 年第 4 期。

25. 赵清文：《〈淮南子〉中的惠民思想及其现实意义》，《淮南师范学院学报》2009 年第 1 期。

26. 吕书宝：《论〈淮南子〉的文学价值》，《东北师范大学学报》2007 年第 2 期。

27. 周晓琳：《中古文学集团考辨》，《西华师范大学学报》2009 年第 4 期。

28. 刘向斌：《试论汉初文人集团的地域成因》，《青海社会科学》2008 年第 1 期。

29. 跃进：《梁孝王集团的文学想象》，《深圳大学学报》2008 年第 1 期。

30. 普慧：《齐梁三大集团的构成及其盟主的作用》，《社会科学战线》1998 年第 2 期。

31. 付志红：《李斯作品的文学观照》，《延边大学学报》2006 年第 1 期。

32. 刘国斌：《邹阳〈狱中上梁王书〉的用事与文学散文的产生》，《黄石理工学院学报》2011 年第 5 期。

33. 赵逵夫：《〈七发〉与枚乘新探》，《西北师范大学学报》1999 年第 1 期。

34. 赵逵夫：《〈七发〉体的滥觞与汉赋的渊源》，《西北民族学院学报》1992 年第 2 期。

35. 何沛雄：《〈子虚〉、〈上林〉与〈七发〉的关系》，《文史哲》1988 年第 1 期。

36. 张大可：《论司马相如》，《信阳师范学院学报》2012 年第 3 期。

37. 王德华：《繁类成艳，曲终奏雅：司马相如〈子虚〉〈上林〉赋解读》，《古典文学知识》2009 年第 4 期。

38. 刘南平、王翼鹏：《不是军书，胜似军书：二论司马相如〈难蜀父老〉之艺术魅力》，《河北北方学院学报》2010 年第 5 期。

39. 修海林：《先秦道家音乐学术思想的主要特征》，《中国音乐学》2011 年第 1 期。

40. 翁银陶：《略论先秦华夏民族性格的演变》，《中州学刊》1994 年第 6 期。

41. 赵荣、张宏莉：《“民族性格”及其特点的辩证解析》，《黑龙江民族丛刊》2010 年第 2 期。

42. 何东亮：《浅析民族性格的成因》，《江苏教育学院学报》1995 年第 2 期。

43. 于景洋:《骈文的形成与鼎盛》,《文学评论》1996 年第 6 期。

44. 郭建勋:《楚辞与骈文》,《湖南大学学报》2001 年第 4 期。

后　记

历经两年的努力，我终于完成了《春秋战国及秦汉之食客文化》一书的撰写。书稿在今年一月份完成后，又经过了两次修改，才最后定稿，我也可以松一口气了。

我于 1999 年到北京师范大学中文系做高级访问学者，同时在中国《史记》研究会名誉会长、博士生导师韩兆琦教授和著名文艺学、古代文论学博士生导师张海明教授门下做弟子。同时获得两位名师的指导和帮助，这是我的幸运。在北师大我开始系统地学习和研究《史记》。跟随韩先生的学习，是我学术研究的一个重要转型和提升。过去我的学术研究比较随意，不够系统。跟随韩先生学习，使我受益良多。先生精湛生动的教学艺术，严谨认真的治学态度及渊博的学识，深厚的史学功底，使我佩服，心生敬意；先生诲人不倦、耐心细致地为我们答疑解惑更是令人感动，至今难忘。先生让我感动的事情有很多，去年 11 月，得知先生要到桂林、南宁来旅游，我觉得机会难得，即请求先生为我们的学生作一次《史记》的学术报告，没想到先生不仅欣然应允，还自己改动行程，先到南宁作完学术报告后再开始旅游。先生的敬业精神和对学生认真负责的态度令我感动和不安，因为我的贸然要求，让先生和家人临时改变了旅游行程，至今想起还觉得对不起先生。

张海明先生为人和蔼谦逊，平易待人。在研究方法和研究视角上他给我很多启发，让我从比较高的学术视野来看待历史上的人和事，以客观的态度来分析、评价历史人物。他的指导使我的研究跳出了过去的感性思维，上升到理性思维的层面，至今受益匪浅。

回到学校，我于 2001 年给中文系的本科生开设了“《史记》研究”选修课，受到学生的好评。之后又陆续地给函授本科生、研究生和在职研究生开“《史记》研究”课，同样受到学生欢迎。学生的好评是对我最大的鞭策，我于2005年出版了第一本《史记》研究的专著《〈史记〉人物的性格与命运》（群言出版社2005年版），书中有一章“机遇与奋斗改变命运——食客篇”，应该说我从那时起就开始了对食客的研究和资料的收集。

2006年我陆续在刊物上发表了《社会变迁下的春秋战国食客群体》、《古代的“食客”定义与身份辨析》、《从〈史记〉看春秋战国的食客》几篇文章。也正是在这些文章的写作中，我感到食客研究中有许多问题无人问津，值得我们关注，需要有人去耕耘。我对食客曾经的辉煌与今日的落寞感到惋惜，于是产生了要写一部食客研究专著的想法。2011年6月，我开始了书稿的写作，这中间因为教学和其他科研任务的繁重，一度令我有放弃书稿写作的想法，但是，最终我还是坚持了下来。

书稿的附录1“《史记》食客人物图表”和附录2“《战国策》食客人物图表”由我的研究生谢芳、宋秀秀、王颖帮助完成。另外，我的研究生廖善敬、陈远为也为书稿的完成提供了帮助，在此一并致谢！由于本人才疏学浅，学养不足，书稿写作虽尽不少努力，几经修改，仍有不尽如人意之处，疏漏难免，希望得到同行专家和各位读者的批评指正，不胜感激。

书稿得以顺利完成，首先要感谢我的恩师韩兆琦先生给予我的帮助。今年一月我的初稿完成后，我把书稿寄给先生，先生对我的研究给予了肯定，并提了一些具体的修改意见，对我很有启发和帮助，例如在书的正文后面附上《史记》、《战国策》食客人物图表，增加书稿的文献价值，方便读者查找资料。先生应我要求，欣然为书写序，是对我研究的肯定和鞭策，我感激不尽。我要感谢我身边的亲人，我的父母、丈夫和女儿，是他们的关心、支持和鼓励，使我能够顺利完成书稿。我还要感谢我们文学院的韦树关院长，陕西师范大学博士生导师张新科教授，南京师范大学博士生导师赵生群教授，河北保定学院刘玲娣教授，感谢他们为我书稿的完成和出版给予的帮助。最后要衷心感谢中国社会科学出版社郭沂纹主任，感谢她为本书出版付出的辛劳，是她的热心帮助和支持，使本书得以顺利出版。

杨宁宁

2013年8月8日于绿城南宁